다시 읽는 '서구중심주의 비판'

다시 읽는 '서구중심주의 비판'

공진성, 문지영, 박동천,
안외순, 이관후, 이상익, 이지윤, 이충훈,
전재호, 정승현, 정종모, 최일성, 하상복

까치

*이 저서는 2017년 대한민국 교육부와 한국연구재단의 지원을 받아 수행
된 연구이다(NRF-2017S1A3A2065772).

다시 읽는 '서구중심주의 비판'

저자 / 공진성, 문지영, 박동천, 안외순, 이관후, 이상익, 이지윤, 이충훈,
　　　전재호, 정승현, 정종모, 최일성, 하상복
발행처 / 까치글방
발행인 / 박후영
주소 / 서울시 용산구 서빙고로 67, 파크타워 103동 1003호
전화 / 02 · 735 · 8998, 736 · 7768
팩시밀리 / 02 · 723 · 4591
홈페이지 / www.kachibooks.co.kr
전자우편 / kachibooks@gmail.com
등록번호 / 1-528
등록일 / 1977. 8. 5
초판 1쇄 발행일 / 2024. 7. 10

값 / 뒤표지에 쓰여 있음

ISBN 978-89-7291-836-3　93340

차례

저자 약력(가나다순)

공진성

서강대학교와 독일의 베를린 훔볼트 대학교에서 정치학을 공부했고, 현재 조선대학교에서 정치학을 가르친다. 주요 논문으로 「스피노자의 정치이론에 대한 인간유형론적 해석 비판」, 「루소, 스피노자, 그리고 시민종교의 문제」, 「스트라우스와 스피노자」 등이 있고, 저서로 『폭력』, 『테러』, 『존 로크 통치론』 등이 있다.

문지영

한국의 자유주의 연구로 서강대학교에서 박사 학위를 받고 '명예혁명의 정치사상'을 주제로 한 연구로 케임브리지 대학교에서 박사후연수 후 현재 서강대학교 글로컬사회문화연구소에서 의회주의의 발전과 젠더민주주의의 제도화에 대한 연구를 수행하고 있다. 『지배와 저항 : 한국 자유주의의 두 얼굴』, 『자유』, 『서양 근대 정치사상사』(공저) 등의 저서와 『민주주의의 수수께끼』(공역) 등의 역서가 있다.

박동천

미국의 일리노이 대학교 어배너-샴페인에서 정치학 박사 학위를 받고 전북대학교 정치외교학과 교수로 재직, 정년퇴임했다. 정치철학, 민족주의, 자유주의, 사회주의 등을 강의한다. 『플라톤 정치철학의 해체』, 『깨어있는 시민을 위한 정치학 특강』 등의 저서와 『이사야 벌린의 자유론』, 『사회과학의 빈곤』 등의 역서, 「소크라테스 철학에서 논리와 현실의 관계」, 「자유주의 정치사상의 지리적 기원에 관한 방법론석 성찰」 등의 논문이 있다.

안외순

대원군 집정기 정치권력의 성격 관련 연구로 석사 학위와 박사 학위를 취득했다. 주요 논저로 「송시열과 한국 보수주의의 기원」, 「19세기 말 조선에 있어서 민주주의 수용론의 재검토」, 『정치, 함께 살다』 등이 있고, 『근역서화징』과 『김택영의 조선시대사 한사경(韓史綮)』 등을 공역했다. 한국정치사상학회 회장을 역임했고, 현재 한서대학교 국제관계학과 교수로 재직하고 있다.

이관후

서강대학교 정치외교학과에서 학부와 석사를 마치고, 영국의 런던 대학교에서 '대표' 개념에 대한 연구로 박사 학위를 받았다. 서강대 글로컬한국정치사상연구소 전임연구원을 거쳐 현재 건국대학교 상허교양대학 조교수이다. 주요 논문으로 「왜 대의민주주가 되었는가?」, 「연동형비례대표제와 주권의 재구성」 등이 있고, 공저로 *South Korea's Democracy in Crisis*, 『한국 민주주의, 100년의 혁명 1919-2019』, 역서로 『정치를 옹호함』 등이 있다.

이상익

성균관대학교 유학대학에서 공부하고, 조선 말기 위정척사론과 개화론을 비교 연구하는 주제로 박사 학위를 받았다. 육군사관학교 철학과, 영산대학교 교양학부 교수를 거쳐 현재는 부산교육대학교 윤리교육과 교수로 재직하고 있다. 저서로 『한국성리학사론』, 『유교전통과 자유민주주의』, 『인권과 인륜』, 『주자학의 길』 등이 있다.

이지윤

서강대학교에서 정치학을 공부하고, 과거사 청산과 한국 민족주의에 관한 연구로 학위를 받았다. 현재 서강대학교 글로컬사회문화연구소의 책임연구원으로 있으며, 여러 대학에서 강의하고 있다. 「2000년대 이후 한국 보수주의의 변화: 에드먼드 버크와 뉴라이트의 역사적 서사를 중심으로」, 「반민법과 동원된 협력의 난제: 반민법 제정 과정의 논쟁과 학병을 중심으로」 등의 논문, 『정치와 비전』(공역) 등의 역서, 『탈서구중심주의와 그 너머』(공저) 등의 저서가 있다.

이충훈

서강대학교에서 정치학을 공부하고, 전북대학교에서 「제국 일본과 만주국의 이주 정치」로 사회학 박사 학위를 받았다. 서강대학교 사회과학연구소 및 과학기술국 제협력센터 연구원, 전북대학교 사회과학연구소 연구원을 거쳐 현재는 전북대학 교 사회학과 BK21 연구교수로 재직하고 있다. 현재는 동국대학교 사회학과에서 강의한다. 주요 역서로는 『작은 것들의 정치』, 『여론』, 『아시아 인권공동체를 찾 아서』 등이 있다.

전재호

서강대학교 정치외교학과에서 「박정희 체제의 민족주의 연구: 담론과 정책을 중 심으로」로 박사 학위를 받았다. 하버드-옌칭(Harvard-Yencing) 연구소 초빙연구 원, 서강대학교 사회과학연구소, 성균관대학교 동아시아학술원 연구교수 등을 역 임했고, 현재 서강대학교 트랜스내셔널 인문학연구소 교수로 재직하고 있다. 저 서로 『반동적 근대주의자 박정희』, 『박정희 대 박정희』, 『키워드 한국 정치사』, 『민족주의들: 한국 민족주의의 전개와 특성』이 있다.

정승현

서강대학교 정치외교학과에서 마르크스주의로 박사 학위를 받았다. 서강대학교 글 로컬사회문화연구소 연구원을 지냈다. 논문으로 「이승만과 한국 자유주의」, 「이승 만의 초기 사상에 나타난 서구중심주의」, 「해방공간의 박헌영」 등, 공저로 『인물 로 보는 현대한국정치사상의 흐름』, 『한국정치의 이념과 사상』 등, 역서로 『나 홀 로 볼링』, 『지구적 정의란 무엇인가』 등이 있다.

정종모

서강대학교에서 철학을 공부하고, 대만의 국립중앙대학교에서 「정명도의 덕성관 념 연구」로 박사 학위를 받았다. 서강대학교 철학과 강사, 서강대학교 글로컬한국 정치사상연구소 전임연구원, 안동대학교 동양철학과 조교수를 거쳐 현재는 부산 대학교 철학과 조교수로 재직하고 있다. 송명유학과 현대신유학에 대한 여러 논 문을 썼고, 공저로 『탈서구중심주의와 그 너머』 등이 있다.

최일성

프랑스의 파리 제8대학교에서 정치인류학 및 정치철학으로 박사 학위를 받았다. 현재 한서대학교 국제관계학과 및 자유전공학부 교수로 재직하고 있다. 아민(Samir Amin)의 『유럽중심주의』를 번역했으며, 『남아프리카공화국의 역사 : 호텐토트의 고향』, 『말리의 역사』, 『세네갈의 역사』 등을 저술했다. 현재는 제3세계 정치철학을 연구한다.

하상복

서강대학교, 벨기에의 브뤼셀 자유 대학교에서 정치학, 사회학, 철학을 공부했고, 프랑스의 파리 제9대학교에서 '정치 현실의 언어적 재구성'에 관한 연구로 박사 학위를 받았으며, 현재 목포대학교에 재직한다. 저서로 『야누스로 그려진 근대』, 『권력의 탄생 : 새로운 대통령은 어떻게 만들어지는가』, 『죽은 자의 정치학』, 『광화문과 정치권력』, 『빵떼옹 : 성당에서 프랑스공화국 묘지로』 등이 있다.

책을 펴내며

한국의 '근대화'가 서구에서 형성된 근대성의 모델을 따라 이루어져 온 것을 부인하기 힘들다. 근대 사회, 근대 국가로의 이행을 향한 오랜 역사적 운동에서 우리는 (특히 미국이 주도하는) 서구 중심의 발전 패러다임을 적극적으로 수용하고 체화했다. 그 속에서 우리 사회에는 마치 그것이 유일한 발전 경로라는 인식이 형성되기도 했다. 우리는 그 서구적 길을 맹렬히 따라왔고, 그 결과 일정 정도 '성공적인' 근대화에 도달한 것도 부인하기 어렵다. 서구가 근대화를 이룩하는 데 통과하고 투여해야 했던 물리적, 제도적 과정과 시간을 압축적으로 경험해왔단 의미에서 '압축적 성장'으로 부르곤 하는 우리의 근대화 과정과 결과는 긍정과 찬미를 받기도 했지만, 동시에 부정과 폄하의 대상이기도 했다. '서구중심주의 비판'으로 명명되는 인식 패러다임은 한국의 근대화에 대한 그와 같은 양가적인 진단과 평가의 맥락에서 출발하고 있다.

한국의 근대화에 대한 반성과 성찰이 '서구중심주의 비판'이라는 방법론적 관점으로 조형되고 확산되기 시작한 것은 2000년대 초부터였다. 한국의 근대화에 대한 비판적 사유는 한국 학계의 오랜 주제였다. 1990년대부터 포스트모더니즘이나 포스트콜로니얼리즘이 소개되고 연구되면서 한국의 인문학계와 사회과학계는 서구적 가치의 보편성을 의심하는 시각에 익숙해져 있었지만, 2000년대로 접어들어 서구적 근대화에 대한 회의와 한국의 근대화에 대한 총체적인 비판이 긴밀하게 결부되면서 서구중심주의 비판 논의가 활발하게 전개되기 시작했다. 우리의 현실에 적합한 사상과 가치를 찾아야 한다는 기치 아래 '학문의 정체성'을 되물었으며, 전통사상의 가치를 재조명했고, 압축적 근대화가 낳은 폐해의 원인을 서구적 가치에 대한 맹목적인 추구에서 찾으려 했다. 이런 담론의 학술적·대중적 확산은 혹자에게는 "대중과 미디어의 시선을 끌 흥미 본위의 시사적인 작업"(김경만 2015, 130)으로 비칠 정도였다.

돌이켜 보건대, '서구중심주의 비판'이 형성되고 확산되기 시작한 시점은 한국 사회가 그간 걸어온 발전 경로에 대한 문제의식이 상당히 증폭되고 있던 국면이었다. '해방 이후 최대의 국난'이라는 1997년 외환위기는 예정보다 3년 빨리 IMF 구제금융 차입금을 상환하는 것으로 수습되었다. 하지만 그 후유증이 한국 사회에 엄청난 충격을 던져주었다. 기업 도산, 실업, 고용불안, 사회적 양극화, 자살률 급증, 가정 붕괴와 같은 갈등과 혼란을 겪으면서 한국 사회는 그동안 진지하게 고민하지 않았던 질문들을 제기하기 시작했다. 우리는 그동안 어떤 길을 걸어 왔는가? 그 길의 끝에서 왜 현재의 위기가 발생했는가? 다른 한편 이런 질문은 정치경제적 패권과 문화적 헤게모니를 거머쥔 서구와 구별되는, 비서구 사회의 일원으로서 한국이라는 집단적 자각을 불러일으켰다. 비서구 사회에 속하는 우리가 걸어온 길은 외부로부터 강요당한 길이었거나 자각하지 못한 채 사회적 부작용을 쌓아간 길이 아니었을까?

정치학자 강정인이 2004년에 출간한 『서구중심주의를 넘어서』(아카넷)에서 제시한 '서구중심주의 비판'은 이러한 문제 지평 위에서 제기된 질문들에 응답하려는 시도 중 하나다. 그는 유럽중심주의에 대한 그간의 연구들을 종합하면서, 그 연구들을 중심주의 일반이론 위에서 체계화하고자 했다. 그는 한국 정치사상의 전개를 '일탈'이나 '왜곡'으로 보는 서구 중심적 시각과 거리를 두면서 한국 정치의 창조적 잠재성을 포착하고자 했으며, 서구중심주의 극복을 위한 담론 전략의 제시를 통해 전통의 현대화를 탈서구중심주의 전략과 결부시키는 작업을 그 책에서 진행했다.

책이 출간된 지 20년이 지나오고 있고, 그동안 서구중심주의 비판의 관점 혹은 방법을 적용한 여러 후속 연구들이 다양한 분야에서 진행되어왔다. 그 기간 동안 우리 사회는 다시 비약적인 발전을 이룩하면서 외견상으로는, 비판의 대상이 되었던 그 '중심'에 한 걸음 더 다가선 것으로 보인다. 상황은 서구중심주의 비판이 확산되던 시점을 반전시켜 놓은 듯하다. 2021년에는 유엔무역개발회의가 식민지를 경험한 개발도상국 가운데 최초로 한국에 선진국의 지위를 부여했으며, 이런 '발전'을 상징하듯 같은 해에『눈 떠보니 선진국』(박태웅 2021)이라는 책도 출간되었다. 역설적으로, 최근 회자되는 '눈 떠보니 후진국'이란 풍자도 불과 몇 해 전에 도달했던 지점을 상기하게 한다. 요컨대 20년 전과 현재를 대비시킬 때, 대중의 인식 속에서 비교의 준거가 바뀐 것이다. 2000년대 초반 한국 사회는 총체적인 위기 속에서 비서구 사회 그리고 개발도상국 일원이라는 위치를 자각하면서 그 이전까지 도달했던 성공이 허상이고 환상이라고 반성했다. 2024년 한국 사회는 바로 직전 '선진국'의 위치에 도달했음을 자각하고 현재의 문제점들에 대처하려 한다.

이와 같은 상황 변화는 일견 '서구중심주의 비판'의 유효성과 적실성에 대한 의문을 제기하게 만드는 것처럼 보인다. 위기를 극복하고 선진국의 자리에 도달한 사회에서 '서구와 비서구를 가르고, 비서구의 입장에서 서구 중심주의적 패권을 비판하는 이론이 어떤 효용성을 가지겠는가?' 라는 질문을 제기할 수 있다는 말이다. 게다가 '서구중심주의 비판'의 주요 주장 가운데 하나가 해당 사회 현실에 적실한 이론을 구축해야 하는 것이라면, 이미 중심부에 진입한 사회에서 서구중심주의 비판은 더는 적실치 않아 보일 수도 있다.

그렇지만, 충분히 제기될 법한 이런 비판들은 적어도 두 가지의 맹점을 가진다. 먼저 한국 사회의 위상은 바뀌었을지언정 서구중심주의 비판이 지적하고 있는 세계적 구조는 근본적으로 변화하지 않았다는 점이다. 2018년 이후 미중간의 급격한 패권 경쟁이 서구의 일원적 패권 체계를 변모시키는 것처럼 보일지도 모르겠지만, 그 과정이 전 지구적인 지배-피지배 체제의 변화로 이어질 것 같지는 않다. 서구중심주의 비판은 서구가 정치·경제·문화적인 중심으로서 패권을 갖더라도 '서구 = 보편'은 아니라는 점을 드러내면서 중심의 패권적 지배를 허물고자 했다. 하지만 패권적 지배를 관철하려는 중심이 하나에서 둘로 늘어난다고 해서 서구중심주의 비판이 경계하던 세계적 구조가 변했다고 보기는 힘들다.

다음으로 최근 한국 사회가 거둔 성공에 대한 성찰의 필요성이다. 우리 사회가 도달해 있는 현재는 서구중심주의 비판이 도출한 통찰과 성과를 반영하고 있다고 할 수 있을까? 나아가 위기 국면만큼이나 성공에 대해서도 성찰이 필요하지만 그런데도 대다수가 '눈 떠보니'라는 말로 그 성공을 인식하고 있다면, 한국 사회가 도달한 상태에 대한 총체적인 성찰이 적절히 이루어지고 있다고 할 수 있을까? 더욱 심각해진 사회적 양극화, 사회 전체 구조의 변화를 요구하는 저출생·고령화, 전 지구적인 긴급한 대처를 요청하는 기후 위기 등에 더해 한국 근대화의 정당성과 정통성을 둘러싼 정치적 양극화에 이르기까지, 20년 전에 제기되었던 한국 근대화의 문제는 해결되었다기보다 오히려 심화되고 있고 심지어 예상하지 못했던 영역에서 문제가 불거지고 있다. 말하자면 서구중심주의 비판이 제기되었던 맥락인 한국의 근대화에 대한 양가적인 진단 및 평가는 여전히 진지한 성찰을 요청하고 있는 것이다.

그럼에도 이런 진단은 '서구중심주의 비판'의 유효성과 적실성을 고수해야 한다는 것과는 거리가 멀다. 이와 같은 진단은 20년간 진행된 서구중심주의 비판에도 불구하고 그 비판이 제기되었던 현실은 여전히 근본적으로 강고하게 버티고 있고, 탈서구중심주의가 학술적·대중적으로 확산되었음에도 한국 사회의 현재를 바라보는 시각에 미친 영향은 여전히 미미하다는 점을 드러내기 때문이다. 그간 축적된 서구중심주의 비판 작업들은 한국 사회가 우리의 의식 밑바닥에서부터 이상화된 '서구'는 물론 서구화에 다름 아닌 근대화를 맹목적으로 추구해온 '우리 자신'과도 거리를 두게 하는 데 어느 정도 기여했는가? 주변부에 대한 첨예한 인식을 바탕으로 하는 '서구중심주의 비판'은, 중심이 행사하는 지배의 당사자에서 스스로를 면제시킴으로써 중심부에 들어선 한국 사회의 자기 성찰을 의도치 않게 흐리지는 않는가? 그렇다면, 오히려 '서구중심주의 비판'이라는 비판의 형식과 내용 자체가 재검토될 필요는 없는가?

이 책은 이런 문제의식에서 비롯되었다. '근대화'의 이름으로 이루어진 한국 사회의 변화를 이해하고 더 나은 대안을 모색하는 이론적·방법론적 틀로서의 '서구중심주의 비판'을 '다시' 비판적으로 읽음으로써 그 문제의식, 논리, 비전의 가능성과 한계를 새롭게 인식하려는 것이 이 책을 엮게 된 일차적인 목표다. 이를 통해 궁극적으로, 지금 우리가 처한 복잡한 현실 지형을 이해하고, 그럼에도 우리가 지지해야 할 변화의 방향을 계속적으로 탐색하는 데 유용한 또 하나의 관점을 숙성시키는 계기를 제공하려는 것이 이 책의 주요 동기다.

이와 같은 문제의식과 동기와 목표를 고려할 때, 이 책이 서구중심주의 비판에 관한 강정인의 연구 위에서 출발하는 것은 방법적으로 매우 의미 있어 보인다. 지난 20년간 강정인이 수행해온 작업은 이런 목표에 가장 부합하는 연구였다는 평가를 다시 한 번 환기할 필요가 있다. 그는 국내 사회과학계에서 서구중심주의의 개념과 탈서구중심주의 전략을 가장 체계적으로 분석·제시한 연구자로 호명되고 있다. 그는 단순히 서구와 비서구를 가르고 서구적 근대화에 날 선 공격을 감행하는 데 초점을 맞추기보다 서구 모델을 좇아 달려온 한국의 근대화를 총체적으로 재성찰하고자 했다. 물론, 서구중심주의를 가장 신랄하게 비판했던 학자로 알려진 강정인의 연구는 그의 논리 체계 내적인 이유로, 또 그가 자신의 작업을 채 완전히 이루지 못했기 때문에 한계 역시 가진다. 따라서 그의 텍스트들이 보여주는 문제의식, 방법, 핵심 성과 등을 종횡으로 검토하고 해석하고 비판하고 평가하는 작업은 오늘날 우리에게 '서구중심주의 비판'의 의미가 무엇인지, 그 지적·실천적 의의 또는 그 한계를 넘어설 돌파구를 어디에서 찾을 수 있는지를 묻는 작업으로 연결될 수 있을 것이다.

'서구중심주의'는, 다른 일체의 '중심주의'가 그렇듯, 기본적으로 '비판'의 대상이 되어 마땅하다. 그러므로 '서구중심주의 비판'을 다시 읽으려는 시도는 자칫 보수적이거나 혹은 친서구적인 관점에 입각한 작업으로 오해받을지도 모를 일이다. 하지만 서구중심주의 비판의 문제의식은, 실제로 '서구중심주의'가 경험되는 맥락의 상이함에 따라 차이를 보일 수 있을 뿐만 아니라, 그것이 무엇이며 어떻게 평가하고 극복할지를 둘러싼 개념적·방법론적 입장 차이에 따라서도 달리 나타날 수 있다. 그러니 '서구중심주의 비판'을 다시 읽는 작업이 반드시 그 문제의식 자체를 부정하거나 기각하는 태도를 동반하지 않는다. 오히려, '다시 읽기'는 기성의 문제의식이 이룬 성과와 한계를 동시에 짚어보면서 그것이 제기하는 도전을 한층 더 날카롭게 확장하고 설득력을 배가하려는 노력일 수 있다.

이런 노력이 담긴 열세 편의 논문을 모은 이 책은 크게 5부로 구성된다. 강정인은 서양정치사상의 한국화, 전통 정치사상의 현대화, 현대 한국 정치의 사상화가 학문적 차원에서 서구중심주의를 극복하기 위해 필요한 실천이라고 보았다(강정인 2007). 여기에는 서구와 비서구 및 전통과 현대를 가로지르는 '비교', 서구/비서구, 전통/현대 어느 한 쪽을 절대시하지 않고 서로를 참조하는 '쇄신', 최종적으로 한국 정치 현실에 대한 적절한 이론화라는 요청이 포함된다. 이 책의 구성도 전반적으로 강정인의 문제의식을 따라간다. 그러면서도 참여한 모든 필자는 비판적인 시각을 놓지 않는 데 특별히 주의를 기울였다.

제1부 "동서 사상의 교차와 횡단: '서구중심주의 비판' 다시 읽기의 배경"에는 강정인의 정치사상 연구 여정에서 '서구중심주의 비판'의 문제의식이 형성된 배경을 상이한 각도에서 찬찬히 훑는 두 편의 글이 배치되었다. 그 중 공진성의 "사상의 번역, 번역의 사상: 번역을 통해 본 강정인의 정치학"은 30여 년에 걸쳐 진행된 강정인의 서구 사상 번역 작업을 개괄하면서, 서구 사상의 대중화—서구 사상의 한국화—서구 사상에 대한 창조적 해석—한국 사상의 세계화로 이어지는 문제의식의 흐름을 읽어낸다. 그에 따르면, '번역'은 비판의 대상으로서 '서구중심주의'를 인식하는 하나의 계기인 동시에 그 극복 방안의 핵심이기도 하다. 이상익의 "강정인의 '동·서 통섭'에 대한 비판적 고찰"은 정치사상 분야에 깊이 내면화되어 있는 서구중심주의를 타개하기 위한 대안으로 강정인이 제시한 '동·서 통섭'의 실천과 성과를 몇 가지 사례를 중심으로 검토하고 그 의의와 한계를 짚는다. 동양과 서양, 과거와 현재를 가로질러 다양한 정치사상을 비교하는 작업이 현실적으로 부딪치는 여러 어려움에도 불구하고 '넘나듦(通涉)'은 한국에서 정치사상 연구에 매진하는 후학들이 반드시 갖추어야 할 학문적 자세라는 것이 그의 결론이다. 이 두 편의 글은 성격상 이 책 전체 논의의 서론에 해당한다고 볼 수 있다.

제2부 "'서구중심주의 비판'의 문제의식: 타당성과 유효성?"은 '서구중심주의 비판'이라는 문제의식 자체의 타당성과 한계를 서로 다른 관점에

서 검토한 세 편의 글로 이루어진다. 박동천의 "한국적 민주주의와 한국적 헌정주의"는 박정희의 '한국적 민주주의'를 화두로 삼아 민주주의라는 용어 앞에 붙는 한정사의 의미를 유교 민주주의, 민주주의와 헌정주의와 관련해 폭넓게 고찰한다. 그는 '한국적 민주주의', '한국적 헌정주의'와 같은 용어 아래에 "서양의 관념인 민주주의와 헌정주의를……한국적 형태로 형상화하고 싶어 하는 바람"이 있다는 점을 짚어내고, 그것이 "출제 오류"는 아닌지 되묻는다. 서양의 민주주의나 헌정주의도 일반화를 추구하는 서사에서나 통용되는 용어일 뿐, 기실 다양한 개별 행위가 모여 오늘날과 같은 형태를 만들었고, 현재의 형태에 관해서도 그 사회 내부에 끊임없이 다양한 논의와 논쟁이 이루어지고 있다는 것이다. 이 글은 서구에 대한 비판을 통해 비서구 사회, 특히 한국 근대화를 성찰하는 형식에도 이런 일반화의 오류가 끼어 있을 수 있음을 시사한다.

이지윤의 "'서구에 수렴하는 정상화 과정'이라는 문제: 강정인의 사유 궤적에 대한 비판적 독해"는 2014년에 출간한 『한국 현대 정치사상과 박정희』에서 강정인이 한국 현대 정치상의 전개 과정을 "서구에 수렴하는 정상화 과정"으로 설명했다는 점을 파고든다. 그는 강정인 스스로의 해명과 사유 궤적을 비판적으로 독해함으로써, 서구중심주의 비판자가 내놓은 서구 중심적 설명 아래에 서구가 곧 보편이 아니라는 확신에 상응하는 중심주의 비판 이론이 부재했음을 지적한다. 그리고 이 글은 출간되지 않은 강정인의 미완의 연구 계획을 통해 그가 중심과 주변에 대한 자신의 사유 전반을 재구축하려는 기획을 가지고 있었던 점도 밝힌다. 최일성의 "강정인의 서구중심주의 비판과 그 정치사상적 특징: 아민(S. Amin)의 유럽중심주의 비판과의 비교를 중심으로"는 마르크스주의 정치경제학자 아민과의 비교를 통해 강정인의 서구중심주의 비판 담론이 드러내는 특징을 각각 서구중심주의의 전개과정, 폐해, 대안의 측면에서 살펴본다. 그는 강정인의 서구중심주의 비판이 정치·경제사적 측면보다는 문화적·사상사적 측면에서 서구중심주의가 초래하는 폐해—이를테면 비서구 사회의 '학문적 식민성' 같은 외재적 폐해—에 주로 초점을 맞추며, 따라서 서구중심주의 극복 방안도 '목적론'적 대안이라기보다 '방법론'적 대안으로서 사유되고 있다는 점을 밝히고, 그에 수반되는 한계를 지적한다. 특히 이 글은 서구중심주의 비판이라는 동일한 목적을 수행할 때에도 비판의 초점과 비교의 차원을 달리함에 따라 매우 다른 결과가 나올 수 있다는 점을 설득력 있게 전달한다. 그러므로 서구중심주의 비판에서 서구와 비서구를 어떻게 '비교'할 것인가는 핵심적인 문제라 할 것이다. 이것이 다음 제3부의 주제이다.

제3부 "방법(론)으로서의 '서구중심주의 비판': 비교의 시각과 근거"은 서구중심주의 비판을 좀 더 넓게 비교정치이론의 맥락에 위치시키면서 서구와 비서구를 어떻게 적절히 비교할 수 있을 것인지를 다룬 두 편의 글로 구성된다. 이충훈의 "비교정치이론에서의 비교의 함의와 그 방법에 대한 소고"는 1990년대 중반 이후 비교정치이론의 등장과 성장 및 비교정치이론에서 비교의 함의를 개괄한다. 그리고 기존 정치이론이 전제했던 서구-중심-보편과 비서구-주변-특수라는 이분법적 인식에 대한 내적인 도전과 재구성을 함축하는 비교를 달성하기 위해 전개된 프로젝트들을 소개하면서, '서구중심주의 비판'의 비교가 경계해야 할 문제들에 대한 통찰을 이끌어낸다.

이관후의 "탈서구중심주의 비교정치이론 방법론의 모색: 강정인의 '상사성' 비유와 '개념적 중립성'"은 좀 더 구체적으로 강정인의 서구중심주의 극복 전략을 비교정치이론의 연구 방법론적 측면에서 검토하고, 그것이 탈서구중심주의의 이론화에 기여할 수 있는 가능성을 확인하고 보완한다. 특히 발생학적 기원보다 기능적 유사성에 주목하는 '상사성'의 비유가 비교정치이론 연구방법에서 유용한 '개념적 중립성'으로 연결될 수 있는 지점을 포착하고, '정당성'과 '대표' 개념을 통해 그 적용 가능성을 탐색해봄으로써 서구중심주의 비판의 문제의식을 확장한다.

제4부 "동·서양 정치사상과 '서구중심주의 비판': 재비판 혹은 재해석"은 '서구중심주의 비판'의 맥락에서 시도된 동·서양 정치사상 연구 성과들을 재해석 내지 재비판함으로써 기존의 문제의식을 보완하거나 확장하려는 네 편의 글로 구성된다. 제4부에 실린 이 네 편의 글은, 논의의 방향은 다를지언정, 강정인이 제기한 '서구중심주의 비판'의 문제의식이 좀 더 설득력 있게 실천될 수 있으려면 한국의 전통사상과 서구의 정치사상 양자 모두에 대한 더 세밀하고 풍부한 이해가 필요하다는 결론을 암묵적으로 공유한다.

먼저 정종모와 안외순은 동양 정치사상 전공자의 시각에서 강정인의 유가 사상에 대한 연구 성과를 각기 다른 관점으로 검토하고 있다. 정종모의 "유가정치사상에서 이상주의와 현실주의의 중첩 : 강정인의 독법을 중심으로"는 강정인의 유가 사상 연구 전반을 이상주의와 현실주의라는 관점에서 정리하고 평가한다. 그에 따르면, 강정인의 유학과 법치의 관계 및 율곡의 소강론(少康)에 대한 연구는 유학의 현실주의를 분석한 것이며, 유가 공론(公論)의 이상성 및 대동민주주의에 관한 연구는 유학의 이상주의를 분석한 것으로 볼 수 있다. 정종모는 강정인이 제기한 "현실주의와 이상주의가 유학 전통이나 개별 유학자의 사상에서 어떻게 충돌, 분화, 중첩되는지에 대한 고찰과 통찰"에서 '중첩'과 '동시성'에 대한 감각을 확인한다.

안외순의 "덕치/법치와 동서 통섭 : 강정인의 논의를 중심으로"는 '동양의 인치(人治) 대 서양의 법치(法治)'라는 오랜 이분법적 구도를 서구중심주의적 편견의 한 사례로 보고, 그런 인식 구도의 해체를 위해 '유교적 덕치와 서구 근대 법치의 겸전'을 주장하는 강정인의 논의를 꼼꼼히 다시 읽은 것이다. 그에 따르면, 강정인은 서양의 덕치를 추적하고 유교 헌정주의 전통을 재조명함으로써 양자 모두를 복권시켜 '동양의 유교는 덕치, 서양은 법치'라는 기존의 대립적 인식 구도를 해체했다. 하지만 안외순은 강정인 역시 덕치를 '준법정신'과 동일시하고 '치자와 피치자의 내면적 소양'으로 국한한 점에서는 학계 전반이 지닌 인식의 한계를 벗어나지 못했다고 보고, '정치의 덕'을 펼치는 '덕치'를 재고찰한다. 그리고 이를 통해 동양 전통 사상을 바라보는 서구 중심적 편견을 극복하는 강정인의 논의를 보완한다.

다음으로 문지영과 하상복은 서구 사상을 서구중심주의의 맥락에서 해석한 강정인의 성과를 재검토한다. 먼저 문지영의 "존 로크의 정치사상과 서구중심주의"는 존 로크의 정치사상을 서구중심주의의 맥락에서 해석하는 입장을 검토하는 가운데 로크적 자유주의의 특징을 재조명하고, 이로부터 '서구중심주의 비판'의 맥락에서 이루어지는 작업들이 그 목적의식에 지나치게 사로잡힐 경우 자칫 로크 사상을 편협하게 이해하거나 어느 일면만 배타적으로 강조하는 결과를 초래할 우려가 있다고 지적한다.

하상복의 "사회계약론을 다시 생각하기"는 여기서 한 걸음 더 나아가 홉스·로크·루소의 사회계약론을 이른바 '자유주의적 사상'의 범주로 묶어 분석·비판하는 기성의 논의가 그들 간의 차이를 단순화 내지 은폐하게 되는 문제점을 깊이 파고들면서 '서구중심주의 비판'이 보완해나가야 할 한계를 시사한다. 그는 정치적 근대에 관한 서구적 원리로 한국의 정치학계가 공통적으로 받아들이고 있는 사회계약사상의 자유주의적 해석을 비판적으로 검토하고 있는바, 그것은 서구 근대정지사상에 대한 강정인의 관점을 다시 사유하는 작업으로 이어진다.

마지막으로 제5부 "'한국 정지사상의 재구성'이라는 문제의식 : 보완과 적용"에는 '서구중심주의 비판'의 문제의식을 염두에 두고 현대 한국정치를 사상적으로 독해하고자 한 두 편의 글이 자리하고 있다. 정승현의 "이승만의 자기 인식과 권위주의의 정당화(1945.10-1950.6)"는 민주주의를 내세우면서 비민주적인 정치행태를 보였던 이승만의 인식 체계를 민주주의의 설계자·건설자, 국민의 훈육자, 민의(民意)의 대행자로 분석한다. 이 분석은 강정인이 한국 정치의 특징으로 제시한 '자유민주주의와 권위주의의 중첩적 병존'을 보완하는 의미를 갖는다. 강정인은 정권이 내놓은 담론을 통해 정치체가 표방하는 가치(민주주의)와 현실(권위주의)이 맺는 중첩적 병존을 다각도로 분석한 바 있다. 이런 담론은 발화자의 의도로 환원되지도 않고, 현실과도 거리를 갖기 때문에 단순히 허위로 치부할 수도 없고, 그렇다고 현실에 아무런 영향력을 미치지 않는 것도 아니어서 가치와 현실의 괴리를 분석할 수 있는 중요한 통로가 된다. 그런데 이런 담론을 발견할 수 없는 경우에는 어떻게 할 것인가? 정승현은 담론을 통해 단순한 허위나 권력욕으로 환원되지 않는 발화자의 인식 체계를 포착함으로써 이런 질문에 답한다.

전재호의 "2000년대 한국의 '탈민족주의' 논쟁 연구 : 주요 쟁점과 기여"는 2000년대에 들어 기성 학계의 민족주의 인식을 비판하고 등장한 탈민족주의 담론과 그에 대한 기성 학계의 재비판을 한민족 형성의 근대론, 포스트모던 역사 인식, 권력 담론으로서의 민족주의, 탈민족·탈국가 역사 인식/서술과 국사해체론 등 쟁점별로 정리하고 재음미한다. 그는 탈민족주의 논쟁이 강정인이 민족주의의 신성화가 '퇴조'되었다고 진단한 2000년대에 벌어졌다는 점에 주목한다. 이로부터 민족주의 신성화의 퇴조는 국민국가를 넘어선 관계를 구축하기 위해 민족주의를 어떻게 재구성할 것인가의 문제와 연결되며, 탈민족주의 논쟁이 일정한 결론에 다다르지 못하고 사그러들었다는 것은 아직 민족주의의 재구성이라는 문제가 현재 진행형이라는 점을 시사한다는 통찰을 도출한다.

앞서 언급한 것처럼, 이 책은 이처럼 정치학자 강정인의 학문적 성취를 추적하고 검토하며 평가하는 방식을 취한다. 하지만 이 책의 집필에 참여한 필자들의 궁극적 문제의식은 강정인이 이룩한 서구중심주의의 문제 설정과 탈서구중심주의의 대안을 비판적으로 이해하고 새롭게 상상해보는 데 있다.

이 책의 기획 취지나 서술 방식이 '서구중심주의 비판의 재성찰'이라는 목표를 온전히 성취한다고 자신하기는 어렵다. 저자들은 서구중심주의 비판을 우리 사회의 여전히 유효한 목표로 다시 설정하고, 한국의 정치학계, 보다 넓게는 사회과학계가 그 문제에 대한 관심을 갖고 논쟁을 시도하기 위한 학문적 계기를 제공할 것을 기대해 마지않는다. 일국의 경계 내에서든 국가 간에서든, 오늘날 일상적으로 경험하고 목격하는 인종·국적·종교 간의 위계와 그로 인한 갈등 및 무력 분쟁은 우리가 '서구중심주의 비판'의 문제의식에 그 어느 때보다 귀 기울여야 할 동기와 이유를 말해준다. '서구중심주의 비판'은 곧 평등과 정의, 평화에 대한 요구에 다름 아니니 말이다.

· · ·

이 책의 집필에 참여한 저자들은 오랜 시간 삶과 학문 속에서 강정인과 인연을 맺고 교류해온 동료이거나 제자들이다. 이들은 한국사회에 질문을 던지고, 그 질문에 대한 답을 찾기 위해 정치학자 강정인이 수행해온 날카로운 분석력과 풍부한 상상력을 공히 나누어 가지고 있다. 저자들의 학문적 정체성의 뿌리와 줄기는 강정인이 이룩한 학문적 지평 속에서 태동하고 자라나왔고, 그의 정치사상을 때로는 수용하면서 때로는 그것과 대결하면서 단단해지고 성장해왔다고 말해도 좋을 것이다. 그러한 깊은 인연에 비추어보면, 강정인의 정치사상이 궁극적으로 풀어내고자 했던 서구중심주의에 대한 비판과 해법의 문제의식을 저자들이 자신들의 고유한 학문적 틀 속에서 다시 사유하고, 다시 검토하고, 다시 대안을 모색하고 있는 이 책은 매우 의미 있는 작업이라고 말할 수 있다. 무엇보다 그것은 연구자로서, 선생으로서 강정인이 가장 이상적으로 삼아온 학문적 교류의 틀이자 방법이었다. 기성의 논의를 진지하게 수용할 것, 하지만 그것에 대한 비판적 거리두기를 유지할 것, 그리하여 학문적 도약을 위한 비판과 반비판의 과정을 밟아나갈 것, 그리고 그 학문적 상호성을 통해 만들어진 연구 성과로 독자들과 만날 것을 강정인은 늘 강조해왔다. 이 책은 강정인의 그와 같은 학문적 모델을 구체적으로 실천하는 하나의 계기일 것이다. 저자들은 이 책을 읽는 독자들이 서구중심주의 비판에 관한 정치학적 논의들과 함께 공동체적 차원에서 학문하기의 흥미로운 한 양상을 만날 수 있게 되기를 소망한다.

끝으로 이 책의 출판 경위에 대해 간략히 덧붙이고자 한다. 본래 이 책은 강정인의 연구에 대한 동료와 제자들의 비판적 사유를 담은 글들과 함께, 그 글들에 대한 강정인의 해석과 평가를 담을 예정이었다. 하지만 이 책의 중심을 차지하고 있는 강정인은 지난 2019년 7월 9일, SSK 대형단계 2년차 평가를 마무리하고 난 후 학술회의를 위해 방문한 중국에서 불의의 사고를 당했다. 그는 여전히 요양병원에 머물고 있고, 저자들은 그의 생각과 비판을 듣지 못하고 있다. 그 점에서 이 책은 '미완'의 작업일 수밖에 없다. 언젠가 강정인이 저자들의 주장을 반박하고 자신이 남긴 과제들을 완성해내길 바라마지 않는다.

"이 책은 2017년 대한민국 교육부와 한국연구재단의 지원을 받아 수행된 연구임(NRF-2017S1A3A2065772)"을 밝혀둔다. 저자들은 한국연구재단의 지원에 힘입어 집필에 착수할 수 있었지만, 이 과제의 연구책임자로서 강정인이 연구를 수행하다 사고를 당하게 되면서 이 책이 잠정적으로 이 과제의 마지막 결과물인 셈이 되었다.

2024년 봄
편저자 문지영, 이지윤, 하상복

제1부

동서 사상의 교차와 횡단

'서구중심주의 비판' 다시 읽기의 배경

01

사상의 번역, 번역의 사상
번역을 통해 본 강정인의 정치학

공진성(조선대 정치외교학과)

정치사상사 연구와 번역은 뗄 수 없는 필연적 관계를 맺고 있다. 사실 정치사상의 역사 자체가 번역의 역사라고 해도 과언이 아니다. 번역에 힘입어 고대의 문헌들이 현대에까지 이어지고 있고, 정치에 대해 다른 문명권에서 다른 언어로 기록한 생각이 우리에게 전달될 수 있었다. 그러나 그의미와 가치는 자주 간과되곤 한다.

　서양 정치사상사의 경우만 봐도, 고대 그리스의 사상이 아랍 세계를 통해 12세기 유럽에 번역되어 전해짐으로써 사상적 혁명이 일어났고,[1] 16세기 독일에서 마르틴 루터(Martin Luther)가 『성서』를 독일어로 번역함으로써 천 년 동안 지속되던 기독교 세계가 분열하기 시작했으며,[2] 그로 인해촉발된 종교 전쟁의 끝에 근대 세계가 탄생했다. 이 서양의 근대를 번역하

---

[1] 이에 대해서는 해스킨스(2017), 259쪽 이하 참조. 그에 앞서 중세 아랍 세계에서 고대 그리스 사상이 번역을 통해 폭넓게 수용되었음이 또한 언급되어야 할 것이다. 이에 대해서는 구타스(2013) 참조.

[2] 이와 관련한 매우 인상적인 해석은 사사키 아타루(2012), 59쪽 이하 참조.

면서 동아시아에서도 근대가 시작되었다는 것 역시 잘 알려진 사실이다.[3]

생계를 위해 번역하는 전문번역가가 아닌 이상 학자로서의 번역자는 번역을 통해 세상에 대한 지식인 간의 해석 경쟁에 뛰어들고, 세상에 개입한다. 이때 자신이 번역하려는 철학자·사상가 및 그들의 저서를 선택하는 일은 중요한 의미를 가진다.[4] 정치학자 강정인의 경우, 번역에 대한 그의 관심은 많고도 넓은 연구 업적 속에서 특히 두드러진다. 이 글에서는 한국의 대표적 정치학자이자 번역자인 강정인이 무엇을, 어떻게, 왜 번역했는지를 그가 쓴 '역자 후기'를 바탕으로 하여 살펴보고자 한다. 그리고 또한 그 학문적 의미가 무엇인지를 강정인의 정치학의 핵심 질문인 '민주주의'와 '서구중심주의 극복'과 관련해 생각해 보고자 한다.

• • •

강정인은 1987년 5월 박사학위를 받고 귀국한 후 한국에서 정치학을 가르지면서 수많은 책과 글을 번역했다. 첫 번째 번역서는 아그네스 헬러 (Agnes Heller)의 책, 『마르크스에 있어서 필요의 이론』(인간사랑 1990)이다. 강정인은 「옮긴이의 말」에서 1987년 민주화 이후 한국 대학에서 마르크스주의가 활발히 논의되는 상황, 그리고 아직 현실 사회주의 국가가 붕괴하기 전인 상황에서, 자본주의 또는 자유주의 사회가 보장한다고 하는 개인의 '이익(interest)'과 사회주의 또는 공산주의 사회가 보장한다고 하는 '필요(need)'의 차이가 무엇인지를 탐구했다고 밝힌다. 그리고 그 답을 찾

---

3 이에 대해서는 마루야마 마사오·가토 슈이치(2000), 하울랜드(2021) 참조.

4 그 대표적인 예가 투키디데스(Thucydides)의 『펠로폰네소스 전쟁사』를 1628년 영어로 옮겨 출간한 영국의 정치철학자 토마스 홉스일 것이다. 홉스에 대한 투키디데스의 영향에 대해서는 Münkler(2014), 19, 32–4, 98쪽 참조.

기 위한 나름의 노력을 하는 과정에서 이 책을 번역했다는 것이다(5-7).[5]
학생들의 사회주의적 지향 또는 적어도 사회주의에 대한 관심이 강하던
시절, 한편으로는 그런 지향과 관심에 부응하면서도 다른 한편으로는 이
데올로기적 긍정을 넘어 비판적 인식을 가능케 하려는 그의 의도를 짐작
할 수 있다.[6] '아그네스 헬러'라는 저자를 선택한 것 자체가 강정인의 그
런 의도를 반영하는 것처럼 보인다.

아그네스 헬러는 헝가리의 철학자이자 사회학자로서, 대학과 당에서
제명되고 복권되었다가 다시 제명되는 고초를 겪었다. 달리 말하자면, 소
크라테스가 아테네의 '등에'였듯이, 사회주의 국가의 '등에'였다. 강정인
은 그를 "비공론적(非空論的)이고 비교조적인 마르크스주의자"라고 평가
한다(10). 헬러는 우리에게 "단순히 마르크스로 되돌아갈 것을 요구하는
것이 아니라, 마르크스를 넘어서서 그로부터 벗어나도록 요구"한다는 것
이다(10). "근본적인 과제는 마르크스에 도전하고 비판함으로써 그에게
갇히는 것이 아니라, 마르크스주의를 풍부하게 하는 것"이라는 말에서 강
정인의 당시 생각을 엿볼 수 있다(10). 마르크스주의에 관한 책, 그것도
마르크스의 혁명 이론이나 다른 어떤 이론이 아니라, '필요 이론'에 관한
아그네스 헬러의 책을 선택한 것은 이런 생각의 반영일 것이다.

한국에서 서양 정치사상사를 가르치기 시작한 지 4년째 되는 해에 『플
라톤의 이해』(문학과지성사 1991)라는 편역서를 내면서 강정인은 서구 정
치사상을 공부하고 가르치는 자신에 대해 다음과 같이 묻는다. "서구 정

---

5 이하에서 괄호 안의 숫자는 앞서 언급된 책의 쪽수를 가리킨다.
6 여기에서 드러나는 인정과 구별의 욕구는, 사실 그것은 모든 학자에게 공통된 욕구이
   겠지만, 이어지는 강정인의 학문 여정에서도 뚜렷하게 드러난다. 그는 서양 정치사상
   연구자 및 교육자로서 한편으로는 서양 정치사상에 대한 자신의 전문성을 인정받고
   싶어 하지만, 다른 한편으로는 서양 정치사상에 대한 연구가 단순한 수입과 훈고(訓
   詁)의 수준을 넘어서야 함을 강조하며 자신을 다른 학자들과 구별하려고 한다.

치사상을 연구하고 강의하는 것이 21세기의 길목에 접어든 한국에 어떠한 의미를 가지는가? 그리고 한국인인 나에게 어떠한 의미를 가지는가? 바꾸어 말하면 나의 이러한 작업이 한국의 정치 현실에 과연 어떤 기여를 할 수 있는가? 제3세계의 지식인인 나에게 이러한 지적 작업은 어떤 개인적 의미와 가치를 가지는가? 간단히 말해 이러한 작업을 어떻게 사회적으로, 개인적으로 정당화할 수 있는가?"(11) 그러면서 강정인은 "지극히 우연히 주어진 [한국인으로서의] 삶과 [지식인으로서의] 활동에 의미를 부여하고자 하는" 자신의 태도가 혹시 "인간의 부질없는 욕망에[서] 기인하는 것은 아닌가" 반문한다(11). 이처럼 강정인은 자신의 활동이 의미 있는 활동이기를 바라는 인정과 구별의 욕망을 스스로 의식하면서도, 어쨌거나 그 활동이 정말 사회적으로도 의미 있는 것이기를 소망했다.

강정인은 서구 정치사상을 연구하고 가르치는 자기 활동의 정당성을 먼저 "자연과학 이론과 구별되는 정치 이론의 특성"에서,[7] 이어서 "서구화와 전통의 단절" 탓에 불가피하게 한국 사회에 생긴 서구 사상 연구의 필요성에서 찾는다(11). 강정인은 서구 사상 연구 작업의 시작이 플라톤이어야 한다고 주장한다. "서구 사상을 이해하기 위한 방편으로 플라톤 사상에 대한 이해가 서구화를 겪는 이 땅의 사람들에게도 절실히 요청"되기 때문이다(18).[8] 그리고 "국내에 플라톤의 원작들은 다수 번역되어 있으나 플라톤 사상을 이해하기 위한 길잡이로서 플라톤 사상에 대한 한글 해설서는 별로 눈에 띄지 않"고, 그래서 "플라톤 사상에 대한 이해를 돕기 위

---

7 이에 대해 자세히는 강정인(1991), 11-4쪽 참조.

8 그러나 플라톤 사상을 이해하는 것이 한국인에게도 필요하다는 강정인의 생각은 "결국 우리는 모두 그리스인이야"(After all, we are all Greeks)라는 말이 함의하는 바와 다르다. 강정인이 『서구중심주의를 넘어서』의 모태가 된 한 논문을 그의 은사 한나 피트킨(Hanna Pitkin)에게 보냈을 때 피트킨이 그의 주장을 반박하면서 편지의 말미에 그와 같은 문구를 남겼다고 한다(강정인 2007a, 339).

해서 그에 관한 해설서를 역서로서 내게 되었다"고 자신의 번역 작업이 가진 의미를 밝힌다(18). 플라톤 사상에 대한 이해의 필요성, 나아가 이를 돕는 해설서가 부족한 현실에 근거해 번역의 필요성을 주장한 것이다.

강정인은 플라톤에 대한 "나름대로의 해설서를 쓰고 싶은 욕구"가 있지만, "이미 옮긴이가 쓸 수 있는 것보다도 훨씬 잘 쓴 해설서나 주석서가 많이 있고 나름대로 덧붙일 얘기도 없"기 때문에 차라리 그 책들을 번역하기로 결심한다(251). 이런 의미에서 강정인에게 번역은 새로운 창조가 아니라, 기존 창조물을 단순히 옮기는 것에 불과하다. 어쩌면 그의 의식 속 학문의 장은 서양 학문의 장과 분리된 한국어 학문의 장이 아니라, 하나로 이어진 영어-한국어 학문의 장이기 때문인지도 모른다. 그래서 강정인은 자신이 직접 해설서를 쓴다면 "평가하는 나의 사상의 폭과 깊이가 드러나는 데 불과"하고, "그 평가를 통해서 나의 밑천을 드러내는 데 불과"하며, "기껏해야 20세기 후반 서구화의 와중에서 남한의 한 지식인이 플라톤을 어떻게, 얼마나 이해했나를 드러내는 것으로서 남한의 지성사에서 한 가닥의 의미를 구성할 뿐"이라고 말한다(251). 즉 강정인은 자신의 글이 그저 '남한의 지성사에서(만) 한 가닥 의미를 구성'하는 것에 만족하지 못하기 때문에 차라리 번역을 선택한 것이다. 이것은 분명 서양에 유학을 다녀온 지식인의 자의식이지만, 서양에서 유학한 모든 지식인이 이런 자의식을 보이지는 않는다. 그렇다면 그의 번역은 어디에서 어떤 의미를 구성할까?

강정인은 번역에 적극적 의미를 부여하지 않는다. 그는 번역을 언젠가 국산품으로 대체되어야 할 임시방편의 수입품으로 인식한다. 당시로서는 자신에게 "플라톤 사상에 대한 일반적 평가와 해석을 할 만한 능력이 없기 때문에 서구에서 플라톤에 관한 전문가이거나 서구 정치사상사에 조예가 깊은 사람들의 플라톤에 대한 해석과 평가를 한글로 옮기는 것으로 만족"하기로 한 것이다(251). "이들의 해석과 평가를 통해서" 어쩌면 학생이 "더 많은 것을 배울 수 있으리라 믿기 때문이다"(251). 즉 번역 자체를 '정치적 사유(politisches Denken)'의 한 방식으로 인식하지는 않았다. 그러나 강정인은 "위대한 사상가는 매세대마다 각각 다른 형태의 의미와 가치의 옷을 걸치고 부활한다"거나 "그 의미와 가치에 대한 평가는 각 세대의 역사적 임무"라고도 말한다(251). 어떤 사상가에 대해 세대마다 다른 의미 부여와 평가가 이루어져야 한다면, (사실 그것 자체도 서로 다른 언어 사이, 그리고 같은 언어 안에서의 번역을 통해 이루어지지만) 문화권과 지역에 따라 다른 학문의 장에서 다른 의미 부여와 평가가 이루어져야 한다고는 왜 생각하지 못할까?

세 번째로 번역한 책, 『마키아벨리의 이해』(문학과지성사 1993)를 내면서 강정인은 처음으로 번역이라는 작업의 '고통스러움'에 대해 이야기한다. "깨알같이 많은 글자를 지면에 채우지만 이 글은 나의 글이 아니라는 생각이 무척이나 괴롭힌다"는 것이다(286). 강정인은 자기의 글을 쓰고 싶은 욕구가 강하기 때문에 남의 글을 옮기고 있는 자신의 상태를 고통스러워 한다. 비유하자면 "서툴러도 자신의 영혼에서 우러나오는 그림을 그리는 화가가 되고 싶고, 투박해도 내 목소리로 노래하는 가수가 되고 싶"다는 것이다(286). 이런 비유 속에서 번역은 그저 "남의 그림을 복제하는 3류 화가"가 되는 일, "아름답다 하여 그저 남의 목소리를 흉내내는 가수"가 되는 일로 치부된다(286). 강정인은 번역된 글에서는 자신의 '개성'이 숨 쉬지 않고 자신의 '생각'이 약동하지 않으며, 번역된 글은 "얼마나 원문의 의미와 뉘앙스를 충실히 전달했는가에 따라 평가받을 뿐"이어서, "귀중한 생명을 무모하게 낭비하면서 '죽은' 글을 쓰는 것 같아 때로 허탈감과 자기 회의를 느끼기도 하고, 급기야 번역 작업을 때려치우고 싶은 생각이 들곤 한다"고 고백한다(286). 그렇다면 그는 왜 지금 또 한 권의 번역서를 펴내고, 이후에도 계속 번역 작업을 병행할까?

강정인은 이미 학자들이나 대학원생 상당수가 원문(영어)을 직접 읽을 수 있다는 것을 알고 있다. 그러므로 기껏해야 자신의 번역이 그들에게는 "시간을 절약하는 편리를 제공하는 정도"의 가치를 지니고 있으리라 추측한다(286-7). 그렇다면 번역서는 영어 독해에 익숙하지 않은 학부생 이하의 독자를 위한 것일까? 정작 그들에게는 이런 책을 읽을 "강한 동기나 관심이 없으리라"고 강정인은 또한 추측한다(287). 1990년대에 마키아벨리 입문서가 번역이든 저술이든 시중에 거의 한 권도 나와 있지 않은 상황을 강정인은 "아직 서양 사상에 대한 우리 사회의 관심이 다원화·전문화되어 있지 않은 데서 연유한 것으로", 그리고 "서양 사상에 대한 심도 있는 이해가 아직 소수의 전유물로 남아 있는 데서도 기인하는 것으로" 여긴다(287). 지식의 다원화·전문화, 그리고 민주화에 대한 강정인의 지향을 엿볼 수 있는 대목이다. 강정인은 한국 사회의 '근대화'와 '민주화'를 위해서도 서구화한 우리 사회의 근간이 되고 있는 "서양 사상의 대중화"가 필요하다고 생각하며(287), 그런 차원에서 자신의 번역 작업에 의미를 부여한다. 즉 현재 대학원생 이상에게는 그저 시간을 아껴줄 뿐이고, 학부생 이하에게는 관심의 대상이 아닐지 모르지만, 서양 사상의 대중화를 위해, 그리고 더 나아가 한국 사회의 근대화와 민주화를 위해 '고통스러운' 자신의 번역 작업이 필요하다고 생각한 것이다.

강정인은 여전히 번역이 등가(等價)의 내용을 그저 영어에서 한국어로, 알파벳에서 '한글'로 옮기는 것에 불과하다고 여긴다. 그는 번역이 지닌 '혁명적 힘'을 인식하지 않는다. 그가 가장 바람직하게 여기는 것은 "한국 사회의 정치적 경험과 역사적 필요에 비추어 마키아벨리의 사상을 녹장적으로 해석하고 비판한 한글[!] 개설서가 출현"하는 것이다(287). 그러나 "외래 문화인 서양 사상이 본격적으로 이 땅에 소개된 연륜이 상대적으로

짧"아서 그런 업적이 출현하기까지 "좀 더 많은 시간이 필요"하다는 것이 강정인의 판단이다(287). 강정인은 서양 사상을 어디까지나 '외래 문화'로 인식하고 있으며, 한국 사회가 불가피하게 서구화했기 때문에 그것을 일단 배울 필요가 있지만, 궁극적으로 우리는 단순한 모방을 넘어 재구성과 창조로 나아가야 한다고 생각한다. 여기에서 주목할 점은 그의 궁극적 관심이, 예컨대 레오 스트라우스(Leo Strauss)의 관심과 같이 초문화적 본질의 탐구가 아니라는 것이다. 그런 의미에서 강정인이 서양 사상을 '문화적'인 것으로 간주하면서도(비본질주의), 서양 '문화의 번역'은 동일한 내용을 그저 언어적으로 치환하는 일에 불과한 것처럼 간주하는 것(본질주의)이 모순처럼 보이기도 한다.

강정인은 "한국적인 독창성을 지닌 유교와 불교 사상이 발전하고 또한 전통 사상으로 자리잡게 된 배경에는 그동안 많은 학자들이 주로 선진적인 중국 문화를 섭취하면서 중국의 사상을 모방·습작한 반복된 노력이 숨어 있었을 것"이라고 추측한다. 그런 의미에서 "20세기 한국 사회의 중요한 역사적 당면 과제 중의 하나인 '근대화' 및 '민주화'가 서양 사상의 '한국화'를 필연적으로 요청"하며, 이를 위해 "상당 기간 서양 사상에 대한 모방과 습작의 과정"이 필요함을 주장한다(288). 한국에서 '서양' 정치 사상을 연구하고 가르치는 자신의 행위를 정당화하기 위해 한국의 '근대화'와 '민주화', 즉 일정한 서구화의 필요성, 그리고 이를 위한 서양 사상의 수용, 즉 '한국화'의 필요성, 그리고 다시 이를 위한 과도기의 번역, 즉 '모방과 습작'의 필요성을 주장하는 것이다. 계속해서 번역은 마치 어린아이가 성장하는 과정에서 불가피하게 해야 하는 '모방과 습작' 같은 것으로, 그러나 다 커서는 하지 말아야 할 것으로 간주된다. 성숙한 학문이라면 오히려 남의 모방 대상이 되어야 한다는 것이다. 그러나 강정인은 훗날 영어 중심의 지구적 지식장 안에서 자신이 성인이 되어 남의 모방(즉

번역) 대상이 되기 위해서도 스스로 자신을 영어로 번역해야 하는 역설을 경험한다.[9]

다시 한 번, 강정인은 서양 사상의 '한국화'가 소수의 학자나 학생이 원서를 직접 읽어 이해하고 소화하는 방식으로도 얼마든지 가능하지만, "'한글'로 쓰인 문헌을 통해서 수행될 때 훨씬 더 효과적이고 민주적으로 수행될 것"이라고 생각한다(288). 비유하자면, 성서에 담긴 신의 뜻을 이해하여 한 사회를 기독교화하는 일이 소수의 엘리트가 직접 성서를 원어로 (또는 라틴어로) 읽음으로써도 가능하겠지만, 성서가 예컨대 '독일어'로 번역되어 일반 언중이 쉽게 읽을 수 있을 때 그 사회의 기독교화가 '더 효과적이고 민주적으로' 이루어질 수 있다고 생각하는 것이다. 강정인이 의식적으로 표현하고 있지는 않지만, 그의 생각에 번역은 단순히 서양 사상의 '한국화' 과정을 '더 효과적'으로, 그러니까 더 빨리 성취하는 것이 아니라 '민주적'으로, 즉 엘리트 주도의 '한국화'와는 다른 형태의 '한국화'를 추진하는 것이다. 그러나 강정인은 그 과정에서 생겨날 수 있는 왜곡과 통속화(vulgarization)를 별로 우려하지 않는다. 그는 1980년대 마르크스주의 및 좌파 사상의 유행을 예로 들면서, 번역을 통해 그런 사상의 한국화 과정이 '가속화'되었다고 설명한다. 그것이 "현실 외면의 이론지상주의적 성향이나 교조주의적인 경향" 같은 많은 부작용을 낳기도 했지만, "십 년도 채 지나기 전에 남한 사회의 지적 풍토를 근본적으로 변형시켰다"고 평가한다(289). 강정인은 마르크스주의자들이 주장하는 바와 같이 한국 사회

---

9 이와 관련해 주목해봐야 할 것이 지구적 학문장 안에서의 '한국' 사회과학의 발전 전략을 두고 벌어진 강정인과 김경만의 논쟁이다. 김경만이 지구적인 학문의 장 안에서 영어로 보편적 주제를 두고 실력을 다퉈야 한다는 쪽이라면, 강정인은 그렇게 하면 학문의 종속성만 강화될 것이므로 한국적 특수성을 보편화하려는 노력을 해야 한다는 쪽이다. 이에 대해서는 강정인(2007), 8-46쪽과 김경만(2007), 48-92쪽을 참조하라.

의 자본주의 발전이 낳은 내적 모순이 심화되었더라도 그것을 인식하고 타파하려는 의지를 가지게 할 이론서들이 한국어로 번역되지 않았더라면 그런 운동과 변화가 더디기만 했을 것이라고 생각한다. 그래서 번역이 가진 위험성을 지적하기보다, '근대화'와 '민주화'를 위해 한국 사회의 '서구화' 수단으로서 번역이 필요함을 오히려 역설한다. 대중이 지식의 소비자가 될 때의 사회적·정치적 효용을 왜곡과 통속화의 위험보다 더 크게 보는 것이다.

나아가 강정인은 사상적 '주체성'을 강조하며, 이를 마르크스주의적 교조성과 대비시켜 옹호한다. 그러나 그런 교조성이 '근본적인 것에 대한 추구'일 가능성은 배제한다. '주체성'에 대한 그의 강조는 반토대주의적이고 반본질주의적 태도에서 비롯하는 것 같다. 그러므로 자연스럽게 '다양성'에 대한 긍정으로 이어진다. "서양 사상의 한국적 수용을 역사적 명제로 승인하더라도, 우파 사상이든 좌파 사상이든 일부 서양 사상을 고집한 나머지 이론적으로 하나의 렌즈에 집착하여 세계를 조망하는 것보다는 다양한 서양 사상의 렌즈를 통해 보다 풍성하게 세계를 바라보는 균형적인 자세가 바람직하기 때문이다"(290). 그렇다면 과연 강정인은 세계에 대한 총체적 인식에 관심이 있는 것일까,[10] 아니면 그저 '렌즈'의 다양성에 관심이 있는 것일까? 혹시 남의 '렌즈'가 아닌 자기 고유의 '렌즈'를 가지고 싶은 것은 아닐까?

강정인은 마르크스주의 역시 플라톤 이래 지속적으로 발전해온 "서양 사상의 다양한 흐름 중의 중요한 하나에 불과"할 뿐이기에, 그것을 고집

---

10 유학 시절 마키아벨리에게서 얻은 위로에 대해 이야기하며 "외로움은 진리의 빛을 좇는 활동에 숙명처럼 따라다니는 친숙한 그림자로서 방황의 날개를 접고 내 옆에 나란히 눕곤 했다"고 서술하는 구절을 보면 강정인이 적어도 한때는 근본적인 진리를 추구했던 것처럼 보이기도 한다(강정인 1993a, 295).

할 필요는 없다고 주장한다(290). 그가 중요하게 생각하는 것은 오히려 '독자적인 한국 사상의 출현'이다. 이를 위해 '균형 있는 섭생', 즉 "서양의 다양한 사조를 섭취하는 동시에 동양 사상의 재해석을 통해서 우리의 유산을 새롭게 계승하는 것"이 필요하다고 그는 주장한다(290). 로티가 말하는 '창조적 시인'이 되기 위한 준비와 견습의 과정으로서 다양한 동서양의 사상적 자원을 접할 필요가 있다는 것이다.[11] 그러므로 강정인은 자신의 번역이 마르크스주의적 서적이 범람하는 시대에 "서양 사상의 한국화 과정에서 서양 사상의 균형적인 섭취에 기여"하기를, 그리하여 서양 사상에 대한 창조적 해석 작업을 할 미래의 학자를 위한 "디딤돌"로서 기능하기를 바랐다(288, 291).

같은 해에 강정인은 『홉즈의 이해』(문학과지성사 1993)를 펴낸다. 이 책의 「역자 후기」에서 강정인은 당시 "일반적인 사상사 책으로 잘 알려진" 책들을 언급하면서, 그 책들에도 예컨대 마키아벨리나 홉스에 대한 논의는 30-40페이지 정도 나올 뿐이며, 개설서들조차 "대부분 영국이나 미국에서 쓰인 지 30-40년이 지난 책으로서 고전적인 가치를 지니고 있기는 하지만, 또한 낡은 책으로서 영미 학계에서 쌓인 그간의 연구 성과를 반영하지 못하고 있다는 단점을 가지고 있다"고 지적한다(276). 지금까지는 서구 사상의 이해 필요성을 적극 제기했다면, 여기에서는 더 나아가 서구 사상에 대한 '최신'의 연구 성과를 흡수할 필요성을 제기한 것이다. 이는 '더 나은' 해석의 가능성을 인정하는 것이기도 하지만, 또한 '동시대적 해석'을 수용할 필요성을 주장하는 것이기도 하다.

---

11 미국의 철학자 리처드 로티(Richard Rorty)는 마지막 어휘를 거부하면서 인간의 삶을 한 편의 시에 비유하여 그 시를 새로운 메타포를 이용해 끊임없이 새롭게 쓰려고 하는 창조적 시인을 '아이러니스트'라고 부른다. 이에 대해서는 로티(1996), 145쪽 이하 참조.

강정인은 당시 한국의 '학문적 낙후성'을 이렇게 기록한다. "국내에 돌아와 강의하면서 발견한 것이지만 서구의 고전에 대한 정확한 번역도 많지 않고, 서구 사상가에 대한 기본적인 해설서도 드문 편이다. 국내의 유명 출판사에서 발간한 '세계의 사상 전집'류나 단행본으로 나와 있는 사상가들의 한글 번역 고전을 교재로 쓰면서 읽어보면 오역이나 부정확한 표현으로 가득 차있는 것을 발견할 수 있다. 이는 번역 실력의 미흡에도 일부 기인하지만 동시에 이들에 대한 전문적인 이해가 결여되어 있기 때문이기도 하다. 따라서 훌륭하게 번역된 고전이 드문 것과 이에 관한 좋은 해설서가 없는 것은 서로 악순환의 고리를 이루고 있는 것으로 보인다"(276).

그러나 강정인은 학문적 낙후의 원인을 학자들 개개인의 잘못이나 무능보다는 그저 물질적 생활 수준의 향상에 골몰한 남한 사회의 근대화 과정에서 찾는다. 그래서 "남한의 학계가 본격적이고 실질적인 연구를 위한 여건과 풍토를 조성할 수 없었고, 단지 그 모양과 형식을 갖추는 데 급급했다"는 것이다(277). 이런 현실에 더해 "국내 학계나 일반 사회가 번역이라는 지적 작업에 관해 그 심각한 필요성에도 불구하고 학문적으로 높이 평가하지 않았"음을 지적한다(277). 그래서 사상 고전의 "번역자들이 그 분야의 전문가가 아닌 경우가 많았고, 역자들이 일단 번역을 한 후에도 그 역서를 애정과 관심을 가지고 가꾸거나 교정하지도 않았"으며, "다음 세대의 번역자들도 이를 참고로 하지 않고 새로이 번역"함으로써 "과거의 경험이 축적되지 않은 채 매 세대마다 서구의 고전이 고립적이고 반복적으로 번역"되었다는 것이다(277). 강정인은 스스로 이런 문제들을 극복하려고 노력했다. 과거의 번역을 늘 참조했고, 자신의 번역을 꾸준히 수정했다.

강정인이 다섯 번째로 번역한 책은 마키아벨리의 『군주론』(까치 1994)

이다. 지금까지의 번역과 달리, 처음으로 서양 정치사상사의 고전을 번역한 것이다. 이 번역 역시 대학에서 학생을 가르치며 필요성을 느낀 결과였다. 기존의 번역본이 그리 만족스럽지 않았던 것이다. 강정인은 "강의 도중에 한글 번역서를 직접 인용하는 일이 드물어지고 [그] 자신도 한글본을 잘 읽지 않게 되었다"고 말한다(241). 언제부터인가 그에게는 "논리상으로나 구문상으로나 정확하지 못한 문장을 읽는 작업이……짜증스러운 일이 되고 말았기 때문이다"(241). 부실한 번역에 분노해본 연구자라면 누구나 공감할 수 있는 부분이다. 그러나 강정인은 부정확한 번역이 낳는 비효율성을 개인적 수준을 넘어 사회적 수준으로까지 확장하여 논한다. 수업에서 번역의 오류를 지적하면서 '과거에 낭비한 시간'과 '앞으로 낭비할 시간'을 합치면 사회적 피해가 어마어마하게 크다는 것이다(242). 강정인은 나아가 "그러한 피해와 불편을 감당하기 싫어서 책을 읽지 않는 풍조가 어렸을 때부터 일반 국민에게 조성된다면, 그 보이지 않는 효과가 한 국민의 문화 수준 일반에 미치는 폐해"가 지대할 것이라고 주장한다(242).

이 지점에서 어떤 사람들은 차라리 번역을 포기하고 모든 책을 영어로 읽는 것이 개인적으로도 집단적으로도 효율적이라고 판단할 것이다. 영어 공용어화론자의 생각이 그렇다. 지식의 거래 비용이 줄어든다는 것이다.[12] 그러나 강정인은 번역포기론 대신 번역진흥론을 주장한다. 번역이 창의적인 작업으로 인정되지 않아서 학문적으로 크게 평가받지 못하는 현실을 비판하며, 오히려 경제적 보상을 통해 "상대적으로 우수한 재능과 진지한 정열이 번역 작업을 홀시하거나 외면하게 하는" 현실을 바꿔야 한다고 주장한다(242). 이것이 장기적 과제라면, 단기적 과제는 "불필요하고 무모한 시간의 낭비와 그 반복"을 헌신적인 누군가가 중단시키는 것이다(242). 강

---

12 복거일(2003) 참조.

정인은 스스로 그 임무를 짊어지고자 했지만, 특히『군주론』의 번역과 관련하여 걸림돌이 있었다. 자신이 원어인 이탈리아어를 전혀 모른다는 점이다.

강정인은 기존의 번역본들, 즉 일역본이나 영역본 등의 중역본이 가진 '이중 오역'의 위험을 인지하고 있다. 그래서 직접 번역에 나서는 것을 주저했지만, 기존 번역본의 문제가 너무나도 많아서, 비록 중역(重譯)이지만 그보다는 나을 것이라는 생각에 근거해, 그리고 아직 이탈리아어와 정치사상사 지식을 모두 겸비한 번역자가 나타나지 않은 과도기적 상황에 근거해 자신의 번역을 정당화한다. 그러나 아래의 예시에 등장하는 두 유형의 전문가 사이의 협업 가능성은 배제한다. 강정인은 자신의 번역을 차선으로서 정당화하기 위해 두 가지 극단적인 경우, 즉 이탈리아어는 잘 아는데 마키아벨리를 잘 모르는 경우와 마키아벨리는 잘 아는데 이탈리아어는 잘 모르는 경우를 가정한다. 둘 다 잘 아는 것이 최선이겠지만, 둘 다 잘 아는 사람이 없다면 차선으로 이탈리아어만 잘 아는 사람이 정치사상사를 모르는 채로 번역하는 것보다는 정치사상사만 잘 아는 사람이 영역본에 의존해 번역하는 것이 더 낫지 않겠냐는 것이다(242-3).

이 과정에서 강정인은 "원문의 '문의(文意)'"와 "사상가의 사상에 대한 지식"을 편의적으로 분리한다(243). 그러나 과연 어떤 사상가의 사상에 대한 지식 없이 그 사상가가 쓴 글의 의미(문의)를 온전히 이해하는 것이 가능할까? 모든 대학생이 한글을 아무 문제 없이 읽을 수 있지만, 그렇다고 해서 한글로 쓰인 글의 의미를 다 이해하는 것은 아니다. 그러나 반대로, 예컨대 함석헌의 사상을 한국어에 대한 지식 없이 이해할 수 있는 것도 아니다. 언어와 사상은 사실 한 몸이지 편의적으로 나눌 수 있는 것이 아니다. 그러나 강정인은 자신의 중역본을 정당화하기 위해 그 둘을 마치 나누어질 수 있는 것처럼 묘사하고, 그 둘 가운데 하나만을 선택해야 한다면 사상을 선택해야 한다고 주장한다. 마키아벨리를 잘 모르는 이탈리아어 전문가에 대한 자신의 비교우위를 주장하는 것이다.

강정인은 자신의 중역본이 다른 중역본과 다를 바 없다는 충분히 제기될 법한 비판을 의식해서인지 기존 번역본의 "한글 문체가 현대적인 감각에 적합하지 않"다는 점도 아울러 지적한다(241). 이는 모든 번역이 꾸준히 재번역되어야 한다는 주장과 다름 아니다. 강정인은 자신의 번역 역시, 이탈리아어 원문에 근거하지 않았기 때문에도 그렇지만, 문체상의 이유로도 계속 다시 번역되어야 함을 인정한다. 그래서 자신의 번역이 어디까지나 "잠정적이고 과도기적 가치"를 지니며 "과도기적인 임무"만을 수행한다는 사실을 분명히 한다(245). 이 과도기적 임무를 마친 강정인의 『군주론』은 십여 년 뒤 마키아벨리 전공자인 김경희의 『군주론』(까치 2008)에 의해 대체된다.

여섯 번째로 번역한 『현대 민주주의론의 경향과 쟁점』(문학과지성사 1994)에 붙인 후기에서 강정인은 이 책에 실린 여러 논문이 "1993년 가을학기에 서강대학교 정치외교학과 대학원에서 '민주주의 정치사상' 세미나를 하면서" 함께 읽고 토론한 논문임을 밝힌다(489). 대학원 수업에서 읽은 논문 가운데 "특히 가치가 있다고 생각된 것을 엄선하여 민주주의에 관심이 있는 독자들과 '책 읽는 기쁨'을 나누기 위해서 번역"했다고 번역의 목적을 밝힌다(489). 1993년의 시점에서 강정인은 이제 남한의 정치도 '민주화'의 길에 접어들었다는 전제하에서 "자유민주주의가 지닌 문제점 및 한계를 분석하고 그 대안을 탐색"하기 위해 관련된 논문을 학생들과 함께 읽었고, 또 그것을 번역해 대중에게 소개하고자 한다고 말한다(489). 강정인은 늘 한국의 상황을 염두에 두고서, 상황을 이해하고 나아가 변혁하는 것에 필요한 지식을 제공해 줄 서구의 연구 성과를 추려 학생들에게 읽히고 번역해 대중에게 소개하는 일에 열심이었다. 특기할 점은 서구 사상가에 대한 개괄적인 해설의 글을 엮어 옮길 때와 다르게, 책의 첫머리에 이 주제에 대한 자신의 논문(「세계화 그리고 민주주의의 미래」)을 덧붙였다는 것이다.

1995년 강정인은 자신의 일곱 번째 번역서인『로크의 이해』(문학과지성사 1995)를 내놓는다. 기존에 내놓은『플라톤의 이해』,『마키아벨리의 이해』,『홉즈의 이해』와 마찬가지 방식으로 편역한 책이다. 이른바『이해』시리즈는 여기에서 끝나는데, 1995년 세계무역기구(WTO)가 출범하고 지적재산권협정(TRIPS)이 발효되면서 해외 저작물의 저작권도 보호하도록 국내 저작권법이 1996년 개정됐기 때문이다. 이것은 다른 한편으로 한국 사회가 그만큼 경제적·학문적으로 성장했음을 의미할 것이다.

1996년 강정인은 여덟 번째 번역서로 존 로크의『통치론』(까치 1996)을 내놓는다. 중역본이라는 단점을 안고 있었던 마키아벨리의『군주론』때와 다르게 번역과 관련한 별다른 이야기를 하지는 않는다. 다만 이극찬 교수의 기존『통치론』번역을 참조했음을 특별한 비판적 언급 없이 밝힐 뿐이다.

1997년 초 강정인은 자신의 아홉 번째 번역서인『에드먼드 버크와 보수주의』(문학과지성사 1997)를 출간한다. 앞서 출간한 '이해' 시리즈와 비슷하게 버크와 보수주의에 대한 신뢰할 만한 해설의 글을 엮어 옮겼으며,『현대 민주주의론의 경향과 쟁점』과 마찬가지로 책의 첫머리에 이 주제에 대해 자신이 1992년 초에 쓴 논문, 「보수와 진보, 그 의미에 관한 분석적 고찰」을 덧붙였다. 강정인이 한국 정치사상사를 묘사하고 분석할 때 사용하는 기본적 틀인 '급진주의', '자유주의', '보수주의'가 지금까지의 번역 과정을 통해 드러난다.

강정인이 '보수주의'에 대한 소개의 글을 옮기고 '보수'와 '진보'의 개념을 고찰하는 자신의 논문을 함께 엮어 출판한 배경에는 1987년 민주화 이후 벌어진 이른바 '보혁 논쟁'과 그것의 반강제적 종결 사태가 있다. 한국 사회의 보수-진보 논쟁은 의미 있는 이론적·실천적 결과를 맺지 못한 채 사회주의권의 갑작스러운 붕괴로 인해 '찻잔 속의 태풍'으로 끝났다. 이 시기 한때 진보적이던 인사조차 보수주의가 급속히 확산하는 세계사의 흐름에 편승해 보수 정당에 투항했다(315-6). 그러니까 이 책의 출간은 3당 합당을 통해 민자당이라는 거대 정당이 탄생하고, 그 당의 후보로서 'YS'가 대통령이 되어 신자유주의적 세계화를 외친 현실을 배경으로 하고 있는 것이다.

강정인은 보수(주의)가 현실 정치에서 승리했지만 남한의 보수주의에 대해 먼저 연구한 학자들이 공통적으로 "남한의 보수 세력이 스스로 지키고자 하는 보수 이념을 가지고 있지 않거나 아니면 그 내용이 모호하다"고 지적하는 것에 주목한다(316). 그리고 그런 무이념성을 이해하기 위해서는 먼저 "서구의 보수주의가 어떤 정치 이념을 담고 있는지를 알 필요가 있"다고 주장한다(316). 그 후에야 비로소 왜 남한의 보수 세력에게는 스스로 지켜야 할 보수 이념이 없는지를 묻고 따질 수 있다고 믿었기 때문이다. 강정인의 일관된 입장은 현대 한국 사회에서 우리가 어떤 개념과 사상을 이용해 정치적 삶을 영위할 때, 먼저 그 번역·수입된 개념과 사상이 원래 무슨 뜻이었고 어떤 것이었는지를 제대로 이해하고, 그 다음에 한국적 현실에 맞게 고쳐 쓰든지 말든지 해야 한다는 것이다. 그것은 서구를 맹목적으로 추종하자는 것도 아니고, 단순히 현재를 긍정하자는 것도 아니다. 의미론(semantics)과 화용론(pragmatics)을 조화시켜야 한다는 것이다.

열한 번째 번역서는 대니얼 부어스틴(Daniel J. Boorstin)의 『탐구자들』(세종서적 2000)이다.[13] 「옮긴이의 말」에서 강정인은 먼저 '이 책'을 번역한 깃에 대한 일종의 변명을 내놓는다. 한편으로는 이 책의 저자가 "특정

한 주제에 관해 집중적으로 연구하는 전문적인 철학자나 역사가라기보다
는 좀 더 일반적인 차원에서 전문적인 연구를 종합·정리하여 일반 대중
에게 전달하는 학자"에 속한다는 것을 인정하면서도, 다른 한편으로는 이
책이 "고대 그리스·로마 문명은 물론이고 근대 서구 문명의 지적 유산을
비교적 알기 쉽게 정리"한다고 밝힌다. 서구 문명이 "현대 한국인의 삶과
사고를 조형하는 데 많은 영향을" 끼친 점을 고려하면 "정확히 이해"하는
것이 중요하며 이 책이 그 일에 "많은 도움이 될 것"이라는 말로 번역의
필요성을 다분히 방어적으로 주장한다(508-9). 그러나 강정인은 저자의
시각이 가진 한계를 지적하는 것을 잊지 않는다. "부어스틴 역시 많은 다
른 서구학자들과 마찬가지로 서구 중심적 세계관에서 벗어나지 못하고
있다"는 것이다(509). 물론 그 책임을 온전히 서구인에게만 돌리지는 않는
다. 동아시아의 지식인이 현재까지 경쟁적 또는 대안적인 시각을 충분히
제시하지 못한 점도 사실이라는 것이다. 그래서 강정인은 "동아시아 지식
인들 역시 동아시아의 사상가, 지식인 및 정치가들을 소재로 하여 부어스
틴이 자신만만하게(?) 내놓은 『탐구자들』과 같은 책을 출판할 수 있는 지
적 역량을 키워야 할 것"이라고 주장한다(509). 그렇다면 번역은 그런 자
각을 위한 거울과 같다고 할 것이다. 훗날 이루어진 강정인의 작업은 서
구인이 먼저 자기의 문화 전통 속에서 시도한 작업을 번역하는 과정에서
자극을 받고 아이디어를 얻고서, 한국의 사상 전통 속의 소재를 이용해
직접 시도한 것이다. 『인물로 읽는 현대한국정치사상의 흐름』(아카넷
2019)이 한 가지 예일 것이다. 강정인은 "이러한 작업이 동아시아 지식인
들에게 즐거운 사명으로 다가올 시대를 기원"한다(509).

---

13 열 번째 번역서는 랭던 위너(Langdon Winner)의 책 『자율적 테크놀로지와 정치철학』
(아카넷 2000)인데, 역자 후기에 특기할 만한 이야기가 없기에 따로 언급하지 않는다.

열두 번째 번역서는 마키아벨리의 『로마사 논고』(한길사 2003)이다. 여느 때와 마찬가지로 이 책은 "서강대학교 정치외교학과의 학문공동체"가 참가한 공동 작업의 산물이다.[14] 이 책의 초판 「옮긴이의 말」에는 번역과 관련한 특별한 언급이 없다. 아마도 할 수 있을 법한 이야기를 『군주론』의 번역과 관련해 이미 했기 때문일 것이고, 한국학술진흥재단의 지원을 받은 번역이기 때문에 중역이라는 약점을 스스로 인정할 수 없었기 때문일 것이다. 그래서 오히려 "필요에 따라 영문 번역본 이외에 이탈리아어 원본을 참조"했다고 밝히고 있으며, 공역자인 안선재 교수의 "서양 중세 문화에 대한……해박한 지식"이 유용했음을 언급하고 있다(653). 그러나 이 번역본이 가진 온갖 미덕에도 불구하고 중역이라는 근본적 한계는 약 15년 뒤 나온 개정판을 통해 사실상 인정된다(마키아벨리 2018).

한동안 번역 작업이 뜸하다가 2006년 강정인은 제자들과 함께 먼저 테렌스 볼(Terence Ball), 리처드 대거(Richard Dagger), 대니얼 오닐(Daniel I. O'Neill)이 쓴 『현대 정치사상의 파노라마 : 민주주의의 이상과 정치 이념』(아카넷 2006, 개정판 2019)을, 그리고 세이무어 마틴 립셋(Seymour Martin Lipset)의 『미국 예외주의 : 미국에는 왜 사회주의 정당이 없는가』(후마니타스 2006)를 번역한다. 그의 열세 번째와 열네 번째 번역서이다. 다만 이 두 책의 역자 후기는 공역자의 한 명인 정승현과 문지영이 각각 썼다.

2007년에 강정인의 열다섯 번째 번역서인 셸던 월린(Sheldon Wolin)의 『정치와 비전 1』(후마니타스 2007)이 출간된다. 역자 후기에서 강정인은 이 책의 번역 출간을 출판사로부터 제안받았을 때 망설였음을 밝힌다. 책을 옮기는 데 소요될 많은 시간을 고려할 때 그 자신의 연구에 상당한 차

---

14 항상 역자 후기에만 등장하던 안선재 교수가 형식적인 연구책임자가 되어 이 책에서는 공역자로 등장하지만, 실질적인 번역자는 강정인와 그의 제자들이다.

질이 예상되었고, 자신에게 얼마 남지 않은 학문적 여정을 감안할 때 학자로서 자신의 연구에 더 많은 시간을 바치는 것이 바람직하게 여겨졌다는 것이다(332). 초기부터 강정인은 학자가 자신에게 주어진 시간의 일부를 번역에 쓰는 경우 자신의 고유한 연구에 충분한 시간을 쓸 수 없다는 당연한 현실과, 그렇게 아까운 시간을 쪼개어 번역한 것조차 제대로 업적으로서 인정받지 못하는 부당한 현실을 비판적으로 지적해 왔다. 그런 현실 속에서도 강정인은 꾸준히 번역과 연구를 병행했다. 여전히 자신의 번역이 한국 정치학의 발전에 기여한다고 믿었기 때문이다. 그렇기에 강정인은 "우리나라의 많은 독자가 이 책을 읽고 정치사상이 실로 일생을 바쳐 연구할 가치가 있는 학문이라고 깨닫게 된다면, 옮긴이로서 다소의 위안을 발견할 것"이라고 밝힌다(332). 2년 뒤 열여섯 번째 번역서인 『정치와 비전 2』(후마니타스 2009)가 출간되었고, 다시 4년 뒤 열여덟 번째 번역서인 『정치와 비전 3』(후마니타스 2013)이 출간되었다. 이 세 권 모두 제자 및 동료와의 협업의 산물이다.

강정인이 열일곱 번째로 출간한 번역서는 퀜틴 스키너(Quentin Skinner)의 『마키아벨리의 네 얼굴』(한겨레출판 2010)이다. 그러나 이 책은 새로운 번역서는 아니고 1993년에 출간된 『마키아벨리의 이해』에 포함된 스키너의 글의 개정판을 옮긴 것이다. 기존의 번역문과 스키너의 개정판 원문을 대조하여 수정하는 작업을 공역자인 제자 김현아가 맡았다.

『정치와 비전』을 완역한 뒤로는 사실상 중요한 번역서는 더 나오지는 않고, 제자 및 동료들과의 공역 작업이 주를 이룬다. 2016년 제자 권도혁과 함께 스튜어트 화이트(Stuart White)의 『평등이란 무엇인가』(까치 2016)를, 2018년 제자 이석희와 함께 마이클 사워드(Michael Saward)의 『민주주의란 무엇인가』(까치 2018)를 번역한다. 이 책의 「옮긴이의 말」에서 강정인은 "서양 정치사상의 한국화를 위한 작업은 서양 정치사상에 대한 정확한 이해를 전제로 한다"면서, "그러한 이해에 기여하기 위해……서양 정치사상의 주요 개념에 대한 입문서를 번역, 출간"한다고 그 취지를 밝힌다(259). 강정인은 이 두 권의 책이 모두 서구의 독자들을 대상으로 하고 있음을 알지만, "영미 또는 서구의 정치철학이 수식어 없는 초기값[즉 그냥 '정치철학']으로 설정될 만큼 보편적으로 받아들여지고 있는 한국 또는 비서구 세계 전반의 대세적 현실, 나아가 좀 더 구체적으로 자본주의와 자유민주주의로 운영되는 한국의 정치 현실과 정치철학이 그들과 문제의식을 광범위하게 공유하고 있다는 점 또한 우리는 부정할 수 없다"고 말한다(260-1). 그렇기 때문에 서구의 학자들이 서구의 독자를 상대로 쓴 책을 한국어로 번역해 소개하는 것이 여전히 유의미하다는 것이다. 이것은 한국이 거스를 수 없이 서구화했음을 뜻하는 것일까, 아니면 서구와 한국이 함께 세계화했음을 뜻하는 것일까?

아마도 강정인이 번역자로 참여한 마지막 책은 존 토피(John C. Torpey)의 『여권의 발명 : 감시, 시민권 그리고 국가』(후마니타스 2021)일 것이다. 이 책의 역자 후기는 책임번역자인 이충훈이 쓴다.

그 사이에 강정인은 자신의 책 『서구중심주의를 넘어서』와 『한국 현대 정치사상과 박정희』를 영어로 번역 출간한다(Kang 2015 ; 2017). 이처럼 강정인은 영어를 중심으로 돌아가는 21세기의 지구적 학문장 안에서 자신의 '성숙한' 학문이 남의 모방 대상이 되기 위해서도 먼저 자기를 영어로 번역해야 하는 불공평한 현실에 굴하지 않고, 서양 사상의 번역과 수용을 통해 그동안 성숙해진 한국 사상의 세계화를 위해 노력한다.

• • •

한국 사회의 근내화와 민주화에 대한 강정인의 지향과 관심은 필연적으로 우리보다 앞서 근대화와 민주화를 이룩한 서구의 사상을 번역하는 것으로 이어졌다. 그것이 불가피하게 한국 사회를 어느 정도 서구화하는 것을 의미했지만, 강정인은 그 부분적 서구화 과정을 거쳐 한국이 궁극적으로 사상적·학문적 주체성을 획득하게 되기를 바랐다. 번역은 과도기에 필수적인 습작과 모방이었다.

강정인은 영어와 한국어의 관계에 대한 비판적 의식 속에서, 영어로 하는 학문이 귀족정체를 지향하는 것과는 달리, 한국어로 번역된 학문은 설령 그 출처가 서구의 것이더라도 민주정체를 지향한다고 생각했다. 즉 소수가 지식을 독점하는 것을 막고 지식에 대한 대중의 접근을 허용한다는 점에서 궁극적으로 한국 사회의 민주화에 기여할 것이라는 생각이었다. 이것은 동시대의 다른 학자들이 상대적으로 '귀족적' 학문 활동을 해왔던 것과 비교된다. 곧 영어/원어로 사상사 고전이나 해설서를 읽고, 단순히 그것을 소개하거나 자신의 해석을 담은 논문과 책을 쓰는 것과 달리(이때 대중은 그 해석의 옳고 그름을 판단할 수 없다), 강정인은 중역으로라도 가독성 높은 형태로 고전을 번역함으로써 대중이 쉽게 접근할 수 있도록 했고, 고전에 대한 해석 경쟁에 일반 독자도 참여할 수 있도록 문을 열었다. 물론 대중의 '문화적 취향'이 그렇게 높지 않은 현실을 안타깝게 여기기도 했지만, '고급 문화'를 소수의 지식인이 독점하도록 내버려두지 않았으며, 일반 대중도 그것을 향유하기를 소망했다. 그럼으로써 서구 사상이 한국화하고, 이를 통해 어느 정도 서구화한 한국 사상이 궁극적으로 세계화할 수 있기를 희망했다. 그것이 강정인이 추구한 한국의 민주화와 세계화였고, 서구중심주의의 극복 방안이었다. 번역은 그 핵심에 놓여 있었다.

한국 사회의 민주화와 서구중심주의의 극복에 대한 강정인의 학문적이면서도 동시에 정치적인 지향은 서양 사상의 번역에 대한 그의 적극적 태도에서만 아니라, 번역 대상의 선택에서도 드러난다. 동시대의 다른 정치학자, 특히 서양 정치사상을 연구하는 학자가 번역한 책과 비교해 볼 때 이 점은 더 잘 드러난다. 정치사상사 통사를 번역한 경우에도 셸던 월린을 선택한 강정인은 존 플라므나츠(John Plamenatz)를 선택한 김홍명과 비교되고,[15] 레오 스트라우스와 조셉 크랍시(Joseph Cropsey)를 선택한 김홍우와 비교된다.[16] 또한 고대부터 현대까지 비교적 폭넓게 번역한 강정인은 예컨대 존 스튜어트 밀(John Stuart Mill)을 집중적으로 번역한 서병훈이나 존 롤스(John Ralws)를 집중적으로 번역한 장동진과도 비교된다. 강정인이 번역 대상을 선택해온 것으로부터 그가 한편으로는 자신이 유학한 미국 버클리 대학의 진보적 시각에 동의하면서도, 다른 한편으로는 특정한 사상가나 사조에 갇히지 않으려 애쓴 것을 확인할 수 있다. 강정인은 가능하면 다양한 고전과 고전의 다양한 해석을 소개하려 노력했다. 그리하여 궁극적으로는 자신의 목소리로 자신의 시를 노래하는 사람이 되고자 욕구했다.

---

15 존 플라므나츠, 『정치사상사』(전3권), 김홍명 옮김, 풀빛, 1986.

16 레오 스트라우스·조셉 크랍시 엮음, 『서양정치철학사』(전3권), 김홍우 감수. 인간사랑, 2007, 2010.

강정인의 '동·서 통섭(通涉)'에 대한 비판적 고찰

이상익(부산교육대학교)

1. 강정인과 동·서 통섭

강정인은 1987년 5월 미국 캘리포니아 주 버클리대학교(Univ. of California at Berkeley)에서 정치학 박사학위를 취득하고, 1989년 3월 서강대학교 정치외교학과 교수로 부임했다. 강정인의 학문적 연구 업적은 수많은 논문과 저서·역서 등 이루 헤아리기 어렵다. 이 중에서도 필자는 강정인의 학문적 업적을 대표하는 저작은 2004년에 출간된 『서구중심주의를 넘어서』와 2013년에 출간된 『넘나듦[通涉]의 정치사상』이라고 본다. 강정인은 『넘나듦[通涉]의 정치사상』 「책머리에」에서 다음과 같이 설명한 바 있다.

1989년 서강대학교 정치외교학과에 부임한 후 처음으로 안식년을 마치고, 1996년 가을 학기를 맞으면서 학문적으로 두 가지 목표를 추구하게 되었다. 하나는 우리 학문이 서구중심주의를 너무나 깊이 내면화한 데 대한 비판적 문제의식을 명료하게 형상화하고 나아가 이를 타개하고 극복하기 위한 전략을 정치사상 분야에서 체계적으로 모색하는 것이었고, 다른 하나는 저자 자신이 그동안 서양 정치사상 연구에만 몰입해 온 데 대한 자기 반발로 동아시아나 한국의 정치사상에 관심을 갖고 그 분야에 대한 연구를, 비록 초보적인 차원 에서이지만, 수행하는 것이었다(강정인 2013, 9-10).

위의 인용문에 의하면, 강정인은 42세 무렵에 자신의 학문적 목표를 두 가지로 뚜렷하게 정립했다. 그 첫 번째 목표는 '서구중심주의'를 극복하는 것이었는데, 그 결과물이 2004년에 출간된 『서구중심주의를 넘어서』이다. 두 번째 목표는 동아시아와 한국의 정치사상을 연구하는 것이었는데, 그 결과물로 2013년에 『넘나듦[通涉]의 정치사상』을 출간했다. 이렇게 보면 '동양과 서양의 통섭(通涉)'은 강정인의 학문 활동의 두 축 가운데 하나였 던 것이다.

이 글에서는 강정인의 두 가지 학문적 축 가운데 '동·서 통섭'에 대해 비판적으로 조명하고, 그 의의를 논의해 보고자 한다. 먼저 '동·서 통섭' 에 임하는 강정인의 기본 입장을 살펴보자. 강정인은 다음과 같이 말한다.

정치사상 연구에서 서구중심주의가 지속되는 상황을 타개·해체하기 위해, 동 아시아의 지식인들이 비교정치사상이라는 작업을 통해 전통적인 정치사상적 자원을 적극적으로 재해석·재활용하는 작업이 긴요할 뿐만 아니라 가능하다 고 굳게 믿는다. 이는 다음과 같은 세 가지 이유 때문이다.

첫째, 중국·한국·일본 등 동아시아의 전통적인 정치사상은 인류 공동의 자 산으로서의 가치를 지니고 있다는 점에서 서구의 정치사상 — 근대 서구 문명 의 패권과 더불어 전 세계를 지배해 온 —과 잠재적으로 호환 가능하다. 이런 호환성은 탐색·확보될 수 있고 또 그렇게 되어야 한다.

둘째, 동아시아 문명은 서구 문명이 보유하지 않은, 잠재적이고 실재적인 귀중한 자원을 보유하고 있기 때문에, 생태학적 비유를 사용한다면 생물 다양성(biodiversity)의 보존이라는 차원에서, 이런 전통적인 사상적 자원을 전유·쇄신·확충할 필요가 있다.

셋째, 그 유산이 동아시아인들 자신의 정체성의 일부를 구성하며 그들에게 더욱 친숙하기에, 동아시아인들은 그것을 좀 더 효과적으로 계발할 수 있는 전략적 위치에 서있다(강정인 2013, 30-1).

강정인이 거론한 세 가지의 이유 가운데, 첫째는 동아시아 전통 정치사상의 '보편성'에 주목하는 것이요, 둘째는 동아시아 전통 정치사상의 '특수성'에 주목하는 것이며, 셋째는 동아시아인들의 '정체성(正體性)'에 호소하는 것이다. 요컨대 그는 이런 세 가지 사항을 누구보다도 예민하게 의식하고 있었기 때문에 '동·서 통섭'의 선구적 역할을 자임하게 되었다.

강정인의 『넘나듦[通涉]의 정치사상』은 총 10편의 논문으로 구성되어 있다. 그 중 제1장 「비교정치사상 방법론에 대한 예비적 고찰」은 제목 그대로 '동·서 통섭의 방법론'을 논의한 것으로서, 그는 세 가지 방법론을 제시한다. 첫째는 '횡단성'으로서, "개별성을 보존하면서도 그 개별성들 간의 교차, 횡단, 소통을 통해 일련의 연대적, 집합적 공동성을 이루는 것", 즉 "개별자들의 개체성을 유지하면서도 그 개체들 간의 소통 가능성을 높여 상호 이해와 어떤 공감대를 형성함으로써, 다양성과 공동성을 동시에 획득하는 것"을 말한다(강정인 2013, 37). 둘째는 '교차 문화적 대화'로서, "상이한 도덕, 종교, 문화적 전통 간의 대화를 전개함으로써 기존의 정체성을 뒤흔들어 새로운 정체성을 창안하는 것"을 말한다(강정인 2013, 50).[1] 셋째는 '생물학적 비유와 비교'로서, '상동성(相同性)과 상사성(相似

---

1 예컨대 간디는 '교차 문화적 대화'를 통해 힌두교의 비폭력 개념을 기독교의 관점에

性)', '수렴 진화와 분지 진화' 등 생물학의 진화론에서 고안된 개념들을 활용하여 "공간적으로는 동양과 서양, 시간적으로는 과거와 현재를 가로질러 다양하고 상이한 정치사상들을 비교하는 접근법"을 말한다(강정인 2013, 53). 강정인은 이상의 세 가지 '동·서 통섭' 방법론을 검토하고, 다음과 같이 제안했다.

동양과 서양의 정치사상사가 보여주듯이, 보편성, 동일성과 차이, 이성 등의 오랜 개념을 (그것을 완전히 거부하는 대신) 재구성하고 변형시키는 것은 완전히 새로운 개념을 창안하는 것만큼이나 중요하다. 따라서 횡단성이라는 발상은 비교정치사상의 기본적인 예기(銳氣)로 볼 수 있을 것이며, 교차 문화적 대화는 그 구체적인 방법으로 간주할 수 있을 것이다. 진화론이 시사하는 바처럼, 이와 같은 접근법을 이끄는 정신은 인간의 문화와 문명이란 결코 정적이거나 불변의 상태에 있지 않으며, 오히려 유동적이고 가변적인 흐름으로 존재한다는 사실에 대한 각성이다(강정인 2013, 60).

강정인의 이와 같은 제안은 자신의 실천적 다짐이기도 하고, '동·서 통섭'에 뜻을 둔 후학이 참고해야 할 지침이기도 하다. 이 글에서는 이런 점들을 염두에 두고, 강정인이 수행한 '동·서 통섭'의 대표적 사례로서『넘나듦[通涉]의 정치사상』에 실린 4편의 논문에 대해 검토하고자 한다.

서 재해석하고, 기독교의 카리타스 개념을 힌두교의 관점에서 재해석함으로써, "적극적이고 능동적이되 초연하고 감정적이지 않은 보편적 사랑"이라는 새로운 개념을 만들어냈다는 것이다.

2. 「덕치와 법치」에 대한 고찰

『넘나듦[通涉]의 정치사상』제3장은 「덕치(德治)와 법치(法治) : 양자의 겸전(兼全) 필요성을 중심으로」[2]이다. 먼저 그 논지를 요약해 보자. 첫머리에서 강정인은 현대 한국 사회가 "법치의 과잉과 법치의 결핍이라는 역설적인 현상에 시달리고 있다"고 진단했다. 정치인이나 일반 시민을 규제하는 법은 산더미같이 쌓여 있어도, 그 법이 제대로 효력을 발휘하지 못한다는 것이다. 이러한 사정은 법치가 비교적 완비된 '서구 사회'에서도 크게 다르지 않다. 개인의 권리 보호를 위주로 하는 법치주의는 개인을 갈수록 이기적인 존재로 만들고 있으며, 정교한 법체계와 엄격한 법집행에도 불구하고 범죄와 일탈행위는 갈수록 증대하고 있다는 것이다. 이런 진단을 바탕으로, 그는 다음과 같이 주장한다.

> 여기서 우리는 대안 모색의 일환으로 전통 시대 유가의 통치 이념이던 덕치의 효용을 새삼 떠올리게 된다. 왜냐하면 법체계를 완벽하게 정비한다 할지라도, 법을 집행하고 준수하는 공직자와 시민의 도덕성이 개선되지 않는 한 법체계는 무용지물에 불과한데, 유가가 강조하는 덕치는 바로 이런 문제의식에서 출발해 도덕성의 개선을 직접적인 목표로 삼고 있기 때문이다. 따라서 성문법의 외형적 준수를 강조하는 법치와 도덕규범의 내면적 준수를 역설하는 덕치는 이론과 현실 양면에서 상호 대립되는 원칙이면서도 상호 보완적으로 사용되어야 하는 원칙이다(강정인 2013, 103).

위의 인용문에 보이듯이, 강정인은 법치와 덕치에 대해 '성문법의 외형

---

2 이 논문은 원래 『정치사상연구』제6호(한국정치사상학회, 2002)에 게재되었던 것이다.

적 준수'와 '도덕규범의 내면적 준수'로 그 특징을 구별한 다음, 양자는 "이론과 현실 양면에서 상호 대립되는 원칙이면서도 상호 보완적으로 사용되어야 하는 원칙"이라고 설명하고, 이러한 맥락에서 덕치와 법치를 '겸전'해야 하는 필요성을 제기했다. 그의 설명을 따라가 보자.

강정인에 의하면, '덕치'란 "지도자의 도덕적 감화력을 통해 백성을 교화시킴으로써 범죄나 분쟁이 없는 평화로운 사회를 만들려는 통치 원리"이다(강정인 2013, 109). 학계의 일반적 견해와 마찬가지로, 그는 공자와 맹자 등 유가의 통치론을 일단 덕치주의로 규정했다.[3] 한편, '법치'에 대해서는 서구에서의 법치주의 개념을 다음과 같이 소개한다.

오늘날 서구에서 법의 지배는 자유민주주의의 핵심적 원칙의 하나로서 통상 세 가지 관념으로 구성된 것으로 인식된다. 첫째, 법치는 자의적(恣意的)인 권력에 의한 지배에 반대되는 관념으로서 일반적인 법의 최고성을 지칭한다. 이 점에서 법치는 인치(人治, rule of man)에 대비되는 개념으로서 정치권력을 규제하며 그것을 비인격적인 것으로 전화시킨다. 둘째, 법치는 법 앞의 평등, 계급과 계층에 상관없이 공직자를 포함한 모든 사람들이 일반적인 법의 평등한 적용을 받는다는 관념을 지칭한다. 셋째, 법치는 최고의 입헌적인 법, 곧 헌법이 상위법으로서 통상적인 법을 구속한다는 관념을 지칭한다(강정인 2013, 111).

강정인은 서구의 법치주의 개념을 위와 같이 설명한 다음, 이에 비추어 한비자 등 법가의 법치론을 평가했다. 요컨대 법가는 서양의 법치사상에서 첫째와 둘째 요소, 곧 '(실정)법의 일반적 최고성'과 '법 앞의 평등'이라

---

3 이와 관련된 논의는 이 책 9장을 참고하라.

는 요소를 강조했다는 것이다(강정인 2013, 132). 그런데 한비자 등 법가에는 위의 셋째 요소가 잘 보이지 않기 때문에, 강정인은 "한비자의 사상이 법치사상으로서 갖는 결정적 약점은 그가 범용(凡庸)한 군주를 상정했음에도 불구하고 그런 군주의 자의적인 횡포를 규제할 수 있는 제도나 장치에 대한 고려가 전적으로 결여되어 있었다는 점이다"라고 비판한다. 그 결과 "한비자의 법치사상은 사실상 폭군정을 용인하는 방향으로 흐를 수밖에 없었다"는 것이다(강정인 2013, 125-6). 그는 헌법의 최고성이란 입헌주의적 요소는 오히려 유가에서 찾아볼 수 있다고 주장한다. 강정인은 다음과 같이 말한다.

> 유가의 법사상은 근대 서양 법치 사상의 세 번째 요소인 통치자를 규율하고자 하는 입헌주의적 문제에 관해 일관된 관심을 유지해 왔다. 무엇보다도 유가는 통치자들의 덕치를 통한 백성의 교화를 중시했기 때문에 통치자들의 도덕적 수양을 강조해 왔다. 유가의 민본사상 및 위민사상 역시 맹자의 여민동락 등의 개념을 통해 백성에 대한 인정(仁政)을 요구해 왔다. 따라서 오직 인정을 베푸는 유덕한 통치자만이 정통성을 구비할 수 있었던 것이다. 이런 위민사상, 덕치사상 및 천명사상을 통해 드러나는 것처럼 유가의 법사상에는 통치자의 전횡, 폭정을 견제하고자 하는 입헌주의적 정신이 내재해 있었다. 그러나 법가는 군주에 의한 신하 및 백성의 통제에만 초점을 맞춤으로써, 군주권의 강화에는 기여했는지 모르지만, 군주를 어떻게 제어할 것인가라는 문제에는 주목하지 않았다(강정인 2013, 132).

위의 인용문은 일견 평범한 학계 일반론처럼 보일지도 모른다. 그러나 강정인이 유가의 통치론을 '입헌주의'의 관점에서 해석한 것은 매우 주목할 만한 내용이다. 우리 학계에서 유교의 통치론을 입헌주의의 관점에서 해석한 대표적인 학자는 함재학이라 할 수 있는데, 그는 함재학의 주장을 적극 수용하면서 다음과 같이 말한다.

> 우리는 예(禮)의 기능 중 가장 중요한 것이 인간 행위를 외부에서 규제하고 내면적으로 절제시키는 것이라는 점에 주목하지 않을 수 없다.……이런 예치사상에 입각해 중국과 조선왕조에서는 통치자가 적절한 의례를 준수하지 않으면 통치자로서 정통성을 상실하는 것으로 인식되었던 것이다.
>
> 따라서 우리는 함재학의 주장에 따라 예를 치자와 피치자를 모두 규율하고자 한 법과 도덕의 중간 형태의 정치 규범으로 파악하고, 특히 치자를 규율함에 있어서 예가 입헌주의적 기능을 행사해 왔다는 점을 강조하면서, 유가의 입헌적 질서를—법의 지배로 보기는 곤란하지만— 예의 지배로 개념화할 수 있다.……그리고 이 과정에서 고대 성왕의 권위, 조종지법(祖宗之法), 선왕지도(先王之道), 사서육경을 포함한 유교의 경전 역시 통치자의 행위를 규제하는 데 효과적으로 동원되었다(강정인 2013, 134-5).

강정인은 이처럼 유가의 통치론을 '입헌주의'로 해석하면서, 유가의 덕치론에 대해서도 '단순한 덕치주의'로 해석하지 않고 '덕치와 법치의 겸전'을 추구한 것이라고 설명했다. 요컨대 공자와 맹자는 덕치를 이상으로 삼기는 했지만, 차선으로 법치의 긍정적 기능을 부정하지 않았다는 것이다.[4] 그는 결론적으로 "법치의 필수적 전제인 준법정신이 장기적으로는 법치가 아니라 덕치—시민적 덕성과 습성—의 산물이라는 점"을 강조하면서, 이러한 맥락에서 유가의 '덕치와 법치의 겸전'이라는 이념에 대해

4　강정인은 이 대목에서 특히 『孟子』「離婁上」 제1장의 "한갓 善心만 가지고는 政事를 할 수 없으며, 한갓 法만 가지고는 스스로 행해질 수 없다"라는 말을 주목하고, 이는 '덕치와 법치의 겸전'을 식섭석으로 상소한 내용이라고 설명했다.

새롭게 이해하고 계승할 필요성을 제기했다(강정인 2013, 126-31).

이상에서 『넘나듦[通涉]의 정치사상』 제3장을 정리했다. 필자는 이 논문에 대해 특히 다음 두 가지를 높이 평가한다.

첫째, 유가의 통치론을 '덕치와 법치의 겸전'으로 해석한 점이다. 그동안 우리는 '유가와 법가'를 '덕치와 법치'로 구별하는 데 익숙해져, 마치 유가는 '덕치만 주장하고 법치를 외면한 것'처럼 생각하는 습관이 있었다. 그러나 강정인은 유가가 법치보다는 덕치를 더 중요하게 생각하면서도, 전장법도(典章法度)의 중요성에 대해서도 깊이 인식하고 있었던 점을 밝혔다.[5]

둘째, 유가의 통치론을 '입헌주의'로 해석한 점이다. 아직도 많은 사람들은 유가의 통치론을 '인치주의(人治主義)'로 규정하고, 따라서 유가는 '군주의 자의적 통치'를 방치했다고 생각하는데, 이는 심각한 오해다. 유교의 예(禮)는 치자와 피치자를 막론하고 사회의 모든 구성원들에게 각자의 사회적 지위와 친소에 따라 그에 합당한 몫[分]을 설정하고, 스스로 분수를 지키도록 유도하는 것이다.[6] 그러므로 강정인이 유교의 예치를 '입헌주의'로 해석한 것은 유교의 본래 취지를 잘 반영한 해석이라 하겠다.

한편, 이 논문의 아쉬운 점으로, 필자는 다음 두 가지를 지적하고자 한다.

첫째, 법가에 대한 평가 문제로서, 강정인은 한비자 등 법가가 '(실정) 법의 일반적 최고성'과 '법 앞의 평등'이라는 요소를 강조했다고 평가했

5　요컨대 유가가 폄하한 것은 '형벌에 의존하는 통치'였을 뿐, 典章法度 등 '입헌적 통치의 제도화'에 대해서는 유가도 매우 심혈을 기울인 것이다.

6　김상준은 '정치 영역에서의 儀禮'는 '통치자의 위엄을 높이기 위한 수단'이었다고 인식한 기존의 견해를 비판하면서, "유교에서의 禮는 정치 영역에 있어서도 군주를 윤리적으로 견제하려는 측면이 강하다"고 강조한 바 있다. 요컨대 "유학자들은 王位의 위용을 높이는 본래의 정치 의례를 전쟁 귀족의 매너를 순치시키는 방향으로 그 성격을 변환시켰다"는 것이다(김상준 2007, 48).

다(강정인 2013, 132). 그러나 필자는 과연 법가가 '(실정)법의 일반적 최고성'을 인정한 것인지 의문이다. 이미 살펴본 것처럼, 강정인은 서구의 법의 지배가 '(실정)법의 일반적 최고성' 및 '법 앞의 평등'과 함께 '입헌주의'로 구성되어 있다고 설명했다(강정인 2013, 111). 그런데 법가는 이 가운데 '입헌주의'를 결여했다는 것이다. 필자의 생각에, 입헌주의의 요소를 결여했다면 그것은 동시에 '(실정)법의 일반적 최고성'도 결여된 것이다. 게다가, 강정인이 설명했듯이 입헌주의 이외의 요소 역시 정치권력에 대한 규제를 함의한다고 할 때, 과연 법가의 법이 정치권력에 대한 규제역할을 제대로 수행한 것인지도 의문이다. 필자가 보기에, 법가의 '법은 백성을 규제하는 역할'을 수행했을 뿐, '정치권력을 규제하는 역할'은 수행하지 못했다. 강정인도 오늘날의 '민주적 법치'는 '국민의 권리 보장과 국가권력의 분립'을 핵심 원칙으로 채택하는 반면, 고대 '법가의 법치'는 '군주권의 강화와 신민의 통제'를 주된 목적으로 했다고 구분한 바 있다(강정인 2013, 111). 실제로 법가는 '신상필벌'을 통해 신민을 농전국가(農戰國家)의 '부지런한 농부, 용감한 전사'로 만드는 데 목적을 두었다.

둘째, 유가에 대한 평가 문제로서, 강정인은 맹자의 "왕께서 인정(仁政)을 베푸시어, 형벌을 살펴(신중히)하시며, 세금 거둠을 적게 하신다면"이라는 구절을 인용하면서, 이를 다만 '덕치와 법치의 겸전'으로 해석하는 것으로 그쳤다. 그러나 이 구절은 좀 더 적극적으로 해석될 필요가 있다. '형벌을 신중히 하라[省刑罰]'는 것은 '형벌을 줄이라'는 것으로서, '국민의 생명과 자유를 존중하라'는 것이다. 그리고 '세금 거둠을 적게 하라[薄稅斂]'는 것은 '국민의 재산을 존중하라'는 것이다. 그렇다면 맹자의 이 구절은 오늘날 자유민주주의의 핵심적 주장, 즉 '국민의 생명권, 자유권, 재산권을 보장하라'는 주장과 궤를 같이한다. 강정인이 이 구절의 의미를 보다 천착했더라면, 유교를 더욱 적극적으로 평가했을 것이다.

3. 「동서양 사상에 있어서 정치적 정당성의 비교」에 대한 고찰

『넘나듦[通涉]의 정치사상』 제4장은 「동서양 사상에 있어서 정치적 정당성의 비교 : 유가의 공론론(公論論)과 루소의 일반의지론(一般意志論)을 중심으로」[7]인바, 먼저 그 논지를 살펴보자.

이 논문에서 강정인은 먼저 '정치적 정당성'의 두 가지 요소로 '구성원의 동의'와 '공동선(공공선)의 추구'를 거론한 다음, 이에 비추어 유가의 공론론과 루소의 일반의지론을 분석했다. 송대에 확립된 유가의 '공론(公論)'은 선진 유학의 천명론(天命論)과 민심론(民心論)을 지양한 개념이다. 선진 유학에서는 정치적 정당성의 근원을 '천명'에 두고 있었는데, 천명론은 후대로 내려오면서 두 가지 문제에 봉착하게 되었다. '천명의 구체적 내용을 확인하기 어렵다'는 인식론적 문제와 '과연 천명이 실재하는지조차 의심스럽다'는 존재론적 문제가 그것이다. 이러한 이유로 천명론은 차츰 자취를 감추게 되었고, 대신 '민심'이 정치적 정당성의 주요 근거로 등장하게 되었으나, 민심이 정치적 권위를 확고하게 얻은 것은 아니다. 선진 시대에 이미 민심에 대한 회의도 뚜렷하게 제기되었기 때문이다(강정인 2013, 147).

주자학의 '공론'은 '모든 구성원이 참여하는 공개적인 논의'라는 절차적 의미와 '천리와 인심에 부합하는 공정한 의론'이라는 결과적 의미를 동시에 함축한다. 주자는 공론을 '천리에 따르고, 인심에 부합하여, 천하의 모든 사람들이 함께 옳다고 여기는 것[順天理 合人心 天下之所同是者]'으로 정의했다. 그런데 강정인은, '천리'는 '천명'과 궤를 같이하는 개념이고,

---

7 이 논문은 이상익과의 공동연구 논문으로서, 원래 『정치사상연구』 제10-1호(한국정치사상학회, 2004)에 게재되었다.

'인심'은 '민심'과 궤를 같이하는 개념인 바, '공개적인 논의'를 통해 '백성의 마음' 가운데서 '보편적이고 선한 천리'를 뽑아냄으로써 '천하의 모든 사람들이 함께 옳다고 여기는 것'에 도달하자는 것이 공론론의 취지였다고 설명한다. 이런 설명을 바탕으로, 이 논문에서는 유가 공론론의 성격을 다음과 같이 정리했다. 첫째, '공론'(결과로서의 공론)은 '공개적 논의'(절차로서의 공론)를 통해 성립한다. 공개적 논의를 거치면 정책을 자세히 심의할 수 있고, 독단과 사사(私邪)를 배제할 수 있어, 최선의 결론을 얻을 수 있다. 둘째, 공론 형성의 주체는 대신과 간관 그리고 일반 신하들 모두이다. 공론을 모으기 위해서는 시장의 장사꾼이나 지나다니는 여행객에게도 의견을 물어야 하지만, 특히 사대부(士大夫, 士林)의 역할이 더욱 중요하게 인식되었다. 셋째, 공론은 만장일치를 가능하게 한다. 넷째, 공개적 논의는 만약 그 결과가 부당한 경우 책임의 소재를 분명히 알 수 있다(강정인 2013, 155-8).

이 논문에서는 또한 루소가 제창한 일반의지론의 성격을 설명하고, 다양한 관점에서 공론론과 일반의지론의 공통점과 차이점을 규명했다. 즉 유교의 공론론은 군주정을 전제한 것인 반면 루소의 일반의지론은 공화정을 전제한 것이라는 점에서 양자 사이에는 중대한 맥락상의 차이가 있으나, 이런 차이를 일단 접어두기로 하면 일반의지와 공론 사이에는 일정한 공통점이 존재한다는 것이다. 예컨대 루소는 일반의지가 항상 올바르며 파괴될 수 없다고 했는데, 이 점은 유가가 공론을 항상 올바르며 인위적으로 조작할 수 없다고 본 것과 마찬가지이다. 그러나 '올바름의 의미'에서는 중요한 차이가 발견된다. 루소가 일반의지는 항상 올바르다고 한 것은, 일반의지가 공공선(public good) 또는 공동 이익(common interest)을 추구하기 때문에 사적인 이익과 선호를 추구하는 특수의지보다 올바르다는 뜻이었다. 그러나 유가가 공론이 올바르다고 주장한 것은 시공을 초월한 보편적 합리성 또는 보편적 진리의 관점에서 옳다는 뜻으로서, 이익의 요소가 부각되는 것이 아니었다(강정인 2013, 167-8).

'올바름의 의미'에서의 차이는 또 다른 차이로 연결된다. 루소의 일반의지는 결국 어떤 집단(국가)의 '이익'과 결부된 것이기 때문에, 한 국가의 일반의지는 다른 국가나 그 구성원에 대해서는 더 이상 일반적이지 않고 단지 사적인 의지에 불과할 수 있게 된다. 그러나 유가의 공론은 이해관계를 초월한 것이기 때문에, 그 범위에 있어서 시공간적인 제약을 받지 않는 보편성을 띠게 된다는 것이다.[8]

이 논문에서 강정인 오늘날 민주주의에서 공론론이 지니는 의의를 '논(論)을 통해서 공(公)을 찾아낸다'는 것, 즉 '공개적인 논의를 통해서 공정한 결론에 도달한다'는 것으로 설명했다. 이 논문의 결론부에서는 그는 다음과 같이 말한다.

> 유가의 '공론' 개념은 천리와 인심에 부합하는 '공정한 의론'이라고 해석될 수도 있고, 모든 구성원이 참여하는 '공개적인 논의'라고 해석될 수도 있다. 전자는 '결과'로서의 '공'을 부각시키는 것이며, 후자는 '절차'로서의 '논'을 부각시키는 것이다. 많은 사람들이 참여하는 '공개적인 논의'(절차로서의 공론)는 '공정한 의론'(결과로서의 공론)을 형성하는 데 기여할 것이요, 공개적 절차와 공정한 결론은 만장일치를 도출하는 데 기여할 것이다. 현대 자유민주주의는 다수결주의를 택하고 있다. 그러나 개개 인민의 공정한 판단을 전제하지 않는 한, 다수결이 옳다는 것은 보장되지 않는다. 여기에 '다수의 지배(democracy)'

8　예컨대 루소의 일반의지론에 입각하면, 한국인의 공동이익을 추구하는 한국의 일반의지와 중국인의 공동이익을 추구하는 중국의 일반의지는 서로 충돌할 수 있다. 그러나 유교의 공론론에 입각하면, 한국인의 공론과 중국인의 공론이 별개로 성립할 수 없다.

를 표방하는 민주주의가 '중우정치'로 전락할 우려가 있는 것이다. 이런 점을 고려한다면, 결과로서의 공론은 다수결의 내용에 대해 견제할 수 있고, 절차로서의 공론은 다수결의 과정을 보완할 수 있는 것이다(강정인 2013, 182-3).

이상에서 강정인의 논의를 요약해 보았다. 이제 그에 대해 간단히 논평해 보기로 하자. 필자는 이 논문에 대해 특히 다음 세 가지를 높이 평가한다.

첫째, 유가의 '공론' 개념을 명확히 설명하고, 주자학의 공론론은 선진 유가의 천명론과 민심론을 지양시킨 것이라는 점을 분명하게 해명한 것이다. 또한 이 과정에서 선진 유가의 천명론과 민심론에 대해서 그 의의와 한계를 정확히 파악하게 된 것도 큰 소득일 것이다.

둘째, 유가의 '공론' 개념은 '정치적 정당성'을 담보하는 두 가지 요소를 훌륭하게 충족시킨다는 점을 해명한 것이다. 유가의 '공론'은 '모든 구성원이 참여하는 공개적인 논의'라는 맥락에서는 '구성원의 동의'와 궤를 같이하는 것이며, '천리와 인심에 부합하는 공정한 의론'이라는 맥락에서는 '공동선의 추구'와 궤를 같이하는 것이다. 그렇다면 우리는 '정치적 정당성의 확보'라는 맥락에서 주자학의 공론 개념을 더욱 천착해 볼 필요가 있겠다.

셋째, 유가의 공론과 루소의 일반의지의 공통점과 차이점을 다각도로 설명한 것이다. 특히 루소의 공론은 특정 집단(국가)의 (공동)이익과 결부된 것이어서 때때로 한 집단의 일반의지는 다른 집단의 일반의지와 충돌할 수 있지만, 유가의 공론은 보편적 올바름 그 자체를 추구하는 것이기 때문에 한 집단의 공론과 다른 집단의 공론이 충돌하는 경우는 발생하지 않는다는 점은 매우 주목할 만한 내용일 것이다.

이 논문의 아쉬운 점으로는, 공론의 개념을 조금 더 분석적으로 논의할 수 있었을 것이라는 점이다. '공론' 개념의 구성요소는 '천리에 따름[順天理]', '인심에 부합함[合人心]', '천하의 모든 사람이 함께 옳다고 여김[天

下之所同是者]'이다. 그런데 천리와 인심은 여러 모로 그 성격이 매우 대조된다. 따라서 천리와 인심의 성격을 좀 더 분석적으로 논의했더라면 공론의 성격에 대해서도 보다 다양하게 논할 수 있었을 것이다.

예컨대 '천리에 따르고, 인심에 부합함[順天理 合人心]'에서의 '천리'는 '자연의 이법'을 뜻하고 '인심'은 '인간의 자유의지'를 뜻한다. 그렇다면 유가의 공론론은 '자연의 이법과 인간의 자유의지가 만나는 지점'을 추구하는 것인데, 이는 직관주의와 구성주의,[9] 자연법 사상과 실정법 사상 등 매우 다양한 정치철학적 논의와 연결될 수 있는 것이다.

또한 강정인은 루소의 일반의지는 '입법의 지침'인 반면 유가의 공론은 '행정의 지침'이라고 구분했는데(강정인 2013, 167-8), 이러한 구분도 부적절한 것 같다. 예컨대 율곡은 『성학집요』에서 "편안히 살되 가르침이 없으면 금수에 가까워질 것을 염려하여, 인심에 말미암고 천리에 근본하여[因人心 本天理] 교화(敎化)의 도구를 갖춤에 부자·군신·부부·장유·붕우가 각각 그 道를 얻어 질서가 잡히게 되었다"고 설명했다.[10] 여기서 알 수 있듯이 '천리에 따르고, 인심에 부합함[順天理 合人心]'은 '입법의 지침'이기도 한 것이다.

4. 「원시 유가 사상에 명멸했던 대동 민주주의」에 대한 고찰

『넘나듦[通涉]의 정치사상』 제5장은 「원시 유가 사상에 명멸했던 대동 민주주의 : 급진적 회상」이다. 이 논문은 우선 '인민에 의한 지배'라는 의

---

9 여기에서의 '직관주의와 구성주의'는 승계호(T.K. Seung)의 『직관과 구성』(김주성 外 역, 나남출판 1999)에서 말하는 용법에 따르는 것이다.

10 『栗谷全書』 卷26 頁36. 율곡의 이 말은 강정인의 다른 글(「율곡 이이의 정치사상에 나타난 大同, 小康, 少康」)에서도 인용되고 있다(강정인 2013, 241).

미에서의 '민주주의'는 유독 고대 그리스의 아테네에만 존재했던 것이 아니라고 주장한다. 근래의 고고학·금석학·비교역사학 분야의 연구 성과에 의하면, 수메르·메소포타미아를 비롯한 고대 서남아시아와 지중해 연안 지역에서 아테네 민주정과 유사한 정치체가 아테네보다 훨씬 일찍부터 존재했다는 것이다. 강정인은 스프링보그(Springborg) 등의 연구 성과를 종합하면서, 다음과 같이 말한다.

메소포타미아 지역에 대한 연구는 이 지역에 산재한 도시적 정치 공동체에 노예와 자유민의 구분이 존재했으며, 시민권과 자치 및 공동의 자산으로서의 폴리스에 대한 인식이 존재했다는 점을 보여 준다. 좀 더 구체적으로 이 지역의 도시들은 양원적인 입법부(민회는 자유민이자 일정한 재산을 소유한 자들에게만 허용), 법의 지배, 독립적인 사법부, 관리들에게 책임을 묻는 감사제도, 배심 재판, 관직의 순환, 투표 등 민주적 또는 공화정적인 제도를 갖추고 있었다. 예를 들어 서기전 1894~1595년경 수메르 지역의 시파르(Sippar)라는 도시에는 귀족으로 구성된 원로원과 (일정한 재산을 소유한) 평민으로 구성된 민회가 있었고, 관리들은 사법과 행정에 종사하는 계급 및 상인 계급으로 구성된 평등한 엘리트들 가운데서 1년 임기로 순환적으로 임명되었다. 심지어 라가시(Lagash)라는 도시는 아테네의 솔론(Solon)이 채무 노예를 방면하면서 사용했던 '자유'의 개념과 매우 유사한 개념을 솔론 시대보다 1800년 앞선 서기전 2350년에 이미 사용한 것으로 확인된다(강정인 2013, 197-9).

강정인은 위와 같은 맥락에서 '원시적 의미의 민주주의'를 고대 세계의 광범한 사실로 전제한 다음, 고대 중국에서도 원시적 민주주의가 존재했을 것이라고 추론하고(강정인 2013, 193), 유교 경전을 통해 그 자취를 탐색한다.

강정인이 먼저 주목한 것은 『서경』「홍범(洪範)」의 '대동(大同)'이다. 사실 유교의 경전에서 '대동'이라는 용어는 두 곳에 보인다. 하나는 『예기』「예운(禮運)」에서 '천하가 공공의 것[天下爲公]'인 이상 사회를 '대동'이라했다. 다른 하나는 『서경』「홍범」에서 '결정을 내리기 어려운 중요한 현안'에 대해 '모든 사람의 의견이 합치된 것'을 '대동'이라 했다. 이와 관련된 「홍범」의 내용을 소개하면 다음과 같다.

너에게 크게 의심스러운 일이 있으면, 먼저 네 마음과 상의하고, 경사(卿士)와 상의하고, 서인(庶人)과 상의하고, 복서(卜筮)에 물으라. 너의 생각도 찬성이요, 거북점과 시초점도 찬성이요, 경사도 찬성이요, 서민도 찬성이면, 이를 '대동'이라 하니, 네 몸은 건강할 것이요, 자손들도 길함을 만날 것이다.

강정인은 위의 내용을 '위대한 합의(great consensus)를 통해 이루어지는 일종의 정치적 결정 방식'이라고 풀이하고,[11] "위대한 합의로서의 대동은 점괘는 물론 왕과 귀족 및 백성의 합의에 따른 결정을 지칭하기에 강한 민주적 함의를 부여받게 되는바, 이를 '대동 민주주의'로 정의할 것"이라 했다(강정인 2013, 210).

강정인은 고대 중국 사회에서 이러한 맥락의 대동 민주주의가 실재했다고 보고, 유교 경전과 기타 고전에서 관련된 사례들을 찾아냈다. 첫째는 『맹자』「만장(萬章)」에 보이는 요·순·우의 양위(讓位) 과정에 대한 설명이다. 맹자는 요와 순이 임금일 때는 그들이 각각 천거해 섭정을 맡긴 순과 우에게 선위(禪位)가 일어났으나, 우가 임금일 때는 그가 천거해 섭

---

11 강정인은 『禮記』「禮運」의 '大同'에 대해서는 '위대한 조화(great harmony)'라고 풀이했다(강정인 2013, 209).

정을 맡긴 익(益)이 아니라 결과적으로 우의 아들인 계(啓)에게 왕위가 세습된 사실에 대해 체계적으로 설명한 바 있는데, 강정인은 이러한 설명 방식 자체가 "위대한 합의에 따른 대동 민주주의의 실례"라고 보았다. "차기 왕은 위대한 합의에 비견할 만한 '왕의 천거(선택)', '신하의 동의' 및 '백성의 지지'라는 세 당사자의 만장일치에 의해 선임되었다"는 것이다(강정인 2013, 211-4).

둘째는『사기(史記)』「주본기(周本紀)」에 나오는 소공(김公)의 간언이다. 소공은 여왕(厲王)에게 "백성의 말을 막는 것은 물을 막는 것보다 심각합니다. 물이 막혔다가 터지면 피해가 대단히 큰 것처럼, 백성들 또한 마찬가지입니다. 때문에 물을 다스리는 자는 수로를 열어서 물이 흐르게 하고, 백성을 다스리는 자는 그들을 이끌어서 말하게 해야 합니다.……백성들이 마음껏 말하도록 하면 정치를 잘하고 못함이 다 반영되어 나오는 것입니다"라고 간언한 바 있는데, 강정인은 이에 대해 "강력한 민주적 함의를 띠고 있다"고 평가했다(강정인 2013, 221-2).

셋째는『주례(周禮)』의「추관(秋官)」에 서술된 '소사구(小司寇)'의 직책에 관한 설명이다.『주례』에서는 '소사구'의 직책에 대해 "소사구의 직무는 외조(外朝)의 정사를 주관하면서 만민(萬民)을 불러서 묻는다. 첫째는 국가의 위급에 대해 묻고, 둘째는 천도(遷都)에 대해서 묻고, 셋째는 군주를 세우는 문제에 대해 묻는다"라고 설명했다. 장승구는 이에 대해 "주대(周代)에는 백성이 국가의 중대한 정치적 결정에 참여하여 의견을 표명하는 일종의 민회와 같은 제도적 장치가 있었던 것으로 보인다"고 풀이한 바 있는데, 강정인은 이를 '의미심장한 해석'이라고 평가하면서 수용했다(강정인 2013, 199).

강정인은 정약용의「원목(原牧)」과「탕론(湯論)」에 대해서도 '대동 민주주의에 대한 급진적 회상'이라고 해석했다. 주시하듯이「원목」은 '목민

관은 백성을 위해 존재한다'는 주장을, 「탕론」은 '신하였던 탕(湯)이 군주였던 걸(桀)을 추방한 것은 정당했다'는 주장을 담고 있는 논설이다. 그는 이 두 편을 '대동 민주주의'를 옹호하는 논설로 규정하고, 정약용에 대해 다음과 같이 평가한다.

> 다산의 대동 민주주의에 따르면, 정치적으로 윗사람들이 아랫사람들을 임명하는 당대의 관행이 '역(逆)'이고, 오히려 아랫사람들이 의논해 윗사람을 추대하는 것이야말로 '순(順)'이다. 다산보다 오래전에 맹자 역시 '공(恭)'과 '경(敬)'의 개념을 변형해 민주적 함의를 강화한 바 있다.……맹자와 마찬가지로 다산 역시 과거의 원시 유가에 명멸했던 대동 민주주의에 대한 기억을 급진적으로 소생시키는 과정에서 '순'과 '역'에 대한 당대의 사고를 전복하고 대동 민주주의 원칙을 회복하고자 했던 것이다(강정인 2013, 229-30).

이상이 『넘나듦[通涉]의 정치사상』 제5장의 내용이다. 이제 간단히 논평해 보자면, 필자는 이 논문에 대해 특히 다음 두 가지를 높이 평가한다.

첫째, 고대 세계에 '원시적 민주주의'가 광범하게 존재했었다는 최근의 연구 성과를 소개함으로써, 아테네의 민주주의를 상대화한 점이다. 사실 우리는 민주주의를 '아테네의 독창적 발명품'으로 생각하는 경향이 있었고, 이를 바탕으로 서구중심주의를 자연스럽게 수용하는 경향이 있었다. 그런데 이 논문에서는 이런 경향이 잘못된 것임을 일깨워주고 있다.[12]

둘째, 그동안 대부분의 학자들이 간과하고 있었던 『서경』의 '대동' 개념을 주목하고, 그와 연관된 사료들을 적극 발굴하여, 이를 '위대한 합의'를 추구하는 '대동 민주주의'라고 개념화한 것이다. 강정인은 자신의 이러

---

12 예컨대 신라 초기의 '和白 제도'도 분명 민주적 제도의 하나였던 것이다.

한 접근법을 '조각 그림 맞추기'와 '숨은 그림 찾기'에 비유하기도 했다(강정인 2013, 192). 조각들이 온전하게 남아있지 않은 상태에서의 조각 그림 맞추기는 뜻하지 않은 오류를 범할 가능성도 크다. 그러나 우리는 그런 시도 자체를 높이 평가하지 않을 수 없다. 선구자적 입장에서 이러한 연구를 과감하게 시도한다면, 그동안 간과했던 조각들이 계속 발굴되어, 마침내 조각 그림을 완성할 수 있을 것이기 때문이다.

이 논문의 아쉬운 점으로서는, 추론이 지나치거나 원전 해석이 본래 맥락과 어긋나는 경우가 더러 있다는 것이다. 예컨대 강정인은 앞에서 언급한 '소공의 여왕에 대한 간언'을 거론하면서, "공자는『서경』을 산정(刪定)하면서 소공의 간언은 물론 여왕의 폐출과 민란에 대한 서술을 무시했거나 삭제했다. 만약에 공자가 대동 민주주의에 호의적이었다면, 당연히 여왕과 관련된 일화를『서경』에 포함시켰어야 할 것이다. 그러나 민중의 정치적 능력에 대해 회의적이거나 부정적이었던 공자는 이런 사례를 소개하는 것이 민란을 조장하고 선동하는 함의가 있기 때문에 '삭제를 통한 망각'을 시도했던 것으로 추정된다"고 설명했다(강정인 2013, 223). 그러나 '소공의 여왕에 대한 간언'이 본래의『서경』에는 실려 있었는데 공자가 삭제한 것인지 알 수 없다는 점, 그리고 현재의『서경』에도 민본사상과 관련된 내용이 많이 보인다는 점 등으로 볼 때, 강정인의 이런 추론은 지나친 점이 있다.

또한 강정인은『논어』의 "천하에 도가 있으면 서인들이 (정사를) 의론하지 않는다(天下有道 則庶人不議)"라는 구절을 백성의 정치적 발언을 기피하는 '반민주적' 내용이라고 해석했다(강정인 2013, 224). 그러나 이런 해석도 전후의 문맥과 잘 부합하지 않는다. 오히려 주자의 "위에서 실정(失政)이 없으면 아랫사람들이 사사로이 의논함이 없게 되니, 백성의 입에 재갈을 물려서 감히 말하지 못하게 하는 것이 아니다"라는 주석이 더 타당해 보인다.[13] 논자의 생각에, 전통 유교사상에서 '반민주적 내용'을 찾으려면, 차라리 정약용의 「원목(原牧)」에 대해 '목(牧)'의 관념 자체를 비판하는 것이 좋았을 것이다. 민을 '목(牧)'의 대상으로 삼는 '목민(牧民)'이란 오늘날 자유민주주의의 관점에서는 수긍하기 어려운 개념이기 때문이다.

5. 「율곡 이이의 정치사상에 나타난 대동, 소강, 소강」에 대한 고찰

『넘나듦[通渉]의 정치사상』 제6장은 「율곡 이이의 정치사상에 나타난 대동(大同), 소강(小康), 소강(少康) : 시론적 개념분석」[14]이다. 이 논문의 핵심 주장은 두 가지로 요약된다. 첫째는 율곡이 『예기』에서 연원하는 이상 세계로서의 '대동(大同)' 개념을 혁신했다는 것이다. 둘째는 小康과 少康을 혼용하던 조선시대의 일반적 언어 관행과 달리, 율곡은 小康과 少康을 엄격하게 구분하여 사용했다는 것이다.

먼저 첫째 주장을 살펴보자. 『예기』의 '대동' 사회에 대한 설명에는 '도가적 요소'가 포함되어 있어서, 예로부터 많은 유학자들이 이를 문제 삼은 바 있었다. 강정인에 의하면, 율곡은 이를 의식하여, 『성학집요』의 「성현도통(聖賢道統)」 편에서 '대동' 개념을 완전히 유교식으로 혁신했다는 것이다. 강정인은 다음과 같이 말한다.

율곡의 대동 사회론을 『예기』의 대동 사회와 비교할 때, 우리는 율곡이 자신의 대동 사회론을 전개하면서 『예기』의 대동 사회에 나오는 도가적 색채를

---

13 『論語集註』「季氏」2, 朱子註 : 上無失政 則下無私議 非箝其口 使不敢言也
14 이 논문은 원래 『한국정치학회보』 제44-1호(한국정치학회, 2010)에 게재되었던 것이다.

지닌 구절―'대도(大道)'의 시행 여부, 천하위공(天下爲公)과 천하위가(天下爲家)의 구분 등― 을 삭제했다는 사실에 주목할 필요가 있다. 필자는 율곡이 이런 삭제를 정당화하기 위해 『예기』의 서술과 달리 대동 사회 이전에 홉스적인 전쟁 상태에 근접하는 일종의 원시적인 자연 상태를 상정하지 않았나 추정한다.……이처럼 율곡은 홉스적 자연 상태를 설정함으로써 태초의 세계를 무위자연의 이상이 실현된 것으로 상정한 도가적 세계관을 원천적으로 부정하고 있다. 도가적 세계관을 삭제함으로써 율곡에게 대동 사회는 인위적인 문명 세계로 나타난다(강정인 2013, 242-3).

위와 같은 관점에서 강정인은 율곡식 대동 사회의 특징을 다음과 같이 정리했다. 첫째, 율곡은 자신의 대동 사회에서 유가가 최고 덕목으로 상정하는 윤리 기강을 확립했다. 『예기』의 대동 사회에서는 보편적 인류애가 넘치기 때문에 효(孝)를 비롯한 오륜(五倫)에 대한 강조가 없는데 반해, 율곡은 오륜을 정식으로 도입했다. 둘째, 『예기』의 대동 사회에서는 인간들 사이에 분쟁이나 갈등이 없는 데 반해 율곡의 대동 사회에서는 백성들 사이에 다툼과 갈등이 있으며, 성군의 직무는 이를 해결하고 가르쳐 주는 것이다. 따라서 율곡의 대동 사회에 대한 서술은 『예기』의 小康 사회에 대한 서술에 오히려 더 근접한다. 셋째, 율곡의 대동 사회에서는 성군이 양민(養民)과 교민(敎民)을 위해 다양한 법제를 정비한다. 이는 『예기』의 대동과 부합하지 않고 오히려 小康과 부합한다(강정인 2013, 243-4).

둘째 주장을 살펴보자. 강정인에 의하면, 율곡은 小康과 少康을 엄격하게 구분하고 있으며, 종래 '다소 강안(康安)하다'는 의미에서 포괄적으로 사용하던 '少康'을 한·당(漢唐) 시대 현군(賢君)의 치세, 즉 왕도보다는 열등한 패도에 해당하는 치세를 규정하는 용어로 명확히 구분하여 사용했다는 것이다. 그리고 『율곡전서』에는 (『예기』의 小康과 같은 표기인)

小康이 네 번 보이는데, 이는 모두 율곡 자신이 아닌 타인의 말과 글을 인용한 것이라 한다. 이렇게 인용된 小康은 "모두 『예기』의 小康이 아니라 少康 또는 그에 미치지 못하는 치세나 상태를 의미하는 것으로 해석하는 것이 온당하다고 생각된다"는 것이다(강정인 2013, 262).

강정인은 이러한 고찰을 바탕으로 "율곡의 대동·小康 개념이 『예기』에 나오는 대동·小康 개념과 다르며, 나아가 율곡은 小康과 少康의 개념을 구분하지만 스스로 小康이라는 용어를 직접 사용한 적이 없으며, 少康을 『예기』의 小康과 달리 패도에 해당하는 치세를 지칭하기 위한 명사 또는 임금이나 백성이 '다소 강안함을 느끼는 상태'를 묘사하기 위한 서술어로 사용했다"는 점을 밝혔다(강정인 2013, 269).

이상이 『넘나듦[通涉]의 정치사상』 제6장의 논지다. 이제 그에 대해 간단히 논평해 보자. 필자는 두 가지 핵심 주장 가운데 첫째 주장에 대해서는 매우 높이 평가하며, 적극 지지한다. 사실 우리는 자신에게 익숙한 분야에 대해서 오히려 주마간산(走馬看山) 격으로 대응하면서 세밀하게 살피지 않는 경우가 많다. 그런데 이 논문에서 강정인은 초심자의 눈으로 세밀하게 살피면서 중요한 논점들을 파악하여 제기한 것이다. 그리하여 이제까지 기존의 연구자들이 간과하고 있었던 점, 즉 '도가적 요소가 섞여 있다'고 하여 종종 기피되어 왔던 『예기』의 대동 개념을 율곡이 유교적 개념으로 혁신했다는 점을 밝혀냈다. 이는 이 논문의 큰 성과라 하겠다.

그러나 필자는 이 논문의 둘째 주장은 거의 수긍하기 어려운 주장이라고 본다. 강정인은 「성현도통」에 나오는 율곡의 대동 사회는 『서경』에 서술된 요·순의 '대동 사회적' 치세, 성리학적 세계관, 경장과 변통을 중시하는 율곡의 유가적 신념에 부합되게 서술되어 있다. 여기서 우리는 율곡의 이런 서술이 왕위 선양과 왕위 세습의 차이를 제외하고는, 『예기』에 나오는 대동 사회와 小康 사회의 구분을 부정하는 함의를 갖고 있다는 점을 알 수 있다"고 서술한 바 있다(강정인 2013, 244). 필자는 강정인의 이러한 주장에 적극 동의한다. 필자의 생각에도, 율곡은 『예기』의 대동과 小康을 종합하여 자신의 '대동' 개념을 정립하고, 그런 다음에 『예기』의 小康 개념은 폐기한 것으로 보인다. 그리고 『율곡전서』에 보이는 少康은, 『예기』의 대동과 小康처럼 사회의 특정한 단계를 지칭하는 '명사'로 사용된 것이 아니라, 임금이나 백성이 '다소 강안함을 느끼는 상태'를 묘사하기 위한 '서술어'로 사용된 것이었다고 본다.[15]

6. '초심자'의 노력이 거둔 성과와 우리에게 남기는 과제

강정인은 본래 서양 정치사상을 공부하여 입신(立身)했으면서도, '동양과 서양의 통섭(通涉)'을 기치로 내걸고 동양 정치사상에 대해서도 열심히 공부하면서, 동양 정치사상에 대해 정당한 위상을 부여하려고 많은 노력을 기울였다. 그는 특히 유가 정치사상을 공부하는 데 많은 노력을 기울여 마침내 주목할 만한 연구 성과를 선보였다. 그가 기존에 유가사상 전공자들이 간과했던 논점들을 간파하여 해명한 것은 매우 높이 평가되어야 할 것이다.

필자는 강정인의 유가 정치사상에 대한 연구 성과 가운데 특히 다음 두

---

15 앞에서 인용했듯이, 강정인은 "(율곡은) 少康을 『예기』의 小康과 달리 패도에 해당하는 치세를 지칭하기 위한 **명사** 또는 임금이나 백성이 '다소 강안함을 느끼는 상태'를 묘사하기 위한 서술어로 사용했다"고 설명한 바 있다(강정인 2013, 269). 그런데 필자는 율곡의 少康은 명사가 아니라 서술어였을 뿐이라고 본다. 少康을 서술어로 본다면, (명사인) 小康과 (서술어인) 少康을 구분하려는 시도는 무의미한 것이다. 또한 강정인은 "(율곡이) 스스로 小康이라는 용어를 직접 사용한 적이 없다"고 설명한 바 있는데, 그렇다면 '율곡이 小康과 少康을 엄격하게 구분했다'는 것은 그 자체로 난감한 주장일 것이다.

가지를 높이 평가한다. 첫째는 『서경』「홍범」의 '대동(大同, great consensus)'이라는 용어를 주목하고, 그와 관련된 자료들을 적극 발굴하여 '대동 민주주의'라는 개념을 정립한 것이다.[16] 기존의 연구자들은 『예기』의 '대동'에만 관심을 기울이고 있었는데, 강정인은 『서경』의 대동을 주목하고 마침내 '위대한 합의(great consensus)로서의 대동 민주주의'라는 개념을 정립했다.

둘째는 율곡이 『성학집요』「성현도통」 편에서 『예기』의 '대동(大同, great harmony)' 개념을 혁신했다는 사실을 간파해낸 것이다. 기존의 연구자들은 율곡의 대동에 대해서도 막연하게 기존의 대동 개념을 계승하는 것으로만 생각해왔을 뿐, 양자가 어떻게 다른지를 주목하지 않았다. 그런데 강정인은 『예기』의 대동 개념과 『성학집요』「성현도통」 편의 대동 개념이 크게 다르다는 것을 간파하고, 그 차이를 정확하게 분석해낸 것이다.

다만 아쉬운 것은, 강정인이 이러한 논의를 전개하는 과정에서 원전의 자료를 지나치게 작위적으로 해석했다고 느껴지는 경우도 없지 않다는 점이다. 이와 관련해서는 그의 다음과 같은 진술을 참고하는 것이 좋겠다.

만약 율곡의 개념적 혁신에 대한 이 글의 발견과 해석이 타당하다면, 잘 알려진 '벌거벗은 임금님'이라는 동화가 시사하듯이, 이는 임금을 가까이서 모시면서 권위와 전통(관행)의 마법에 친숙한 신하들보다는 그 마법에 생소한 (필자와 같은) 어린 아이의 벌거벗은 눈(육안)에 진실이 더 잘 보일 수 있다는 역설을 시사한다. 이 점에서 현실의 경장(更張)에 못지않게 현실을 보는 안목에 해당하는 학문의 경장 역시 중요하다. 서세동점 이후 지난 200년간 동북아시아 사상은 격동적인 변화를 겪어 왔다. 그동안 어려운 여건 속에서 국내의 유

---

16 우리 학계에서 근래에 나종석이 '21세기의 새로운 유학'으로 '대동민주 유학'을 제창한 바 있다. 그런데 그의 '대동민주 유학'은 『禮記』「禮運」의 '위대한 조화(great harmony)로서의 대동'에 입각한 것이다(나종석 2017, 508-20).

학 연구자들은 온갖 시련에 맞서 유학을 보존하고 전승하기 위해 수성(守成)에 몰두해 왔고, 그 노고는 값진 것이다. 바야흐로 이제 한국이 세계의 중심부에 진입했다는 낙관론이 대두하고 있다. 이런 낙관론을 학문적으로 현실화하기 위해 이제 우리에게 부여된 과제는 유학을 포함한 우리의 전통문화를 수세적으로 수성(守成)하기보다는 적극적으로 경장(更張)하는 것이라 믿는다(강정인 2013, 271-2).

위의 비유에 따른다면, 기존의 유가사상 전공자들은 '권위와 전통의 마법에 친숙한 신하들'인 반면, 강정인 자신은 '그 마법에 생소한 어린 아이'이다. 강정인은 이런 비유를 통해 '마법에 생소한 어린 아이가 진실을 더 잘 볼 수 있다'고 주장했다. 논자도 이러한 비유에 크게 공감하는 점이 있으며, 그리하여 앞에서 '초심자의 눈'을 높이 평가한 것이다.

그런데 문제는 '동화의 세계'와 '학문의 세계'는 분명히 다른 점도 있다는 사실이다. 초심자들은 생소한 분야의 기존 자료들을 본래의 맥락과 무관하게 독해하는 오류를 범하기 쉽다. 필자가 보기에 강정인의 논문에서도 그러한 오류가 존재한다. 이 글에서 지적한 몇 가지 사항들이 그 예이다. 강정인이 이 분야를 더욱 공부할 수 있다면 그 스스로 새로운 안목을 지닐 수 있을 터인데, 미래를 알 수 없는 지금으로서는 안타까울 뿐이다.

위의 인용문에서는 또 한편으로 우리 후학에게 '학문의 경장'을 주문했다. 학문의 경장을 위해서는 '동양과 서양을 통섭하려는 자세'가 더욱 긴요할 것이다. 우리 후학이 강정인의 선구적인 노력을 본보기로 삼아 매진한다면, 각자의 영역에서 분명 큰 업적을 이룰 수 있을 것이다.

제2부

'서구중심주의 비판'의 문제의식

타당성과 유효성?

03

한국적 민주주의와 한국적 헌정주의

박동천(전북대학교)

1. "민주주의" 앞에 붙은 "한국적"이라는 한정사

민주주의는 서양의[1] 제도라서, 마치 양복이 그대로는 한국인들에게 잘 어울리지 않듯이, 한국의 현실에 맞추려면 무언가 조정 또는 변용이 필요하다는 발상은 서세동점기 이래, 특히 우리 자신의 정치적 형식을 우리가 스스로 결정해야 하는 상황이 시작된 1945년 해방 이후 적지 않은 수의 지식인들이 시시때때로 표현해 왔다.

　한국인의 손으로 만든 최초의 헌법은 대한민국을 "민주공화국"이라 선포했지만, 그 헌법에 따라 인민이 선출한 최초의 정부는 동시에 최초의

---

[1] "서양"(西洋, the West)이란 한국어의 일상어로든 학술어로든 구체적인 뜻이 매우 모호한 단어다. 현재의 논제와 관련해서 흔히 사용되어 온 단어라서 굳이 다른 단어로 바꾸지 않고 그대로 사용하지만, 본고에서는 동유럽과 대비되는 이른바 서유럽, 그리고 영국, 미국, 캐나다, 오스트레일리아, 뉴질랜드 등, 유럽계 후예들이 주류인 영어권 나라들을 특정해서 가리킨다.

독재 정권으로, 마침내 더 이상 참지 못하고 떨쳐 일어난 인민의 저항에 의해 무너졌다. 그러나 "민주"라는 간판을 달고 활동하다가 사월혁명 덕분에 집권하게 된 정당이 이끈 소위 "민주적" 정부는 소위 "혼란"을 수습하지 못하다가 군부 쿠데타를 맞았다. 그 뒤로 적어도 1987년까지, 남북이 대치하는 상황에서 평화를 지키고 민생을 빈곤에서 해방하는 급선무를 위해 서유럽이나 영어권 사회에서 보장되는 정치적·시민적 권리를 그대로 한국에서 보장할 수는 없다는 견해가 정치권력의 주변은 물론이고 권력과 직접 연결되지 않은 지식인들 사이에서도 나름의 호소력을 확보했다.

박정희는 이런 발상에 "한국적 민주주의"라는 이름을 붙였다. 하지만 여기 붙은 "한국적"이라는 형용사가 별로 하는 일이 없다는 사실을 알아내기 위해 그다지 깊은 연구가 필요하지는 않다. 사회 공동체를 위해 시급히 대응해야 한 정책의 우선순위가 무엇인지, 각 분야의 정책은 어떤 내용으로 채울 것인지, 이런 종류의 결정을 내릴 때 거쳐야 할 절차는 무엇인지 등에 관해 사회구성원들 사이에, 그리고 이해당사자들 사이에 의견이 분분할 때, 모든 의견에 공평한 기회를 주다가는 논쟁만 벌이다가 세월을 허비하리라는 우려는 충분히 정당하다. 특히 당면한 문제가 절박할수록, 또는 해당 사회의 경제적·물질적·기술적 역량이 취약할수록, 시간 자체가 희소한 자원이 되기 때문에, 광범위한 공론장의 토론에 일 처리를 맡기기보다는 소수 지도자들의 지혜를 믿고 그들에게 결정을 위임하는 것이 현명할 때가 실제 현실에서는 아주 빈번하다. 공론의 역할을 믿고 중시했다고 흔히 평가되는 17세기 영국의 존 밀턴이나 19세기의 존 스튜어트 밀조차도 보통선거권이라는 발상에는 우려를 표했고, 정치적 결정은 아무래도 지성과 덕성이 남보다 뛰어난 소수가 맡는 편이 안전하리라 여겼다.

20세기 서양의 지식인들 중에도 민주주의라는 정치방식에 어떤 식으로든 우려나 불신을 표한 사람은 많다. 에드먼드 버크에서 조세프 드 메스트르를 거쳐 매튜 아놀드나 호세 오르테가에 이르는 어떤 보수주의자들, 칼 마르크스에서 볼셰비키 및 시진핑에 이르는 어떤 사회주의자들, 피에르-조세프 프루동이나 미하일 바쿠닌에서 헨리 데이비드 소로에 이르는 어떤 무정부주의자들, 그리고 무스타파 케말에서 가말 압델 나세르나 루홀라 호메이니에 이르는 어떤 민족주의자들, 그리고 여타 각양각색의 사람들이 각기 서로 다른 이유와 강도로 민주주의라는 정치방식의 취약성을 지적했다. 이유와 목표가 어떻든, 민주주의를 비판하는 담론에서 가장 핵심적인 논거는 혼란 내지 사악한 이익의 득세를 막지 못한다는 점이다. 이런 생각은 물론 서양 아닌 곳에서도, 아주 옛날부터 줄곧 나타났었다. 흥미로운 점은 오히려, 20세기에 서양 아닌 곳에서 이런 생각이 표현될 적에 종종, 민주주의 자체를 거부하는 것이 아니라, "민주주의"라는 명사 앞에 형용사를 붙여서 마치 혼란을 방지하는 형태의 민주주의를 따로 분류할 수 있다는 듯한 시도가 이뤄졌다는 사실이다.[2]

서양의 어떤 나라를 두고 말하더라도, 민주주의가 얼마나 실제로 작동하고 있는지는 논란거리다. 21세기에도 그렇거니와, 19세기는 두말할 나위도 없다. 그렇지만 서양 아닌 곳에 위치한 나라들이 서양 사회와 접촉하기 시작하면서, 민주주의라는 것이, 구체적으로 무엇을 어떻게 하는 것

---

2 이극찬(1986, 496-7)은 "자유민주주의," "사회민주주의," "협동민주주의," "집산민주주의," "교도민주주의," "후견민주주의," "프롤레타리아 민주주의," "관객민주주의," 등등, "민주주의"라는 단어 앞에 붙어 사용되는 40개 이상의 형용사들을 열거한 다음, "의심할 바 없이 오늘날 우리들은 민주주의 개념의 혼란 시대에서 살고 있는 감이 없지 않다"고 술회했다. 그러면서 그는 베커(Carl Becker)를 전거로 삼아, "민주주의를 정의하여 그 말에다 정확한 의미를 부여하는 일이 필요하다"고 본다. 물론 이극찬도 베커도 "정확한 의미"를 찾는 데 성공했다고 볼 수는 없다.

이 민주주의인지를 따지는 차원에서보다는 단지 "인민이 주가 되는" 정치의 방식이라는 표어의 차원에서, 막연한 이상에나 해당하는 수사적 지위를 가지게 되었다. 일반 인민에게 이 표어가 일단 하나의 이상처럼 각인되고 난 후, 서양이 아니고 서양과 다르다는 자의식을 가진 지역의 정치적 야심가들은 서양의 제국주의에 저항하는 운동을 조직한 인물들이든, 해당 사회의 근대화를 추진한 인물들이든, 또는 이런저런 명분을 내걸었지만 명분보다는 권력에 더 관심이 많았던 인물들이든, "민주주의"라는 표어를 대체로 적극적으로 받아들여 사용했다.

그러나 이런 나라에서 실제로 정부 권력을 장악한 사람들은 대체로 자신들이 정부를 운영하는 방식이 서양의 민주주의와는 다르다는 점을 인정하면서도 사정상 그것이 불가피하다고 정당화했다. 공론장의 역량이 실제로 부족해서 사람들이 심각한 주제에 관해 논쟁을 시작하기만 하면 폭력 사태가 발생하기 때문이든, 아니면 아직 폭력 사태가 발생하기도 전인데 단지 공론에 의한 결정 같은 것을 믿고 기다릴 만한 인내심이 없기 때문이든, 이 사람들은 대체로 서양의 민주주의를 자기네 사회에 그대로 적용했다가는 필연코 혼란이 뒤따른다고 믿었다. 그래서 자기네 사회에 적용했을 때 혼란을 일으키고야 말 서양식 민주주의 말고, 혼란을 일으키지 않을 민주주의를 따로 가리킬 이름을 고안했다. 수카르노는 그것을 "교도민주주의"(guided democracy)라고 불렀고, 블라디미르 레닌은 민주집중제, 또는 민주적 중앙집권제(democratic centralism)라고 불렀다. 마르크스-레닌주의를 명목상 표방하는 정부들은 자신들이 "인민민주주의"(people's democracy)를 실천하고 있다고 자처한다.

이와 같은 맥락에서 박정희가 내세운 "한국적 민주주의"는 이중으로 흥미롭다. 첫째는 민주주의 앞에 형용사를 붙여서 민주주의를 혼란에서 수사적으로 구원하려 하는 일련의 정치적 수사법의 한 사례라는 점이 흥미롭고, 둘째는 그런 수사법들이 대개는 이처럼 새로이 분류되는 민주주의의 형태에 내재하는 일정한 속성을 표현하는 형용사를 사용하는 데 비해 박정희는 나라 또는 땅 또는 민족을 가리키는 형용사를 사용했다는 점이 흥미롭다. 이 글에서 앞으로 논의하게 될 논제는 이 두 가지 흥미에서 발원한다.

우선, 아돌프 히틀러도 베니토 무솔리니도 프란치스코 프랑코도 자기가 민주주의를 실천하고 있다고 선전할 필요를 그다지 느끼지 못한 데 비해, 수카르노나 레닌이나 박정희는 자신의 정치적 실천도 민주주의라고 주장하기 위해 나름의 형용사를 첨가했다. 이런 수사가 나름의 정당성을 가지는지를 따지려면 민주주의가 무엇인지를 단순한 언표나 수사의 포장을 뚫고 들어가 제도와 실천의 차원에서 가려낼 최소한의 기준이 필요하게 된다. 그리하여 영어권 담론에서 자주 등장하는 이른바 "절차적 민주주의"를 그러한 기준으로 삼을 수 있다고 보느냐 여부에 따라서 이런 수사법의 정당성에 대한 판단이 좌우될 수 있는 것으로 보인다.

다음으로, 박정희가 국호 내지 지명 내지 민족명을 사용한 것은 서양의 식민주의 대 피식민 지역의 방어적 민족주의라는 대립 구도를 소환한다. 이 구도는 박정희의 의도와 반드시 상관이 있다고는 볼 수 없는 차원으로까지 번져나가서, 유교민주주의론이나 동아시아의 전통 사회도 민주주의의 관점에서 평가할 수 있다고 주장하는 담론들로 다양한 갈래들이 뻗어나간다. 이 담론들은 이미 적어도 수십 년의 역사를 가지는 만큼 수많은 가지로 뻗어 나가 결코 간략하게 정리될 수는 없다. 하지만, 결국은 절차적 민주주의, 다시 말해 헌정주의를 어떻게 이해하느냐에 따라서, 유교민주주의라는 형태 또는 한국적 민주주의라는 형태가 서양식 민주주의와는 다르지만 엄연히 민주주의라는 집합 안에 속하는 하나의 형태인지에 대한 답변도 좌우되는 것으로 보인다. 이제 이 점부터 고찰해보기로 한다.

2. 유교민주주의와 "인민의 의사"라는 개념

동아시아 여러 나라에서 나타나는 정치의 방식은 서양의 민주주의 사회와 중요한 점에서 다르다는 관찰이 가능하다. 예컨대 중국은 마오의 시대는 물론이고 지금도 통상 비교정치학자들에 의해 권위주의 체제로 분류된다. 한국은 오랜 군부 독재를 거쳐서 이제는 민주주의 체제로 통상 분류되지만, 이명박과 박근혜처럼 대통령의 성향에 따라 권위주의 체제로 돌아갈 수 있는 위험이 남아 있고, 심지어 문재인 정부 역시 민주주의라기보다는 "청와대 정부"라는 비판을 받기도 했다(박상훈 2018). 싱가포르는 소득 수준은 대단히 높지만 정치적으로는 정부에 반대하는 세력의 활동이 제약되기 때문에 권위주의로 분류된다. 일본은 야당에 대한 제도적 제약은 없지만 선거 때마다 자민당의 집권이 당연한 듯 예상되고, 실제 선거 결과는 번번이 그 예상을 사실로 확인한다.

퍼리드 자카리아는 1996년에 "자유롭지 않은 민주주의(illiberal democracy)는 하나의 성장 산업"이라고 썼다(Zakaria 1996). 복수정당제나 자유로운 선거 같은 민주적인 실천들이 부분적으로 그리고 피상적으로 행해지는 동시에 법의 지배, 권력분립, 그리고 표현과 결사와 신앙과 재산의 자유 같은 기본권이 모두에게 보장되지는 않는 체제들이 증가하는 현실을 가리킨 것이었다. 서양의 민주주의 체제들과 러시아, 중국, 북한 같은 권위주의 체제들 사이에 위치하는 나라들을 가리키는 용어들은 "이행기 민주주의(transitional democracy)"(Stradiotto and Guo 2010), "결손민주주의(defective democracy)"(Merkel 2004), "선거만 하는 민주주의(electoralism)"(Karl 2000), "위임민주주의(delegative democracy)"(O'Donnell 1994), "방어적 민주주의(defensive democracy)"(Weinblum 2015), "절반민주주의(Semi-democracy)"(Nobrega 2010) 등 이외에도 매우 다양하다. 이런 용어들에서 민주주의 앞에 형용사가 붙었다는 점은 곧 민주주의의 다양한 형태를 의미하기보다는 민주주의라는 일컬음을 받기에 뭔가 부족하다는 점을 가리킨다.

이와는 대조적으로 유교민주주의는 뭔가 부족한 형태라기보다는 조잡하고 무질서한 개인주의(rugged individualism)로 치닫는 자유민주주의에 일종의 공동체주의적 대안으로 제시된다(Tan 2004). 개인들은 자신의 이익을 주장할 권리를 가지는 동시에 공동체의 화합에 일조할 의무를 가진다. 정치는 서로 적대적인 세력들 사이의 경쟁이 아니라 공동체의 존속과 번영을 위해 지혜를 모으는 협동이다. 개인들의 자유는 대부분 허용되지만, 조화로운 사회의 질서를 위험에 빠뜨릴 수 있는 행위는 규제된다. 규제는 먼저 문화적으로, 즉 당사자의 절제를 유도하는 방식으로 이뤄지고, 그것이 잘 작동하지 못할 때에는 사법적 강제가 행해질 수 있다. 대부분의 시민들은 체제의 정치적 성격에 의문을 제기하지 않고, 정책 당국의 역량을 신뢰하고 지지한다. 교육, 의료, 주거 등에서 대다수가 상당히 유복하게 살아간다. 주류(majority)의 생각에 대한 이견 중에 그나마 들어볼 만한 가치가 있는 것과 사회에 해롭기 때문에 근절해야 할 것이 구분되어야 하고, 이 구분 자체가 당국의 책무 가운데 하나다.

이것은 현자들에 의한 정치다. 그리고 이런 체제가 궁극적으로 권력자의 선의에 전적으로 의존하게 된다는 점은 이미 고대 그리스에서부터 알려져 왔다. 물론 현실적으로 행복한 결과가 빚어지는 사례들이 드물지는 않다. 그러나 통치 엘리트를 선발하는 기능이 개방적이고 절차주의적인 경쟁이 아니라 소수 엘리트로 구성되는 은밀한 회의에 맡겨져 있기 때문에, 만약 이 선발 기능이 제대로 작동하지 못하는 경우 체제는 위기를 만날 수 있다. 그리고 그런 위기를 엘리트가 애당초 슬기롭게 예방하리라는 기대가 만약 버틸 수 없는 경우, 다시 말해 그런 위기를 예방하는 데 엘리트가 혹시라도 실패하는 경우에 대비한 장치가 체제 내부에는 전혀 마련되어 있지 않다. 더구나 무엇보다도, 엘리트에 의한 통제 체제라도 다수의 삶이 물질적으로 유복하기만 하면 민주주의인가? 현자에 의한 정치도 민주주의인가? 이런 체제도 민주주의라고 부를 수는 있을지 몰라도, 그러기 위해서는 민주주의에 대한 특별한 정의가 필요하다.

민주주의는 정의상 인민의 의사에 따르는 정치의 방식이다. 그런데 인민의 의사가 무엇인가? 사람은 개인사에 관해서도 자기가 무엇을 원하는지, 자기가 무엇을 원해야 좋을지를 잘 모를 때가 많다. S라는 결정을 내렸다가 결과가 기대 이하여서 S 말고 W를 선택하지 않은 것을 후회하는 경우가 많다. 이 사람은 결정을 내리는 시점에서 S를 원한 것이 사실이다. 하지만 후회하는 시점에서 바라보면 그때 S 말고 W를 원했어야 한다. 이런 상황은 인간의 삶에서 아주 자주 벌어지는데, 이로부터 다음과 같은 함의를 끌어내도 어쩌면 특별히 잘못된 것은 아닐지 모른다 : 만약 이 사람 곁에 어떤 현자가 있어서, 결정의 시점에서 S 말고 W를 선택하라고 조언해 줄 수 있다면 좋지 않겠는가?

이 주제를 논한 저술은 많지만, 한국에서 비교적 많이 알려진 논문으로는 이사야 벌린의 「자유의 두 개념」을 들 수 있을 것이다(Berlin 2006). 벌린은 선택의 기로에 놓인 사람에게 어떤 길이 자기가 선호하는 결과로 이어질 것인지만이 중요한 것이 아니라, 설령 나중에 후회하게 될 길이라 할지라도 스스로 선택한다는 사실 자체 역시 대등하게 중요하다고 주장했다. 개별적인 상황에서 내가 S를 하려고 할 때 어떤 친구나 스승이 내가 미처 살피지 못한 점들을 알려주면서 W를 권할 수 있고, 나는 그 충고를 고맙게 받아들여 결정을 바꿀 수 있다. 물론 실제 상황이라면 여러 가지 다른 가능성들이 상존한다. 나는 그의 충고를 고맙게 여기지만, 그래도 일단 처음 생각대로 해보고 결과를 지켜보는 길을 택할 수도 있다. 그 결과 아니나 다를까 처음에 충고해 준 친구 말대로 내가 원했던 결과가 나오지 않을 수도 있지만, 그 친구의 예상과는 다른 결과가 나올 수도 있다. 뿐만 아니라, W를 권하는 친구의 충고를 고맙게 여기면서도 S를 선택했다가 친구의 예상과 같은 결과를 맛본 경우에 비해, 그런 충고 없이 나 홀로 S를 선택했다가 후회스러운 결과를 맛본 경우에 내가 결과에 반응하는 방식은 크게 다를 것이다. 후자의 경우는 미처 생각 못 했던 점들을 새삼, 말하자면 쓴맛을 보고 나서야, 알게 되어 후회하는 것인데 비해, 전자의 경우는 그런 쓴맛을 보게 될 공산이 크다는 점을 인식하면서도 한번 실험 삼아 해본 결과이기 때문에 심리적으로 타격을 입지는 않을 수가 있다.

하여간, 내가 선택의 기로에 섰을 때, 실제로 선택하는 나의 "경험적인 자아"보다 더 나은 판단을 내릴 수 있는 사람이 곁에 있고, 그의 조언을 내가 고맙게 받아들여서 모두가 더 행복한 결과를 얻는 경우는 실제로 많이 있다. 하지만 그런 존재가 항상 곁에 있으면서 모든 일에 간섭한다면 누구나 금세 짜증이 날 것이다. 하물며 마치 정부가 항상 더 나은 판단을 내리는 그런 존재이기라도 하다는 듯 참칭하면서, 일상생활에서 모든 개인들의 선택 자체에 일정한 제약을 거는 것은 완전히 다른 일이다. 벌린은 이것을 온정적 간섭주의(paternalism)라 확인하면서, "상상할 수 있는 범위 안에서 가장 큰 전제"(tyranny)가[3] 바로 그와 같은 온정적 간섭주의라고 갈파한 칸트를 인용한다.

시간과 사정이 달라짐에 따라 선호와 판단이 달라진다는 점은 인민의 의사에도 그대로 해당한다. 그리고 인민의 의사에는 개인의 의사에 해당하지 않는 개념상의 난문 하나가 첨부된다. 인민의 의사란 개인의 의사들이 모여서 이뤄진 것으로 상정되는 하나의 표상(representation)이기 때문

---

3 Immanuel Kant, *Kant's gesammelte Schriften* (Berlin 1900-), vol. 8, pp. 290-1, 벌린 (2006, 370)에서 재인용.

이다. 고대의 왕들이[4] 나름 인민의 의사, 즉 민심을 진지하게 고려하여 가급적 인민의 삶을 윤택하게 해 줄 길을 모색했다는 사실은 서양이나 동양이나 차이가 없다. 단적인 예로, "어린 백성을 어여삐 여겨" 훈민정음을 만든 세종의 마음씨에 민의가 들어있다는 식의 어법에서 바로 민의가 표상되는 것이다. 세종이 "백성들의 편의를 위해" 훈민정음을 창제했다는 식의 어법을 사용하는 사람에게 세종이 과연 백성을 몇 사람이나 만나 불편을 들어봤겠냐고 따지는 것은 상대방에 대한 실례일 뿐만 아니라, 민의라는 표상이 의미를 가지는 형식을 파악하지 못했다는 추단을 정당화해 줄 수 있는 하나의 중요한 단서에 해당한다. 선거를 통해 공직에 오를 사람을 선출하는 제도가 민의에 따르는 것이라고 말하는 어법에서도 민의가 표상되는 것은 마찬가지다. 일례로, 2017년 대한민국 대통령 선거에서 당선자는 41%를 득표했다. 과반수가 아니기 때문에 "진정한" 민의가 아니라는 식의 얘기는 공연한 트집을 잡기 위한 수사일 수는 있지만, 민의라는 표상이 의미를 가지는 형식을 파악하지 못했다는 추단을 정당화해 줄 수 있는 다른 하나의 중요한 단서에 해당한다. 이런 식으로 말하기로 하자면, 가령 51%를 득표한 당선자에 대해서도, 심지어 75%를 득표한 당선자에 대해서도, "49%의 민의는 누가 반영하는가?", "25%의 민의는 민의가 아닌가?" 라는 식으로 트집을 잡는 것이 가능하기 때문이다. 득표율에 상관없이 최다득표자를 당선자로 결정하는 방식에서 최다득표자의 당선을 우리가 민의에 의한 선택이라고 말하는 것은, 선거제도라는 근대 이후 정치의 일반적인 실천들, 한국 정치사에서 대통령 직선제가 가지는 특별한 의미, 2017년 선거 당시 전임 대통령의 탄핵 때문에 발

---

4 모든 왕이 자나깨나 그랬던 것은 물론 아니다. 현대의 어떤 민주주의 체제에서도 자나깨나 민의만을 고려하느라 노심초사하는 정치인은 있을 수가 없다. 어떤 왕들이 때때로 그랬고, 그런 사례가 드물지 않다는 뜻이다.

생한 여러 가지 임시적인 조치들을 비롯한 수많은 환경적 성격들이 배경에서 작용하는 가운데, 한국의 시민들이 이러한 제도에 보내는 신임을 반영하는 표상이다.

조선의 왕들은 민심을 살피고자 할 때 기껏해야 자기가 접촉할 수 있는 수십 내지 수백 명 정도로부터 직접 내지 간접 증언을 청취할 수 있었을 것이다. 반면에 현대 사회에서 대통령을 뽑을 때는 실제로 수천만 명이 투표장에 가서 의견을 표시할 뿐만 아니라, 나름 상당히 정교하게 개발된 여론조사가 무수히 행해지고, 수많은 유세장과 토론회에서 시민들이 발언하며, 굉장한 양의 보도가 이뤄진다. 양적인 측면에서 이처럼 엄청난 차이가 있지만, 전자에 비해 후자에서 민의가 더욱 정확하게 표상된다고 볼 이유는 전혀 없다. 민주주의를 표방하면서 인민의 의사를 확인하고자 하는 기술적인 장치들이 다양하게 발달한 사회에서 민의에 따른 결정이라는 언어적 표상이 자주 이뤄지는 것도 사실이지만, 어떤 정책이나 조치에 대해서 민의에 어긋난다는 표상 역시 전근대의 군주정에 비해 훨씬 빈번하게 이뤄지는 것도 사실이기 때문이다. 민의에 따른다는 이념이 중시될수록, 권력자의 행태가 민의에 어긋난다는 비판의 가능성도 늘어나는 동시에 그런 비판의 정치적 무게 또한 증가하는 것이다.

인민의 의사라는 개념은 이처럼 하나의 표상이다. 개인에게 의사가 있는데, 개인의 의사라는 문구가 가지는 의미를 연장해서 인민이라 불리는 인구 집단에게도 마치 주어진 어떤 과제에 대해 하나의 의사가 있는 것처럼 상정하는 것이다. 민주주의를 표방하는 사회에서는 이 표상을 구체화할 절차를 적극적으로 제도화하는 데 비해, 그렇지 않은 사회에서는 제도화의 노력이 그만큼 적극적이지는 않다. 조선 왕조든지 영국의 튜더 왕조든지 민주주의를 표방하지 않았기 때문에 인민의 의사라는 표상을 제도적으로 구체화할 질차를 적극적으로 개발하지 않았다. 그렇지만 그러한 군주정에서도 정부의 활동이 인민의 뜻을 헤아리고 인민에게 필요한 것을 제공하고 인민에게 도움이 되면 좋겠다는 이념은 왕실, 귀족, 관료, 지식인들의 담론에서 분명하게 표현된다.

군주정에서도 통치계급은 인민을 위한 정치를 이념으로 삼았다. 서양에서도 이 사정은 같은데, "위민"(爲民), "애민"(愛民), "민본"(民本) 같은 개념을 민주주의와 접속하는 연결고리로 재조명하는 논의는 한국과 중국 같은 곳에서 주로 나타난다(안병주 1987, Tan 2004). 자카리아는 헌정적 자유주의(constitutional liberalism)를 기준으로 정상적 민주주의와 부족한 민주주의를 나눴지만, 이런 구분은 전형적으로 "서구중심주의"라는[5] 판정을 모면하기 어렵다. 그리하여, "한국적 민주주의"라는 발상에서 군사독재를 정당화하기 위한 정치적 수사 이상의 의미를 찾아보려는 시도에 실천적 적실성이 여전히 남아 있는 듯하다(함규진 2016).

3. 민주주의와 헌정주의

민주주의가 서양의 이념이라서 한국에 적용하려면 그 전에 민주주의의 한국적 모형을 고안해야 하는 지성적인 과제가 필요하다는 말이 맞다면, 헌정주의에도 똑같은 말이 해당할 것이다. 그런데 민주주의의 한국적 모

---

5 歐羅巴(ōuluóbā)는 중국어 발음으로 Europe을 음역한 단어인데, 중국어 발음과 상관없이 한자만을 취해 한국어 발음으로 읽으면 "구라파"가 된다. 일본어 발음으로 獨逸(ドイツ, doitsu)는 Deutsch의 음역인데, 한국어 발음으로 "독일"이 된 것과 비슷한 사례다. 과거에 이랬던 것은 불가피했다고 치더라도, 앞으로 이런 단어들의 용례를 확장할 까닭은 없다고 본다. 더구나 이 글에서 "서양"으로 지칭하는 대상 중에는 미국처럼 유럽이 아닌 나라도 많다. 이 때문에 이 글에서는 "서구"를 의도적으로 배척하며 "서양"이라 지칭해왔는데, 다만 "서구중심주의"는 나름 정착된 용어라서 "서양중심주의"로 바꾸지 않는다.

형을 고안하려다 보니, 인민의 의사를 절차적으로 표상하기보다는 어떤 우월한 판단력의 담지자가 만약 있다면 그런 자야말로 인민이 진정으로 원하는 바를 인민 자신들보다 더 잘 헤아리지 않겠느냐는 가상적인 지평에서 표상될 법한 민의도 민의의 정의로서 손색이 없다는 논점이 발굴되었다. 이 논점 자체는 나름 충분히 일리가 있다. 현자에 의한 정치라는 이념은 동양과 서양에서 공히 정치사상사의 출발점이었다. 다만 서양에서는 근대의 개막[6] 이래 정치사의 실제 흐름에 의해서, 이 발상이 뒷전으로 밀려나고 그 대신에 민의를 표상하는 구체적이고 명시적인 절차의 제도화가 필수적이라는 이념이 자리를 잡았다.[7] 이와 같은 규범적 판단이 이처럼 서양사의 실제 진행과 맞물리는 만큼, 이 역사를 공유하지 않는 곳에서 이 규범적 판단을 공유해야 할 이유는 당연히 없다. 이로부터 한국에서 (또는 유교문화권에서)[8] 서양의 민주주의를 답습할 까닭은 없다는 지성적인 성찰이 나오는 것도 당연한데, 유교민주주의론은 "서양의 민주주의"에서 "민주주의" 부분은 취하고 다만 "서양" 부분만을 다른 요소로 채울

---

6   무엇보다도 정치사상의 맥락에서 근대라는 개념 자체가 바로 이와 같은 현자에 의한 정치라는 발상을 폐기하고 절차주의를 채택한 이념적 전환이 역사적으로 실재했다는 판정에 의존한다.

7   미국에서 2020년 대통령 선거의 정당성을 부정하는 트럼프가, 2024년 선거에서도 계속해서 공화당원들의 강력한 지지를 받고 있다는 사실은 과연 미국에서 절차적 민주주의가 확립되었는지 의문을 낳을 수 있다. 이 의문에 대한 답은 2024년 11월에 치러질 선거의 결과에 따라 상당히 좌우될 것이지만, 설령 트럼프가 다시 당선되더라도 미국의 정치체제가 시진핑이나 푸틴 같은 일인 체제로 바뀔 가능성은 거의 없다고 봐야 한다.

8   유교민주주의 담론이 일본에서 그다지 성행하지 않는 것은 일본의 지식인들이 민주주의에 관해 그만큼 서양의 시각을 충실히 답습하기 때문일까? 하지만 일본이야말로, 명목상으로 복수정당제이지만 실제적으로는 집권당이 사실상 정해져 있으면서도 시민들 사이에 별로 불만이 크지 않다는 점에서, 싱가포르만큼이나 유교민주주의의 모형에 부합하지 않는가?

수 있다고 보는 셈이다. 그 요소란 기본적으로 인민의 의사를 절차적으로 정의하는 방식 대신에 온정적 간섭주의 또는 현자에 의한 정치에 의해 표상하는 방식이다. 이와 매우 흡사한 형태의 사유구조 또는 지성적 고뇌가 헌정주의를 한국에서 어떻게 이해하고 어떻게 실천할 것인지, 나아가 헌정주의가 민주주의와 어떻게 연관되는지를 둘러싸고도 나타나는 것이 흥미롭다.

헌법학자 김철수는 헌정주의를9 이렇게 정의했다 : "국민의 자유와 권리가 국가권력으로부터 침해당하지 않도록 보호하기 위하여 국가 권력의 목적과 조직을 헌법에 규정하고, 국가가 국민에 대하여 행하는 권력작용을 헌법에 구속되도록 하는 '헌법에 의한 통치'를 말한다"(김철수 2012, 47). 그리고 이렇게 덧붙인다 : "[이] 개념은 다의적으로 사용되는데, 협의로는 헌법에 의하여 정치를 규율하는 것을 말하며, 광의로는 영국, 미국, 프랑스의 통설에 따라 자유민주주의 내지 입헌민주주의와 동일한 것으로 사용되기도 한다"(김철수 2012, 49). 여기서 언급된 "영국, 미국, 프랑스의 통설"이 무엇을 가리키는지, 아울러 헌법을 운위할 때 영어나 프랑스어 단어보다 독일어 단어 Verfassung을 으레 병기하는 이 저자가 왜 독일을 뺐는지, 독일의 통설은 어떤지, 그리고 협의의 개념과 광의의 개념이 어떻게 다른지가 궁금하지만, 어쨌든 대략 뭉뚱그려 말하자면, 자카리아가 헌정적 자유주의와 민주주의의 정상적 형태를 연결한 발상이 김철수가 언급하는 "자유민주주의 내지 입헌민주주의와 동일한 것으로 사용되"는 헌정주의의 넓은 개념인 것으로 보인다. 이는 한국어로 적힌 헌법학 교과서 대부분에서 나타나는 개념 정의다.

---

9 김철수는 "입헌주의"라는 단어를 사용했지만, "헌정주의"와 "입헌주의"는 단지 constitutionalism을 어떤 단어로 번역할 것인지에 관한 차이에 불과하다.

그런데 이런 개념을 한국사에 적용해보면 매우 어려운 난제가 줄 이어 고개를 들고 나온다. 사사오입으로 개헌해서 대통령에 세 번째로 당선된 이승만의 직무가 합헌인가? 두 번이나 쿠데타로 헌정을 중단시키고 새로운 헌법을 만들어서 마치 칙령처럼 공포한 박정희의 통치방식이 헌정적인가? 사사오입 개헌을 위헌이라고[10] 부르거나 군부 쿠데타 세력이 새로이 만든 헌법이 정당한 절차를 거치지 않았다고 지적하기는[11] 쉽다. 이 부근에 지성적인 고뇌가 머무르는 까닭은 당대 한국의 인민 다수가 그 일들을 지지 내지 승인 내지 묵인했다는 사실에 있다. 다시, 당대 한국의 선거가 부정선거였다든지, 공포 분위기에서 치러졌다든지, 인민 다수가 개명되지 못했다든지, 정치적 효능감이 낮았다는 식으로 설명을 시도하기도 쉽다. 하지만 이승만과 박정희의 정권을 적극적으로 지지하거나, 적어도 그들이 대한민국이 현재 상태에 도달하는 데 중요한 초석의 역할을 수행했다는 사실을 인정하는 사람들은 지금도 적지 않다. 이들이 개명되지 못해서, 또는 효능감이 낮아서 그러는가?

사사오입 개헌에 논점을 좁혀 보자. 재적의원이 203명일 때, 여기에 3분의 2를 곱하면 135.333이므로 136명부터 정족수가 된다는 계산은 당시에도 모르는 사람이 없었다. 그래서 처음에 부결을 선포했다. 그랬다가 뒤집

---

10 한국의 헌법학 교과서에서는 통상 사사오입 개헌을 "위헌적" 개헌(김학성·최희수 2020, 76), "위헌적이고 불법적인" 개헌(정종섭 2016, 201-2)이라 부른다. 그렇지만 그렇게 정해진 1954년의 헌법은 1960년에 개정되기 전까지 대한민국의 유일무이한 헌법이었고, 그 기간 행해진 그 헌법의 작용이 모두 정당성을 가지지 못한다고 주장하는 견해는 없다.

11 군부 쿠데타의 결과로 "헌법"이라는 지위를 차지하게 된 1962년, 1972년, 1980년의 헌법들에 관해, 종전의 개헌 절차를 지키지 않았기 때문에 새로이 등장한 헌법제정권력의 발동이라고(예컨대, 김학성·최희수 2020, 80-4)이라고 보는 견해와, 절차적 하자가 없는 것은 아니지만 종전의 개헌 절차를 상당히 따랐기 때문에 헌법개정에 해당한다고(예컨대, 정종섭 2016, 205-12) 보는 견해가 대립한다.

은 것인데, 그렇게 해서 세 번째 출마가 가능해진 이승만을 한국의 유권자들은 불과 18개월 후인 1956년 5월 15일에 실시된 선거에서 70% 대 30%라는 압도적인 비율로 뽑아줬다. 물론 그로부터 4년 후에 이 정권은 무너지지만, 사사오입으로 개헌된 1954년부터 이승만이 퇴진한 1960년까지 이 정권의 헌법적 정당성마저 1960년에 한꺼번에 무너진 것은 아니다. 무엇보다도 적어도 실정법의[12] 관점에서 1954년의 헌법은 엄연히 1960년까지 대한민국의 헌법이었고, 그것을 대체한 1960년 6월의 헌법이 절차적 정당성을 가질 수 있는 유일한 근거가 곧 거기에 명시된 개정 절차를 따랐기 때문이다. 다시 말해, 대한민국에서 1954년 이후의 모든 헌법은 절차적인 의미에서 1954년의 헌법의 후예인 것이다.

뢰벤슈타인(Loewenstein 1957)은 헌법을 규범적(normative) 헌법, 명목적(nominal) 헌법, 장식적(semantic) 헌법으로 구분하면서, 명목적 헌법은 잘못 재단된 정장(badly tailored suit)에, 그리고 장식적 헌법은 휘황찬란한 의상(fancy dress)에 비유했다. 뢰벤슈타인의 구분을 적용하면 이승만과 박정희 시대의 한국 헌법은 명목적 내지 장식적 헌법이다. 하지만 뢰벤슈타인의 구분이야말로 서양 근대의 시각에서 나온 귀결이다. 영국에서 17세기에 내전으로 이어진 헌법 논쟁에서 찰스 2세는 왕의 명령에 의회가 복종하는 것이 영국의 헌법이라고 주장했었다. 이런 견해는 물론 오늘날 영국에서 통할 수 없지만, 그렇게 된 까닭은 찰스의 군대가 크롬웰의 군대

---

12 현실을 논의할 때 실정법의 관점 말고 어떤 다른 법률적 관점이 있는지는 그런 관점이 가능하다고 보는 사람이 드러내 보여야 할 사안이다. 어떤 판결에서 판사가 "자연법적 관점을 수용했다"고 말하는 어법이 성립하는 경우조차도, 사실은 "자연법"이라 불릴 수 있는 일정한 법리가 실정법으로 표현된 사례가 되는 것이다. 일반적으로 "자연"이란 사람의 손이 닿기 전에 있었어야 하는 어떤 상태를 가리키는 듯한 용어지만, 사람의 손이 닿은 다음에만 실재(實在, reality)가 된다. 그리하여 사람들은 사람의 손이 이미 닿은 것들 중에 어떤 것을 각자 나름대로 골라서 "자연"이라 부르는 것이다.

에게 졌기 때문이지 왕당파와 의회파를 관통하는 헌법의 초월적 이치가 있었기 때문은 아니다. 이 주제는 한국 헌법학계에서 모호한 상태로 남겨 두고 있는 "헌법제정권력"이라는 개념에[13] 담겨 있는 이중성과 직결된다.

헌법제정권력이란 "공동체의 근본법이자 최고법인 헌법을 만들어내는 힘, 헌법을 제정하는 작용력 또는 능력"을 뜻하며, 이는 "헌법에 선행하고 헌법 이전에 존재한다"(김학성·최희수 2020, 42). 헌법제정권력은 "헌법을 초월하는 힘이며 헌법에 의해 인정될 필요가 없는 정치적 힘"이다(정종섭 2016, 39). 이와 같은 정의는 일면 영국, 미국, 프랑스의 혁명을 헌법의 이름으로 정당화할 수 있는 문법을 제공한다. 이것이 바로 서양 근대의 문법이다. 그러나 이 정의를 서양 근대라고 하는 맥락에서 떼어내서 적용하게 되면 정반대의 목적을 위해 이용할 수 있는 길이 열린다. 즉, 스탈린의 소련이나 히틀러의 독일에도 헌법이 있었듯이, 박정희와 전두환에게도 헌법이 있었다는 말이 아주 정당하게 성립하는 것이다. 헌법제정권력이라는 것이 결국 현실을 주도하는 정치적인 힘과 다를 바 없기 때문이다.

물론 뢰벤슈타인이나 자카리아는 스탈린 체제만큼이나 박정희나[14] 전두환 체제 역시 헌정주의라고는 부르지 않을 것이다. 그들이 말하는 방식은 자신들이 모델로 삼는 20세기 후반의 미국과 독일에 (그들이 생각하기에)

---

13 헌법제정권력이라는 용어는 엠마뉘엘 조세프 시에예스가 사용한 "pouvoir constituant", 그리고 이를 이어서 칼 슈미트가 사용한 "verfassungsgebende Gewalt"의 번역어다.

14 김학성·최희수(2020, 82)는 유신헌법에 관해, "영구집권을 위한 문서에 불과하였고 과연 헌법으로 부를 수 있을지 의문시되는 헌법 아닌 헌법"이라며 강력한 거부감을 드러냈다. 유신헌법에 대한 거부감은 아마도 현재 한국의 인민 가운데 다수가 공유할 것이다. 그렇지만, 후세에 거부되었다고 해서 그것이 당대에도 헌법이 아닌 것이 될 수는 없다. 이는 미국 헌법에서도 일상적으로 일어나는 일이다. 노예제는 미국 연방헌법에 명시되지 않았지만, 남북전쟁 이전까지 헌법적 질서의 일부로 해석하는 견해가 압도적이었다. 무력 대결을 거쳐서 노예제는 폐지되었는데, 이러한 역사의 변화로 말미암아 노예제를 합헌으로 인정하던 시대의 헌법이 당대에도 헌법 아닌 것이 될 수는 없다.

확립된 것으로 보이는 정치적 이념과 부합한다. 반면에 한국에서는 이승만, 박정희, 전두환의 업적과 공과를 논하는 작업이 여전히 정치적 현실을 구성하는 최전방 전선과 맞닿아 있다. 그들이 주도한 체제가 과연 헌정주의라 할 수 있는지에 관해서는 고개를 저을 사람들이 적지 않지만, 그들의 시대에도 대한민국에는 헌법이 (반드시 명목적이거나 장식적이지만은 않은 의미에서) 있었다고 보는 견해 역시 도처에 팽배하다. 이렇게 현대 한국의 지식인들에게는 여전히 헌정주의를 이해하는 관점이 적어도 두 갈래로 나뉘어 내면에서 갈등을 일으키고 있다. 한편에는 서양의 헌정 민주주의에 담긴 핵심 내용들을 기준 삼아 헌정주의를 이해하는 관점이 있다. 다른 한편에는 권력 엘리트의 입김에 따라 만들어지고, 대다수 인민의 순응과 방임 덕분에 일정 기간 최고 규범이라는 상징적 지위를 누리는 헌법도 나름 헌정주의의 실천이라고 이해하는 관점이 있다. 그리고 이러한 이중성과 정확히 같은 차원에서, 조선왕조의 질서까지도 헌정주의라는 각도에서 조명하려는 시도도 있다. 「신행정수도 건설을 위한 특별조치법」을 조선 왕조 이래의 "관습 헌법"을 들먹이며 위헌으로 판시한 2002년 헌법재판소의 판결은 대한민국 헌정사를 1948년에서 500년 이상 끌어올려 조선 왕조를 하나의 헌정주의 체제로 바라볼 수 있다는 선례를 세웠다. 김비환(2013)은 유교적 덕성이 군주의 몸으로 체화된 상태를 가리키는 화육신을 통해서, 조선 초기에 헌법적 요소들이 권력을 견제했던 것으로 볼 수 있다는 투사법을 제시하는 데 어느 정도 성공했다. 물론, 군주가 스스로 수양을 통해 자신을 제어하는 방식은 서양의 헌정주의와는 정면에서 상반된다. 서양의 교과서에서 헌정주의는 권력을 외부적으로, 즉 의회나 법원의 조사와 판결을 통해서, 통제하는 방식을 지칭하는 것이 보통이며, 이는 권력자의 선의에 의존하는 것과 전형적으로 대조되는 방식이기 때문이다.

서양에서 헌법이라 불리는 문서는 영국, 미국, 프랑스에서 일어난 이른바 혁명들과 관계가 있다. 혁명의 결과 미국(1787)과 프랑스(1789)에서 성문헌법이 제정되었다. 영국에서는 헌법이라는 이름을 가지는 단일 법전은 없지만, 1215년의 마그나 카르타를 비롯해서, 권리청원(Petition of Right, 1628)이나 권리장전(Bill of Rights, 1688) 등, 혁명기에 혁명 세력 편에서 중요한 역할을 수행한 문서들이 지금까지도 헌법적 문서들의 일부로 간주된다. 코르시카(1755)와 스웨덴(1772)의 헌법도 이와 같은 일반적인 혁명의 흐름 안에서 출현한 것이다. 정부는 자연이나 신에 의해 인간에게 주어진 것이 아니라 개인들이 모여 살기 위한 필요에 의해 창설한 인공물이고, 그러므로 하나의 정치사회를 이루고 사는 것이 각 개인들에게 더 이익이 되려면 개인들의 기본적인 권리를 정부가 침해하면 안 된다는 대원칙이 이런 문서들 안에 스며들어 갔다. 여기서 기본권이란 전형적으로 신체의 자유, 양심의 자유, 표현의 자유, 공정하고 신속한 재판을 거치지 않고는 처벌받지 않을 권리, 무죄 추정의 원칙 등을 가리키는 시민권과, 정당을 설립하고 자신의 정치적 견해를 선전하고 정부를 선출하기 위한 선거에 출마하거나 투표할 수 있는 정치적 권리를 말한다.

표현의 자유를 옹호하면서 존 스튜어트 밀은 "해로워 보이거나 틀린 것처럼 보이는 의견을 자유롭게 공표할 수 있어야 표현의 자유가 있는 것"이라고 갈파했다. 왜냐하면, "어떤 의견의 유용성 여부 자체가 하나의 의견이기 때문이다"(Mill 1977, 233). 어떤 의견이 해로운지 이로운지 또는 별로 해로울 것도 이로울 것도 없는지, 어떤 의견이 옳은지 그른지 또는 별로 옳을 것도 그를 것도 없는지는 정부 권력으로 재단할 일이 아니라, 공론장에서 사람들이 토론을 통해 스스로 알아낼 일이다. 이 발상은 칸트를 인용하면서 벌린이 제시한 "개인적 선택의 가치는 그 사람이 그것을 선택했다는 데 있다"는 입장과 상통한다(Berlin 2006, 369-73). 개인사는 기본적으로 각 개인이 알아서 저리하고 살했든 못했든 그 결과노 온전히 개인의 몫으로 돌아간다. 물론 다른 사람에게 손해를 입혔다면 당연히 민사적 또는 형사적으로 책임을 져야 하고, 이때는 정부의 사법 기능이 개입한다.

정부는 옳고 그름을 판단하는 주체가 아니다. 이것이 세속화의 의미고 종교와 정치를 구분한다는 의미이며 신앙과 양심과 사상과 표현의 자유가 뜻하는 바다. 각 개인이 옳고 그름을 판단하고, 그 판단에 따라 행동하든지 아니면 판단과 다르게 행동하든지도 각 개인이 알아서 한다. 하지만 개인이 다른 사람에게 신체나 재산이나 명예 상의 손해를 입힌다면, 이 손해의 진상을 찾아내서 구제하는 역할은 정부의 몫이다. 개인이 사기, 폭력, 방화 등으로 누군가의 신체나 재산을 침해한다면, 이 침해는 단순히 피해자 개인에게만 국한된 것이 아니라 공동체의 안전과 질서를 훼손하는 행위이기 때문에 엄밀하게 수사해서 형벌로 다스려야 한다. 이것도 정부가 수행해야 할 중요한 기능이다. 하지만 이 모든 내용들이 원래 그래야만 해서 그런 것도 아니고, 어떤 초월적 권능으로부터 하사된 계명이라서 그런 것이 아니라, 해당 사회의 구성원들이 스스로 판단하기에 평화로운 사회 질서의 유지와 아울러 개인들의 창발성이라는 두 마리 토끼를 동시에 잡기 위한 유일한 균형점이기 때문에 그렇다. 헌법을 구성하는 내용들은 사회적 합의의 소산인 것이다.

하지만 이런 이야기들은 기본적으로 하나의 일반화일 뿐이다. 서양 사회들을 헌정주의라는 관점에 따라 바라볼 적에, 그 관점과 어긋나는 사례들은 주변화하고 그 관점에 부합하는 사례들만을 추려 정상으로 치부한 결과 가능해지는 서사일 뿐이다.[15] 17세기 이래의 역사는 접어두고, 21세기의 사례만 봐도 이 사회들에서 벌어지는 실천이 과연 얼마나 이와 같은

---

15 배저트(Bagehot 1867)는 영국의 헌정과 관련해서, "종이에 적힌 서술"(paper description)이나 "연관된 외견적 동일성"(connected outward sameness)에 속지 말고 "살아 있는 현실"(living reality)을 직시하라고 권고함으로써, 일찍이 이 국면에 주목했다.

일반화에 부합하는지 의문을 품을 이유는 차고 넘친다. 미국 하원은 대통령 트럼프가 헌정을 위태롭게 했다는 죄목으로 두 번이나 탄핵 재판에 회부했지만, 두 번 다 상원은 무죄 판결을 내렸다. 흑인을 비롯한 소수자들, 백인이더라도 가난한 사람들이 누릴 수 있는 권리는 앵글로색슨계 부자 백인들이 누리는 권리와 종류에서도 정도에서도 다르다. 역사나 정치 분야의 개론서에서 근대 이후 서양 사회들은 통상적으로 헌정주의라는 관점에서 서술되지만, 해당 사회에서 과연 헌법이 얼마나 지켜지고 있는지, 나아가 더욱 근본적으로 헌법이라는 단어가 무엇을 의미하는지, 성문헌법에 언어적으로 명시된 조문들이 현실에서 어떻게 적용되어야 하는지는 계속되는 논란의 주제다. 헌정적 민주주의 체제를 비교정치학자들이 권위주의 체제 및 중간에 위치하는 체제와 구분하는 가장 큰 관찰 가능한 특징을 굳이 찾자면, "헌법"이라는 이름으로 불리는 모종의 원칙에 따른 일사불란한 획일성이 아니라, 헌법의 해석 및 개정과 관련된 내부적 논란의 빈도가 압도적으로 높다는 점일 것이다.

한국적 헌정주의라는 개념을 적극적으로 발굴해서 제시한 시도는 별로 보이지 않지만, 암묵적으로 그것이 서양의 헌정주의와 다를 수 있다는 견해는 많은 사람들에 의해 표출되고 있다. 일례로 표현의 자유와 관련해서, 한국의 사법부와 헌법학계에서는 표현의 내용은 문제 삼을 수 없지만 표현의 방식에는 제한이 있어야 한다고 보지 않고, 양심형성의 자유는 절대적이지만 양심실현의 자유에는 한계가 없을 수 없다고 봄으로써, 표현의 내용에까지 정부가 간섭할 수 있는 여지를 폭넓게 인정하고 있다. 명예훼손을 형사처벌의 대상에서 빼라는 국제기구들의 권고를 한국의 정부는 물론이고 지식인들 중에도 다수는 여전히 무시하며, 소위 가짜 뉴스를 단속하는 업무가 정부의 고유 업무라는 발상도 한국 사회를 풍미한다. 모두 사익의 발호를 방치하면 사회가 어지러워진다는 우려의 귀결이고, 정부는 자체로 공익을 대변해야 한다는 발상의 표현이다.

이런 생각들은 민주주의를 한국에서 어떻게 수용할 것이냐는 문제와 긴밀하게 내면적으로 연관되어 있다. 요컨대, 서양에서는 대체로 민주주의와 헌정주의를 절차주의적으로 이해하는 데 비해서, 한국의 정치적 실천에서는 왜 반드시 그래야 하는지 의문이 해소되지 않은 상태이고 지식인들의 인식에서도 마찬가지다. 민주주의든 헌정주의든 절차보다는 실질을 규정할 수 있는 어떤 (아마도 보통 사람들보다는 우월한) 권능이 어디엔가 만약 있다면, 그 권능이 정해주는 지침을 따라간다면 더 나은 사회생활이 가능하지 않겠느냐는 바람이 사회의식을 풍미한다. 통치자들이, 정치지도자들이, 정부의 직위를 차지할 담당자들이, 그런 권능을 보유한 사람이기를 바라는 마음이 널리 공유된다. 더구나 따지고 보면, 이런 생각이 서양 사회에서도 근대 이후 소멸한 것은 아니다. 절차적 민주주의와 절차적 헌정주의에[16] 대한 원론적인 반론도 항상 있었고, 개별적인 정책이나 판결에 관해서 "비민주적"이라든지 "위헌적"이라는 취지의 항의와 비판은 기본적으로 삶의 형식을 구성하는 핵심 요소에 해당한다. 그런 만큼, 서양 사회들 자체에서도 그럴진대, 한국에서 민주주의나 헌정주의를 그들과 다르게 해석하고 적용하는 것이 하등 이상할 까닭이 없다. 하지만 이런 정도의 소극적이고 방어적인 논거만으로 한국적 민주주의나 한국적 헌정주의의 구체적인 모습이 시야에 잡힐 수는 없고, 하물며 현실에 탄탄하게 세워질 수도 없다.

---

16 한국적 민주주의를 구상하는 관점과는 상당히 동떨어지지만, 예컨대 하이에크(1978)는 복지정책을 목적으로 하는 정부의 시장개입은 설령 다수가 원하더라도 헌정의 원리에 위배된다고 주장한다.

4. 출제 오류는 없는 것인가?

파란만장한 한국 현대 정치사에서 사소하지 않은 배역을, 잘했든 못했든, 나름의 방식으로 수행하고 2021년에 세상을 떠난 전직 대통령 노태우의 장례식에서 서울대학교 교수와 국무총리를 역임한 한국의 정치학자 노재봉은 이렇게 고인의 삶을 추모했다 : "정규 육사 1기 졸업생이 바로 각하와 그 동료들이었다. 이들은 목숨을 담보로 투철한 군인정신과 국방의식을 익혔을 뿐 아니라, 국민의 문맹률이 거의 80%에 해당하던 한국 사회에서 최초로 현대 문명을 경험하고 한국에 접목시킨 엘리트들이었다"(노재봉 2021).

한국 사회에서 "최초로 현대 문명을 경험하고 한국에 접목시킨 엘리트"가 육사로 대표되는 군 간부들이었다는 관찰 자체는 나름 근거가 있다. 한국만이 아니라 양차 세계대전 이후 독립 정부를 건설한 많은 나라에서 군부가 집권한 연유를 그들이 산업화의 핵심 양대 축인 서구의 물질적 기술과 조직 기술을 가장 먼저 익힌 엘리트였다는 데서 찾은 헌팅턴 등의 연구는 이미 고전이다(Huntington 1962). 군부가 선진 기술을 익힌 엘리트였기 때문에 집권하게 되었다는 설명의 배경에는 엘리트가 집권하는 것이 당연하다는 인식이 깔려 있다. 그리고 이 생각 자체를 잘못이라고 판정할 이치는 결단코 없다. 사람에 따라서는 이런 생각을 할 수 있고, 앞에서 여러 차례 지적했듯이 때로는 이렇게 들어선 정권이 많은 사람들에게 행복한 결과를 배달해주기도 한다. 이것을 민주주의라든지 헌정주의와 뒤섞지 않는 한, 엘리트에 의한 통치는 현실 정치에서 결과에 따라 해당 사회구성원들에게 평가를 받을 일로 그치지, 특별히 지성적으로, 하물며 철학적으로, 탐구해 들어갈 가치는 별로 없다. 지금 이러한 논의를 전개하고 있는 이유 역시 그러므로 한국에서 정치인늘이 자신의 실전에 "민수수의"나 "헌정주의"라는 간판을 붙이고 싶어 했기 때문이 아니다. 지적으로, 이론적으로, 철학적으로 더 중요한 화두는 한국의 지식인들 사이에, 어쨌든 서양의 관념체계를 한국인들이 그대로 따르고자 해도 그대로 따라지지는 않는다는 궁극적인 이유에서, 민주주의와 헌정주의의 한국적 형태를 형상화하고 싶어 하는 바람이 줄곧 있었고 지금도 있다는 점이다. 그런 형상화가 가능한가? 이런 시도가 어디에 어떤 도움이 되는가? 문제의식 자체가 잘못된 전제 위에서 발생한 것 아닌가?

인간사회를 합리적인 설계에 의해 조직해보려고 하면, 당연히 그 설계도는 합리성에서 남보다 우월한 엘리트가 짜야 할 것이다. 엘리트의 우월한 합리성은 민의를, 말초적인 감성 수준으로 즉자적으로 표출되는 민의 말고, 이성의 매개를 거친 "진정한" 민의를 헤아리는 과업에서도 우월하다. 스탈린의 소련 이후 절차적 민주주의를 일부 수용한 유럽의 사회주의자들 사이에서도 여전히 이런 발상이 군데군데 남아 있기는 하지만, 전형적으로 마르크스-레닌주의가 인민민주주의라는 이름 아래 중앙집권을 어떻게 민주주의라 포장하는지 앞에서 언급한 바 있다. "교도민주주의"라고 하든, "한국적 민주주의"라고 하든, "유교민주주의"라고 하든, 이런 발상이 일각에서나마 매력을 발휘할 수 있는 까닭은 이것이 말이 되는 경우가 있기 때문이다. 인간사회를 하나의 목표를 향해 매진하는 공동 기획으로 바라보게 되면, 목표를 달성하기 위한 최선의 길을 사회가 찾아내고 각 개인은 그 길에 도움이 되도록 각자의 몫을 공헌하는 것이 최선이 된다. 그리고 이것이 각 개인에게도 행복한 결과일 테니까, 이것이 진정한 민주주의다. 이것은 대표적으로 장-자크 루소의 발상인 만큼, 야콥 탈몬(Talmon 1952)이 전체주의적 민주주의의 기원을 루소에서 찾은 것은 정당하다. 다만 그런 발상을 루소가 명시적으로 표현했을 뿐이지, 다른 사람들이 공유하지 않았던 것은 아니다. 계몽의 세례를 받은 당대의 사회개혁가 대부분이 이와 비슷하게 생각했다. 마르크스가 태어나기도 전에 사회주의 사상을 제창한 앙리 드 생시몽, 샤를 푸리에, 로버트 오웬, 토머스 호지스킨 등도 이와 같은 사고방식에 따라 사회개혁을 꿈꿨다. 그리고 이들에게 영향을 미친 제레미 벤담,[17] 벤담에게 영향을 준 체사레 베카리아와 클로드 아드리앙 엘베시우스가 모두 이처럼 사회를 공동 기획으로 바라보는 사고방식에 따라 사회개혁을 추구했다. 더 나은 판단력, 더 나은 지성과 덕성을 가진 사람들이 지도력을 발휘하는 편이 민주주의를 위해서도 더 낫다는 발상은 이처럼 근대 이후의 서양에서도 결코 생소하지 않으며, 경원의 대상이기만 한 것도 아니다.

하지만 인간사회가 과연 하나의 공동 기획으로 환원될 수 있는가? 어떤 절박한 목표가 있을 때, 그리고 사람들이 복잡하고 난삽한 경로를 거치지 않고 일상적인 상식 수준에서 합의할 수 있는 대책이 있을 때, 사회는 공동 기획처럼 움직일 수 있다. 전쟁, 재앙, 기근 등이 그런 상황일 것이다. 그만큼 예외적인 상황에서나 사회는 공동 기획으로 환원될 수 있다. 보통 때에도 사회의 일각에서는, 예컨대 기업체나 사회운동을 위한 단체 또는 월드컵 같은 시합에 참여하는 축구팀 등등, 공동 기획의 모델에 부합하게 활동하는 집단들이 있다. 하지만 이런 집단들은 사회를 구성하는 일부지 사회생활의 전부도 아니고 표준도 아니다. 이런 얘기가 현재의 주제와 무슨 상관이 있는가?

민주주의와 헌정주의에는, 앞에서도 약간 언급했듯이, 적어도 두 차원의 의미가 있다. 하나는 비교정치학적 차원 내지 통사(通史) 또는 개론을 서술하는 차원에서 운위되는 일반화의 차원이다. 이 차원에서 미국, 캐나

---

17 알레비(1901-1904/2021)는 벤담의 내면에서 스미스를 계승한 자유의 원리와 공리주의적 설계의 원리가 긴장 관계를 형성한다고 봤다. 알레비는 심지어 흄에게도 자연주의와 합리주의라는 상반된 두 측면이 긴장을 일으킨다고 봤다.

다, 오스트레일리아, 영국, 아일랜드, 프랑스, 독일, 덴마크, 스웨덴, 노르웨이, 아이슬랜드, 룩셈부르크, 리히텐슈타인, 안도라, 등은 의심할 나위가 없는 민주주의, 또는 자유민주주의, 또는 헌정적 민주주의, 또는 민주적 헌정주의로 분류된다. 다른 하나는 이들 사회 내부의 정치적 경쟁에서 수사적 용도로 사용되는 차원이다. 아주 좋은 예로 미국에는 민주당이 있고, 영국에는 자유민주당이 있으며, 독일에는 사회민주당과 자유민주당과 기독교민주당이 있고, 스웨덴에는 사회민주당과 스웨덴민주당과 기독교민주당이 있다. 이 정당들이 당명에 "민주"를 표방하고 있는 만큼 각국의 민주주의를 대표한다고 말하면 당명에 "민주"를 붙이지 않은 다른 정당들이 재미없는 농담으로나 받아들일 것이다. 영국과 독일의 자유민주당은 영국과 독일의 자유민주주의를 대표하는 정당이 아니라 좌우로 분류되는 정치적 지형에서 중도에 위치하는 정당이며, 두 정당이 추구하는 이념에도 차이가 없지 않다. 스웨덴민주당은 민족주의 정당으로서 대체로 보수적인 성향이다. 영국의 보수당과 노동당, 미국의 공화당, 프랑스의 사회당 등은 당명에 "민주"를 표방하고 있지 않지만 자유민주주의 체제 안에서 민주주의의 이념에 동조하며 그 체제가 정한 민주적 규칙에 따라 정치적 경쟁에 참여한다.

일반화의 차원에서 이 나라들은 모두 헌정주의를 (뢰벤슈타인의 용어로 "규범적 헌법"을) 실천하는 것으로 서술되지만, 이 나라 모두에서 헌법을 둘러싼 논란이 일상적으로 발생한다. 그런데 방금 "헌법을 둘러싼 논란"이라는 문구가 다시 또 하나의 일반화다. 그 문구가 의미하는 내용들, 즉 그러한 논란의 사례들 각각에서 쟁점에 해당하는 주제는 단순히 "헌법을 둘러싼 논란"이라는 문구만으로는 도저히 포착할 수가 없다. 그 까닭은 어떤 집합적 특성으로부터 그 집합의 원소가 가지는 개별적 특성을 미루어 짐작할 수 있는 것은 오직 자연과학의 대상인 물리적 대상들에 대해서만 가능하기 때문이다. 인간 집단과 관련된 도덕적·사회적 범주의 경우, 집단적·범주적 특성은 다른 집단이나 다른 범주와 대조되는 의미를 가지는 데 비해, 집단 내부 구성원 개인들의 특성 및 범주 내부에 속하는 각 사례들(instances)의 개별적 특성은 해당 집단 또는 범주 내부의 다른 구성원 또는 다른 사례와 대조되는 의미를 가진다. 이 두 가지 차원이 서로 다르며 서로 동등하게 중요하므로, 개별적 차원을 결코 집단적 차원에 환원할 수 없다. 불만이나 이견을 억압하는 방식으로 환원할 수는 있겠지만, 어차피 그렇게 해봐야 개별적 특성들이 사라지지는 않는다.

구체적인 예시를 시도해 본다. 미국의 연방대법원은 낙태권을 인정한 1973년의 판례를 2022년 6월에 결국 뒤집었다. 종래의 판례에 도전해서 미시시피 주 의회가 2018년에 15주 이상의 태아에 대한 낙태를 금지하는 주법을 제정했는데, 이를 연방항소법원이 위헌으로 판결해서 발효하지 못한 상태에서, 미시시피 주가 연방대법원에 상고했고 이를 대법원이 심리하여 마침내 새로운 판례를 만든 것이다. 이 재판에서는 헌법이 여러 각도에서 논쟁의 주제였는데, 그중 하나는 낙태에 대한 규제 여부를 연방헌법이 연방정부의 소관 사항으로 정하고 있느냐는 것이다. 연방의 성문헌법에 낙태는 언급되지 않는다. 1973년의 로 대 웨이드(Roe v. Wade) 판결은 수정헌법 14조, "사생활의 권리"를 들어서 여성의 선택권을 보호할 임무가 연방정부에게 있다고 판시함으로써, 연방대법원의 개입을 정당화했다. 이 헌법 해석이 논리적인가 아니면 지나친 확대해석인가를 둘러싼 논쟁이 이 사건과 관련된 헌법 논쟁의 한 측면이다. 반면에, 이 사건에서 실질 쟁점을 축소해서 바라보는 관점도 있다.[18] 미시시피 주 의회가 청구한

---

18 이 판결에서 다수 의견에 동의하면서도 다른 논거를 제시한 연방대법원장 로버츠의 주장이 실제로 그랬다(Roberts 2022).

주제에 국한해서, 미시시피 주 경내에서 15주에서 22주 사이로 추정되는 태아의 낙태를 미시시피 주 의회, 즉 주정부, 즉 주의 인구 가운데 다수파가 금지할 수 있는지 여부만을 결정하는 길이 가능했다. 이 길을 택했다면 1973년의 판례를 유지하면서, 현재 미국 전역에서 사실상 22주 이전의 낙태만이 허용되던 상태에서 15주 이전의 낙태만을 허용하는 상태로 바꾸는 결과가 빚어졌을 것이다.

이처럼 헌법과 관련되어 어떤 쟁점이 고개를 들더라도 그 문제를 크게 바라보는 접근과 작게 바라보는 접근이 언제나 가능하다. 그리고 이 사이에 무수한 선택지가 또한 가능하다. 헌법 논쟁은 어떤 주어진 쟁점과 관련해서 헌법이 무슨 뜻인지를 둘러싸고 벌어지는 만큼이나, 애당초 쟁점을 어떻게 설정할 것인지를 둘러싸고도 벌어지게 되는 것이다. 이 두 차원 모두에서, 헌법 조문을 꼼꼼하게, 정확히, 그 "진정한" 의미를 짚어내서 해석하는 것으로는 쟁점이 해소되지 않는다. 왜냐하면, 어떤 해석이 "진정한" 해석인지가 번번이 주어진 쟁점과 맞물려서 엮여 있기 때문이다. "어떤 의견을 해롭다고 보는 것 자체가 하나의 의견"이라는 밀의 지적이 그대로 적용되는 지점이다. 헌법의 해당 조문을 "진정한" 의미를 짚어내서 정확하게 해석했다고 주장하는 의견 자체가 하나의 해석일 뿐이다. 여기서 다시 표상의 문제가 등장한다. 헌법의 진정한 의미라는 관념은 하나의 표상이다. 이 표상이 실제 현안에서 어떻게 적용되어 구현되는지는 표상이 정해주는 것이 아니라, 적용하고 구현하는 주체인 사람들의 몫이다.

"서양의 민주주의"나 "서양의 헌정주의"는 일반화를 추구하는 서사에서 통용되는 용어들이다. 서양의 어떤 나라도 민주주의나 헌정주의의 모형을 먼저 규정한 다음에 그 모형에 따라 세부 시책들을 연역적으로 추론한 사례가 없다. 왕에게 도전하고, 모이지 말라는 곳에 사람들이 모여서 회의하고, 때로는 무장해서 정부군에 맞서 싸우고, 이런저런 사회개혁책들을 제안하고, 그중 어떤 것들은 채택되고 어떤 것들은 무시되고, 이런 등등의 개별적인 행위들이 모여 오늘과 같은 형태들이 만들어진 것이고, 현재의 형태에 관해서도 계속 다양한 논의들이 이어지고 있다. 영국(미국, 독일) 내부의 정치적 실천으로 직결되는 규범적인 의미를 소외시키지 않을 방향의 탐구에 충실하고자 하는 연구자라면, 영국적(미국적, 독일적) 민주주의(헌정주의)가 무엇인지는 고사하고 애당초 민주주의(헌정주의)가 무엇인지 자체부터가 영국(미국, 독일) 사회 내부에서 실천적으로 논쟁을 낳고 있는 주제라는 사실을 잊지 말아야 한다.

한국적 민주주의의 모형을 찾아야 한국에서 민주주의를 구현할 수 있다는 발상은 일종의 출제 오류다. 한국적 민주주의라는 것을 굳이 원해야할 필요도 별로 없거니와, 그럴 필요가 설령 있더라도, 그것을 구현해내기 위해 "한국적 민주주의"가 무엇인지를 언표적으로 요약한 강령이 반드시 필요하지는 않다. 그런 강령을 만든 다음에야 비로소 그 강령에 따라한국적 민주주의를 건설할 수 있다는 발상은 그런 강령을 사회적 합의에따라 만들어내는 데 걸릴 시간이 아마도 그런 강령이 만들어진 다음에 그강령에 따라 한국적 민주주의를 구현하는 데 걸릴 시간에 비해 결코 짧지않으리라는 사실을 간과한 데서 나온다. 한국적 민주주의의 설계도를 하나로 확정하는 데 걸리는 정치적 비용이 만약 그런 설계도 하나가 채택되었다고 쳤을 때 그 설계도에 따라 사회를 건설하는 데 걸리는 정치적 비용보다 결코 적지 않은 것이다. 설계도라는 단어는 원래 건축 용어인 만큼, 건물의 경우에 적용해서 생각해보면 이런 상황이 얼마나 이상한지 분명해진다. 설계도가 완성된 다음 실제 건물을 완공하는 데 들어가는 비용에 비해, 설계도 자체를 완성하는 데 들어가는 비용이 결코 적지 않다면누가 그런 설계도를 원하겠는가? 하물며, 다수의 사람들로 구성된 정치사회에는 기실 득수한 경우를 세외하면 설세도-건축의 관세가 적용되시 않을 때가 훨씬 많다. 앞에서 지적했듯이, 인간이 사회 안에서 살아가는 동안 드러내는 행동들은 공동기획이라는 관점, 즉 주어진 목적을 달성하기 위해 최선의 수단을 찾는다는 관점으로는 도저히 이해할 수 없는 종류가 아주 많다. 희생, 사랑, 헌신, 양보, 관인, 용서, 등등, 모종의 기획이라는 관념의 틀, 다시 말해 도구적 이성이라는 관념의 틀로는 포섭할 수 없는 종류의 행동들은 실제로 아주 자주 일어나며, 우리 대다수는 불가능할 것처럼 보이던 어떤 기획이 사회적 협동을 통해 성공했을 때에도 박수를 보내지만, 기획이라는 관념의 틀로는 포섭되지 않는 행동에서 어떤 감명을 받았을 때도 찬사를 보낸다. 한국적 민주주의 또는 한국적 헌정주의의 구체적인 형태를 향해서 사회적 합의가 수렴하는 일은 지금까지도 가능하지 않았고, 장래에도 적어도 수십 년 사이에는 가능하지 않을 것으로 보인다. 그런 게 없다고 해서 한국에서 민주주의를 못하는 것도 아니다. 한국 현대가 지금까지 겪어온 정치적 경험은 이런 설계도가 필요하지도 가능하지도 않고, 그런 것이 없이도 한국은 민주주의를 제법 대내외적으로 공인받을 만큼 실천하고 있음을 보여준다.

한국적 민주주의를 구현하려면 "한국적 민주주의"라는 일곱 글자를 향해 직선적으로 파고 들어가기보다는, 오히려 예컨대, 지방자치, 선거제도, 병역제도, 조세제도, 토지구획제도, 교육제도를 어떻게 개선할 것인가, 법에 적힌 언표들이 얼마나 구체적인 실천으로 이어지고 있는지, 국제시장 경쟁에는 어떻게 대응할 것이며 기후 위기에는 어떻게 대응할 것인가, 그리고 주변국들과의 관계는 어떻게 설정해서 유지해 나갈 것이며, 국제 사회에서 한국의 도덕적 품위는 어떤 수준으로 유지할 것인가, 기타 등등, 수없이 많은 현실의 정치적 과제들에 대해 가급적 많은 사람들의 의견을 발굴하고 수렴할 방도를 찾아 나가는 편이 더욱 규범적으로 실천적이다. 더구나, 한국적 민주주의의 모형을 찾아가는 이론적이거나 철학적인 난제에 비해, 이 규범적이고 실천적인 접근이 결코 더 쉽지는 않을 것이다. 주어진 현안에 대해 사람들의 의견을 어떻게 청취하고, 서로 다른 의견들 가운데서 하나의 집단 의사를 찾아내는 과제, 그리고 그 전에 어떤 쟁점에 관해서는 하나의 집단 의사를 찾지 않아도 되는지를 분별하는 과제야말로 정치가 담당해야 할 가장 중요하고도 어려운 일이기 때문이다.

"서구에 수렴하는 정상화 과정"이라는 문제

강정인의 사유 궤적에 대한 비판적 독해

이지윤(서강대학교)

1. "서구에 수렴하는 정상화 과정"?

강정인의 2004년 저서인 『서구중심주의를 넘어서』(이하 『서구중심주의』)는, "'토착적 이론', '한국적 이론'"에 대한 주장을 허구적인 것이라 비판하는 논자의 관점에서도 "서구중심주의 극복에 관한 이전 논의들을 '종합'"했으며, "국내 사회과학의 서구 의존성을 다룬 수많은 논의들 중 가장 정교하고 엄밀한 분석을 제시했고 서구중심주의를 넘어서는 다양한 전략을 제시한 역작"이라는 평가를 받았다(김경만 2015, 12, 13, 86). 『서구중심주의』에서 강정인은 서구중심주의를 극복해야 하는 이유로 "서구중심주의가 초래하는 '소외'와 '억압'"을 든다. 서구중심주의로 인해 "비서구인들은 서구의 세계관, 가치, 제도 및 관행을 보편적이고 우월한 것으로 인식하여 동화주의적 사고를 갖게 되고, 서구를 중심에 놓는 과정에서 스스로를 주변인화하고 자기비하와 자기부정의 의식을 갖게" 되어 "독자적인 세계관을 형성하지 못하게 됨으로써 궁극적으로 자기소외"에 이른다는 것이다(강정인

2004, 392). 학문의 영역에서 이와 같은 폐해는 '학문적 문제의식의 서구화', '서구 이론에 따른 한국 현실의 동화주의적 해석', '서구중심주의에 의한 한국(비서구) 현실의 주변화'로 나타난다(강정인 2004, 395-417 ; 강정인 2007, 9).

강정인에 따르면, 한국 정치를 부재, 일탈, 비정상으로 설명하는 것은 이런 폐단이 응축된 사례이다. 종래 현대 한국 정치에 대한 지배적인 해석은 원산지인 서구의 개념과 경험을 보편적 기준으로 삼아서, 한국에서 전개된 자유주의, 민주주의, 보수주의를 두고, "'서구적인 것'의 '부재' 또는 '일탈'"이자 "병적이고 비정상적인 것"으로 설명해 왔던 것이다(강정인 2004, 285-6). 이 점에서 볼 때 강정인에게 서구중심주의 비판과 한국 정치에 대한 "균형 있는 설명"은 동전의 양면이었다. 그는 부재, 일탈, 비정상의 서구 중심적 틀에서 벗어나 서구와 한국을 "좀 더 대등한 조건에서 비교하고, 나아가 자체적 노력에 의해 서구보다 더 창조적이고 역동적으로 발전해 나갈 수 있는 조건과 전망을 열어놓는" 방향으로 조망할 수 있는 이론틀을 마련하자고 촉구했다(강정인 2004, 288).

『서구중심주의』를 출간한 후 10년이 지나 나온 『한국 현대 정치사상과 박정희』(2014. 이하 『박정희』)는 그간 한국 정치에 대한 강정인의 연구를 집약한 성과이다. 그런데 여기서 독자는 의외의 결론에 마주친다.

필자는 정치체제와 정치사상이라는 상부구조의 현상에 초점을 맞추고 세계사적 시간대와 일국사적(한국사적) 시간대의 충돌과 반발을 비동시성의 동시성으로 개념화한 후 그 괴리를 **일탈적 상태**로 파악하고, 한국 현대 정치사상의 전개를 일국사적 시간대가 세계사적 시간대에 수렴하는 것, 곧 세계사적 시간대를 내재화하는 데 중점을 두고 설명했다. 이에 따라 필자는, 명시적이든 묵시적이든, 서구 선발국의 이념적 시형을 **'정상'**으로 그리고 비서구인 한국의 이념적 지형을 '비정상'으로 전제하면서 비동시성의 타개나 해소를 긍정적인 현상으로 논했다고 할 수 있다. 본문에서 "서구에 수렴하는 정상화 과정"이라는 표현을 사용한 것을 그 대표적인 예로 들 수 있다(강정인 2014, 359-360. 강조는 인용자).

서구중심주의 비판을 가장 예리하고 지속적으로 제기해온 학자가 내놓은 이런 설명을 어떻게 이해할 수 있을까? 이는 단순히 그가 서구중심주의 비판이라는 문제의식에서 멀어졌음을 뜻하는 것일까? 하지만 강정인은 이런 비판을 예상하고 자신의 한국 현대 정치에 대한 해석과 설명이 "서구중심주의의 타개 또는 극복이라는 테마를 분명히 상정하고 이루어진 것"이라고 언급한다(강정인 2014, 359). 이 해명을 받아들인다면, 우리는 좀 더 복잡한 문제에 마주친다.

2004년 저작인 『서구중심주의』를 둘러싼 대표적인 논쟁점은 강정인이 제시한 '전통의 현대화'라는 대안과 관련된 것이었다. 서구중심주의 비판을 한국 학계에 대한 "뼈아픈 지적"으로 받아들이고 "실제적으로 우리 학문이 발전해나가는 과정에서 필수불가결한 과정"(최정운 2005, 218)으로 수긍하면서도 내비치는 우려나, 반대로 "글로벌 지식장의 참여자가 되기보다 대중과 미디어의 시선을 끌 흥미 본위의 시사적인 작업"(김경만 2015, 130)으로 그 의미를 격하하는 경우도 비판의 근거는 강정인의 전통 사상에 대한 강조와 연관되어 있었다.[1] 최정운은 "우리에게 의미 있는 학문의 길은 우리 전통에 대한 깊은 이해가 없이는 불가능할 것"이라면서도, 근대 이래 서구 사상 자체가 "이미 우리의 일부"가 되어 있어서, 서구

1 　김경만(2015)은 김경만(2007)을 수정한 것이다. 여기서 강정인(2014)은 분석되고 있지 않다.

중심주의 비판은 자칫 학계의 자기 부정으로 비화할 우려가 있다고 지적한다(최정운 2005, 216-7). 김경만은 좀 더 명확하게 서구 의존성의 극복은 유교와 같은 전통 사상이 아니라 "서구에서 빌려온 사회과학의 개념과 전통 '안'에서 시작할 수 밖에 없다"고 비판한다. 한국의 사회과학에는 "우리 고유의 개념적 자원이 없기 때문에", "우리에게 주어진 유일한 대안"은 서양 이론일 수밖에 없다는 것이다(김경만 2015, 94, 99).

이런 우려와 비판은, 서구중심주의 비판도 '우리의 문제의식으로 우리의 현실을 설명하는 이론'에 대한 요청과 맞닿아 있을 수밖에 없다면, 혹 강정인이 '현실과 이론의 관계를 잘못 설정한 것은 아닌가'라는 의문을 던지는 데서 출발한다. 서구중심주의 비판은 한국 현실과 서구 이론의 괴리를 강조하지만, 이미 이론과 현실 모두 서구화된 상황에서 그런 괴리를 지나치게 강조하는 것은 오히려 적실성이 떨어질 수 있다는 것이다. 나아가 김경만은 강정인의 서구중심주의 비판에는 "'우리 현실의 절박한 문제를 해결하는 데 서구 이론은 적합하지 않다'고 당연시하는 가정"이 깔려 있고, 그 근저에는 "이론이 이론 독립적인 현실이나 실재를 객관적으로 반영한다"는 소박한 진리대응론이 있다고 주장한다. 강정인은 한편으로 '적실성 결여'라는 검증되지 않은 가정으로 서구 이론을 기각하고, 다른 한편으로는 이와 모순되게도 현실과 거리가 멀기 때문에 "고비용 저효율이 거의 확실한 '유교의 재활용'"을 주장한다는 것이다(김경만 2015, 89, 90, 102).[2]

---

2 강정인은 '적실성'과 관련된 김경만의 비판이 "공평성을 결여"하고 있다고 반박했다. "실증주의"와 관련 없는 자신의 논지에 대해서는 "'현실에 꼭 들어맞는'이라는 좁은 의미"의 '적실성' 개념을 적용하는 반면, 김경만 스스로에 대해서 '적실성'을 적용할 때는 "이론의 기능이나 목표에 관련되는 것으로서 매우 유연한 의미"를 부여하는 "이중적 기준에 의한 비판"이라는 것이다(강정인·김경만 2007, 79). 서구화된 현실 속에서 서구 의존성을 극복하기 위한 유일한 길은 오히려 서구 이론에 천착하는 것이라는

그렇다면 전통 사상을 거의 언급하지 않고 서구에 수렴하는 과정을 '정 상화'로 설명하는 2014년의 『박정희』는 이상과 같은 비판을 받아들인 것 일까? 즉, 강정인은 자신의 이론적 입장을 크게 변화시켰는가? 하지만, 위에서 본 것처럼, 강정인은 이런 해석을 명시적으로 부정한다. 그러면 서구를 정상·보편으로, 한국을 일탈·비정상으로 상정하는 설명이 어떻게 서구중심주의의 극복과 연결될 수 있는가? 이와 같은 관점은 초기의 서 구중심주의 비판과 어떻게 연결되는가?

이 글은 『박정희』가 서구중심주의의 극복이라는 문제의식의 소산이라 는 강정인 자신의 언급에 주목한다.[3] 그리고 강정인의 해명이 비판적으로 해석되어야 한다고 간주하고, 이 관점에서 그의 사유의 기저에 접근하고 자 한다. 이 과정에서 2004년의 '전통의 현대화'라는 대안과 2014년의 '서 구에 수렴하는 정상화'라는 설명 모두 중심-주변을 일원론적 세계에 위치 시켰던 이론적 기반에서 출발하고 있음을 밝힐 것이다. 이는 강정인이 서 구중심주의 비판과 관련해서 봉착했던 난제와 함께 그가 남긴 과제를 확 인하는 작업이 될 것이다.

김경만의 주장에 대한 비판으로는 정수복(2015), 이기홍(2019) 참고.

[3] 『박정희』를 다룬 기존의 서평들은 대개 박정희 정치사상에 대한 구체적인 해석이나 핵심 개념인 '비동시성의 동시성'에 바탕을 둔 한국 정치의 이념적 지형과 한국 정치 사 분석에 주목했다(이병하 2015). "서구중심주의의 극복을 오랫동안 강조했던 강정 인이 왜 굳이 서유럽의 근대를 최상의 근대로 설정한 독일 철학자의 이론을 중심으로 한국 정치사상사를 설명하려 했는지" 의문을 제기하는 경우에도, 그 질문은 그로 인 해 한국 정치사상의 '양극적 갈등'이나 '폭력성'을 적절히 드러내지 못한 것은 아닌가 라는 의구심과 연결되었다(김태우 2014).

2. 『한국 현대 정치사상과 박정희』:
   '비동시성의 동시성'과 '정상화'

강정인은 2007년부터 『서구중심주의』의 이론화 작업을 바탕으로 한국 정치사상의 전개 과정을 종합적으로 분석하는 작업에 착수했다.[4] 『서구중심주의』에서 그 작업이 주로 자유민주주의와 보수주의를 중심으로 이루어졌다면, 이제 그는 분석의 범위를 다른 사상적 흐름도 포괄할 수 있도록 확장하고자 했다. 또한 이전 저작의 이론적 틀과 연속성을 확보하는 가운데 한국의 근대화 과정과 한국 정치사상의 전개를 인과적·체계적으로 설명하려 시도했다. '비동시성의 동시성'과 '민족주의의 신성화'를 주요 분석틀로 삼은 『박정희』는 바로 이런 시도의 결과물이다.

강정인은 한국과 서구의 근대는 "서구 문명이 그 기본틀을 조형한 잠정적 보편성을 구현하고 공유"하며, 한국의 현대 정치사상은 자유주의, 보수주의, 급진주의, 민족주의라는 서구의 사상을 수용하고 그것을 표준으로 삼아 목적론적 변화를 추구해 왔다고 설명한다(강정인 2014, 19). 그리고 서구와 한국의 사상사적 차이로 가장 주목할 점은, 한국의 경우 이념적 지형의 구조적 조건으로 '비동시성의 동시성'이 나타났고, 내용적 특징으로는 '민족주의의 신성화'가 두드러지게 나타난 것이라고 지적한다(강정인 2014, 21).

---

4 강정인은 2007년부터 한국연구재단이 지원하는 인문사회분야 우수학자 지원사업에 지원했다. 연구계획서를 보완·확충해 가는 과정은 그의 사유가 구체화되는 흐름과 겹친다. 2007년에 제출한 연구계획서의 주제는 "20세기 한국 정치사상사 : 서구 근대 정치사상의 한국적 수용과 변용"이며, 2008년은 "한국 현대 정치사상의 흐름 : '비동시성의 동시성'의 관점을 중심으로"이고, 2009년은 "한국 현대 정치사상의 흐름 : '비동시성의 동시성'과 '민족의 신성화'를 중심으로"이다. 『박정희』는 2009년 연구지원사업의 연구성과물이다.

'비동시성의 동시성'(simultaneity of the non-simultaneous)이란, 예를 들면 현재 한국 사회에서 전통적인 가치·제도·관행이나 탈근대적인 것이 공존하는 것처럼, 같은 시대에 속하지 않는다고 간주되는 것이 동시에 존재하는 현상을 말한다. 학술적으로는 독일의 마르크스주의 철학자 블로흐 (Ernst Bloch)가 이 개념을 기초로 하여 독일에서 자본주의 발전에도 불구하고 과거의 사회문화적 구성체가 청산되지 않아서 이 괴리로 인해 바이마르 공화국에서 반동적 극우민족주의가 대두하게 되었다고 설명한 바 있다. 낡은 심성을 가진 여러 계층이 당대의 위기에 반응하여 신성한 신화와 비합리적인 설명에 사로잡혔고, 나치는 자본주의 이전의 과거를 이상화하고 여기에 호소함으로써 정권을 잡을 수 있었다는 것이다(강정인 2014, 80 ; Bloch 1991).

강정인은 자신의 비동시성의 동시성 개념이 발상과 영감에서는 블로흐로부터 영향을 받았지만 구체적인 관점과 초점에서는 다르다고 말한다. 블로흐는 토대에 의한 상부구조의 결정이라는 마르크스의 사적 유물론을 전제로 독일의 일국사적 차원에 국한하여 논의를 전개했다면, 자신은 "중심과 주변의 구분을 전제로 한 세계체제"를 전제하고 "세계사적 차원과 일국사적 차원의 역사적 시간대가 상호작용하는 데 초점"을 맞춘다는 것이다(강정인 2014, 86). 강정인에 따르면, 블로흐는 자본주의적인 토대의 발전에 조응하지 못하는 상부구조의 봉건적 잔재가 단지 잔여물에 그치는 것이 아님을 포착하긴 했지만, 동시적인 것과 비동시적인 것의 구분 및 양자의 동학을 여전히 마르크스주의의 사적 유물론 위에 구축했다. 자본주의적 생산관계의 발전이 역사적 사건을 인식하고 평가하는 기준으로서의 동시성을 구성한다. 따라서 블로흐의 관점에서는 당시 독일의 청년, 농민, 중산층의 경제적 상태 및 낡은 심성은 자본주의적 발전에 비추어 보았을 때 비동시적인 것이었고, 그들의 경험과 상상은 정치가 가공해야 할 질료였다. 거칠게 정리하면, 블로흐는 마르크스주의라는 아르키메데스의 점(Archimedean point)에 근거해서 자본주의의 발전이 미치는 동시화의 압력과 이에 반발하는 낡은 가치, 제도, 관행의 동학을 이론화했다.

강정인은 블로흐의 도식을 자신의 '파생적 근대화'의 구도로 바꾼다. 『서구중심주의』와 같이 중심부의 내재적·자율적 근대화와 주변부의 타율적·후발적 근대화가 대비되고 주변부 근대화의 목적론적 성격이 여전히 강조되지만, 전작과 달리 『박정희』에서는 한국 근대화의 인과론적 성격이 이론화되어 강조된다.[5] 그는 비동시성의 동시성 개념을 "세계사적 시간대와 한국사적(일국사적) 시간대의 교차와 충돌 및 불일치가 빚어낸 일방에 의한 타방의 압도·반발·변이를 설명하기 위해 도입"했다고 밝힌다(강정인 2014, 80). 여기서 '압도'는 "자유민주주의를 정당한 정치이념으로 신봉하고 부과하는 세계사적 시간대의 압도"로서, "세계사적 시간대(목적인 또는 보편성)의 견인"에 의한 한국 정치 지형의 "조숙성"을 발생시킨다. '반발'은 세계사적 차원의 영향을 "받아들이고 적절히 운영할 수 있는 사회구조와 정치문화를 결여한 한국사적 시간대의 반발"로서, 이는 "일국사적(한국사적) 시간대(운동인)의 제동"에 따른 "지체성"을 유발한다. 즉, 파생적 근대화는 "이념적 동시화"의 압력을 행사하는 중심과 "경제적 토대뿐만 아니라 사회문화적 구성체 차원"에서도 그 동시화를 감당하지 못해 반발하는 주변의 동학으로 재구성되었다(강정인 2014, 86, 88).

'민족주의의 신성화'는 이 '반발'의 내적인 원인이다. 강정인에 따르면, 서구에서는 민족주의가 "다른 정치 이데올로기들을 압도하지 않고 상대적

---

5 강정인은 『서구중심주의』에서도 한국 근대화가 목적론적 변화와 인과론적 변화의 이중적 성격을 띠었다고 언급했음을 환기시킨다(강정인 2014, 85). 하지만 그가 처음부터 이런 관점을 가지고 있었을지라도 『서구중심주의』에서는 체계적으로 이론화하지 못했다.

으로 자유롭고 유연하게 그 이데올로기들과 협력관계를 형성"했지만, 식민지 시기와 분단을 거친 한국에서 민족주의는 민주화 이전까지 "불가침·무오류의 신성성"을 가졌다. 이처럼 신성화된 민족주의는 한편으로 보수주의, 자유(민주)주의, 급진주의 등의 정당성의 원천이 됨으로써 이들 이념의 전개 양상을 "중층결정"했다. 이들 이념은 신성화된 민족주의에 호소하여 자신들을 정당화했고, 그 결과 개별 이념들은 자기 완결적인 사상으로 발전하지 못하고 '누가 진정한 민족주의자?'라는 정통성 또는 진정성을 놓고 충돌했던 것이다. 다른 한편 비서구 신생국에서 민족주의는 독립·통일·발전에 기여하는 모든 과제들을 동시에 추진하는 "다차원적 이데올로기"의 성격을 갖게 되는데, 한국의 경우 이 과제들 가운데 특정 과제가 다른 과제들을 압도하는 민족주의 내에서의 "과잉결정"[6] 현상이 나타났다. 특히 이와 관련해서 강정인은 분단 극복이나 통일이라는 1차적인 과제와 "근대화(산업화), 민주주의(또는 사회주의), 민족정체성의 확립과 신장 등"의 "일민족 일국가 수립을 전제로 한 2차적인 과제들"을 구분하고, 1차 과제를 달

---

6 강정인은 '중층결정'을 알튀세르의 개념을 빌려 사용했다. 알튀세르는 '중층결정'(over-determination)을 통해 경제, 정치, 이데올로기가 각기 상대적 자율성을 가지면서도 최종 심급에서는 경제가 결정한다고 주장해서 토대에 의한 상부구조의 결정이라는 전통적인 사적 유물론 해석을 수정했다. 강정인은 이를 '비교적 느슨하게' 적용하여 마르크스주의의 맥락을 떠나 한국의 자유주의, 보수주의, 급진주의, 민족주의가 정당성의 원천에서는 각기 상대적 자율성을 갖지만, 궁극적으로는 민족주의에 의해 다른 이데올로기의 정당성이 규정돼 왔음을 '중층결정'으로 표현했다(강정인 2014. 125-6. 각주 10) 한편 알튀세르의 overdetermination의 번역어로 중층결정과 과잉결정 가운데 무엇으로 해야 할지에 대해서는 상당한 논란이 있었고, 『아미엥에서의 주장』이 번역된 이래 과소결정에 대비되는 과잉결정으로 옮기는 경향이 꽤 일반화되었다(알튀세르 1994, 156 참고). 이 점에서 강정인의 중층결정·과잉결정과 관련된 용어법은, 특히 overdetermination이 중층결정이나 과잉결정으로 옮겨졌음을 알고 있는 독자에게 다소 혼란을 줄 여지가 있다. 강정인의 과잉결정은 알튀세르의 overdetermination과 무관하기 때문이다. 그는 '과잉결정'에는 overpowering presence를 병기하고 있다.

성하기 위한 통일 민족주의가 "거의 종교적 신앙에 가까운 신성성"을 획득했다고 파악한다. 즉, 그가 말하는 '민족주의 내에서의 과잉결정'이란 구체적으로 "분단 극복이나 통일 변수"가 "민족주의의 다른 요소들을 압도"한 현상을 의미한다(강정인 2014, 119-88).[7] 그러므로 단순화하면, 분단 극복이라는 주제에 의해 과잉결정되어 신성성을 획득한 민족주의가 여타 이념을 중층결정함으로써 세계적 시간대의 정치이념이 부과한 동시화의 압력에 반발했다는 것이다.

그렇다면 이를 통해 나타난 한국 정치이념의 '변이'는 어떤 것인가? 강정인은 이를 민주화 이전까지 한국 정치 지형의 전반적인 특징으로서 '권위주의와 자유민주주의라는 이중적 정치질서의 중첩적 병존'과 이념의 전개 양상으로서 '진정성 투쟁'을 제시한다. 『서구중심주의』에서도 그는 제3세계 권위주의 정권은 서구 자유민주주의의 헤게모니 아래에 놓여 있어서 민주화의 압력을 받아 늘 정당성의 위기를 겪고 있으며, 그래서 권위주의 정권임에도 스스로를 민주정권으로 자처해 왔고 그럴 수밖에 없었다고 지적했다(강정인 2004, 327). '이중적 정치질서의 중첩적 병존'은 이를 이론적으로 체계화한 것이다. 그는 전작의 논의를 자유민주주의로 정향된 세계사적 시간대와 그에 반발하는 한국의 권위주의로 재서술하면서, 당시의 정치 현실은 "정당성의 잣대로서 권위주의 정권을 시험·비판하는 자유민주주의"라는 규범과 실제의 권위주의적 행태로 구성됐다고 분석한다. 실제와 규범의 이중적인 정치 현실이라는 틀을 바탕으로, 그는 ① 반

---

7 강정인은 1980년 이전까지는 반공과 근대화에 의존하는 분단유지적 민족주의가 군림하면서 통일지향적 민족주의를 억압했고, 1980년대 이후에는 통일지향적 민족주의가 민족주의를 과잉결정했다고 본다. 그러므로 통일만이 민족주의를 과잉결정했다고 그가 주장한 것은 아니다. 다만 민족주의의 여타 이슈가 통일과 결합되었을 때 더욱 신성성을 가졌다고 본다. 대표적으로 "민족주의의 신성화를 완성한 남한의 통일지향적 민족주의자들"이란 표현을 들 수 있다(강정인 2014, 184).

민주적 정치 현실에도 불구하고 민주주의의 명분, 개념, 용어로 정당화된 그 체제가 부분적으로 자유민주주의이며, 또 그러한 규범적 현실이 실제 정치 현실이 왜곡된 정도를 인식하게 하고 민주화 운동을 촉발했음을 지적한다. 나아가 ② 한국의 민주화가 이와 같은 이중적 질서에서 출발하고 진행되었기에, 지배이데올로기로서의 자유민주주의가 저항이데올로기로서의 자유민주주의의 이념적 상상력과 실천적 급진성을 제약하여 민주화를 보수적으로 귀결시켰고, 민주화 이후 국민들이 신속하게 '일상적 보수'로 환원된 점을 설명한다(강정인 2014, 90-4).

'진정성 투쟁'은 민주화 이전의 정치 질서에서 이데올로기의 구체적인 전개 양상이라 할 수 있다. 강정인에 따르면, 한국에서 정치이념은 "자생적으로 성장한다기보다는 그 계기를 생략 또는 압축당한 채 외부로부터 최종적인 완성 형태로서 수용"되었으며, 이렇게 수용된 사상은 "주변부 사회에서 내재적인 정당성을 확보하기에 앞서 선진적인(또는 우월적인) 중심부에서 유입되었다는 점에서 '빌려온 정당성'을 누"리면서 목표로서 추구되었다(강정인 2014, 96, 97). 하지만 이 사상들은 한국 사회가 그것을 제대로 실천할 역량을 갖지 못한 상태에서 동시에 수용되었고, 이로 인해 다양한 이데올로기들이 탈맥락적으로 갈등을 벌였다(강정인 2014, 101-7). 그 결과 자신들은 원산지 서구의 사상에 부합하는 '진정한', '진짜' 사상이며, 경합을 벌이는 상대는 '사이비', '얼치기', '타락한', '어용적' 사상이라고 몰아붙이는 진정성 논쟁이 나타난다. 이 진정성 논쟁은 각 사상이 충분한 정치사회적 기반을 확보하면서 원초적·점진적으로 생성·발전하는 서구에서는 볼 수 없는 한국의 특유한 이데올로기적 갈등의 양상이다(강정인 2014, 108-14).

강정인은 이와 같은 세계사적 시간대와 한국사적 시간대의 압도·반발·변이의 관점에서 해방 이후부터 현재까지의 한국 정치사상의 전개를 정리한다. 그것은 전반적으로 장기 권위주의(1948-1979) 이후 1980년 광주 민주항쟁을 계기로 일어난 이념적 지형의 변화를 거쳐 '정상화'되는 과정이다(강정인 2014, 39-75). 이 글의 맥락에서 중요한 것은 그가 구성한 '비동시성의 동시성' 및 '민족주의의 신성화'의 논리가 장기 권위주의 시대의 '비정상적인' 이념 지형뿐만 아니라 이후의 '정상화'도 설명하는 것으로 간주되고 있다는 점이다. 핵심은 민족주의의 신성화가 중심부로부터 부과되는 동시화의 압력에 반발하여 한국 정치이념의 '지체성'을 낳는 요인으로 상정되고 있다는 데 있다. 자유민주주의와 권위주의의 중첩적 병존으로 특징지워지는 이념 지형, 진정성 투쟁과 같은 이데올로기적 갈등 양상의 이면에는 궁극적으로 신성화된 민족주의가 있다는 것이다. 따라서 민족주의의 신성화가 약화·퇴조된다면, 이는 이념의 동시화를 저해하는 요인이 사라진다는 의미다.

강정인에 따르면, 빈곤과 독재는 거의 온 민족(국민)이 공유하는 절박한 고통이었기에 그것의 타파는 민족주의적 과제로서 신성성을 얻었는데, 민족주의적 열망을 동원한 위로부터의 근대화와 아래로부터의 민주화가 이 두 과제에서 소기의 성과를 거둠으로써 민족주의가 가진 신성성은 크게 약화되었다. 그리고 경제발전과 민주화의 성공과 함께 북한과의 체제대결에서 사실상 정치적 승리를 거두면서 분단이 남한의 경제발전이나 민주화의 결정적인 장애물이라는 주장의 설득력도 감소했다. 오히려 분단의 악조건을 극복하고 이룬 성과가 통일로 인해 무너질 수도 있다는 현실주의적 인식이 대두되었다. 이런 인식은 체제 유지와 정권 안보를 위해 핵무기를 개발하고 3대 세습을 통해 최악의 독재정권으로 치닫는 북한 정권에게 통일에 대한 적극적 협력을 기대하기 어렵다는 상황과 맞물린다. 이에 따라 "통일이라는 성업(聖業)에 대한 준비 단계로 경제발전과 민주화를 성공적으로 성취하고, 이제 최종적 목표인 통일을 목전에 남겨 둔 상

태"에서 오히려 통일 민족주의가 약화되는 현상이 나타났다는 것이다(강정인 2014, 328-35).[8]

이렇게 민족주의가 약화되었다면, 남는 것은 서구 사상이 부과하는 동시화의 압력이다. 반북, 종북 논란 등 "비동시성의 변증법이 남긴 거의 반영구적인 충격적 외상(trauma)"이 당분간 지속될지라도, "한국 민주주의와 서구 민주주의 사이에 존재하는 비동시성의 동시성"은 크게 약화되었다(강정인 2014, 321, 325). 나아가 강정인에 따르면, "1980년대 이후 한국 사회의 정보사회로의 선도적 진입, 민주주의의 정착, 선진국 클럽인 경제협력개발기구(OECD) 및 세계무역기구(WTO)의 가입과 적극적인 자유무역협정의 체결 등 선진국 경제로의 진입, 신자유주의의 수용, 대중적 소비문화의 전 세계적 동시화, 이주노동자와 국제결혼 배후자들의 유입에 따른 다문화사회의 도래" 등의 현상은 세계사적 시간대와 한국사적 시간대가 수렴하고 있음을 나타낸다(강정인 2014, 318).

이상과 같은 논리와 진단을 통해 강정인은 한국 사회가 이제 "서구 문명의 긍정적 성과는 물론 부정적 폐해"까지 두루 누리게 되었고, 이는 "서구에 수렴하는 정상화 과정"을 성공적으로 수행했기 때문이라는, 서구중심주의 극복이라는 문제의식에 비춰봤을 때 일견 역설적인 결론에 도달한다.

3. '정상화'에 대한 해명?

서구로의 정상화라는 역설적 결론에 다다른 『박정희』이지만, 한국 정치

---

8 나아가 강정인은 근대화·민주화와 아울러 최근의 지구화·정보화에 의해 "집단주의의 가장 강력한 온상"인 "민족주의 일반 역시 약화"되고 있다고 지적한다(강정인 2014, 335-7). 신성성을 잃어버린 민족주의가 세계사적 시간대에 반발하는 요인이기보다 동시화의 압력에 의해 변모되고 있다는 것이다.

이념의 전개에 대한 '균형 잡힌 서술'이라는 점에서 『서구중심주의』가 남긴 문제를 극복한 측면 역시 찾아볼 수 있다.

예컨대 『서구중심주의』에서 현대 한국 정치에 대한 서술은 "한국 정치의 창조적 잠재성을 모색"해야 한다는 강정인 스스로 제기한 기준에 부합한다기보다 서구의 정치사상을 제대로 실천하지 못하게 하는 한국의 조건과 그로 인해 발생하는 부정적인 양상에 치중되어 있었다. 냉전과 분단이라는 조건 하에서 민주화 이전까지 전개된 한국 정치에 대한 서술을 보자. 강정인에 따르면, 냉전의 상황에서도 민주적 전통에 따라 온건한 사회주의 세력이 존재할 수 있는 서구 자유민주주의 국가와 달리, 한반도에서는 남의 보수와 북의 혁신만이 남아 양자의 평화적 경쟁을 통한 정치발전은 봉인되었다. 그 결과 남한 정치는 보수 세력의 독무대가 되었고, 보수 세력에 대한 비판은 자유민주주의에 대한 반대로, 곧 대한민국 체제의 적으로 규정되어 탄압되었다. 진보 세력과의 사상적·이론적·정책적 대결을 통하여 자신들의 정치적 입장을 체계화된 이론과 정교한 논리를 통해 정당화할 필요가 없어진 보수 세력은 이념적 빈곤에 빠졌다. 이는 다시 진보 세력에게도 악영향을 끼쳤는데, 진보 세력 역시 관념적이고 교조화된 이데올로기 이외에 구체적인 쟁점, 정책 및 전망을 구비한 대안을 제시할 수 없게 되었기 때문이다. 즉 진보 세력의 이념적 빈곤을 불러왔다. 이로 인해 현실에 뿌리를 내린 진보 세력이 존재하지 않게 되자 탈정치화된 대중의 수동적 침묵 앞에서 보수 세력은 자기 부정적이고 서구 동화적인 근대화의 맹목적 추종 이외에는 한국 사회를 이끌 수 있는 어떠한 정치적 전망도 제시할 수 없었다(강정인 2004, 336-9).

이런 비판은 매우 예리하다. 하지만 이 비판은 한국 정치의 창조적 잠재성이 아니라 부정적 악순환을 강조한다. 이는 『서구중심주의』에서 한국 정치의 목적론적 변화를 설명하는 주요 개념들—"세계사적 시간대(표준시)와 한국사적 시간대(지방시)의 괴리, 전자에 의한 후자의 압도, 빌려온 정당성"(강정인 2004, 291)—이 서구중심주의의 심화를 가리키고 있다는 점에서 비롯한다. 즉, 『서구중심주의』에서는 한국 정치의 창조적 잠재성을 모색한다는 목적과 달리 파생적 근대화가 서구중심주의의 심화에서 어떻게 벗어날 수 있는지가 적절하게 이론화되지 못했던 것이다.

반면 『박정희』에서는 권위주의와 자유민주주의의 중첩적 병존을 통해 당대의 실제 정치 현실이 얼마나 반민주적이었는지의 문제는 물론 아래로부터의 민주화가 어떻게 가능했고 또 조숙하게 보수화되었는지의 문제도 함께 다루어졌다. 신성화된 민족주의에 의해 중층결정된 정치 이데올로기들의 탈맥락적인 갈등이 정치 이념의 주된 전개 양상으로 부각되었지만, 세계사적 차원에서 동시화의 압력을 부과하는 자유민주주의라는 규범적 현실이 권위주의 정권의 권력 행사는 물론 아래로부터의 민주화에 미치는 규정력 또한 강조되었다. 이러한 한국 정치 이념의 전개는 세계사적 시간대의 압도에 대한 일국사적 시간대의 반발, 그리고 이 두 동학의 결과로 나타난 변이라는 이론적 틀에 조응하는 것이었다.

그러나 이는 서구중심주의의 심화에 저항하고 그것을 완화·극복하는 요소를 둘러싼 전작의 모호성을 가중시킨 대가를 치른 것처럼 보인다. 『서구중심주의』는 타율적(강압적)·외생적 근대화가 가져온 서구중심적인 탈구를 극복할 대안으로 사상의 내적 기반으로서 전통을 현대화할 것을 요청했지만, 그것은 전통이 서구 중심적 근대화에 의해 파괴되었다는 측면과 상충하는 모호성을 남기고 있었다.

『서구중심주의』에서 이와 관련된 핵심 개념은 '빌려온 정당성'이다. '빌려온 정당성'은 한국에서 민주주의가 내적인 검토와 내면화를 거치지 않은 채, 서구에서 지적·이념적으로 논증되고 물질적인 풍요와 자유·평등에 의해 확증되었다는 이유로 정당성을 가지게 되었음을 가리킨다. 여기서 '빌려옴'— 즉, 이식의 과정 —과 그 결과 형성된 정당성은 역설적인 관계를 맺는다. 대다수 "한국인이 민주주의가 바람직한 정치제도"라는 "합의"에 이르게 된 것은, 근대화 과정을 통해 19세기 말부터 민주주의의 내적 형성 기반인 "전통적인 문화(종교)자원"이 "제거·박멸"되었기 때문이다. 그러므로 빌려온 정당성이란 구성원의 합의에 근거하지만, 그 합의는 민주주의의 내적 정당성의 "자율적 축적" 기반의 파괴 위에 구축된다(강정인 2004, 369-70). 서구의 내생적인 민주화 과정이 "민주주의를 가로막아 온 전통적인 문화(종교)자원과의 이념투쟁을 통해 그 자원을 궁극적으로 민주화"시킴으로써 그 사회에 적합한 가치, 제도, 관행으로 정착된 것처럼, 전통은 민주주의의 자생적 발전의 기반이다(강정인 2004, 370). 『서구중심주의』의 핵심 개념 가운데 하나인 '빌려온 정당성'은 그런 전통이 파괴되었다는 전제 없이 성립되기 어렵다.

그런데 『서구중심주의』의 결론에서 강정인은 전통의 현대화를 서구중심주의를 극복하기 위해 추구할 수 있는 유력한 대안으로 강조한다. 이때 그는 비서구의 전통적 사상 자원이 인류 문명의 보편적 자산이고 서구 문명이 보유하지 않은 자원이며 동시에 "그 유산이 우리의 정체성을 구성하고 있고 우리에게 친숙"하다고 말한다(강정인 2004, 513). 일견 어긋나 보이는 이런 진술은 전통의 현대화가 "장기적이고 고통스러운 지적 투쟁을 필요로 하는 사상의 혁신 과정"(강정인 2004, 511)으로서 미래의 기획으로 이해될 때에만 양립 가능할 것이다.

즉, 한국에서 파생적 근대화의 목적론적 변화는 전통의 파괴를 전제하며, 그렇기 때문에 전통은 대안 기획으로 요구된다. 그러나 어떻게 '한국의 파생적 근대화는 서구중심주의적 탈구를 심화시키지 않고 오히려 완화시켰는가'를 설명하는 데 전통이 중요한 요인으로 들어설 여지는 거의 없다. 그 과징은 곧 '서구화'이기 때문이다. 강징인은 한국의 근대화가 "서구 근대성의 산물인 중앙집권적 국민국가의 형성, 자본주의적 산업화, 민주화라는 과제를 '따라잡기' 식으로 모방·수용"하는 "서구화"의 의미를 강하게 지녔고, 그런 근대화의 과제는 거의 성취되었다고 판단한다(강정인 2004, 341).

그렇다면 전통의 발전과 동떨어져 진행된 서구화가 어떻게 서구중심주의의 완화를 불러왔는가? 서구를 모방·수용하는 과정은 어떻게 다시 전통을 우리 정체성의 핵심으로 전화시키는가? 전통을 소환하는 대안 기획은 어디에서 출발해야 하는가? 『서구중심주의』에서 전통의 현대화가 논쟁 지점으로 부각된 것은 이와 같은 논리적인 모순, 곧 전통의 파괴를 통해 파생적 근대화를 설명하고, 동시에 파괴된 전통을 대안으로 제시하는 설명 탓도 있었다.

반면 『박정희』에서는 대안이나 전망에 관한 논의에서도, 한국 정치이념의 전개에 대한 서술에서도 전통은 거의 거론되지 않는다.[9] 이를 통해 『서구중심주의』에서 나타났던 전통에 대한 강정인의 모호한 입장은 『박정희』에서 전통을 거의 거론하지 않음으로써 형식적으로 '해소'되었다고 할 수 있지만, 이러한 방식의 해소는 실질적인 문제의 장소를 옮기고 해결의 부담을 가중시켰다. '민족주의의 신성화'가 세계사적 시간대에 반발하는 내적인 요인으로 상정되었지만, 그것은 한국 정치 이념의 발전을 지

---

[9] 이것이 강정인이 전통의 현대화에 자신이 부여한 중요성을 철회했다는 의미는 아니다. 그가 2018년 무렵 필자에게 보여준 자신의 연구이력서에는 "한국정치사상, 어떻게 할 것인가?: 반성과 대안"— 이 글은 2005년 한국정치사상학회 회장 취임사를 정리하고 보완해서 2007년에 발표한 것이다 — 에서 제시된 서양정치사상의 한국화, 전통정치사상의 현대화, 현대 한국정치의 사상화가 '자신의 연구 주제 전반을 아우르는 총론'이라는 메모가 달려 있었다. 아울러 이 세 가지 방법론적 원칙은 2017년부터 그가 연구책임자로 수행한 SSK대형단계 연구에서도 중요한 내용을 이루고 있었다. 하지만 이런 방법론적 원칙들을 강조했다는 사실이 그 원칙들에 내재된 여러 문제가 해결되었음을 의미하는 것은 아니다. 그것은 오히려 그가 천착했던 연구과제에 가깝다.

체·왜곡시키는 요인으로 규정되었다. 서구중심주의를 완화하는 데 기여할 한국의 고유한 요인은 거의 다뤄지지 않은 셈이다. 따라서 『박정희』역시 강정인이 말한 것처럼 서구중심주의의 타개와 극복을 위해 저술된 것이라면, 이제 그 가능성은 서구적인 것과 구별되는 한국적인 것에서가 아니라 서구적 근대화의 의미를 재규정함으로써 모색될 수밖에 없다. 서구중심주의를 극복할 대안으로서의 전통을 둘러싼 모호성은 서구적인 것의 압도와 그로 인한 변이 속에서 서구중심주의의 극복을 모색해야 한다는 역설로 바뀌었다.

강정인이 『박정희』에서 언급한 '서구에 수렴하는 정상화'는 이 역설에 대한 답변일 터이다. 그러나 대체 서구를 따라잡기 위해 분투한 근대화 과정이 어떤 점에서 '정상화'일 수 있으며, 서구중심주의의 극복과 연결될 수 있는가? 강정인의 해명을 좀 더 따라가 보자.

강정인은 자신이 한국 정치사상의 전개를 '서구에 수렴하는 정상화 과정'으로 본 것은 "한국이 처한 모든 면을 종합적으로 고려하는 '현실주의적' 입장"에 기초하여 "서구중심주의에 대한 대응 전략에서 동화적 전략, 그것도 순응적 전략의 관점"을 따른 것이라 말한다. 그리고 이미 『서구중심주의』에서 언급되었던 다음과 같은 문장으로 "동화적 전략의 수용과 채택이 불가피한 상황"과 그에 따르는 "고충"을 설명한다.

비서구 사회는 서구와 대등한 정치·경제적 힘을 확보하여 게임의 규칙을 서구와 평등한 조건에서 수정하거나 시정할 수 있을 때, 비로소 서구중심주의를 극복할 수 있는 전략을 좀 더 실효성 있게 구상하고 실천에 옮길 수 있을 것이다.

그러나 그러한 단계에 도달할 때까지 비서구 사회는 우선 서구 중심적 게임의 규칙에 따라 자신의 생존을 도모해야 한다. 일반적으로 지배관계에 불리한 지위에 놓인 집단은 우세한 집단이 짜놓은 게임의 규칙에 따라 게임에 참여할 것을 강제당하고, 그 규칙에 따라 자신의 능력을 증명하도록 요구받기 때문이다. 비서구 사회의 근대화는 바로 그러한 게임에 참여하는 것이었고, 그 게임을 수행함에 있어서 서구 중심적 시각을 내면화할 것을 요구받았다. 그러나 비서구 사회는 그러한 게임에 참여하는 와중에도 서구 중심적 시각에 매몰되지 않은 채 독자적인 세계관과 주체성을 보존하고 키워야 한다는 이중적이고 모순적인 과업에 직면한다(강정인 2004, 496-7 ; 2014, 361).

그리고 "이중적이고 모순적인 조건을 극복하는 전략은 대체로 전복과 순응" 두 가지이며, 자신은 그 가운데 '현실주의적 입장'에서 순응 전략을 택했다고 말한다. 따라서 자신의 작업은 "한국 현대 정치사상이 서구중심주의를 어떻게 내면화하고 매개하면서 전개되었는가를 이론적으로 형상화하려고 시도"한 것이지만, 이런 서술적 작업이 대안적 작업에 선행해야 할 뿐만 아니라, 현실에 대한 분석도 "서구중심주의의 타개 또는 극복이라는 테마를 분명히 상정하고 이루어진 것"이라고 언급한다(강정인 2014, 358-61).

이런 '해명'은 충분한 것일까? 비서구 사회가 수행해야 하는 이중적이고 모순적인 과업의 핵심이 서구 중심적 시각의 내면화를 요구받는 게임에 참여하면서도 서구 중심적 시각에 매몰되지 않는 것이라면, 순응이 어떻게 그것을 가능하게 하는가? 이런 해명이 『서구중심주의』에서 제시된 대안 전략에 관한 논의를 일관되게 따른 것이라 할 수 있을까?

강정인은 『서구중심주의』에서 동화적 전략을 논하면서 순응과 전복의 구분과 유사하게 동화적 전략을 동화적-순응적 전략과 동화적-저항적 전략으로 나누었다.[10] 순응적 전략은 "비서구 사회가 패권 문명으로 등장한 서구 문명이 신봉한 세계관, 가치 및 제도를 보편적이고 우월한 것으로 수용하고 내면화함으로써 궁극적으로 그것들을 자기화 또는 재전유하고 자 하는 전략"을 말한다. 그리고 이 전략은 "서구 역사 발전 과정의 절대적인 우월성과 보편타당성을 긍정"하는 문제점을 가진다고 지적한다(강정인 2004, 432, 435). 반면 그가 동화적 전략 가운데 서구중심주의 극복의 전략으로서의 의미를 부여한 것은 동화적-저항적 전략이다.

동화적 담론은 순응성 이외에도 저항성이라는 측면을 가지며, 저항적 측면이야 말로 서구중심주의에 대한 대응으로서 우리의 관심을 끈다(강정인 2004, 436).

이 전략은 "서구중심주의적 담론을 전면적으로 거부하는 것이 아니라 그 위선성 또는 이중성 —이상과 현실 간의 불일치— 을 폭로함으로써 표면적인 보편성의 (명실상부한) 실천을 촉구하는 것"이다. 이때 동화적-저항적 전략은 서구중심주의의 지평을 넘지 못하고 오히려 지배적 담론을 더욱 보편적이고 풍성하게 만들어 정당성을 제고시키기는 하지만, 서구중심주의의 자기모순을 공격하여 스스로 자신의 보편적 주장을 실천하도록 강제하는 효과를 가진다. 그리고 동화적 전략에 해당하는 일본과 중국의 근대적 개혁에서 서구중심주의를 극복하려는 면모를 찾을 수 있다면 그 것도 그 개혁들이 순응 일변도였던 것이 아니라 저항적 측면을 내재하고 있었기 때문이다(강정인 2004, 432-9).[11]

---

10 서구중심주의를 극복하기 위해 강정인이 제시한 담론 전략에 대한 좀 더 상세한 논의는 이 책 5장을 참조.

11 2016년 편자로 참여한 책에서도 강정인은 동화적 전략을 "순응적 동화(통합)"와 "저항적 동화(통합)"으로 구분했다. 그리고 『박정희』를 참조하면서 순응적 동화는 "수동적인 순응을 통해 중심에 동화되는 것"이고 저항적 동화는 "적극적인 저항을 통해 결과적으로 동화되는 것"으로 규정했다. 좀 더 구체적으로 규정되었는데, 여기서도 일본과 중국의 근대화를 저항적 동화전략의 사례로 들었다(강정인 2016, 47).

게다가 강정인이 전복과 순응을 나누면서 환기시켰던 『서구중심주의』의 대목에서 정작 강조되었던 것은, 그 저작의 전체 기조와 일관되게, 혼융적 전략이었다. 그는, 위의 인용문에 이어서, 서구 중심적 게임에 참여하면서도 독자적인 세계관과 주체성을 보존하고 키우기 위해서는 "혼융적 전략의 일환으로 서구 문명 자체의 다양한 시각 그리고 우리의 전통문화적 시각에서 동아시아 문명과 서구 문명의 장점은 물론 그 결함을 엄정하게 교차 평가하는 작업을 수행함으로써 두 문명의 장점을 창조적으로 수렴·융합해야 할 것"이라고 주장했다(강정인 2004, 497). 그러나 대안적인 사상 자원으로서 전통이 서술에서 거의 배제된 『박정희』에서 이 구절은 빠졌다.

따라서 『서구중심주의』에서 논했던 대안에 비춰본다면, '서구에 수렴하는 정상화'에 대한 강정인의 '해명'은 그의 주장과 달리 이전의 논의와 일관된다고 보기 어렵다. 그 해명은 서구중심주의에 순응하는 전략에 대한 이전의 평가를 뒤집었고, 전통에 기반을 둔 혼융적 전략에서 한발 물러났다. 순응이 어떻게 서구중심주의의 내면화를 극복할 수 있게 하는지는 설명되지 않았고, 그런 전략의 불가피성을 강조하는 '현실주의적 입장'만 남았다. 그럼에도 불구하고 자신이 이전의 문제의식의 연장선상에 있다고 말한 언급은 어떻게 이해해야 할까? 『서구중심주의』와 『박정희』를 관통하는 사유는 무엇일까? 이것이 다음 절에서 다룰 문제이다.

4. '중심 ≠ 보편'의 사유와 '중심-주변'의 일원론적 세계의 어긋남

비동시성의 동시성이 상당 수준 해소되어 '서구에 수렴하는 정상화'를 이루었다는 강정인의 주장은 비동시성의 동시성에 대한 특정한 방식의 이해를 바탕으로 한다. 이런 주장은 비동시성을 해소되어야 할 병리적인 것·비정상적인 것이자, 해소될 수 있는 일시적인 현상으로 보는 관점과 연관된다. 이는 단적으로 비동시성의 동시성이 "문화적 지체"에 해당한다고 표현할 때 드러나며(강정인 2014, 80), 블로흐가 비동시성을 독일의 반동적인 사회 세력들의 낡은 심성에서 찾은 것처럼 한국의 비동시성을 민족주의의 신성화와 반민주적인 권위주의 정권에서 찾았을 때 현실적인 구체성을 갖게 된다. 세계사적 시간대를 중심·보편성·자유민주주의로, 한국사적 시간대를 주변·특수성·권위주의로 연결시켜 양자를 대비하는 구도는 '서구에 수렴하는 정상화'라는 결론을 예비한다.

　그런데 강정인은 『박정희』에서 자신이 제시한 "'비동시성의 변증법' 개념의 이론적 한계"를 거론하면서 '비동시성의 동시성이 근대성에 상존하는 것은 아닌가'라는 질문을 스스로 제기하고 있다.[12] 그는 프레드릭 제임슨(Fredric Jameson)이 1989년 이후 붕괴된 구사회주의권 국가들에 자본주의가 때늦게 귀환한 현실을 비동시성의 동시성으로 설명한 사례, 공식적인 제도와 가치로 남녀평등이 강조되는 서구에서도 남아 있는 가부장적인 관행과 문화, 현대 독일의 신나치주의자나 미국의 KKK단 등을 들면서 비동시성의 동시성이 서구와 비서구에서 어느 정도 공통적인 현상임을 인정한다. 하지만 강정인에 따르면, 자생적이고 자족적인 변화를 수행하는 서구 선발국에서 비동시성은 점진적인 타협과 학습을 통해 수렴과 동시화로 나아갈 개연성이 높고, 그것이 근절되지 않더라도 상대적으로

---

12 강정인은 언급하고 있지 않지만, 근대성에 상존하는 비동시성의 동시성에 관한 대표적인 연구로는 코젤렉(1998)과 임혁백(2014)을 들 수 있다. 특히 임혁백은 강정인과 같이 블로흐의 비동시성의 동시성을 이론적 틀의 기초로 받아들이지만, 다중적 근대성론의 문제의식과 결합시켜 한국 현대정치사를 서구처럼 비동시성이 동시화된 것이 아니라 비동시성의 다중적 시간이 지금까지도 이어지고 있는 것으로 이론화한다. 다중적 근대성론에 대해서는 아이젠슈타트(2009) 참고.

무해한 작은 상흔으로 남아 봉합되게 마련이다. 반면 유럽의 후발국보다 더 늦게 그리고 식민지까지 경험하면서 강압적으로 근대화된 한국에서 비동시성의 변증법은 훨씬 더 극렬하게 전개되어 이념적 지형을 뒤틀고 거의 반영구적인 충격적 외상(trauma)을 남겼다. 그는 서구와 비서구의 비동시성이 종류의 차이는 아닐지언정 정도의 차이는 존재한다면서 자신의 논변을 방어한 것이다(강정인 2014, 322-5). 그러나 그는 충격적인 외상을 간직한 현대 한국 정치의 이념적 지형에서 펼쳐지는 비동시성의 동학을 더 이상 이론화하지 않은 채 '서구에 수렴하는 정상화'로 마무리했다.

이런 점들을 볼 때, 강정인은 비동시성의 동시성을 최종적으로 『박정희』에서와 같이 이론화했을 때 제기될 수 있는 문제점이나 한계 및 대안적인 이론화의 가능성을 어느 정도 인지하고 있었던 것 같다. 따라서 우리는 '서구에 수렴하는 정상화'로 귀결된 논변에 좀 더 심층적인 사유 방식이 자리 잡고 있지 않을까 짐작해볼 수 있다. 이와 관련하여 필자는 강정인의 서구중심주의 비판에 '서구 ≠ 보편'이라는 사유와 중심이 주변의 존재론적·인식론적 근거를 제공하는 일원론적 세계관이 공존하고 있다는 점을 지적하고자 한다.

강정인은 『서구중심주의』에서 "단일 중심(군)과 복수의 주변부"를 상정하고 "중심주의 일반이론"을 제시한다. 이는 "중심은 주변에 대해 존재론적 원천, 인식론적 기본틀 및 규범적 판단의 기준(표준)으로서 존재하며, 그리하여 주변을 생성시키고 정의하며 판단하는 보편적 준거점"이라는 그의 언급으로 요약될 수 있다. 그리고 이런 명제들은 "중심으로서 서구의 보편성과 우월성 그리고 주변으로서 비서구의 '필연적 동화'를 구성·정립"한다고 말한다. 이런 중심과 주변의 관계는 힘을 통해 설정되고 문화적 헤게모니를 통해 보강·보완된다(강정인 2004, 55, 78). 서구중심주의란 결국 서구가 물리적·문화적 권력을 주변부 사회에 행사하여 이러한 중심-주변의 관계를 성립시키고 유지·강화한다는 것을 뜻한다. 그리고 서구중심주의 비판은 주변부 사회에 대해 서구가 존재론적 원천·인식론적 틀·규범적 기준(표준)으로 자연스럽게 자리매김해 있는 현실을 파헤치고, 그것이 물리적·문화적 권력에 의해 구성된 것임을 폭로하는 시도다. 중심으로서 서구는 스스로를 보편으로 자리매김하지만, 서구중심주의 비판은 그런 보편이 중심주의적 지배에 의해 구성된 것임을 드러냄으로써 힘과 문화적 헤게모니에 의해 군림하는 중심과 보편성 사이를 이격시킨다.

하지만 이런 이론적 구도에서 중심과 주변의 관계가 이념형에 가깝게 완벽할수록 주변이 중심의 지배로부터 벗어나는 것은 불가능해진다. 주변이 중심의 힘의 지배를 벗어나더라도 자신의 존재론적 원천·인식론적 틀·규범적 기준(표준)을 중심 이외에서 찾을 수 없기 때문이다. 따라서 이와 같은 이론적 구도로 서구중심주의를 극복하고자 한다면, 중심-주변의 일원론적 관계를 상정하더라도 다른 한편 그런 중심의 완벽한 지배가 불가능하며 주변의 고유한 존재론적 원천·인식론적 틀·규범적 기준(표준)을 찾을 수 있음을 전제해야 한다. 요컨대 중심주의의 일원론적 세계는 그 지배로부터 벗어나 있는 외부를 상정해야 한다. 이 경우 이론적 구도는 역설에 봉착한다. 외부는 일원론적 세계 내의 외부이기 때문에 중심의 지배에 포섭될수록 그 존재근거를 상실함에도 불구하고, 완벽한 중심주의란 불가능하다는 이유로 불사조처럼 살아남으며 나아가 중심주의의 일반 이론이 다른 가능성을 봉쇄하기 때문에 그것만이 대안의 근거가 되는 것이다. 이것이 『서구중심주의』에서 제시된 전통을 둘러싼 이론적 모호함의 한 이유이다.

이와 같은 방식의 사유는 『박정희』에서도 유지된다. 서술 체계에서 긍정적인 대안 사상의 자원인 전통이 배제되는 대신 그 자리를 부정적 요인인 민족의 신성화가 대체했기 때문에 어떤 점에서는 오히려 역설이 심화된 것처럼 보인다. 필자는 '세계사적 시간대-서구-중심-보편성-자유민주주의-정상'과 '일국사적 시간대-한국-주변-특수성-권위주의-비정상'과 같이 대비되는 계열로 구성된 '비동시성의 변증법'의 구도가 이런 추정을 전반적으로 지지하며, 다음과 같은 점들이 이를 보강한다고 생각한다.

첫째, 『박정희』에서도 서구는 주변부 사회를 단지 힘으로 지배하는 데 그치지 않고 존재론적 원천·인식론적 틀·규범적 기준(표준)의 역할을 수행한다. 강정인은 자유주의·보수주의·민족주의·급진주의라는 서구의 사상이 근대 초 서구에서 처음 나타났고(기원), 서구가 가장 세련된 형태로 발전시킨 것(목적)을 한국이 본(또는 표준)으로 삼아 수용했다는 점에서 기원론적·목적론적 특권을 누리면서 표준 설정의 기능을 행사해 왔다고 지적한다(강정인 2014, 20). 그러므로 한국 정치사상의 발전은 서구 문명이 주도하는 세계사적 맥락에서 보편성과 특수성을 가지며, 한국 현대 정치사상에 대한 이해는 서구의 이데올로기로 "환산"할 수 있을 때 의미를 인정받는다(강정인 2014, 20, 79). 이처럼 비서구 사회의 경험을 서구의 개념과 경험에 비추어 검토하는 비교 대상의 설정 자체가 결론의 논리적 기초를 이룬다고 할 수 있다.

둘째, 『박정희』에서도 주요 개념 가운데 하나인 '빌려온 정당성'에 대한 서술의 맥락이 미묘하게 바뀌었다. 『서구중심주의』에서 빌려온 정당성은 서구에서 유입된 사상, 이식된 제도의 정당성에 대한 한국 사회의 합의가, 서구에서 이미 그 의미와 효과가 확증되었다는 점 못지않게, 전통의 파괴 및 전 사회의 서구 중심적 탈구에 기초해 있음을 지적하고 있었다. 그런데 전통이 서술에서 배제된 『박정희』에서는 서구의 사상과 제도가 어떻게 비서구 사회에서 정당성을 갖게 되는가에 대한 서술 역시 거의 사라졌다. 완성태로 수용된 서구의 사상은 "주변부 사회에서 내재적인 정당성을 확보하기에 앞서" 중심부에서 유입되었다는 사실로 인해 빌려온 정당성을 갖는다거나, 해방 후 남한에서 자유민주주의가 반발 없이 수용된 것은 빌려온 정당성의 "선제적 효과" 덕분이었다는 언급에서 이식된 정당성에 대한 내적인 승인이나 합의의 과정을 찾기는 어렵다(강정인 2014, 97, 100). 전체 서술 구도를 감안하면 세계사적 시간대의 압도와 한국사적 시간대의 반발 사이에서 이루어지는 변이가 생성되는 과정이야말로 이식된 사상과 제도가 한국 사회에서 정당성을 얻는 과정일 텐데, 빌려온 정당성이 언급된 맥락을 보면 그것은 변이의 과정보다 앞서 있다. 빌려온 정당성은 마치 세계사적 시간대에서 부과되는 동시화의 압력에 의해 자동적으로 형성된 것처럼 서술되고 있다.[13]

셋째, 『박정희』는 『서구중심주의』의 대안 전략이 지닌 모호성을 가중시킨다. 『서구중심주의』에서 강정인은 중심의 지배를 "물리적 권력(경제력, 정치력 및 강제력)과 문화(담론)적 권력의 측면"으로 구분하고, 중심의 지배를 극복하기 위해서는 "물리적 대항권력과 문화적 대항권력"이 일정하게

---

13 물론 강정인은 설사 『박정희』에서 직접 참조하고 있지 않다 하더라도 암묵적으로 『서구중심주의』의 빌려온 정당성을 고려하고 있었다고 반박할 수 있다. 하지만 『박정희』를 하나의 완결된 이론 체계로 볼 경우 필자의 비판은 여전히 가능할 것이다. 한편 이관후는 "정당성은 빌려올 수 있는가?"라는 흥미로운 질문을 제기하고, "정치적 정당성이 바로 그 정치공동체에 살고 있는 사람들 자신에 의해, 그들 자신의 문화, 가치, 신념, 규칙, 전통에 의해서만 수립되고 승인되는 개념이라면, 정치제도나 이념과 함께 정당성도 이식될 수 있는가를 묻는 질문은 그 자체로 무의미한 것"이라고 언급한다. 그리고 정치적 정당성의 기반이 되는 인민의 믿음 체계가 어떻게 구성되어 있는지에 주목해야 한다고 주장한다(이관후 2015). 필자가 보기에 『서구중심주의』의 '빌려온 정당성'과 이관후의 질문은 생산적인 대화가 가능할 것 같다. 하지만 『박정희』의 '빌려온 정당성'에게 이관후의 질문은 정곡을 찌르는 비판이 될 것이다. 다만 이관후는 『박정희』를 분석 대상으로 포괄하고 있지 않으며, 『서구중심주의』에서의 빌려온 정당성은 "이식된 정치 체제와 이념"이 "자동적으로 정당성을 획득"하는 과정으로만 설명되고 있지 않다는 점을 언급하고 있지는 않다(이관후 2015, 90). 한편 이관후는 이 책 7장에서 '비교'의 준거가 될 수 있는 정당성 개념에 대해 논하면서 강정인의 사유를 보완하고 있다.

"조합"되어 "동시에" 필요하다고 언급한다. 그가 제시한 동화적·역전적·해체적·혼용적 전략은 이 가운데 문화적 대항권력과 관련된 것이다(강정인 2004, 428-9). 그렇다면, 물리적 권력과 문화적 권력은 어떻게 조합되어야 할까? 이 문제는 『서구중심주의』에서 본격적으로 탐구되지 않았다. 대안 전략이 정치경제적인 차원에서의 수용과 모방 이후에야 가능한 것인지, 그런 따라잡기 과정에서 수반되는 서구중심주의의 구조적 재생산 문제는 어떻게 대처해야 하는지에 대한 문제는 모호한 상태로 남았다. 『박정희』에서 강정인은 비동시성의 동시성이 해소되어 한국 사회가 "서구 중심적인 세계사적 시간대에 수렴"된 "현 단계"에서, "이제 서구중심주의에 대한 순응적 시각을 벗어나 더 나은 문명을 건설하는 데 필요한 독창적인 대안과 다양한 전략에 대해 진지하게 고민해야 할 지점에 이르렀다"고 언급한다 (강정인 2014, 361-2). 이런 언급은 동화적·역전적·해체적·혼용적 전략 등은 서구에 수렴되고 난 이후에야 실천될 수 있음을 가리키는 것인가?

5. 미완의 기획, '비패권적 중심에 대한 상상'

이 글은, 『박정희』에서 나온 "서구에 수렴하는 정상화 과정"을 단초로 삼아, 강정인의 서구중심주의 비판과 현대 한국 정치 이념의 전개 과정에 대한 해석의 기저에 깔린 사유를 비판적으로 고찰했다. 『박정희』에서 강정인은 『서구중심주의』에서 제시한 중심주의의 일반이론을 비동시성의 동시성이란 개념으로 풀어냈고, 이를 바탕으로 한국 정치 이념의 전개를 체계적으로 서술했다. 그 과정에서 당초 자신이 제시한 이론이 지닌 풍부한 가능성의 일단을 극단으로 밀어붙였다. "서구에 수렴하는 정상화 과정"은 이를 드러내는 표현이라 할 수 있다. 그는 서구중심주의 비판에 매진했지만, 중심-주변의 일원론적 세계 내에서 극복의 대안을 모색했고, 비동시성의 동시성을 주된 분석틀로 강조했지만, 그 사유는 동시성에 좀 더 기울어져 있었다.

이상과 같은 분석은 『서구중심주의』에 대한 기존의 비판과는 사뭇 다른 강정인의 사유를 보여준다. 앞서 언급한 것처럼, 『서구중심주의』에 대한 우려와 비판은 서구중심주의 비판이 서구 사상이나 이론에 대한 총체적인 부정을 함의할 수 있다는 점에서 출발했고, 전통의 현대화라는 대안은 이런 편향이 드러난 것으로 간주되었다. 하지만 이 글은 반대로 강정인이 서구 사상의 보편성을 처음부터 인정하고 있었고, 오랫동안 비판을 감행하면서도 끝내 완전히 '극복'하지는 못했다는 점을 보여준다. 좀 더 정확히 말해서, 그는 서구가 곧 보편이 아니라고 확신했으나, 중심-주변이라는 대당에서 중심이 보편의 위상을 갖는다는 인식에 매여 있었고, 이는 다시 서구의 보편성에 대한 인정으로 돌아왔다. 고유의 전통 사상에 대한 강조와 서구로의 수렴이라는 정상화, 일견 상충하는 것처럼 보이는 이 주장들의 기저에는 '서구 ≠ 보편'에 상응하는 중심주의 비판 이론의 부재가 자리 잡고 있다.

그는 주변성에 대한 첨예한 인식을 강조하고, 한국 정치 이념의 창조적 잠재성을 바탕으로 주변성을 극복·타개하는 것이야말로 한국 정치사상을 발전시키는 길이라고 역설했다(강정인 2007). 그러나 중심-주변의 일원론적 세계에서 주변성을 인식한다는 것은 중심의 보편성을 인정하게 만든다. 중심의 보편성을 인정하면, 중심주의의 극복과 중심-주변의 격차가 좁혀지거나 해소되는 과정의 간극도 모호해진다. 중심과 대비되는 주변 고유의 사상 발전도, 중심을 모방하고 따라잡는 정상화도 모두 극복과 타개라는 주제 아래 묶이는 결과가 발생한다. 서구중심주의가 서구와 비서구 내부의 차이들을 무화시키고 서구와 비서구라는 추상화된 대당으로 묶어내는 데서 출발한다는 점을 충분히 인지했음에도, 중심주의 일반이론에 이를 투영하고 결국 벗어나지 못한 것이다.

　이것이 그가 도달한 종착지였을까? 논문이나 단행본으로 완성되지는 못한 강정인의 연구 계획들은 그가 자신이 봉착한 논리적 궁지를 인식하고 이를 극복하기 위해 여러 가지 시도를 기획하고 있었음을 알려 준다.

　먼저 비동시성의 동시성과 관련된 대안적인 논변의 가능성은 『박정희』의 초기 문제의식이 담긴 2009년 한국연구재단 우수학자지원 사업의 연구계획에서 발견된다.[14] 당초 계획에서도 강정인은 비동시성의 동시성을 "세계사적 시간대와 일국사적 시간대의 중첩된 구조", "세계사적 시간대의 압도"와 "일국사적 시간대의 반발"로 파악한다(2). 그러나 여기에서 그는 블로흐의 비동시성의 동시성이 마르크스주의적 도식을 따르고 있어서가 아니라, 토대에 의한 결정이라는 "무오류의 외부적인 아르키메데스의 점"을 바탕으로 "비동시성을 동시성의 방향으로 유인되어야 할, 어떤 점에서는 옳지 못한 편향"으로 인식한다는 점을 비판한다. 반면 한국의 현대 정치사상을 분석할 때는 세계사적 시간대와 한국사적 시간대 가운데 어느 일방의 절대적인 보편성을 상정해서는 안 되는데, 이는 "자유주의, 급진주의, 보수주의, 민족주의와 같은 서구의 정치 이념은 '제한적인 보편성'을 갖는 것이며, 한국의 역사적 상황이 제기하는 시대적 의제를 해결하기 위해 수용 및 변용된 것"이기도 하기 때문이다. 이런 인식을 바탕으로 그는 "동시성과 비동시성의 중첩적 병존이라는 구조 자체", 즉 절대적

14　https://www.krm.or.kr/krmts/link.html?dbGubun=SD&m201_id=10018697&local_id=10 077303(검색일 : 2021.12.01.). 논문이나 단행본으로 나오지 않은 결과보고서를 인용·참고하는 것은 학계의 관행에는 어긋난다. 그러나 필자는 완성된 글에서 강정인 봉착한 난제 못지않게 미완의 기획이 시사하는 의미가 있다고 판단한다. 또 원칙적으로 연구재단의 결과보고서는 '교육·연구 목적을 위해 출처를 명시하여 인용'할 수 있도록 공개되어 있다. 본문의 연구계획은 결과보고서에 요약된 '당초 계획'을 의미한다. 이하 각 보고서에서의 인용은 출처를 명시한 다음 본문에는 쪽 수만을 기입한다.

인 보편성을 가진 동시성의 관점에서 비동시성을 가려내는 대신 "동시성과 비동시성의 공존 및 습합"을 강조해야 한다고 주장한다(9).

다음으로 서구와 비서구를 중심-주변의 대당으로 묶지 않고 교차 비교하기 위한 시도는 2011년도부터 시작된 한국연구재단 SSK 지원사업의 소형단계 연구계획에서 나타난다.[15] 여기서 강정인은 "서구중심주의를 극복하려는 시도는 세계를 주체와 객체, 이성과 감성, 정신과 물질, 서구와 비서구로 양분하고 어느 일방에 특권과 우월성을 부여하는 일원적 보편성 개념을 넘어설 것"을 요구한다고 밝히면서, 대안적인 개념으로 "횡단성"(Transversality)을 제기한다. 다양성과 차이에 기반한 횡단적 연계성은, 서구와 비서구의 대당이 아니라 서구와 비서구를 구성하는 각 정치공동체의 근본적 필요를 형성하는 여러 문제의식의 지평에서 비교 사상 연구를 수행해야 한다는 기획으로 이어진다(2-4). 곧 "'정치공동체는 시대적 상황과 변화 속에서 어떤 가치를 실현해야 하는가?', '동양과 서양의 정치공동체는 어떤 가치를 추구해 왔는가?', '정치적 영역이 갖는 독자적인 성격은 어떠해야 하며, 통치의 정당성은 어떻게 계승되고 유지되어야 하는가?', '정치공동체에서 포섭과 배제를 수반하는 정당한 구성원의 자격을 가르는 기준은 무엇이고, 그것은 어떻게 정당화되어 왔는가?', '정치공동체의 정립과 변화에 있어서 그 인간학적 · 심리학적 기반은 무엇인가?', '정치공동체에서 초월적 가치와 세속적 가치는 어떻게 배치되어 상호작용해야 하는가?'"라는 문제의식 지평에서 서구와 비서구의 각 정치공동체를 가로질러 비교하는 연구를 수행해야 한다는 것이다.

한편 강정인은 『박정희』에서 스스로 비서구 사회의 경험을 서구의 개

---

15 https://www.krm.or.kr/krmts/link.html?dbGubun=SD&m201_id=10027417&local_id=10
077401(검색일 : 2021.12.01.)

념과 경험에 비추어 검토하는 비교 연구가 지닌 한계를 다음과 같이 인정하고 있다.

> 물론 한국 정치의 이념적 지형이 지닌 특징에 대한 포괄적 이해는 단순히 근대 서구의 경험과 비교하는 데 그치지 않고, 비서구권인 동남아시아나 라틴아메리카 국가들, 동남부 유럽 국가들 또는 역사적 문화유산이 비슷한 중국·일본과의 비교를 통해야 좀 더 온전한 모습으로 얻어질 것이다.……그러나 서구가 주도하는 세계 학계의 주된 관행은 비서구 사회에 대한 지식이 주로 그 사회의 경험을 서구의 개념과 경험에 비추어 검토함으로써 얻어지고 축적된다는 의미에서 다분히 서구 중심적이다. 이는 실로 극복되어야 할 개탄스러운 관행이지만, 그 작업이 쉽지 않다는 현실 또한 부정할 수 없다. 이 글 역시 그러한 한계를 안고 있다(강정인 2014, 77-8).

그는 2014년부터 시작된 SSK 중형단계 연구에서야 이와 같은 작업에 참여하게 되었고, 그 일부 결과는 2016년도에야 나왔다(강정인 편 2016).[16] 그리고 그는 2016년 SSK 중형단계 연차보고서에서부터 중심과 주변에 대한 자신의 사유 전반을 다시 구축하려는 과제를 언급하기 시작했다. 여기서 그는 "트랜스모더니티(transmodernity), 포스트모더니티(postmodernity), 다중적 근대(multiple modernities) 및 중층 근대 등 근대성에 대한 다양한 개념화를 비판적으로 검토"하는 한편, "'허브적 중심', '매개적 중심', 또는 '비누적적 중심' 등 비패권적 중심을 중심주의에 대한 대안으로 검토"하는 것을 연구 목표로 제시했다. "인류가 문명사회를 유지하고자 하는 이상

---

16 서구와 비서구를 어떻게 적절히 '비교'할 수 있을 것인가에 대해서는 이 책 7, 8장을 참고할 수 있다.

'중심의 부재'를 주장하는 것은 자가당착"이지만, "종래의 중심주의가 패권적 중심을 전제한 것이라면, 비패권적 중심에 대한 상상이 필요"하다는 것이다.[17]

'비패권적 중심에 대한 상상'은 이전의 중심주의 일반이론에서 얼마나 더 나아갔을까? 그의 걸음은 2019년 7월 9일부터 잠시 멈춰 있다. 이제 이런 기획들이 미완으로 남은 것이 그 스스로 기각한 것인지, 훨씬 더 구체적인 성과를 목전에 두고 있었는지, 어쩌면 그 자신의 목소리라기보다 공동 연구팀 내의 의견인지 확인할 길은 없다. 하지만 이 글이 시도한 "서구에 수렴하는 정상화 과정"이라는 언급에 대한 비판적 독해는, 서구중심주의를 비판하고 극복하기 위해서는 '서구'에 대한 비판과 '중심'에 대한 대안적 이론이 함께 가야 한다는 점을 보여준다. 이 글은 단지 서구중심주의 비판자였던 학자가 봉착했던 논리적 궁지와 그가 시도하고 있었던 기획 속에서 그것을 확인하는 데 그쳤을 뿐이다.

---

17 https://www.krm.or.kr/krmts/link.html?dbGubun=SD&m201_id=10058035&local_id=10089794(검색일 : 2021.12.01.) 이 연차보고서는 현재 공개되어 있지 않고, 중형단계의 결과보고서가 공개되어 있다. 하지만 결과보고서에도 필자가 입수한 연차보고서에 나온 본문의 주요 키워드가 나오고 있다. 한편 강정인은 이미 『서구중심주의』에서도 중심-주변의 대당을 수정할 필요성을 시사하기도 했다. 즉 세계체제이론과 종속이론처럼 중심-주변이 아니라 중심-반주변-주변을 상정하고 "반주변부의 전략적 위상 또는 양가적(ambivalent) 심성"을 탐색하는 것은 중심주의 극복과 관련하여 중요한 시사점을 제공할 것이라고 언급한 바 있다(강정인 2004, 86-7).

강정인의 서구중심주의 비판과
그 정치사상적 특징

아민의 유럽중심주의 비판과의 비교를 중심으로

최일성(한서대학교)

1. 강정인의 '서구중심주의' 개념과 비판의 초점

이 글은 일평생 '서구중심주의'(Eurocentrism ; Westerncentrism) 비판에 매진한 강정인의 정치사상을 아민(Samir Amin)의 '유럽중심주의'(Eurocenterism) 비판과 비교하여 그 특징을 드러내는 것이다.[1] 유럽중심주의는 맑스주의 정치경제학자 아민이 『세계적 규모의 자본축적』(1970)에서 처음 제시한 것으로 알려져 있다. 국내 학계에서는 '유럽중심주의'와 '서구중심주의'라는 용어가 다소간 혼용되는 추세이다. 강정인에 따르면, 전자가 18세기 이후 유럽에서 전개된 서구 자본주의 근대문명의 기원과 그 역사에 초점을 맞춘다면, 후자는 제2차 세계대전 이후 패권을 장악한 서구 문화권(특히 미국)

---

[1] 아민의 유럽중심주의 정치사상에 대해서는 필자의 「역사유물론과 유럽중심주의 : 사마르 아민의 유럽중심주의 비판을 중심으로」(2019)를 참고. 이 글은 아민과 강정인의 정치사상을 비교하고 있지만, 궁극적인 목적은 강정인의 정치사상을 일별하는 데 중점을 둔다.

의 압도적인 영향력을 강조한다는 데 차이가 있다(Cf. 강정인 2004, 42-3). 따라서 이론의 영역에서 근대 자본주의 문명의 기원이나 전개 등을 역사적으로 논할 때는 (서)유럽 국가에 더 큰 비중을 두어야 하기에 '유럽중심주의'가 적절한 표현이라고 할 수 있지만, 오늘날 북미대륙으로 확산한 유럽 기원의 문화적 현상이나 세계관을 포괄하기 위해서는 '서구중심주의'라는 용법이 더욱 적절하다고 본다(강정인 2003, 34-6). 그는 후자의 측면에 주목하면서, '서구중심주의'라는 용법을 더욱 선호한다(강정인 2003a, 34).[2]

그런데 강정인은 서구중심주의가 이러한 일반적인 통념만으로는 모두 해명하기 힘든 다층적인 개념이라고 주장하며 이에 대한 정치사상적 분해를 시도한다.[3] 먼저, 수사적인 차원―그의 표현에 의하면 '분해(1)'―에서 그는 이 개념이 '서구'와 '중심주의'가 합성된 개념이라고 분석한다. 이때 '서구'는 앞서 언급한 바와 같이 지리적 개념일 뿐만 아니라 정치·문화적 개념으로 확장된다. 따라서 서구는 정치·문화적으로 "발전된 = 좋은 = 바람직한"이라는 함의를 내포하지만, 반대로 비서구는 "저발전된 = 나쁜 = 바람직하지 않은"이라는 대칭적 함의를 획득하게 된다고 본다(강정인 2004, 52-4). 또한, 국제정치적 현실에서 '중심주의'는 권력(power)을 통해 설정되지만, 문화적인 헤게모니를 통해 그것이 보완될 수 있다는 수정주의적 원칙을 제안한다. 이 경우 중심은 비단 강대국일 뿐만 아니라 주변에 대해

---

2 그런데도 강정인은 '서구중심주의'의 영어식 표현을 'westerncenterism'이 아닌 'euro-centrism'으로 제시하는데, 이는 후자가 서구 학계에 일반화된 용어일 뿐만 아니라, 그것이 미주를 포함한 문화적 개념 ― 유럽에 한정된 지리적 개념이 아니라―임을 강조하기 위한 것으로 보인다.

3 이와 관련해서는 특히 강정인의 두 논문, 즉 「서구중심주의에 대한 시론적 고찰: 현대 한국정치사상의 빈곤 원인에 대한 탐색」(2000)과 「서구중심주의의 이해: 용어 및 개념 분석을 중심으로」(2003)을 참고하라. 그는 이 두 논문의 논거를 보강하여 『서구중심주의를 넘어서』(2004) 제1장 및 제8장에 재수록했다.

존재론적 원천(근거)으로 군림하며, 인식론적 보편성 및 우월성을 획득하고, 따라서 주변을 규범적으로 판단하는 기준이자 주변이 지향하는 바람직한 목표(telos)가 된다고 본다(강정인 2004, 54-66).

한편, 이데올로기적인 차원—그의 표현에 의하면 '분해(2)'—에서 그는 이 개념이 더욱 복잡한 의미를 함축한다고 본다. 그에 의하면, 그것은 '서구(유럽)예외주의'와 '오리엔탈리즘'으로 요약된다. 전자가 근대 서구 문명의 '독특성'(uniqueness), '자생성'(self-generation) 및 그러한 문명의 '항구성'(permanence)을 가정한다면, 후자는 비서구의 정치·경제·사회·문화뿐 아니라 심지어 역사의 '부재' 혹은 '일탈'을 가정한다(강정인 2004, 66-73). 이러한 이중의 역학을 바탕으로 서구—혹은 서구적인 것—는 보편적이고 중심적인 존재로 받아들여질 뿐만 아니라 진실하고 선하고 아름다운 윤리적·도덕적·미학적 표준으로 자리매김하게 되며, 역으로 비서구는 그 반대편의 대칭적인 함의를 부여받게 된다는 것이다.

이런 이중적인 분해를 바탕으로 강정인은 서구중심주의를 세 가지 명제, 즉 '서구우월주의', '보편주의 혹은 역사주의', '서구화 혹은 근대화'의 명제로 풀어서 제시한다(강정인 2000, 317). 그런데 이러한 주장은 서구중심주의에 대한 그의 독창적인 분석의 결과가 아니라 서구중심주의를 비판한 여러 학자의 분석을 종합하고 귀납한 결과이다. 예를 들어 아민(S. Amin 2008)은 유럽중심주의가 비서구의 서구화가 아닌 빈곤화를 부추기고 있다고 주장하며, 블로트(J.M. Blaut 1993)는 서구중심주의에 내재한 이른바 '유럽예외주의'가 "유럽(문명)의 기적"이라는 거짓된 신화를 구축하고 있다고 비판한다. 또한 프랑크(A. G. Frank 1998)는 '서구의 부상'이 '비서구의 희생'의 대가임에도 서구중심주의는 이를 생략하고 있다고 논박하며, 버날(M. Bernal 1987)은 그리스 문명의 이집트(동방) 기원을 부인한 채 아리안(Arians) 기원설을 정립함으로써 서구 중심의 역사주의를 창조하고 있다는 문제를 제기한다. 그런 의미에서 서구중심주의에 대한 강정인의 개념 정의는 서구중심주의를 비판한 이들 학자와 사상적 맥락을 같이한다고 이해할 수 있다.

그러나 이러한 서구중심주의를 비판함에 있어서 강정인의 시각은 이들 학자와 구분되는 독창적인 측면이 있다. 왜냐하면, 이 학자들은 모두 서구중심주의와 그것에 내재한 하위 명제 그 자체를 비판의 대상으로 삼고 그것의 해체를 지향—비록 강조점이나 억양의 차이는 있을지라도—하기 때문이다. 반면 강정인은, 비록 그가 서구중심주의 그 자체를 문제 삼지 않는 것은 아니지만,[4] 서구중심주의를 문제 삼지 못하는 비서구의 종속적 행태에 더욱 천착하고, 이러한 행태를 타개하기 위한 방책을 중점적으로 고민한다.[5] 그런 의미에서 강정인이 제기하는 비판의 초점은 서구중심주의 그 자체의 이론적인 오류나 한계의 시정이라기보다는, 서구중심주의로 인해 파생되는 현실적인 영향이나 폐해—특히 '한국적 현실'에서의—를 지적하고 이를 타개하는 데 맞춰져 있다. 이런 차별성은 서구중심주의 비판을 둘러싼 강정인의 정치사상을 특징적인 방향으로 이끌고 있다.

이 글은 강정인의 서구중심주의 비판과 그 정치사상적 특징을 일별하기 위해 그가 참조하고 있는 학자들 가운데 한 명인 아민의 유럽중심주의 비판과 비교한다.[6] 필자가 보기에 두 학자는 서구(유럽)중심주의에 대한

---

4 그의 학문적 이력의 상당 부분을 차지하는 서구 정치사상에 대한 재해석은 이러한 관점에서 이해할 수 있다. 예를 들어 로크(J. Locke)의 재산권 이론에 대한 재해석(강정인 2004, 177-222)이나 헌팅턴(S. Huntington)의 민주화 이론에 대한 재해석(Ibid., 223-82)이 그것이다.

5 그는 이 방책을 「서구중심주의 극복을 위한 담론 전략들」(강정인 2004, 426-91)이라는 표제로 제시한다.

6 강정인과 아민의 정치사상에 대한 비교는 필자의 의도적인 구상임을 밝힌다. 강정인은 주로 '서구중심주의'의 개념을 정의할 때만 아민을 소개할 정도로 두 학자의 관계는 다소 소원한 편이다(Cf. 강정인 2004, 46, 52). 그렇지만 필자는 두 학자의 정치사

개념적 정의에 있어서는 다소간 맥락을 공유하고 있으나, 문제의식에서 대안에 이르기까지 매우 결이 다른 분석을 제시하고 있다. 하지만 안타깝게도 강정인의 서구중심주의 정치사상에 대한 이론화 작업은 아직 시도되지 않고 있다. 그런 의미에서 이 글은 서구중심주의 비판의 영역에 강정인의 정치사상을 추가함으로써 관련 정치사상적 스펙트럼을 보완하는 데 일조하고자 한다.[7]

2. 서구중심주의에 대한 문제의식 :
   정치·경제적 패권 vs. 문화·학문적 패권

서구중심주의에 대한 아민과 강정인의 문제의식에서 출발해 보자. 앞서 언급한 바와 같이 이들은 공히 서구중심주의의 기원을 발생사적으로, 즉 역사주의적으로 이해한다. 이들에 따르면, 서구중심주의는 18세기 이후 전 세계에 걸쳐 군림하게 된 근대 서구 문명에 뿌리를 둔 서구 중심의 세계관을 지칭한다. 여기서 서구는 지리적 개념일 뿐만 아니라 정치·경제·문화적인 개념으로 확대된다. 강정인에 따르면, 이러한 서구중심주의는 '유럽예외주의'와 '오리엔탈리즘'으로 구성된다. 전자가 자본주의, 즉 '유럽의 기적'이라는 신화를 강조한다면, 후자는 비서구 사회의 '부재', '일탈', '왜곡' 등에 방점을 둔다. 이런 이데올로기는 궁극적으로 서구 문명을 발전된, 좋은, 선한, 바람직한 문명으로 이해시키는 반면, 비서구 문명을

상이 서구중심주의에 대한 대칭적인 시각을 보여주기에 두 학자의 비교가 이론적으로 유의미하다고 판단한다.

7 이 글은 서구중심주의와 관련된 강정인의 정치사상에 초점을 맞추기 위해 그가 사용한 '서구'와 '서구중심주의'라는 용어를 사용할 것이나, 아민의 정치사상에 대한 명시적인 구분이 필요한 경우에는 그가 사용한 '유럽'과 '유럽중심주의'를 별도로 표기할 것이다.

저발전된, 나쁜, 악한, 바람직하지 않은 문명으로 깎아내린다(Amin 2008 ; 강정인 2004).

그러나 서구중심주의를 문제 삼는 데 있어서 아민과 강정인은 서로 다른 견해를 제안한다. 아민이 '유럽중심주의'를 유럽 기원의 '자본주의 문화'로 정의하면서 주로 정치·경제적인 측면의 비판에 초점을 맞추는 데 반해(Cf. Amin 2008, 139–96), 강정인은 그것을 주로 문화적인 측면에서 검토하고 특히 학문적인 차원의 비판에 매진하고 있기 때문이다. 이러한 문제의식의 차이는, 부수적으로는, 일본의 위상과 관련하여 상반된 결론을 예비한다.

먼저, 아민에 따르면, 유럽 중심의 세계관은 근대 자본주의 문화로 요약되며, 오늘날 '미국·유럽·일본'의 트로이카를 중심으로 작동하고 있다(Amin 2008, 5). 이런 세계관은 단순히 유럽 중심의 세계관이 아니다. 자본주의의 기원을 유럽에서 찾으며 그 과정을 인류 문명의 보편사로 등재하기 위한 전 지구적인 차원의 정치·경제·사회·문화적 역학이 배후에서 작동하기 때문이다. 유럽중심주의는 인류 문명사에 '영원한' 유럽, 궁극적으로 '보편적인' 유럽이라는 지배 이데올로기 — 특히 자본주의 이데올로기 — 를 정초하려는 자의적이고 신화적인 시도(문화주의)와 긴밀하게 연결되어 있다(Amin 2008, 152). 이를 바탕으로 아민은 자본주의 이데올로기의 등장, 발전 및 전 세계적 확산과정을 보편화·일반화·과학화하려는 유럽 자본주의의 정치·경제·문화적 역학 — 아민을 이것을 '유럽중심주의' 혹은 '유럽중심주의적 문화주의'로 정의한다 — 을 구체적인 비판의 대상으로 설정한다.

그런데 이러한 유럽중심주의가 오늘날의 '미국·유럽·일본'의 트로이카라는 선진자본주의를 통해 작동한다면, 여기서 일본을 '유럽' 혹은 '유럽 문화'의 일부로 보는 것이 적절한지에 대한 의문이 제기될 수 있다. 아민 역시 자신의 저서 『유럽중심주의』(2008)에서 유럽 지역에서 동떨어진 일본을 '유럽문화'에 포함하는 것이 정당한가에 대한 적지 않은 고민을 표출한다(Amin 2008, 89). 그러나 그는 결국 일본을 확대된 '유럽문화'로 정의할 수 있다고 결론을 내린다. 일본이 지리적으로는 유럽과 동떨어져 있을지라도 그 나라의 자본주의는 유럽과 마찬가지로 '미완의 공납제'— 중국이나 동방의 '완성된 공납제'와는 구분되는—에서 출현했기 때문이라는 것이다(Cf. Amin 2008, 131-3 ; 최일성 2019, 310-3). 이런 점에서 아민의 '유럽중심주의'는 '유럽'이라는 지리적인 위상에 토대를 두지만, 그것을 넘어서는 개념, 즉 '미완의 공납제에서 기원한 자본주의 문화'를 강조하고 있으며, 따라서 강정인이 '지리적 개념'으로 전제한 유럽중심주의와는 일정 수준 궤를 달리하는 것으로 이해된다.

한편, 강정인의 서구중심주의는, 물론 그가 서구중심주의의 정치·경제적 측면에 대한 분석을 배제한 것은 아니지만, 주로 서구 문화권의 문화주의적인 패권에 방점을 둔다는 데 독특함이 있다. 강정인도 아민과 마찬가지로 서구중심주의의 기원을 유럽에서 형성된 유럽 중심의 근대문명으로 정의하며, 오늘날에는 지리적 수준의 유럽을 넘어 미국, 캐나다, 오스트레일리아 등 유럽 외부의 서구 문화권을 통해 더욱 강력하게 작동하고 있다는 데 의견을 같이한다(강정인 2004, 44-5). 그는 이러한 서구중심주의를 세 가지 명제, 곧 '서구우월주의', '서구보편주의·역사주의', '문명화·근대화·지구화'로 풀어서 설명하는데(강정인 2004, 47-8), 이는 아민이 '세계체제론'과 '불균등발전론'에서 비판한 서구의 위상과 전반적인 맥락을 공유한다. 그런데도 강정인은 '유럽중심주의'라는 용어가 '유럽'을 겨냥한 지리적인 색채가 강한 개념이라고 전제하고, 미국, 캐나다 등을 포함한 확대된 서구 문화권을 통칭하기 위해서는 '유럽중심주의'보다는 '서구중심주의'라는 용어가 더 적절하다고 제안한다(강정인 2003a, 35-6).

이런 시각차는 일본의 위상과 관련하여 아민과는 상반된 결론을 이끈다. 물론 경제적인 차원에서 강정인은 아민과 마찬가지로 일본이 비서구 (동아시아) 국가 중에서 유일하게 서구식 근대화에 성공했음을 인정한다 (Amin 2008, 132 ; 강정인 2004, 73). 하지만 그는 일본의 성공을 '서구의 기적'의 연속으로 이해하는 것이 아니라, 문화적으로 동아시아 문화권에 한정된 일종의 '일본중심주의'에 불과한 것으로 좁혀서 이해한다(강정인 2004, 73-4). 그 결과 강정인은 일본이 비록 동아시아 차원에서 다른 국가들에 앞서 서구적 근대화에 성공했을지라도, 문화적으로는 "서구 문명에 대한 열등감을 내면화하고 있었고⋯⋯심층적인 의식의 차원에서는⋯⋯동아시아 문명권의 일원이라는 점을 부정하기 어려웠다"(강정인 2004, 77)고 진단한다. 일본은, 비록 미국이나 유럽에 버금가는 파괴적인 경제력—아민이 강조하는 '자본주의'— 을 갖추었을지라도, 문화적으로는 서구의 문화를 동경하는, 혹은 서구중심주의에 심취해 있는 '비서구 문화'의 일부였다는 것이다. 서구중심주의에 대한 대응과 관련하여, 그가 일본의 대응—예를 들어 마루야마 마사오의 『일본정치사상사 연구』와 같은— 을 '비서구적 대응'의 한 사례로 검토하는 이유는 이러한 차원에서 설명된다(Cf. 강정인 2007, 33, 74-5).

3. 서구중심주의의 전개 과정 : 정치 · 경제사 vs. 사상사

서구중심주의에 대한 문제의식의 차이는 그 전개 과정에 대한 서로 다른 해명으로 이어진다. 먼저, 아민에게 있어서 그것은 곧 유럽 기원의 자본주의 문화가 어떤 과정을 거쳐 비서구 사회로 팽창했는지, 그 과정에서 어떻게 자본주의가 보편적인 문화로 강요됐는지, 그리고 자본주의가 비서구 사회의 역사를 어떻게 왜곡했는지와 같은 정치 · 경제사적인 문제의식과 긴밀하게 연결된다. 이를 해명하기 위해 아민은 다음과 같은 질문을 진지하게 탐구한다. 즉, 어떠한 역사적인 조건이 자본주의를 다른 곳에 앞서 유럽에서 출현하게 했는가? 만일 자본주의가 유럽 사회는 물론 전 세계를 자본주의 체제로 동질화·균질화시킬 것이라는 유럽중심주의의 주장이 보편적이고 타당하다면, 지구적인 차원에서 자본주의가 '불균등한 형태'로 관찰된다는 사실은 어떻게 설명할 수 있는가? 요컨대, 오늘날 날로 심각해지는 중심부와 주변부 사이의 '양극화'는 무엇으로 설명할 것이며, 자본주의 체제가 주변부로 확산하고 있음에도 불구하고 이러한 양극화가 축소되지 않는 이유는 무엇인가(Cf. Amin 2008, 153, 179)?

아민이 보기에 자본주의 체제의 세계사적인 팽창은 비서구 국가를 동질화·균질화하기보다는 오히려 불균등하고 비대칭적인 양극화로 이끌고 말았다(Amin 2004, 29-30 ; 2011b, 129-37). 그럼에도 서구의 지배적인 사상체계는 오늘날 지구적인 차원에서 관찰되는 중심부와 주변부 사이의 양극화 문제를 진지하게 논의하지 않는다. 게다가 이러한 양극화는 주변부 국가의 '내부 요인'에서 비롯된 것이기에 자본주의의 세계적 확산을 통해 궁극적으로 해결—예를 들어 자본주의 체제 내에서 '민족자결의 원칙'에 따라(Amin 2008, 169)—될 일시적인 현상일 뿐이며(Amin 2013, 113-7), 따라서 중심부에 대한 주변부의 이른바 '따라잡기'(rattrapage)는 현실적으로 가능하다는 논리를 거리낌 없이 투영시킨다(Amin 2008, 179). 그러므로 유럽중심주의의 지배 이데올로기는 주변부의 빈곤 상태가 마치 '진보를 향한 이행 과정'이라는 '발전주의' 역사이론과 유사한 형태를 띠게 되며, 나아가 주변부 국가가 지구화된 자본주의 경제체제에 가능한 한 빨리 통합될수록 유리하다는 보편주의적 역사관을 앞세우게 된다(Amin 2008, 231-50).

이에 비해 강정인은 서구중심주의의 또 다른 측면인 문화주의적 패권의 기원과 그것의 계승 과정에 관심을 둔다. 따라서 그는 서구중심주의를 '사상사'적인 차원에서 검토하고, 이를 바탕으로 서구중심주의의 '사상사적' 전개 과정을 해명하고자 한다(강정인 2003b). 물론 강정인도 서구중심주의의 정치·경제사적 기원과 전개 과정에 문제를 제기한다. 하지만 그의 저작 전반에 걸쳐 서구중심주의의 정치·경제사적 분석은 상당 수준 소외된 것이 사실이다.[8] 강정인에 따르면, 서구중심주의는 근대 유럽의 보편주의적 정치이념인 자유주의와 마르크스주의를 관통하고 있으며, 18-19세기의 '문명화' 이론 및 20세기의 '근대화' 이론의 핵심적인 가정으로 자리매김해 있다(강정인 2003b, 5). 이런 서구중심주의의 전개 과정과 관련해서 아민은 정치·경제사적인 측면의 허구성—특히 '문명화', '근대화' 등과 연결된— 을 직접 공격한다. 반면 강정인은 그러한 정치·경제사적 논변을 뒷받침하는 사상적 자원, 다시 말해 서구 근대사상가가 서구중심주의를 펼침에 있어서 어떠한 혹은 누구의 사상적 유산에 뿌리를 두고 있는지, 더 나아가 그 유산을 어떻게 수용·발전시키고 있는지를 더욱 세심하게 비판한다.

따라서 강정인은, 서구 자본주의 이데올로기의 정치·경제사적 전개 과정을 비판한 아민과는 달리, 서구 사유체계의 근원을 형성하는 그리스 사상, 특히 아리스토텔레스의 정치사상으로 거슬러 올라가 사상사적 비판을 개시한다. 그에 따르면, 아리스토텔레스는 왕정의 타락한 형태인 이른바 '폭군정' 또는 '전제정치'를 비서구(동방)에서 유래한 것으로 보고 '서구/비서구(동방)'에 대한 차별적인 인식론을 정초한다(강정인 2003b, 6-7). 이러한 논리를 바탕으로 근대 서구계몽주의 사상가는, 특히 1492년의 지리상

---

8 강정인은 자신의 저서 『서구중심주의를 넘어서』(2004) 제3장의 "서구중심주의의 역사적 전개과정"에서 공(G. W. Gong), 버널(M. Bernal), 블로트(J. M. Blaut), 딜란티(G. Delanty), 아민(S. Amin) 등의 정치·경제사적 문제의식을 서술한다. 그러나 그는 이들의 정치·경제사적 문제의식을 검증하기보다는 서구 정치사상(가)의 서구중심주의적 오류를 지적하는 데 더 큰 관심을 둔다.

의 발견 이후 더욱 심화한 형태로, '아시아적 폭군정'이라는 차별적 논리를 한층 강화하고 체계화한다(강정인 2003b, 9-10). 그리하여 강정인은, 비록 서구중심주의의 전개 과정이 '지리상의 발견' 이후 서구인들의 식민지 지배를 위한 이데올로기를 정당화하는 과정에서 체계적으로 출현한 정치·경제사와 밀접하게 관련 있을지라도, 문화적인 측면에서는 이천 년 이상 서구 사상사의 전통에 깊게 뿌리를 내린 매우 심각한 문제임을 강변한다.

이러한 이해에서 강정인은 보댕(J. Bodin), 베이컨(F. Bacon), 로크(J. Locke), 몽테스키외(Montesquieu), 맑스(K. Marx), 밀(J. S. Mill), 베버(M. Weber), 헌팅턴(S. P. Huntington) 등과 같은 서구 주요 사상가들의 정치사상에 내재한 서구중심주의적 편견을 들춰내고 고발하는 데 집중하며, 이들 서구 사상(가)에 대한 비서구적 관점에서의 재해석을 요청한다. 더 나아가 그는 서구 근대성의 정수라고 할 수 있는 삼위일체적 결합, 즉 기독교, 자본주의, 자유민주주의의 결합에 관한 재고까지 주장한다. 이는 서구 사상가뿐 아니라 국내 학자의 상당수가 당연하게 가정하고 이론화했던 이러한 삼위일체적 결합이 이론상 '사실'이 아니라 가공의 '허구'라는 판단에 토대를 둔 것이다(강정인 2003b, 21). 그런데도 오늘날 비서구 학계는 그러한 결합을 당연시하고 이를 토대로 이른바 '근대화 이론'을 비판 없이 정론화하고 있는바, 강정인은 이러한 행태를 '서구중심주의의 폐해'로 정의하고 이를 시정할 것을 요청한다(강정인 2003b, 19-20).

4. 서구중심주의의 폐해 : 경제적 양극화 vs. 학문의 식민성

서구중심주의에 대한 문제의식의 차이는 서구중심주의가 어떠한 폐해를 양산하는지에 대한 서로 다른 해명으로 이어진다. 먼저, 아민은 자본주의가 본격적으로 정착되기 시작한 19세기 초까지는, 혹은 적어도 유럽이 아메리카에 진출하기 시작한 1492년 이전까지는,[9] 혹은 인도에 이르는 항로가 개척된 1498년 이전까지는 비서구(특히 '아시아')가 세계사적으로 유럽을 압도하고 있었음에도, 자본주의 체제가 성립된 19세기를 기점으로 유럽이 비서구를 추월할 정도로 '부상'했을 뿐만 아니라 제2차 세계대전 이후 이른바 '영광의 30년'[10]이라는 미증유의 번영을 누리기 시작했다는 이른바 '전도된 근대화'를 주요하게 문제 삼는다(Amin 2011a, 21-2). 요컨대, 자본주의 체제의 등장을 계기로 중심부와 주변부의 관계가 뒤집혔을 뿐만 아니라, '서구/비서구' 사이의 지배와 종속, 착취와 수탈의 관계가 자본주의 등장 이전의 '비서구/서구'의 관계 때보다도 더욱 심화했다는 것이다(Amin 2011b, 129-137). 이러한 문제의식의 지적 배경에는 자본주의 체제가 중세를 종결하고 근대를 개척했다는, 따라서 그것이 궁극적으로 세계를 '근대화(서구화)'하고 '균질화'할 것이라는, 그러므로 자본주의 체제가 주변부 국가들의 중심부 국가들에 대한 이른바 '따라잡기'를 가능케 할 것이라는 서

---

9 예를 들어 블로트(J. M. Blaut)의 "Fourteen Ninety Two", in James M. Blaut et al., *1492 : The Debate on Colonialism, Eurocentrism and History*, New Jersey : Africa World Press, 1992, 1-64쪽을 보라. 국내 학자들 가운데에서는 강정인이 1492년을 서구중심주의가 전개된 결정적인 해로 전제한다. 이때부터 '유럽/비유럽'의 구도가 '문명/야만'의 구도로 완성되고 유럽의 공격적 침탈이 정당한 역사 과정이라는 인식이 정립되었다고 보기 때문이다(Cf. 강정인 2004, 98-105).

10 '영광의 30년'(les trente glorieuses)은 제2차 세계대전 이후 수정자본주의를 채택한 유럽 사회가 성취한 물질적 풍요를 지칭하기 위해 푸라스티에(J. Fourastié) 등의 서구 경제학자가 앞다퉈 사용한 표현이다. Cf. Jean Fourastié, *Les trente glorieuses ou la révolution invisible*, Paris : Fayard, 1979. 그러나 이들 경제학자는 이 기간에 심화한 국내외적 빈부격차에 대해 직접적으로 언급하지 않았을 뿐만 아니라, 그러한 격차가 궁극적으로 자본주의의 팽창을 통해 극복될 수 있을 것이라는 유럽중심주의적 시각을 전제했다. Cf. Serge Paugam, Les société française et ses pauvres, Paris : PUF, 1993, pp. 27-29.

구의 지배이데올로기— 아민이 '자본주의 문화'라고 정의하는—에 대한 신랄한 문제 제기가 자리하고 있다(Amin 2011b, 128-9, 153-6 ; 2013, 108-9).

그런데 미국·유럽·일본 등지에서 관찰되는 이른바 '중심부 자본주의'는 생산, 소비, (재)분배 등의 문제를 스스로 해결할 수 있는 '자력성'을 갖고 있지만, 비서구의 '주변부 자본주의'는 그러한 문제를 스스로 해결할 수 없는 '종속성'을 드러낸다는 점에서 심각한 문제를 초래한다(Amin 2008, 245-6). 이때 서구 자본주의는 생산과 소비가 균형을 이루고 노동의 급료 인상분을 감당할 수 있는 생산성의 진보를 성취할 수 있지만, 비서구 자본주의는 생산과 소비가 중심부의 요구에 따라 제각각 결정되기 때문에 불균형을 이룰 뿐만 아니라 내적 (재)분배 과정에 관심을 두지 않기에 오히려 저발전으로 내몰린다. 이 때문에 아민은 서구중심주의의 폐해가 '유럽 자본주의'보다는 세계체제적인 수준에서 관찰되는 자본주의— 주변부 자본주의를 포함하는—에서 더욱 현저하다고 주장하는데, 이러한 자본주의를 그는 '현실자본주의'(capitalisme réellememt existant)라 명명하면서 유럽 자본주의와 구분하고 있다(Amin 2004, 13-9 ; 2008, 175-81).

현실자본주의 체제하에서 주변부 자본주의는 전자본제적 생산양식이 잔존하고 있고 자립적인 발전이 중심부에 의해 차단당하기 때문에 자본제적 생산양식으로 온전히 탈바꿈한 중심부 자본주의와 구분되는 여러 가지 폐해를 경험한다. 예를 들어 토착자본의 외국자본에의 종속, 경제 부문 간 비접합성과 부문 간의 현격한 생산성 격차, 지주 및 상인계급의 세계시장 및 외국자본에의 포섭, 강한 관료제적 성향, 대중의 빈곤화 및 주변화 등이 그것이다(Amin 2013, 43-8). 이러한 폐해들은 비록 지역에 따라 편차가 있을지라도 '중심부에 대한 종속' 및 '내부적 역동성 결여'라는 일반적인 특징으로 귀결된다(Amin 2013, 48-64, 65-87). 주변부는 현실자본주의 체제하에서 변화 및 진보의 가능성이 구조적으로 가로막히며, 따라서 자본주의적 발전이, 혹은 중심부로의 진입이나 '따라잡기'가 현실적으로 불가능할 수밖에 없다. 이와 같은 '양극화' 혹은 '주변화'가 아민이 고발하는 서구중심주의의 가장 주요한 폐해로 기록된다(Amin 2010, 120).

이에 비해 강정인은 서구중심주의가 초래하는 문화(학문)적인 폐해에 관심을 집중한다. 그가 보기에 서구중심주의는 비서구로 하여금 서구 문명의 우월성 및 보편성을 받아들이게 함으로써 서구의 문화적 지배에 정당성을 부여하는 기능을 수행한다. 이에 따라 비서구는 서구의 세계관, 가치, 제도 및 관행을 보편적이고 우월한 것으로 인식하여 동화주의적 사고를 갖게 되고, 서구에 비추어 자신을 부정하거나 비하하면서 독자적인 세계관을 갖추지 못하게 된다(강정인 2000, 337). 더 나아가 세계를 자신의 처지가 아니라 서구의 시각에 따라 사고하고, 스스로를 주변화하는 폐해를 초래한다(강정인 2000, 329-30).

그런데 강정인이 지적하는 서구중심주의의 폐해는 그것이 양산하는 직접적이고 내재적인 폐해─아민이 지적한 '양극화' 혹은 '주변화' 등과 같은─라기보다는, 오히려 서구중심주의를 당연시하거나 문제 삼지 않기에 야기되는 이차적인 폐해이다. 그것은 서구중심주의에 대한 비서구의 지적 종속성 내지는 식민성, 혹은 비서구가 스스로 독자적인 세계관을 형성하지 못하거나 잃고 마는 간접적이고 외재적인 폐해인 것이다. 그 가운데에서도 허구적인 서구중심주의를 맹목적으로 수용하면서도 이를 비판하지 않는 비서구 학계의 종속적인 행태는 그가 관심을 두는 우선순위의 폐해이다. 이러한 입장에서 그가 제시하는 서구중심주의의 가장 큰 폐해는 서구중심적인 세계관을 무의식적으로 내면화하는 이른바 '학문의 식민성'이다(Cf. 강정인 2000, 337). 그는 이러한 학문의 식민성을 한국 정치사상의 빈곤을 설명히는 주요 원인으로 파악힌다(깅징인 2000, 329).[11]

이러한 시각에서 강정인은 서구중심주의가 특히 한국의 학계에 초래하는 세 가지 구체적인 폐해를 고발한다. 첫째, 서구중심적 세계관의 무의식적 내면화로 인해 야기되는 학문적 문제의식의 서구중심주의이다. 예를 들어, 롤즈(J. Rawls)의 '정의론'은 미국이 세계 최강대국으로서 미증유의 번영을 누리던 1960년대에 자신들의 자유주의를 최대한 정당화하기 위해 제시한 이론임에도 불구하고 한국 학계는 이 이론을 한국적 맥락에 맞게 수정하기보다는 단지 서구에서 획득된 정당성에 무임승차 하는 자기 기만적이고 현실 도피적인 지적 유희에 빠져들어 있다는 것이다. 그는 이런 폐해가 한국의 현실과 무관하게 진행되어 온 1980년대의 '국가의 상대적 자율성 논쟁'이나 1990년대의 '포스트모더니즘 논쟁' 등에서도 관찰된다고 주장한다(강정인 2000, 332-3).

둘째, 서구 이론에 한국의 현실을 무리하게 끼워 맞추는 동화주의적 태도이다. 예를 들어 서구 민주주의에서 보통선거권은 결정적으로 노동계급의 투쟁을 통해 획득됐지만, 한국 민주주의에서 보통선거권은 1948년 정권 수립과 함께 자동으로 부여되었기에 노동계급이나 심지어 중간계급의 역할은 사실상 전무하다. 그런데도 한국의 학계는 서구 민주주의 이론이 한국에 적용되는지를 면밀하게 검토하기보다는 그 이론에 부합하는 현실만을 취사선택함으로써 궁극적으로 해당 이론들의 보편성을 역으로 보증하는 한편, 서구와 다른 한국의 현실을 그릇되게 해석하는 오류를 범한다고 본다(강정인 2000, 334-5).

---

11 '서구중심주의의 폐해'를 처음으로 소개한 강정인의 논문(2000)은 한국 현대사에 큰 타격을 준 1997년의 국가부도사태, 즉 IMF 외환위기 직후에 발표된다. 이 시기 한국 학계는 한국식 발전모델이 실패한 원인이 무엇인지에 대한 논의를 활발하게 진행했다. 이러한 흐름의 연장선상에서 강정인은 서구중심주의 자체보다는 서구중심주의를 맹목적으로 추종하는 한국 지성계의 '식민성'에 비판의 초점을 두었던 것으로 추측된다.

셋째, 한국 현실에 대한 무지와 무관심, 혹은 한국 현실의 주변화이다. 이러한 폐해는 한국의 학계가 한국 정치의 모순이나 갈등에 주목하여 문제의식을 형성해온 것이 아니라 서구 이론이나 사상을 소화하는 과정에서 파생적으로 한국의 현실을 고민해 왔기 때문으로 이해된다. 예를 들어, 그는 '지역주의'가 한국 정치의 중요한 현상임에도 불구하고 서구에서 이와 관련된 이론적 자원이 충분하지 않기 때문에, 한국 학계 역시 최근까지 이에 대한 분석을 체계화하지 못한 것이 하나의 실증적인 사례가 된다고 주장한다(강정인 2000, 355-6).[12]

그런데 이러한 주장은 서구중심주의와 관련된 그의 정치사상의 특징을 잘 보여준다. 강정인이 지적한 서구중심주의의 폐해는 서구중심주의 그 자체의 부당성보다는 많은 부분 '비서구의 서구중심주의적 태도'라는 외재적인 문제에 집중되어 있기 때문이다. 물론 강정인은 많은 저작과 저술을 통해 서구 이론(가)의 서구중심주의를 고발하고 있지만, 그것은 이들 이론이 비서구의 현실에 들어맞지 않음을 증명하기 위한 것이지 해당 이론 그 자체를 폐기하기 위한 것은 아니다. 이러한 태도는 아민이 서구 자본주의 이론—이른바 '유럽 자본주의 이론'—의 내재적 모순을 들춰내고 그런 자본주의의 폐기를 역설했던 모습과는 확연히 구분된다.

여기서 한 가지 주의해야 할 사항은 강정인이 비록 서구중심주의의 외재적 폐해에 주목한다고 해서 그가 서구 이론(가)의 서구중심주의 자체에 면죄부를 부여한 것은 아니라는 사실이다. 이런 입장은 '정치사상'에 대한 그의 개념적 정의와도 밀접한 관련이 있다. 강정인은 개별 정치사상이 비록 근원적인 문제나 영구적인 문제—예를 들어 권위, 권력, 폭력, 정치적

---

12 이와는 별도로 강정인은 2004년 『서구중심주의를 넘어서』를 출간하면서 "학문의 대외(서구) 종속성"이라는 별도의 학문적 폐해까지 추가하고 있다(Cf. 강정인 2004, 414-7).

의무, 정의, 평화, 정치질서의 유지 등—에 대해서는 어느 정도 보편성을 가질지라도, 현실 사회에서는 해당 사회의 역사적·사회적 현실을 초월할 수 없는 상대성을 가진다고 파악한다. 따라서 각각의 정치사상은 해당 사회가 안고 있는 역사성과 고유성을 반영하며, 그런 의미에서 서구 이론(가)은 전적으로 '서구의 역사적·사회적 맥락'에서 타당성을 지니는 것으로 좁혀 이해해야 한다고 주장한다. 그런 이유로 강정인은 서구 이론이 '비서구'의 현실과는 동떨어진 혹은 괴리된 '서구적인' 타당성·적실성을 지닌 제한적인 이론임을 논증하고, 해당 이론의 제한성 혹은 한계를 고발하는 데 주력한다.

이러한 태도는 한국 학계를 향한 그의 다음과 같은 비판을 통해 비교적 명확하게 드러난다. 즉, 서구중심주의로 인한 폐해는 "많은 경우 서구 이론이 서구중심적이었기 때문이 아니라 이를 수용하는 한국의 학자들이 무비판적으로 그 이론들을 보편화시키려는 과정에서 발생한 것이라고 할 수 있다. 따라서 이러한 현상을 놓고 이론을 만든 서구학자나 이론 자체를 비판할 자격이 우리에게는 없다"는 것이 그의 핵심적인 주장이다(강정인 2000, 335 ; 2004, 403). 이는 서구학자가 서구의 현실에 적합한 이론을 고안한 사실을 비판하기보다는, 한국학자가 한국의 현실에 부적합한 그들의 이론을 검증 없이 절대시하는 행태를 비판해야 한다는 논리로 전개된다. 그런 의미에서 강정인의 서구중심주의 비판은 비서구 사회의 역사적·사회적 맥락을 반영한 새로운 정치사상— 예컨대 한국의 역사적·사회적 맥락을 반영한 '한국정치사상'—의 창출에 있어서 서구의 정치사상이 절대적인 혹은 무비판적인 자원이 될 수 없다는 논리를 반영하는 것으로 이해된다.

5. 서구중심주의 극복을 위한 대안 :
   절연 vs. 네 가지 담론 전략

서구중심주의 폐해에 대한 이러한 시각차는 그것의 극복을 위한 '대안'의 측면에서도 중요한 편차를 만들어낸다. 형식적인 차원에서 보자면, 아민이 주로 서구중심주의의 정치·경제적인 폐해를 극복할 수 있는 대안에 주력한다면, 강정인은 그것의 문화(학문)적인 폐해를 극복할 수 있는 대안에 초점을 맞춘다는 점에서 확연하게 구분된다. 그러나 더욱 근원적인 차원에서는 아민이 서구중심주의 그 자체의 내재적 한계를 극복할 수 있는 대안에 초점을 맞춘다면, 강정인은 비록 그가 서구 이론(가)의 서구중심주의의 내재적 한계를 고발하는 데 매진했을지라도 서구중심주의로 인해 파생되는 외재적인 폐해, 요컨대 비서구의 '학문적 식민성'을 극복할 수 있는 대안에 우선권을 둔다는 점에 커다란 차이가 있다.[13]

먼저, 아민의 서구중심주의 비판은 그것이 주변부 사회의 자생적인 근대화를 전도시켜 오히려 경제적 빈곤과 역사적 왜곡만을 초래했다는 문제의식에서 출발한다. 실제로 중심부 자본주의는 '자급자족적'인 방식으

---

13 강정인의 학문적 이력의 상당 부분은 서구 이론(가)의 서구중심주의를 분석·비판하는 데 바쳐진다. 예컨대 자유주의론(강정인 2004, 제6장 ; 2013, 제9장), 근대화론(2004, 제7장) 등 서구의 주요 이론(가)에 내재한 서구중심주의 분석·비판은 실증적인 사례를 구성한다. 이러한 그의 노고는 오리엔탈리즘을 분석하고 비판한 사이드(E. Said)의 작업을 연상시킨다. 그러나 사이드의 비판이 오리엔탈리즘의 내재적 허구성을 드러내고 그것을 공격하는 데 일차적인 목적이 있다면, 강정인의 그것은 서구 이론(가)의 제한성을 드러냄으로써 그것이 보편적인 사상이 아니라는 사실을 밝히는 데 그 목적이 있다. 그런 의미에서 서구중심주의 극복을 위한 강정인의 대안은 서구중심주의의 허구성을 극복하기 위한 대안이라기보다는, 보편적이지 않은 서구 이론(가)에 의존하지 않기 위한 대안, 혹은 우리(비서구)의 현실에 맞는 이론을 모색하기 위한 대안이라고 할 수 있다.

로 성장하는 것이 아니라, '팽창적'이고 '공격적'인 방식으로 성장한다(Amin 2008, 244 ; 강성호 2009, 218-28). 그런데 이 과정에서 자본주의 비판의 임무를 띤 서구 이론— 특히 '역사유물론'— 은 주변부 자본주의의 현실을 묵인하면서 중심부 자본주의의 팽창성과 공격성을 드러내는 데 일정 수준 한계를 노출한다. 만일 중심부 노동자가 자본주의의 팽창성·공격성으로 인해 소득의 증대를 누린다면, 그들은 자본주의에 대항하여 투쟁하기보다는 그에 편승하면서 오히려 주변부 노동자를 배신할 가능성이 크다(Amin 2008, 179). 그런데도 서구의 역사유물론은 중심부 자본주의만을 고려함으로써 이러한 '현실자본주의'의 파괴성이나 약탈성을 분석하지 못하고 서구중심주의에 매몰되고 만다. 그러므로 세계적 규모의 자본축적 과정은 지구상에 존재하는 다양한 사회구성체를 단일화·중심화·균일화한다는 서구 중심적인 역사유물론의 가정과는 달리 오히려 착취와 침탈을 옹호하면서 불균등화·비대칭화를 초래하지 않을 수 없다는 것이 아민의 비판이다.

이러한 비판을 바탕으로 그는 주변부의 저발전 상태가 중심부의 미발전(혹은 초기발전) 상태라기보다는 오히려 주변부가 세계체제에 통합되면서 나타난 왜곡된 결과라고 주장한다. 따라서 주변부는 현실자본주의 체제하에서 없어지는 것이 아니라 오히려 생성되고 유지되며, 그들의 빈곤은 더욱 극심해진다. 그런 이유로 아민은 노동자와 독점자본 사이의 모순이라는 서구 중심적인 역사유물론의 가정을 대신하여 '주변부 노동자'와 '중심부 독점자본' 사이의 모순을 기본 모순으로 재설정한 새로운 역사유물론의 구축을 역설하며, 이들 사이의 모순을 극복하기 위한 주변부 민중의 역할을 강조한다(Amin 2018, 90-4). 요컨대, 계급, 생산투쟁, 이행 등의 모든 사항이 세계체제적 맥락에서, 즉 현실자본주의의 맥락에서 분석되어야 하며, 이때 세계체제적 수준에서 관찰되는 현실자본주의의 모순은 중심부가 아닌 주변부에서 시작되는 혁명을 통해 혁파되어야 한다는 것이다.

그러므로 서구중심주의, 즉 서구 중심의 자본주의를 극복할 수 있는 대안은 바로 서구 자본주의와의 결정적인 '절연(déconnexion)'—강정인의 논리에 의하면 일종의 '역전적 전략'이라고 할 수 있는— 을 통해 실현되는 주변부의 민족해방이며, 그러한 절연을 통한 사회주의의 성취로 요약된다 (Amin 2008, 170-5 ; 2013, 143-6). 주변부 사회가 자본주의라는 세계적인 '가치'와 절연하고 그 지배로부터 해방되는 순간에만 주변부 사회뿐 아니라 중심부 사회 역시 해방될 수 있다고 보기 때문이다.[14] 만일 중심부 사회가 유럽 자본주의의 역사적 특수성을 인식하지 못한다면, 혹은 유럽이 발전시킨 자본주의적 생산양식의 문제점을 인식하지 못한다면, 그리고 자본주의가 인류를 통합하기보다는 오히려 분열—양극화—했다는 사실을 인정하지 못한다면, 서구중심주의의 허구성은 극복될 수 없다는 것이 아민의 주장이다.

이에 비해 강정인은 그가 비서구(학자)의 '학문적 식민성'으로 정의한 서구중심주의의 외재적 폐해를 극복할 수 있는 대안을 탐구한다. 물론 서구중심주의에 대한 강정인의 초기 문제의식은 아민과 마찬가지로 서구중심주의에 내재한 세 가지 명제, 곧 '서구우월주의', '서구보편주의·역사주의', '문명화·근대화·지구화'가 사실이 아니라 허구라는 것이었다. 그런데 아민과 달리 강정인은 서구중심주의로 인해 파생되는 비서구 사회(학자)의 서구중심주의적 식민성을 극복하는 방안에 좀 더 관심을 집중한다.[15] 이를

---

14 세계적인 가치 및 '절연'(déconnexion)의 개념에 대해서는 Samir Amin, *Classe et nation,* New York : Montly Review, 1980, Ⅵ, Ⅶ, Ⅷ장을 보라.

15 강정인은 자신의 저작 『서구중심주의를 넘어서』(2004)의 영문명을 'Beyond the Eurocentrism'(서구중심주의를 넘어서)이 아니라 'Beyond the *Shadow* of Eurocentrism'

위해 그는 역사적으로 또는 이론적으로 제기되어 왔던 기존의 담론을 유형화하여 서구중심주의를 극복할 수 있는 네 가지 담론 전략을 귀납하는데, 동화적·통합적 담론 전략, 역전적 담론 전략, 혼융적 담론 전략, 해체적 담론 전략이 바로 그것이다.

그런데 여기서 한 가지 특징적인 부분은 기존의 '담론'을 '담론 전략'으로 치환하는, 혹은 기존의 담론을 '통합·절충'하여 담론 전략을 끌어내는 강정인의 귀납적인 방법론이다. 일반적으로 '담론'이 서사에 내재한 참된 정신, 요컨대 에피스테메(episteme)를 소급할 수 있다고 전제되는 의미론적 언술이라면, '담론 전략'은 그러한 에피스테메를 형성할 목적으로 조성된 소위 목적론적 언술로 이해된다. 그러나 강정인은 담론도 목적론적 성격을 지닐 수 있으며, 담론 전략도 소급적인 성격을 지닐 수 있다고 전제하면서 사실상 양자의 구분을 철폐한다(Cf. 강정인 2004, 480, 주석2). 따라서 그는 기존의 담론이 모두 담론 전략으로서의 가치를 내포하고 있다고 전제하는데, 다만 그 유효성의 정도가 다르기에 최선의 대안을 모색하기 위해서는 이들 담론을 통합하거나 절충하는 노력이 뒤따라야 한다고 덧붙인다(강정인 2004, 479). 이러한 입장에서 그는 현시태로서의 담론을 재해석하여 담론 전략으로서의 가능성을 타진함과 동시에 각각의 담론 전략이 서구중심주의 극복을 위한 대안으로 어느 정도로 유효한지 혹은 각각의 장단점이 무엇인지를 검토한다(강정인 2004, 432-54).[16] 그가 제시

〈서구중심주의의 **그림자**를 넘어서〉로 제시하고 있는데(이탤릭 및 강조 추가), 여기서 '그림자'(Shadow)의 함의는 서구중심주의의 내재적 폐해보다는 외재적 폐해를 문제 삼는 그의 정치사상을 상징적으로 보여준다고 말할 수 있다.

16 강정인은 이들 담론 전략을 2003년 간행한 「지구화·정보화 시대 동아문명의 문화정체성: 서구중심주의 극복을 위한 담론 전략들」(2003c)에서 처음으로 소개했다. 그는 이 내용을 『서구중심주의를 넘어서』(2004) 제11장 「서구중심주의를 극복하기 위한 담론 전략들」에서 대폭 보강했을 뿐만 아니라, 앞선 논문에서 다루었던 여타의 중심

한 네 가지 담론 전략은 다음과 같다.

먼저, '동화적·통합적 담론 전략'이다. 이 전략은 비서구가 서구의 보편성과 우월성을 인정하고, 서구의 제도·관행·가치·문화 등을 적극적으로 수용함으로써 서구에 동화·통합되고자 하는 전략이다. 이는 서구와 비서구 사이에 존재하는 차이를 소멸하거나 최소화하기 위해 수행될 수 있다. 이 전략은 이론상 '순응적 동화·통합'과 '저항적 동화·통합'으로 구분될 수 있다. 전자가 서구 문명의 세계관, 가치, 제도 등을 보편적이고 우월한 것으로 수용하면서 궁극적으로 그것을 자기화 또는 재전유화 하는 전략이라면, 후자는 서구의 이론을 보편적인 것으로 전제하고 역으로 서구에 그러한 조건을 바탕으로 저항하는 전략이다. 예를 들어 근대화 과정에서 일본이 서구의 국제법을 수용했던 것이 순응적 동화·통합에 해당한다면, 그러한 국제법을 근거로 자신들 역시 서구를 향해 평등한 권리를 요구했던 것은 저항적 동화·통합에 해당한다(강정인 2004, 432-9).

둘째, '역전적 담론 전략'이 있다. 이 전략은 비서구의 입장에서 차이에 대한 평가를 역전시켜 비서구가 지닌 특수성과 열등성을 보편성과 우월성의 표상으로 전위시키는 전략이다. 역전적 담론의 대표적인 예로는 '오리엔탈리즘'에 대처하기 위해 주로 1970-1980년대에 아랍인이 전개한 '역오리엔탈리즘(reverse Orientalism)'이나 '옥시덴탈리즘(Occidentalism)'이 있다. 이를 통해 아랍인은 그들 역시 역사적으로 서구보다 우월하고 강력한 문명을 꽃피운 적이 있으며, 이에 따른 문화적 긍지를 유지해 왔음을 강조한다. 게다가 서구의 물질주의적이고 세속적인 성향에 정면으로 대항하여 진정한 이슬람적 혹은 아랍적 가치를 고양해 왔음을 역설한다. 이런

주의, 즉 중화주의, 남성중심주의, 백인중심주의 등에 대한 대응을 네 가지 담론 전략의 관점에서 재해석했다. 여기서는 2004년 저작의 내용을 중심으로 논의를 전개한다.

역전적 담론은 상고르(L. Senghor), 세제르(A. Césaire) 등이 백인 식민주의자의 야만성에 반대하고 아프리카의 진정한 타자성과 인본주의를 강조한 '네그리튀드(Négritude) 담론', 혹은 최근의 일본, 싱가포르, 중국, 한국 등과 같은 동아시아 국가들이 자신들의 급속한 경제성장에 고무되어 전개한 '아시아적 가치론', 혹은 1980년대 일본이 자국의 놀라운 경제적 성공을 바탕으로 일본인의 인종적 순수성과 근면성을 강조한 '일본인론' 등에서도 찾아볼 수 있다(강정인 2004, 439-47).

셋째, '혼융적 담론 전략'이 존재한다. 이것은 비서구가 서구의 이념이나 제도를 수용할 때 동화적 담론과 역전적 담론의 장점을 선별적으로 취사선택하여 혼용하는 전략이다. 강정인에 따르면, 이 전략은 서구와 비서구가 한데 섞이거나 융화함으로써 양자 간에 존재하는 차이를 부분적으로나마 해소하는 계기를 마련할 수 있는바, 그 스스로가 학문적으로 가장 추천하는 전략이기도 하다(강정인 2004, 479).[17] 예컨대 비서구는 서구의 일정한 요소—자본주의, 민주주의, 과학기술 등— 를 수용하는 과정에서 서구적 가치와 비서구적 가치를 선별적으로 취사선택하여 새로운 종합을 창안해낼 수 있다. 이는 과거의 전통을 서구적 가치에 비추어 비판적으로 재해석하여 계승하는 한편, 전통에 비추어 서구적 가치를 수정하여 선별적으로 수용하는 이중의 변증법적 과정을 지칭한다고 그는 주장한다(강정인 2004, 447-50).

마지막으로, '해체적 담론 전략'이다. 이 전략은 서구와 비서구의 차이 그 자체를 해체하여 서구중심주의에 대한 도전과 극복을 시도하는 전략이

---

17 다른 지면에서 그는 서구중심주의를 극복하기 위한 가장 현명한 접근법은 '네 가지 담론 전략'을 적절히 병용하면서 각 전략이 지닌 장점을 극대화하고 단점을 최소화하는 이른바 '다원주의적 처방'이라고 주장한다(강정인 2004, 479). 그런데 이 처방이 '혼융적 담론 전략'과 어떻게 구분되는 것인지에 대한 자세한 설명은 찾아보기 힘들다.

다. 이러한 해체는 서구와 비서구의 구분이 이론적으로 타당한 근거가 없다는 점, 나아가 그것이 단지 지배와 억압을 위해 인위적으로 조작·구성·부과된 것이라는 점을 입증하기 위한 것이다. 이 전략은 푸코의 지식·권력 이론에 따라 서구중심주의 담론에서 서구가 비서구와의 차이를 서술하고 재현하는 과정 ─지식의 생산과정 ─에 이미 권력이 함축되어 있다는 전제 하에 타자(비서구)를 종속시키지 않으면서 재현할 수 있는 대안적 형태의 지식을 창조하고자 한다. 해체적 담론 전략을 서구중심주의에 적용할 경우, 보편적이고 우월한 지위를 누려온 서구 사유의 탈중심화, 탈식민화, 유럽(서구)화,[18] 지역화를 의미할 수 있다는 것이다. 예컨대 '세계사 바로 세우기' 운동은 이런 전략을 구체적으로 실현해온 훌륭한 예시로 간주된다. 그것은 서구 문명의 우월성과 여타 문명의 열등성을 강조해온 서구중심주의적 역사서술을 해체하여 예컨대 근대 자본주의 형성에서 유럽의 내재적 속성 ─ 봉건제, 프로테스탄트 윤리, 산업혁명 ─ 을 과장하거나 특권화하는 한편 외부적 요인과 영향을 무시해온 서술을 비판하면서 대안적 해석을 제시하는 것이다(강정인 2004, 450-454).

이상의 내용이 서구중심주의 극복을 위해 강정인이 제시한 네 가지 담론 전략이다. 그러나 기존의 담론에서 담론 전략을 추출 ─'통합·절충'─ 하는 그의 시도는 때로 논의를 복잡하게 이끌기도 하며, 더 나아가 궁극적인 대안을 모색하고자 하는 노력에 혼란을 초래하기도 한다. 특정 에피스테메로 소급될 수 있는 일정한 담론이 그러한 에피스테메를 형성하기 위해 마련된 담론 전략과 구분되지 않는다면, 정치사상가가 굳이 특수 목적(혹은 에피스테메)을 염두에 둔 담론 전략을 별도로 고민할 필요가 있느냐

---

18 여기서 언급된 '유럽(서구)화'는 서구중심주의가 기획하는 보편주의화로서의 유럽(서구)화가 아니라, 유럽 및 서구에 한정된 지역주의화로서의 '유럽(서구)화'를 의미한다 (Cf. 강정인 2004, 486, 각주29).

는 문제가 제기될 수 있기 때문이다. 이 경우 요청되는 것은 정치사상가의 시대를 뛰어넘는 '정치사상'이 아니라, 기존의 담론을 통합·절충하기 위한 시대적인 맥락, 곧 '역사적 조건'일 수 있다. 이런 구도에서 정치사상가는, 비록 담론에 내재한 정치사상을 통합·절충하여 새로운 전략을 창출(귀납)하는 과정에 참여한다고 할지라도, 목적으로서의 담론 전략을 결정적으로 혹은 궁극적으로 확정 지을 수 있는 것이 아니라, 생성·성장·소멸의 역사 과정에 있는 현시태로서의 담론을 계속 탐문해야 하는 매우 수동적인 상황에 놓이지 않을 수 없다. 따라서 담론 전략은 정치사상가의 사상적 통찰보다는 역사적 조건을 통해 결정되며, 작금의 담론이 장차 대안을 이끌 수 있는 담론 전략인지 아닌지는 해당 담론의 서사만으로는 결정 나지 않게 된다. 이를 염두에 두고 강정인이 유형화한 네 가지 담론 전략을 좀 더 구체적으로 검토해보자.

첫째, 동화적 담론과 관련하여, 강정인은 실천으로서의 동화적 담론이 선진문물의 수용이나 근본적인 개혁이라는 목적을 달성하는 데는 효율적이지만, 결국 자기 문명에 대한 부정적 평가와 포기를 수반하고 있을 뿐만 아니라 서구중심주의를 넘어서거나 그것에 도전하는 주장을 결여하고 있다는 점에서 서구중심주의의 내면화를 초래할 것으로 파악한다. 따라서 그는 비서구의 현실이자 실천으로서의 동화적 담론이 대안으로서의 '동화적 담론 전략'으로 승화하기보다는 오히려 비판의 대상인 이른바 '동화적 현상'으로 전락할 가능성이 크다고 진단한다(강정인 2004, 438). 그런데 이 경우 비판의 대상인 '동화적 현상'과 대안으로서의 '동화적 담론 전략' 간의 구분이 담론의 서사를 통해 확정되는 것이 아니라, 해당 사회의 역사적 맥락에 따라 요동치는 문제에 봉착한다.

이러한 현실은 박정희 체제하의 한국 사회에 대한 강정인의 재해석에서 엿볼 수 있다. 당시 재야인사는 이른바 '한국적 민족주의'를 앞세웠던 박정희 정권에 대항하여 '서구식 민주주의'를 보편적 기준으로 삼아 민주주의의 실천과 인권 보장을 요구하며 저항했다. 이를 근거로 강정인은 당시 재야인사의 동화적 담론이 진보의 견인차 구실을 했다고 평가하는데(강정인 2004, 439), 그렇다면 재야인사의 동화적 담론을 서구중심주의에 편승했다는 차원에서 '동화적 현상'으로 비판해야 하는지, 아니면 박정희 체제의 보수성·반동성을 극복할 수 있는 대안을 제시했다는 차원에서 '동화적 담론 전략'으로 평가해야 하는지는 담론 자체로는 판가름할 수 없다. 이를 결정하기 위해서는 결국 해당 담론이 수용되는 역사적 조건을 따져 물어야 한다. 그러므로 비서구 학계의 동화적 담론―그것이 '순응적'이건 '저항적'이건 간에―이 과연 어떤 조건에서 '동화적 현상'이 되고 어떤 조건에서 '동화적 담론 전략'이 되는지에 대한 합리적인 의문이 매 순간 이론의 수준에서 제기되지 않을 수 없다. 이러한 난관으로 인해 강정인은 동화적 담론을 추구해서 얻을 수 있었던 선진문물의 수용이나 근본적인 개혁(혁명)의 성과를 무시해서는 안 된다는 유보를 추가하지만, 그러한 유보의 유효성이 담론의 영역이 아니라 역사의 영역에서 결정되는 문제가 근본적으로 시정되는 것은 아니다.

둘째, 역전적 담론과 관련하여, 강정인은 이러한 담론이 서구중심주의와 마찬가지로 서구와 비서구 사이에 존재하는 차이를 본질화하기 때문에 역전의 방식으로 서구중심주의를 재생산·보강하는 이면이 있으며(강정인 2004, 441-2), 또한 전통의 이름으로 근대적(서구적) 개혁에 저항하는 보수세력이나 민주화 등에 반대하는 권위주의 세력의 약점과 취약점을 은폐하는 데 이용될 수 있다고 지적한다(강정인 2004, 442-3). 게다가 지난 삼 세기 동안 지속되어온 서구와 비서구 간의 불평등한 경제적·정치적 관계가 역전되지 않는 한, 이 담론은 단지 공허하고 무력한 위안으로 남게 될 뿐이며, 만일 뒷받침된다고 하더라도 서구중심주의나 오리엔

탈리즘이 담고 있는 근본적인 문제, 즉 지식과 권력의 결탁 관계를 재생
산하는 데 이용될 수 있다고 비판한다. 그는 1980-1990년대 일본 경제의
흥망에 따라 달리 평가받았던 '일본인론'이 이런 현실을 여실히 증명하고
있다고 예시한다(강정인 2004, 444-7).

그러나 역전적 담론에 대한 이와 같은 분석은 역전적 담론의 서사 그
자체에 대한 평가가 아니라는 점에서 논란을 초래할 수 있다. 왜냐하면
'역전적 담론'이 서구중심주의를 극복하기 위한 대안인 '역전적 담론 전
략'이 되기 위해서는 담론의 서사가 아니라 해당 담론을 주창하는 당사자
가 정치·경제적으로 성공했느냐 혹은 서구가 재생산하는 지식과 권력의
결탁 관계를 문제 삼을 만큼 충분한 권력을 보유하고 있느냐의 여부가 중
요해지기 때문이다. 이러한 논리에서 중국, 일본 등과 같이 상대적으로
성공한 비서구 정치·경제 강국은 그들이 내세우는 담론이 무엇이건 간에
역전적 담론 전략으로 성공할 수 있다는 주장도 성립할 수 있다. 하지만
이러한 주장은 사실상 정치사상의 영역을 벗어난다. 그런 이유로 강정인
의 '역전적 담론 전략'은 많은 경우 서구와 비서구 간의 정치·경제적 격
차라는 역사적·세계사적 조건에 희석되는 문제를 초래하고 만다.

셋째, 혼용적 담론과 관련하여, 강정인은 이러한 혼용이 의식적인 이론
화에 앞서 이미 역사적으로 문명 간의 교류에서 실현되었다고 주장한다
(강정인 2004, 449). 예컨대 유럽의 르네상스는 중세 봉건·기독교 문명과
새롭게 재해석된 그리스·로마 문명을 접목하여 전 세계를 제패하게 된
근대문명을 창출했으며, 중국의 불교는 인도의 불교를 수용하는 과정에서
중국(문명)의 불교화 및 불교의 중국화라는 이중의 과정을 통해 대승불교
를 창안했다. 이런 혼용은 특히 오늘날과 같은 지구화·정보화 시대를 맞
이하여 '잡종성'(hybridity), '크레올화'(creolization) 등의 개념을 통해 문화
간 상호 빌리기나 교차문화적 융합 현상으로 나타난다고 그는 주장한다.

그렇다면 강정인이 바람직하게 생각하는 혼융—그의 또 다른 표현에 의하면 문명 간의 대화가 좀 더 평등하게 전개되는 '다중심적 다문화주의'(polycentric multiculturalism, 강정인 2004, 493)— 은 이론에 앞서 문명 간 교류의 역사에 따라 이미 실천되었다고 인정할 수 있는바, 이러한 역사적 혼융의 과정에서 이론(정치사상)의 역할이 무엇인지, 더 나아가 그러한 혼융을 어떻게 이론화할 것인지 등과 관련된 추가적인 질문을 제기해 볼 수 있다.

예컨대, 비서구가 문명 간 혼융을 실현하기 위해서는 서구(타) 문명을 수입·수용하는 절차가 필수적인데, 이때 그러한 수입·수용을 서구중심주의로 인한 학문의 종속성을 상징하는 것 — 동화적 현상—으로 보아야 하는지 아니면 학문의 종속성을 극복하기 위한 혼융의 사전적인 절차— 동화적 담론 전략—로 보아야 하는지를 이론의 영역 — 혼융의 이론—에서는 확정할 수 없다. 이를 객관적으로 판정할 수 있는 후대의 역사적 평가를 기다려야 하기 때문이다. 게다가 강정인은 혼융의 과정(역사)이 권력자인 서구에 의해 주도되어 제국주의의 일방적 부과, 강요된 동화, 정치적 선점 등으로 표출될 수도 있으므로, 비서구는 자신의 주체성과 정체성을 유지하면서, 혹은 그러한 조건을 바탕으로 서구의 선진적인 요소를 받아들여 혼융을 시도해야 한다고 역설한다(강정인 2004, 450). 그런데 이 경우 혼융의 방식은 한층 모호한 것이 된다. 왜냐하면 비서구가 자신의 주체성과 정체성을 유지하면서 혼융을 시도하기 위해서는 정작 혼융의 조건이나 내용보다는 혼융의 전제조건으로 제시된 '비서구의 주체성과 정체성을 유지'하는 방법을 모색하는 것이 더욱 근원적인 사안이 되기 때문이다. 그런 의미에서 강정인이 주장하는 혼융적 담론 전략은 정치사상가가 창안하는 '혼융의 이론(정치사상)'을 통해서가 아니라, 오히려 역사의 흐름인 '혼융의 역사'를 통해 자연스럽게 해결될 가능성이 크다고 볼 수 있다.

넷째, 해체적 담론과 관련하여, 강정인은 이 담론이 앞선 세 담론과는 달리 주로 이론가들 사이에서 궁리 되는 담론이지 현실운동에서 시도된 담론은 아니라는 전제에서 출발한다(강정인 2004, 450-1). 이러한 전제에서 그는 이 담론이 지극히 추상적인 차원에서 전개되고 아직 완성되지 않은 상태이기에, 과연 타자를 억압하지 않는 지식의 생산이라는 목표— 즉 담론 전략—에 성공했는지를 평가하기에는 아직 이르다는 다소 회의적인 진단으로 논의를 마무리한다(강정인 2004, 451). 그러나 이러한 진단은 정치사상의 관점에서는 다소 당혹스러울 수 있다. 왜냐하면 정치사상은 강정인이 추진하는 귀납적인 정치사상, 즉 기존의 담론을 '통합·절충'하여 담론 전략을 모색하는 방식만으로 설명될 수 있는 것은 아니기 때문이다.[19] 이론의 영역에서 정치사상은 많은 경우 연역적인 정치사상, 즉 담론 전략에서 출발하여 담론을 형성하는 사유를 기초로 하고 있으며, 이 경우 정치사상은 이미 형성된 담론의 영향을 받는 데 그치는 것이 아니라 오히려 앞으로 형성될 담론에 영향을 끼치는 본원적인 추동 인자로 작동한다. 사회주의 혁명을 이끈 마르크스(K. Marx)의 정치사상은 이런 차원에서 이해할 수 있다.

그렇다고 해서 강정인이 해체적 담론이 지닌 전략적인 가치를 전적으로 회의한다고 볼 수는 없다. 왜냐하면 그 역시도 해체적 담론이 파편화, 분절화, 개체화를 조장해 극단적인 문화상대주의, 낭만주의, 허무주의로 흐를 수 있음을 경고하면서도, 서구적 사유의 탈중심화, 탈식민화, 유럽화, 지역화를 이끌 가능성에 대해서도 언급하기 때문이다(강정인 2004,

---

19 '정치사상의 혁신'을 모색하는 글(강정인 2007, 15)에서 강정인은 "세계의 변화(역사)가 사상의 혁신을 초래하기도 하고, 사상이 혁신이 세계의 변화(역사)를 견인하기도 한다(괄호 추가)"는 언급을 통해 귀납적 정치사상뿐 아니라 연역적 정치사상의 역할을 인정하고 있으며, 후자의 사례로 사회주의 혁명을 언급하고 있다.

452). 실제로 그는 해체적 전략이 이론과 개념에 의존하는 전체론적 지식 체계에 대한 회의, 보편주의를 거부하는 단수성(singular)에 대한 지지, 우발적 사건에 관한 관심, 타자를 동일자에 흡수하지 않으면서 지식을 창출하고자 하는 기획 등과 맞닿아 있다고 주장한다. 예컨대 사이드(E. Said)가 전체론적 도식을 통해 대상들을 파악하기보다는 다원적인 복수의 대상을 그 자체로 분석할 것을 제안한 이른바 '분석적 다원주의'(analytical pluralism)는 그 모범적인 사례가 될 수 있다고 본다(강정인 2004, 453). 그렇다면 강정인은 해체적 담론이 이론적인 성격만 강할 뿐 현실의 운동을 추동하고 있지 않다는 점을 회의하기보다는, 오히려 그러한 담론이 파편화, 분절화, 극단적인 문화상대주의, 낭만주의, 허무주의로 흐르지 않으면서 해체라는 본연의 임무를 어떻게 현실에서 수행할 수 있을지 그 방안을 고민했어야 마땅할 것이다. 달리 말해 서구중심주의를 해체하여 새로운 질서를 모색하려는 노력 ─이러한 노력이 해체적 담론으로 가능하다면─ 이 비서구에서 시도되지 않는다는 역사적인 현실로 인해 좌절하기보다는, 이 담론이 파편화, 분절화, 개체화를 조장하지 않고 어떻게 비서구 현실에 걸맞은 정치사상을 구축하는 데 일조할 수 있는가를 좀 더 고민했어야 한다는 것이다. 그러나 그의 저작 전반에서 그런 논의는 다소 소외되어 있다.

6. 서구중심주의 극복을 위한 '방법론'으로서의 한국정치사상

아민과 강정인의 정치사상에 대한 비교는 서구중심주의 비판을 둘러싼 두 학자의 정치사상적 위상을 가늠하는 데 도움을 준다. 먼저, 두 학자는 서구중심주의를 문제 삼는 데 있어서 정치·경제적인 측면에 주목하느냐, 아니면 문화·학문적인 측면에 주목하느냐의 차이를 드러낸다. 둘째, 두 학자는 서구중심주의의 전개 과정을 정치·경제사적인 측면에서 해석하느냐, 아니면 사상사적인 측면에서 해석하느냐의 차이도 보여준다. 셋째, 서구중심주의의 폐해를 인식하는 측면에서도 두 학자는 서구중심주의의 내재적 폐해—양극화—에 주목할 것인가, 아니면 외재적 폐해—학문의 식민성—에 주목할 것인가의 차이를 드러낸다. 넷째, 이러한 시각 차이는 궁극적으로 두 학자가 서구중심주의 극복을 위한 대안을 모색함에서도 견해차를 이끈다. 아민이 서구중심주의의 내재적 폐해를 극복하기 위한 대안으로서 유럽 자본주의와 이른바 '절연'을 주장한다면, 강정인은 서구중심주의의 외재적 폐해를 극복하기 위한 대안으로서 네 가지 담론 전략을 제안하기 때문이다.

그런데 강정인의 대안은 아민의 그것과는 구분되는 또 다른 성격 차이도 존재한다. 그것은 아민의 대안이 서구중심주의 극복을 위한 '목적론'적 대안이라면, 강정인의 그것은 오히려 '방법론'적 대안이라는 점에서 그러하다. 앞서 소개한 담론 전략과 관련하여, 강정인은 서구중심주의 극복을 위한 담론 전략 가운데 가장 현명한 접근법을 다원주의적 처방, 즉 "각 전략을 적절히 병용하면서 각 전략이 지닌 장점을 극대화하고 단점을 최소화하는 방안"이라고 주장하지만, 그 가운데에서 '혼용적 담론 전략'을 추천하면서 그것이 "성공적으로 수행될 경우 동화적·역전적·해체적 전략의 결함을 피하면서 각각의 장점을 종합적으로 취할 수 있는 강점"이 있다고 밝히고 있다(강정인 2004, 479). 그런데 이 지점에서조차 강정인은 '무엇을' 혼용할 것인가라는 실체론적 논의보다는 '어떻게' 혼용할 것인가라는 방법론적 논의에 초점을 맞추는 것이 사실이다.

이런 시각은 '한국정치사상'에 대한 그의 문제의식에서도 여실히 확인된다. 2004년 강정인은 서구중심주의에 대한 자신의 문제의식을 집대성한 『서구중심주의를 넘어서』를 출간하면서 서구중심주의 극복을 위한 네 가지 담론 전략을 제시했고, 이 저서에서 집중적으로 다루지 못한 실천적 방안에 대해서는 2007년에 출간한 「한국정치사상 어떻게 할 것인가? : 반성과 대안」에서 '3대 실천 방안', 즉 "서양 정치사상의 한국화, 전통 정치사상의 현대화, 한국 현대정치의 사상적 재구성(강정인 2007 ; 강정인 외 2019, 9)"으로 구체화했다.[20] 그런데 여기서 '3대 실천 방안'이 한국정치사상을 '어떻게' 할 것인가라는 방법론적 질문에 초점이 맞추어져 있다는 사실은 그의 정치사상을 관통하는 일관된 특징이라고 할 수 있다.

---

20 강정인의 '3대 실천 방안'은 그가 2005년 한국정치사상학회 회장 취임사에서 서구중심주의 극복을 염두에 두고 한국정치사상학회가 추구해야 할 과제로 제시한 것이었다. 그가 제시한 서구중심주의 극복을 위한 '방법론'적 대안, 혹은 한국정치사상을 '어떻게' 할 것인가에 대한 주장은 다음과 같이 정리된다. 그것은 첫째, '서양정치사상의 한국화'이다(강정인 2007, 30-1). 이는 '학문의 토착화'나 '전통의 쇄신'으로 이해되며, 우리의 문제의식을 서양정치사상에 투영하여 그에 대한 해답을 추구하는 것으로 정의된다. 예를 들어 조선시대 율곡이 대동사회론을 혁신하여 자신의 경장론을 펼친 것(중국사상의 한국화)이나, 레닌이 마르크스주의를 혁신하여 러시아 혁명에 적용한 것이 그 사례로 제시된다. 둘째, '동아시아·한국 전통 정치사상의 현대화'이다(강정인 2007, 32-4). 이는 전통사상에 대한 훈고학적 해석을 지양하고, 대신 전통사상을 비판적으로 재해석하는 한편 그 속에서 우리의 현실에 유용한 사상적 자원을 추출하는 것을 일컫는다. 일본의 성공적 근대화라는 문제의식에 근거하여 일본사상사를 재해석한 마루야마 마사오의 『일본정치사상사 연구』(1952)나, 우리 전통사상의 현대화를 추구한 이승환의 『유가사상의 사회철학적 재조명』(1998) 등이 모범적인 사례로 간주된다. 셋째, '현대 한국정치의 사상화'이다(강정인 2007, 34-6). 이는 현대 한국의 정치 현실에서 가장 중요하고 심각한 문제들이 무엇인가를 염두에 두고 이것을 극복하거나 타개하기 위한 이론적·사상적 논변을 마련하는 것이다. 특히 현대 한국정치의 현실, 즉 산업화(정보화)와 복지사회의 건설, 분단의 극복과 국민국가 건설, 민주화(민주주의 정착과 심화) 등에 대해 정치사상적 해명이 요구된다고 역설한다.

제3부

방법(론)으로서의 '서구중심주의 비판'

비교의 시각과 근거

비교정치이론에서의 비교의 함의와
그 방법에 대한 소고

이충훈(전북대학교)

1. 비교정치이론에서의 '비교'

21세기 들어 정치이론과 사상, 철학에서 주목할 만한 흐름 중 하나는 '비교'(comparative)라는 접두어가 붙은 연구 경향과 분과의 성장세다. 영미권에서 '비교'정치이론과 '비교'정치사상, '비교'정치철학은 정치이론과 사상, 철학에서 독자적인 위상을 지닐 정도로 성장했다. 최근 옥스퍼드 대학 출판부(Oxford University Press) 핸드북 시리즈에서 출간된 단행본『비교정치이론』(Jenco et al. 2019)이나『비교정치이론(*Comparative Political Theory*)』이라는 학술지의 출간으로 그 성장세를 엿볼 수 있다. 2021년 미국정치학회 연례학술대회에서 정치사상 및 철학에 속한 혁신세션포맷(innovative session format) 중의 하나로 비교정치이론 미니 컨퍼런스가 열린 것도 이러한 성장을 반영한다.[1]

---

1 『비교정치이론』저널에 관해서는 저널 홈페이지 참조(https://brill.com/view/journals/

20세기 후반에 출현한 '비교'라는 새로운 경향은 유럽과 미국의 사상, 이론, 역사, 사례가 보편적이고 이를 연구하는 것이 학문의 주된 목적이라고 간주해온 기존 서구 학계에 대한 비판이자, 기존의 지배적인 전통을 초월하려는 이론적 도전이다(Godrej 2015, 1). 비교정치이론은 비판과 도전을 통해 기존 서구 정치이론에서 간과되었던 사례와 이론을 의미 있는 차이로 만들고, 이렇게 차이를 식별해 내는 작업을 통해 기존 연구의 관행을 교정하는 반작용적 분야다. 즉, 보편적이라고 간주되었던 주류 학문 흐름의 외곽에 있는 광범위한 사유와 아이디어로부터 통찰을 이끌어내고, 이를 연구 활동에 진지하게 반영하는 분야이자 그런 경향에 대한 담론적 공간으로서 정립·성장해온 것이 비교정치이론이다(Jenco, Idris, and Thomas 2020, 1-3). 2000년대 들어 본격적으로 전개된 강정인의 서구중심주의 비판과 대안의 모색(강정인 2004), 나아가 한국정치사상의 재고(강정인 2014)는 이러한 비교정치이론의 등장 및 성장과 일맥상통한다.

비교정치이론은 내부에 다양한 사상적, 철학적 정향을 포함한다. 또한 방향과 함의에 대한 다양한 논의도 제시되어왔다. 특히, 비교정치이론을 '어떻게' 할 것인가, 즉 방법적 접근에 관해서도 다양하게 논의되어왔다. 이러한 다양성은 비교정치이론의 목적과도 관계된다. 정치사상 및 철학의 프로젝트로서 비교정치이론의 목표는 기존의 규범이나 교의, 혹은 지배적인 문헌이나 해석을 '탈중심화'하는데 있다. 이런 탈중심화를 기반으로 비교정치이론은 정치이론의 아카이브를 좀 더 풍부하게 하며, 초점을 전환하고, 세계 곳곳에서 벌어지는 구체적인 정치 현상에 관한 논쟁에 개입하고자 한다(Jenco, Idris, and Thomas 2020, 2). 비교정치이론의 광범위한 목

---

cpt/cpt-overview.xml). 미국정치학회 연례학술대회 혁신세션포맷에 관해서는 다음 웹페이지를 참조. '혁신세션포맷'(Innovative Session Format, https://connect.apsanet.org/apsa 2021/innovative-session-formats/). 이 세션의 부제는 '전 지구적 연구 분야의 다원화'였다.

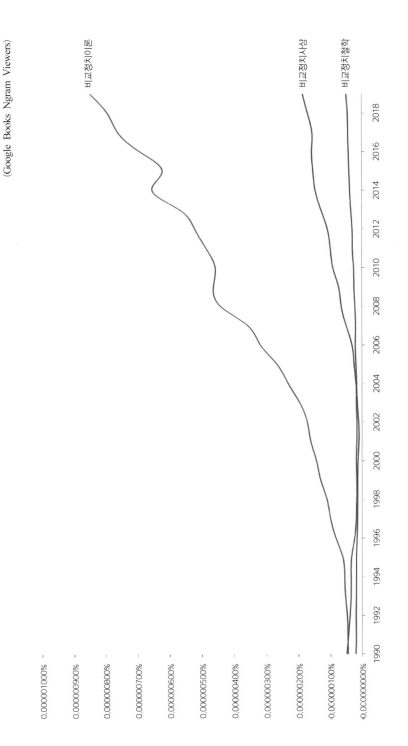

〈그림 1〉 영어권에서의 '비교정치이론', '비교정치사상', '비교정치철학'의 사용 빈도

(Google Books Ngram Viewers)

표는 '어떻게' 비교정치이론을 할 것인가에 관한 다양한 논의를 촉발했을 뿐만 아니라 정치사상 및 철학의 다양한 정향과 접근을 비교정치이론이라는 틀을 통해 파악할 수 있게 했다.

이 글에서는 비교정치이론에서 '비교'의 함의와 비교정치이론을 '어떻게' 할 것인가에 관한 논의를 중심으로 현대 비교정치이론을 고찰하고자한다. 통상적으로 영미 정치이론은 규범적 정치철학, 비판적 분석과 해석, 정치사상사, 개념 분석, 정치사상과 연설의 형태에 관한 연구 등을 포함한다(March 2009, 534). 이런 맥락에서 정치이론은 정치철학이나 정치사상과 광범위하게 중첩될 뿐만 아니라, 어떻게 보면 좀 더 포괄적인 용어이기도 하다. 또한, 비교정치이론은 비교정치철학이나 비교정치사상과 통용 가능한 용어지만, '비교'에 중점을 둔 정치사상이나 정치철학에 관한 현대의 많은 연구자들은 비교정치사상이나 비교정치철학보다는 비교정치이론이라는 용어를 상대적으로 더 많이 사용한다. 예를 들어, 구글 앤그램 뷰어(Google Ngram viewer)는 1990년부터 2019년까지 영어권 문헌에서 비교정치이론(comparative political theory)이 비교정치철학(comparative political philosophy)이나 비교정치사상(comparative political thoughts)에 비해 현격하게 많이 사용된다는 것을 보여준다. 여기에는 포괄적인 의미에서 분과적 정체성으로서 비교정치이론을 확립하고자 하는 노력도 포함된다.

이런 점을 고려하여 이 글에서는 현대 비교정치이론의 등장과 성장, 그리고 그 함의를 살펴보고 비교정치이론에서 '비교'가 갖는 의미와 이를 구현하기 위한 몇 가지 프로젝트와 방법을 검토하고자 한다.

2. 비교정치이론의 등장과 성장

비교정치이론의 등장은 1990년대 중반부터 나타나기 시작한 정치사상과 철학에서의 일련의 관점 전환에 기반을 둔다. 특히 이런 전환은 지구화(globalization)와 관련된 교차 문화적 맞닥뜨림(cross-cultural encounter)에 초점을 맞추고 있었다. 예를 들어 달마이어(Fred Dallmayer)는 비교종교철학과 현상학적 해석학에 기반하여 교차 문화적 맞닥뜨림을 재구성했다(Dallmayer 1996). 그는 이런 마주침을 해석적이고, 성찰적이며, 자기비판적인 교차 문화적 대화로 전환할 것을 추구했다. 이런 관점은 또한 자신의 가설이 우발적일 수 있다는 점을 인식하여 스스로에게도 의문을 제기할 수 있어야 한다는 것을 의미했다.

한편, 교차-문화적 맞닥뜨림을 강조하기보다는 기존의 문명 범주를 구성하는 개념에 초점을 맞추는 일종의 교차문명비교가 등장했다. 이런 접근은 사고와 사유의 상이한 전통들 사이에서 개념의 등가성이나 유사성을 발견하고자 했다. 그러한 등가성이나 유사성이 존재한다는 점이 정치철학의 비교연구를 가능하게 하는 근거로 간주되었다. 이와 관련해서, 특히 서구의 근대성을 비판적으로 사유했던 아렌트나 매킨타이어, 찰스 테일러 같은 정치사상가의 개념과 사유가 주목받았다. 예를 들어, 20세기 이슬람 사상을 재독해하면서 이 사상가들의 개념과 사유를 이슬람 사상에서 발견하려는 시도가 이런 접근에 해당한다(Godrej 2015, 1).

21세기에 들어 비교정치이론의 중요한 화두가 된 것은 헌팅턴(Samuel Huntington)의 '문명의 충돌'을 둘러싼 논쟁이었다(헌팅턴 2016). 예를 들어, 달마이어는 문명의 '충돌'이 아니라 다양한 문명과 문화를 가로질러 존재하는 텍스트와 아이디어의 유사성을 강조했고, 이를 '문명의 대화'로 명명했다. 문명 간의 혼성적인 상호작용과 유사성, 그리고 문명 간의 대화는 '문명의 충돌'을 비판하는 주요한 경향 가운데 하나였다. 명백하게 상이하게 보이는 전통이나 문명일지라도 역사적으로 상호 영향을 미쳤다는 것이다. 이런 경향에 기반하여 서구의 자유민주주의가 완벽한 도덕적·정치적 질서를 대표한다는 프랜시스 후쿠야마의 '역사의 종말'(후쿠야마 1997)과 같은 관념에 도전하고, 비서구적 전통과 문명 속에서 자유민주주의의 대안을 찾는 시도도 전개되었다. '문명의 충돌'에 대한 비판과 서구 자유민주주의에 대한 대안 탐색은 중국이나 인도, 이슬람 정치사상 같은 비서구 정치사상에 대한 연구를 활성화하는데 기여했다(Godrej 2015, 2).

이처럼 1990년대 중반부터 현재까지 비교정치이론의 등장과 성장은 서구와 비서구, 전통, 문명, 문화, 혹은 종교와 같은 개념들에 대한 비판적인 감수성을 함양해왔고, 현대의 정치적 맥락뿐만 아니라 글로벌-로컬 세력들에 대한 진단과 개입을 시작할 수 있는 공간을 제공해왔다. 비교정치이론은 통약성(commensurability)이나 비통약성(incommensurability)과 같은 용어를 정치이론에 도입하게 했으며, 정치적 선택의 함의를 다각도에서 고찰하게 만들었다. 전통, 문명, 문화들 간의 견고한 구분보다는 교차 문화적 맞물림(cross-cultural engagement)이나 교차 문화적 대화 등과 같은 교차성이 강조되기 시작했다. 이제 이론가들은 통상 잘 다루어지지 않았던 사상가들을 재조명하고, 그들의 텍스트를 수집하며, 그간 방치되었던 텍스트에서 나타나는 패턴들을 재해석하고, 다양한 형태의 지배 및 그에 대한 반작용이나 저항을 기록했다.

이런 과정을 통해 비교정치이론은 지배적인 것으로 여겨지던 개념과 범주가 종종 놓치는 것이 있을 뿐만 아니라 그 자체로 순수하게 구성되지 않으며, 융합과 혼성 속에서 경쟁하고 구성된다는 점을 보여주었다. 또한 아이디어는 부단히 횡단한다는 점, 나아가 아이디어를 전유하고 교정하며 때로는 오해하기도 하는 정치가 그런 아이디어의 횡단 및 구성에 핵심적이라는 통찰을 제공했다. 비교정치이론은 지식 체계가 정치적 권위를 정당화할 수도 있고, 지배나 저항을 위한 무기가 될 수 있다는 점을 보여주었다. 그것은 누가, 무엇을, 언제, 어떤 목적을 위해, 어떤 용도로 독해하는지가 정치이론의 실천에서 중요하다는 점을 다시 환기시켰다(Jenco, Idris, and Thomas 2020, 1-2).

3. 비교정치이론에서 비교의 함의와 프로젝트들

그렇다면 비교정치이론(사상, 철학)에서 비교는 어떤 함의가 있는가? 우선 이는 정치이론(사상, 철학)이 무엇을 포함하고 있다고 간주되는지, 그리고 어떤 종류의 연구와 실천적 활동이 정치이론의 과제로 여겨지는지에 따라 달라질 수 있다. 정치이론이 규범적 정치철학이나 비판적 분석과 해석, 정치사상사, 개념 분석, 정치가의 연설에 관한 연구를 포함하고 있다면, 비교정치이론에서 비교의 주안점 역시 정치이론이 포함하는 것에 있을 것이다. 물론, 정치이론 역시 그 자체로 비교를 수반하기 마련이다. 어떠한 규범적 정치철학이나 해석, 혹은 정치사상사 등을 가볍게 살펴보더라도 이를 확인할 수 있다. 하지만 비교정치이론에서 '비교'는 정치이론에서 수행되었던 통상적인 의미와 달리, 기존 정치이론이 암묵적으로 전제했던 서구/비서구, 중심/주변, 보편/특수, 나아가 서구-중심-보편과 비서구-주변-특수라는 연계적인 이분법적 인식에 대한 내적인 도전을 함축한다. 그것은 의식적으로 이런 이분법적 인식에 바탕을 둔 관계들을 재구성하고자 한다. 그러한 관계의 재설정은 기존의 중심/주변, 보편/특수라는 관계를 비교가능한 등가적 관계로 재설정하는 것에서부터 서구 중심성과 보편성에 대한 해체에 이르기까지 다양한 접근을 포함한다. 그렇다면, 이런 비교는 어떻게 이루어질 수 있는가?

이러한 질문에 대하여 앤드류 마치(Andrew F. March)는 비교정치이론의 '비교'를 위한 두 가지 가정을 제시한다(March 2009, 536-7). 첫 번째 가정은 특정한 공동의 연구 대상이 있어야 한다는 것이다. 이는 분류를 위한 것이 아니다. 오히려 그것은 일정한 문제나 질문을 다양한 사례를 통해 조명하기 위한 것이다. 예를 들어, '자유가 제도나 풍속을 통해 어떻게 보호되는가?', '상이한 지식 양식과 그것이 구현하는 관행과 제도는 어떻게 인간의 주체성을 만들고 제한하는가?'와 같은 물음을 들 수 있다. 또한 공동의 연구 대상으로는 자유주의, 제국주의, 민주주의, 주권, 입헌주의, 결혼 등과 같은 개념이나 실천, 혹은 관련된 현상 등이 포함된다. 여기서 제기되는 질문들이나 공동의 연구 대상이 비교정치이론의 주요 관심사, 즉 기존 정치이론의 이분법적 인식에 대한 비판과 재구성을 이루어 내기 위해 제기되고, 설정되어야 한다는 점이 중요하다. 이런 측면에서 '비교'는 비서구적 맥락에 대한 우선적인 고려와 서구 패권에 대한 비판과 연결된다.

두 번째 가정은 구분되는 단위나 실체 사이에서 비교가 일어날 수 있다는 것이다. 다시 말해, 의미 있는 비교가 되기 위해서는 두 연구 대상(사상가, 전통, 이론, 개념 및 언어 행위 등)이 서로 구분될 수 있어야 한다. 정치사상에서 텍스트 비교든 비교정치에서 유사성과 차이에 기반한 비교든, 기존의 정치이론에서도 근본 가정은 두 가지 이상의 분리된 개체가 어떤 확고한 정의를 가지고 있거나, 유사성과 차이의 두드러진 특징이 있다는 것이다. 하지만 기존 정치이론은 비교의 근본 가정이 서구 – 중심 – 보편/비서구 – 주변 – 특수의 구분과 어떤 관련이 있을 수 있는지에 대해서는 진지하게 되물어 보지 않았다. 반면, 마치의 두 번째 가정은 기존 정치이론이 간과해왔던 측면, 곧 비교의 근본 가정이 메타적인 차원에서 어떻게 연계되고, 어떤 효과를 낳을 수 있는지와 연관된다. 이는 비교의 대상 및 방법과 관련된 중요한 수정으로 귀결된다. "탈중심화"를 목표로 삼는 비교정치이론가는 분리된 개체와 뚜렷하게 구분되는 경계를 가정하고 비교할 필요는 없으며, 유사성과 차이는 비교에 선행하지 않고 오히려 비교를 통해 발생한다는 점이 강조되는 것이다. 이에 따르면, 비교정치이론에서 '비교'는 비서구적 맥락과 서구 패권에 대한 비판을 넘어서 비교를 통한 자기성찰, 유럽중심주의에 대한 저항, 그리고 공간과 시대를 가로지르는 창조적 번역이라는 의미가 있다(Jenco, Idris, and Thomas 2020, 7-8).

지금까지 비교정치이론은 이와 같은 '비교'에 입각한 고유한 프로젝트들을 제시해 왔다. 우선 마치가 제안한 다섯 가지 프로젝트를 들 수 있다(March 2009, 538-542). 첫째는 지식 프로젝트다. 지식 프로젝트는 이론이나 철학이 보편성을 추구하는 것이라면, 주변화되었던 비서구적 관점을 적극적으로 수용함으로써 정치이론과 철학이 진정한 보편주의로 나아가자는 것이다. 이는 서구의 일부 지적 운동이 주장해온 거짓된 보편성을 넘어서는 것이자, 정치이론이 천착해온 지적인 딜레마가 서양을 넘어서 인간 전체에 관한 것임을 입증하는 것이다.

둘째로, 현대의 세계적 맥락인 지구화(globalization)를 고려하여 지구화 시대에 보편적인 정치이론의 구상, 특히 전지구적 민주주의를 위한 공통의 철학과 사상, 그리고 교차 문화적 관점을 구축할 필요성이 제기되었다.

셋째로, 서구의 헤게모니와 지배에 대항하는 비서구 사상가가 정치적 문제를 논의하는 방법, 대표적으로 탈식민주의 연구가 하나의 프로젝트로서 비교정치이론의 비판적이고 전환적인 측면을 구성한다. 서구의 틀과 개념을 비서구적 맥락으로 확장하는 것을 서구 헤게모니나 지배 행위로 여긴다면, 기존의 (신)자유주의나 서구의 개념 범주, 혹은 진리 주장은 지구화를 이론화하는데 적절하지 않으며, 오히려 그러한 개념과 범주, 주장 자체가 해결해야 될 문제의 일부이기 때문이다.

넷째로는 민주주의의 선제 소선에 관한 남구로서, 보편적인 것으로 간주되는 민주주의와 비서구의 사상 및 사유와 어떤 관련을 맺는지에 초점을 맞춘다. 예를 들어, 유교와 민주주의, 이슬람과 민주주의의 관계 등에 대한 연구를 들 수 있다. 이는 자유주의를 민주주의를 위한 전제 조건으로 이해하는 서구적 사유에 도전하는 것이기도 하다. 탐구의 결과 어떤 민주주의가 제기될지의 문제는 남는다 하더라도, 자유주의를 민주주의의 보편적인 전제로 가정하는 사유의 특수성을 드러낼 수 있기 때문이다.

마지막으로 서구와 비서구 간의 사상적·이론적 차이보다는 동질성을 발견하는 프로젝트가 있다. 이 프로젝트의 근본 가정은 비교를 어떻게 구성하느냐에 따라 서구와 비서구의 사상이나 이론의 견해가 유사할 수 있다는 것이다. 이 프로젝트를 통해 한편으로 비서구적인 사상, 종교, 문화나 전통이 실제보다 더 비자유주의적이고, 비합리적이며, 단일하고, 이국적이거나 반민주적인 것으로 부당하게 낙인찍혀 왔을지도 모른다는 점을 환기하고, 다른 한편으로는 비서구의 사상과 사유가 서구만큼이나 혹은 서구보다 더 자유주의적·합리적·다원적·민주적이라는 점을 보여줄 수도 있을 것이다.

비교정치이론을 어떻게 할 것인가에 관한 마치의 다섯 가지 제안과는 달리, 고드레(Farah Godrej)는 학제간 접근으로서의 비교정치이론을 강조한다. 특히 분과학문 가운데, '다중적 근대성'(multiple modernities)에 초점을 맞춘 분과학문 간의 학제적 접근이 필요하다고 주장한다. 이는 한편으로 탈식민주의 이론 역시 '다중 근대성' 가운데 하나로서 고려할 수 있다는 것이며, 다른 한편으로는 근대성이 단일한 것이라는 면밀히 검토되지 않은 전제에 이의를 제기하는 여러 분야의 논의를 학제적으로 접근함으로써 비교정치이론의 독자성을 마련하기 위한 전략이라고 이해할 수 있다.

이런 학제간 접근의 필요성과 더불어, 고드레는 특정한 비서구 전통을 둘러싸고 벌어지는 비서구 내의 해석 논쟁에 초점을 맞출 필요가 있다고 강조한다. 이는 단순히 비서구 전통내에 국한된 아이디어나 사상의 역사에 대한 연구를 의미하지 않는다. 이는 전통에 대한 해석의 과정이 실제로 정치를 (재)구성한다는 것을 함의한다. 그는 더 나아가 현대적 맥락에서 비서구 전통을 재해석하는 데 초점을 맞춘 논의와 비서구의 특정 사상가나 역사적 상황에서의 논쟁을 통해 정치적 세계관을 재구축하는 데 초점을 맞춘 논의를 대조해 보자고 제안한다. 또한, 고드레는 비서구 사상가의 사유와 문헌을 통해 서구에서의 정치적 문제에 대한 그러한 사유가 가질 수 있는 규범적 함의를 살펴볼 것을 제안한다. 특히 이런 규범적 함의는 비교정치이론의 분과적 위상에 정당성을 부여한다는 것이다(Godrej 2015, 3-4).

한편 최근 프리든(Michael Freeden)은 그간 비교정치이론이 나아갔던 길을 두 가지로 분류하고 대안을 제시한다(Freeden 2021, 3). 첫 번째 길은 정치철학과 정치사상사에 관습적으로 속한다고 간주되어온 것을 문화적 해방의 행위로서 확장하는 것이다. 여기서 확장의 대상은 비서구적 접근이나 주제라고 모호하게 불리던 것들이다. 이때 비교정치이론은 정치적 사유의 포괄적이자 동시에 독특한 행위가 발생하는 장소를 확인하고, 다양한 수준에서 모든 사회와 연관되어 있는 복잡한 실천을 탐구하며, 그러한 실천에 대한 이해를 심화한다. 즉, 지리적 위치와 문화적 특수성에 대한 이해를 통해 비교정치이론이라는 지식 체계를 위한 자원과 잠재력을 다듬는 길이다. 이러한 지리적 위치와 문화적 특수성에 대한 강조는 지리적인 비교의 대상을 좀 더 구체적인 하위 단위로 설정할 경우 보다 풍부해질 수 있는데, 예컨대 국가 단위의 비교보다 상이한 지역의 도시가 정치적 사유와 관련된 문제에 대한 비교의 통찰력을 제공해 줄 수 있다는 것이다.

두 번째 길은 특성한 행위사의 말과 글이나 공적 언어에 초점을 맞추는 것이다. 군주나 시장, 집단의 수장, 장군, 국회의원이나 노동조합장 등은 각각의 공동체가 수용하는 정치적 의시 결정 절차의 복잡성을 밝혀주는 리더십에 관한 비교의 사례를 제공할 수 있다. 또한 다양한 제도적 환경과 비공식적인 배경에서 수용가능한 공적 언어의 범위는 말과 글이 지닌 힘 뿐만 아니라 그러한 말과 글의 사용에서 나타나는 공통점과 차이점을 시사한다. 실제로 이는 비교정치이론가가 정치가나 학자, 관료, 사상가, 변호사와 시민 혹은 주민의 서로 다른 언어를 다루면서 토착적이고 일상적으로 배태되어 있는 정치사상과 담론의 조합을 비교하는 것으로 이끈다.

프리든이 보기에 비교정치이론 내에서 이런 두 가지 길의 중요한 차이는 해석적 정치이론가와 참여적 정치이론가 사이의 차이와 연관된다. 참여적 정치이론가의 사명이 서벌턴(subaltern)과 물질적인 기반에서 사회와 사회 계층이 담지해 온 역사적 부정의나 잘못을 바로잡기 위한 해법을 제시하는 것이라면, 해석적 정치이론가의 과제는 비교를 통해서 사람들이 정치적으로 생각하는 것을 이해하고 배우는 것이다. 프리든이 구분한 첫 번째 길이 해석적 정치이론가들의 길이라면, 두 번째 길은 참여적 정치이론가의 길이라 볼 수 있다(Freeden 2021, 4-5).

두 가지 길에 대한 대안으로서 프리든은 상이한 아이디어와 담론을 유연하게 재분배하고 재조합하기를 제안한다. 이는 정치사상사 분야에서 전형적으로 일정한 기준에 따라 시대를 구분하고, 그런 구분에 입각한 사상사를 구축하는 작업과는 다르다. 여기서 중요한 것은 시간의 흐름을 일정한 시대로 구획하여 고정하는 것이 아니다. 오히려 아이디어와 담론이 시대와 시간을 넘나들며 형성하는 다양한 재조합에 주목하는 것이 중요하다. 실제로 집단의 차원에서 자존심, 분노, 혐오감, 즐거움을 불러일으키는 문제는 장소, 시간, 집단에 따라 상이할 뿐만 아니라 그 경계를 넘어 유동적이기도 하다. 프리든이 보기에 비교정치이론가가 해결해야 할 근본적인 과제는 공간적·시간적으로 이질적인 담론이 재분배되고 재조합되는 양상은 어떠한지, 그것을 발화하는 양식은 어떤 작용을 하는지, 그리고 정치적 이해관계에 따라서 어떤 것이 발화되지 못하는지를 확인하는 것이다(Freeden 2021, 6).

프리든에게 비교는 정치적 아이디어와 개념의 이동이라는 문제를 제기한다. 그가 보기에 어떤 정치적 아이디어와 개념이 다른 곳으로 이동하게 되었을 때, 그것의 지엽성(parochialism)이 어떻게 진행되는지에 대한 문제가 제기된다. 그러한 지엽성이 이동한 곳의 아이디어와 개념과 만날 때 어떤 일이 발생하는가? 이동한 곳의 아이디어와 개념은 단일한 것이 아니라 경쟁적인 아이디어와 개념을 가지고 있는 것은 아닌가? 그렇다면, 지엽성에 기반한 아이디어와 개념의 이동이 다른 곳에서 어떻게 진행되는지에 대한 연구는 독자적인 의미를 가질 것이다. 이와 함께 프리든은 아이디어가 실제로 어떻게 표현되고 실천되는지를 환기시킨다. 아이디어는 종종 은밀하게 이동하고, 시위, 보이콧, 줄서기, 악수하기, 절하기, 의복 관습과 유니폼, 여가 추구, 예술과 같은 형태로도 표현되고 구현된다. 그것은 또한 합법화(또는 불법화), 특정 집단과 활동에 대한 강력하고 감정적인 찬성과 반대, 공공 공간에서의 행동 규제, 의식과 의복을 통한 정체성에 대한 집착이나 존중, 개인의 창조적 상상력에 부과되는 사회적 한계나 정당 및 정치 지도자에 대한 지지, 혹은 국가적 자부심이나 배타적인 감정으로 표현되기도 한다. 따라서 비교정치이론가는 아이디어의 표현적 형태와 물리적 실천에도 관심을 기울여야 하는 것이다(Freeden 2021, 7).

4. 비교정치이론과 서구/비서구 프레임의 재구성

이상에서 살펴본 바와 같이, 비교정치이론은 다양한 방법과 프로젝트를 제안해왔다. 이런 맥락에서 비교정치이론에서 단일하거나 통일된 방법을 찾기는 어렵나. 그렇나고 비교정치이론이 기존 (서구) 정지사상이나 절학의 중심적인 주제를 놓치고 있다고 평가해서도 안 된다. 사상과 철학 및 문화를 포함하는 아이디어나 개념, 담론에 대한 관심이 그것이다. 또한 규범성과 비판성을 보지하고 있다는 점에서도 충분한 함의를 담고 있다.

지구화(globalization) 시대에, 그러한 아이디어나 개념, 담론, 문화 등은 그 어느 때보다도 빠르게 국가나 지역의 경계를 가로질러 횡단하고 있다. 국제적인 인구 이동의 확대에 따라 아이디어나 개념, 담론, 문화 등의 담지체인 사람의 이동 역시 증가해왔다. 이 과정에서 문명의 충돌이나 교차 문화적 이해는 좀 더 구체적인 경험적 과정이 되었다.

이처럼 아이디어와 문화가 횡단하는 시대에 어떤 특정한 아이디어나 문화가 여러 곳에 널리 존재한다는 것은 놀랄 일이 아니다. 물론 그런 아이디어나 문화가 특정한 지역이나 국가 혹은 도시나 로컬(local)에 어떻게 존재하게 되었고 어떠한 함의를 가지고 있는가는 여전히 비교정치이론이 제안하는 '비교'의 중심적인 화두일 것이다. 나아가 그러한 아이디어나 문화가 한 사회의 종적 관계 속에서 어떻게 횡단하는지에 대한 문제도 '비교'의 관점에서 살펴볼 가치가 있다. 이러한 종적 관계 혹은 권력 관계 속에서 아이디어나 문화는 상이한 맥락에서 서로 다른 방식이나 위치로 횡단한다. 그 횡단이 쉽게 드러나지 않을 수도 있다. 따라서 문명 간의 충돌이나 교차 문화적 대화뿐만 아니라, 문화적 협상(negotiation)과 같은 상이한 방식의 문화간 관계를 살펴보면서 횡단성의 구체적인 양상을 비교할 수 있을 것이다.

둘째로, 실제의 삶에서 횡단을 구현했던 이론가나 사상가의 사유를 횡단성의 관점에서 재구성해보는 것도 시도할 가치가 있다. 대표적으로는 벌린(Isaiah Berlin), 아렌트(Hannah Arendt), 허쉬먼(Albet Hirschman), 쉬크래어(Judith Shklar), 바우먼(Zygmunt Bauman), 버틀러(Judith Butler) 같은 유대인 사상가나 이론가를 들 수 있다(예를 들어, Benhabib 2018 참조). 또한 정치적 유배자나 망명자의 사상과 사유도 이런 관점에서 재조명할 수 있을 것이다. 한편 이동성 연구(mobility studies)와 같은 분야는 횡단을 통한 상이한 사회, 정치와 법, 젠더 관계, 인간의 감수성과 오감 등을 '비교'의 관점에서 살펴볼 수 있는 기회를 제공한다. 이는 서구 정치사상가들의 비서구 사회에 대한 이해나, 비서구 정치사상가의 서구 사회에 이해를 비판적으로 고찰할 수 있는 중요한 자원이 될 수 있다.

마지막으로, 비교정치이론이 서구중심주의에 대한 비판의 관점에서 비서구 정치사상과 이론을 발견적(heuristic)으로 재구성하는 분야이긴 하지만, 이것이 비서구 정치사상과 이론에만 초점을 맞춘 배타적인 과정을 의미하지 않으며 그래서도 안 된다. 만일 이렇다면, 비교정치이론은 프리든이 지적한 '불행히도 서구 정치사상을 배제하는 오류'에 빠질 것이다. 비서구 사회 내에서의 서구중심주의 비판은 비서구 정치사상과 이론을 재구축하는 것뿐만 아니라 서구에서 서구중심주의를 비판해온 정치사상이나 서구중심주의적이지 않은 방식으로 서구를 이해하려 했던 다양한 사유와 실천으로 그 시선을 확장할 필요가 있다. 여기에는 현대의 공적 철학(public philosophy)과 (서구와 비서구 모두에서의) 활동가(activists)의 사유역시 포함될 것이다. 이는 비교정치이론에서 서구와 비서구라는 프레임을 강화하기보다는 서구와 비서구의 공통된 문제에 초점을 맞춤으로써 그러한 프레임을 비판적으로 재구성하는데 일조할 것이다.

탈서구중심주의 비교정치이론 방법론의 모색
강정인의 '상사성' 비유와 '개념적 중립성'

이관후(건국대학교)

1. 비교정치이론의 방법론적 난제

근대 사회과학에서 비교정치연구(comparative political studies)는 정치학 연구의 새로운 장을 열었다. '비교정치학'은 그 연원을 따지자면 고대에서는 아리스토텔레스의 『정치학』, 근대에서는 마키아벨리나 몽테스키외 등의 저작에서 그 전통을 찾을 수 있다. 하지만 좀 더 가깝게는 19세기 후반부터 활발해진 각 나라의 헌법과 정치제도에 대한 비교, 20세기에 등장한 행태주의와 근대화 이론, 포스트 행태주의 연구 등이 비교정치학의 근간을 이룬다. 20세기 후반에 이르면 그 폭은 더욱 넓어져서, 글로벌 시대의 출현과 함께 비교문화 연구, 서발턴 연구, 비교종교 연구 등 다양한 영역에서의 비교 연구가 정치학에도 영향을 미쳤고, 그 결과 오늘날 '비교정치이론'(comparative political theory), 혹은 '비교정치철학'(comparative political philosophy)이라고 불리는 새로운 연구 분야(이하 CPT)가 등장했다.[1]

지난 수십 년간 CPT에서는 오리엔탈리즘에 대한 다양한 학술적 질문이 제기되면서 동양과 서양을 비교하는 연구가 비약적으로 증가했다(March 2009, 531 ; Williams and Warren 2014, 48). 특히 1990년대 이후 중국, 일본, 한국, 베트남 등 동아시아에서의 괄목할 만한 경제발전으로 촉발된 유교와 서양 정치사상 비교연구가 아시아권 CPT의 가장 중요한 주제로 부상했다.

동아시아에서 CPT 연구에 큰 영향을 미치는 요인은 두 가지다. 첫째는 외부적 변수로, 1997년 동아시아 외환위기, 20세기 후반 중국의 급속한 경제성장과 최근의 정체, 냉전 이후 21세기에 들어 본격화된 미·중 패권경쟁 같은 요소들이다. 아시아적 가치 논쟁과 유교 민주주의 담론, 중국식 민주주의 등에 대한 이론적 탐구의 부침은 CPT가 경기변동이나 국제정세에 얼마나 큰 영향을 받는지를 잘 보여준다. 둘째는 학문 내적 변수로, 주로 CPT의 연구 방법과 관련된 부분이다. CPT에서 제기되는 여러 주장은 설령 그것이 과거의 문제를 다루더라도, 많은 경우 현존하는 국민국가들 간의 정치, 경제, 문화적 우위성에 대한 질적 평가 등과 관련되어 있다. 그래서 CPT 연구에서 나타나는 서로 다른 관점은 연구의 방법론에도 직접적인 영향을 미친다. 연구 가설을 세우고 증명하는 과정 자체가 국가들의 통치 이념이나 문명적 수준, 권력 관계와 무관하지 않은 것이다. 그리고 CPT 연구에 영향을 미치는 외부적·내부적 요인은 서로 밀접하게 연결되어 있다.

이러한 특성은 과거 '아시아적 가치 논쟁'(Asian value debate)에서도 잘 드러났다. 당시 논쟁에 참여한 주체들은 동서양과 문명적·국가적 차원에서 정치적·문화적 가치에 대해 입장을 달리했는데, 사실 이런 입장은 각

---

1 비교정치이론(comparative political theory)은 제도와 문화, 철학과 사상 등을 다양하게 다루고, 그에 따라 학자들 사이에 다소 상이한 명칭을 사용하기도 한다. 그러나 이 글에서는 이러한 분야의 연구를 통칭하여 'CPT'로 약칭하고자 한다.

주체의 정치적 목표 및 전략과 매우 긴밀하게 연결되어 있었다. 예를 들어 헌팅턴, 리콴유, 김대중이 유교와 자유민주주의의 관계에 대해 보인 태도는, 미국·싱가포르·한국에서 각자가 국제정치와 국내정치에서의 정당성을 얻기 위한 전략의 일환이었다.

1993년 사무엘 헌팅턴은 『포린 어페어스(*Foreign Affairs*)』에 「문명의 충돌?(The Clash of Civilization?)」이라는 논문을 발표했다. 이 글에서 헌팅턴은 아시아 국가들의 경제적 성과와 국제적 부상을 인정하면서도, 유교 문화권의 문명적 특성으로 인해 서구 문명과 필연적으로 충돌하게 되며, 권위주의적 정치체제가 지속되면서 국제적 불안정을 가져올 것이라고 주장했다. 1년 후인 1994년, 리콴유 싱가포르 총리는 자카리야와의 인터뷰를 동일한 저널에 「문화는 운명(Culture is Destiny)」이라는 제목으로 실어 헌팅턴의 견해를 논박했다. 리콴유는 정치와 경제 이전에 문화적 요소가 국가의 운명을 좌우하며, 싱가포르와 동아시아 국가들의 발전은 유교라는 전통적 가치에 기반을 둔 것이기 때문에 미국식 개인주의로 대표되는 서구 문명이 아시아 국가들에 도움을 주지 못할 것이라고 주장했다. 리콴유 이외에도 중국, 말레이시아, 인도네시아의 다른 아시아의 정치 지도자들 역시 문화 상대주의에 기초하여 권위주의 정권을 정당화했다. 그들은 아시아 지역의 문화와 역사를 반영한 제도와 정치적 이념이 아시아 국가들에서 정당하며 유효하다고 주장했다. 또한 서구식 자유민주주의는 본질적으로 아시아 문화와 양립할 수 없기 때문에 아시아 사회에서 여러 부정적인 사회적 혼란만을 초래할 것임을 강조했다(Park and Shin 2006. 341).

그러자 김대중은 같은 해에 동일한 저널에 실린 「문화는 운명인가(Is Culture Destiny?)」에서 이를 재반박했다. 김대중은 리콴유의 주장에 대해 우선 민주주의가 아시아 국가에 적합하지 않거나 아시아 문화와 양립할 수 없다는 주장은 역사적 사실이 아니라고 지적했다. 그는 그 근거로 대부분의 아시아 국가에서 수많은 자발적 민주화 운동이 있었음을 강조했다. 이어서 김대중은 맹자(孟子)의 역성혁명론을 예로 들며 민주주의와 유교 정치이론의 친화성을 강조하고, 한국의 동학운동 역시 그러한 정치적 전통 속에서 일어난 사건이라고 설명했다.

이와 같은 일련의 주장과 논박은 '아시아적 가치 논쟁'이라고 불린다. 이 논쟁에서 아시아의 권위주의적 정치인은 자신의 정당성을 주장하기 위해 아시아적 가치의 특수성을 강조했다. 반면, 아시아에서 서구식 민주화가 필요하고 가능하다는 입장을 보인 학자와 정치지도자는 민주주의의 보편성을 주장했다. 이러한 입장의 차이는 90년대에만 그친 것은 아니다. 아시아적 가치 논쟁이 진행된 지 거의 한 세대가 지났지만, 지금도 유교를 통해 중국식 사회주의를 옹호하고 서구식 자유민주주의의 한계를 비판하는 중국의 학자와, 유교와 서구민주주의의 접목 가능성을 탐구하는 홍콩과 대만의 학자 사이에는 과거의 전략적 긴장이 학문적 형태로 여전히 지속되고 있다. 또한 한국에서 과거와 현재, 동양과 서양의 정치사상을 비교하는 연구도 이런 경향에서 자유롭다고 말하기 어렵다.

그런데 이러한 경향성은 CPT 내에서 연구 목적에 따라 달리 형성되는 것이기도 하다. 한편으로는 탈서구중심주의를 통해 서양에 경도·종속되어 있는 학문의 장과 사고 체계를 극복함으로써 동양의 가치와 정체성을 회복하고자 하는 유의미한 시도가 존재할 수 있다. 다른 한편으로는 동서양의 시공간적 경계를 넘나들고 허묾으로써 정치학 연구에서 보편적 지평을 열고자 하는 작업도 가능할 것이다. 문제는 연구의 목적에 따른 방법론적 차이가 화해되지 않고 공유되지 않을 때, 연구가 정치경제적 변수에 쉽게 영향을 받게 된다는 점이다.

이 글에서는 이러한 방법론적 난세를 어떻게 극복할 수 있을 것인가에 대한 강정인의 제안을 재검토하고자 한다. 먼저 CPT 연구의 중요 주제 중 하나인 탈서구중심주의에 대한 기존 연구자의 방법론과 그에 대한 강정인의 평가를 살펴보고, 이어서 강정인의 미완성 연구에서 제시된 '상사성' 개념을 분석한 뒤, 그 적용 가능성을 사례를 통해 확인해 볼 것이다.

2. '횡단성 · 교차 문화적 대화' 개념의 방법론적 진화와 한계

사회과학 연구 중에서 CPT만이 정치경제적 변수에 영향을 받는 것은 아니다. 대부분의 정치이론이나 사상은 무언가를 정당화하고 옹호하거나 비판하려는 특정한 의도를 갖고, 그런 주장을 뒷받침하기 위한 근거와 논리를 구성하는 과정을 통해 발전해 왔다. 다만 그러한 주장이 순전히 정략적 · 이데올로기적 공방으로만 인식되지 않고, 학문적 논쟁의 필요성과 가치, 일정한 객관성 · 보편성을 획득할 수 있었던 것은, 연구자간에 공유하고 상호 인정하는 방법론이 있었기 때문이다.

CPT에서 그러한 방법론의 하나로 쓰이는 것은 달마이어(Dallmayr)가 제시한 '횡단성'(transversality)과 '교차 문화적 대화'(cross-cultural dialogue) 개념이다. 횡단성은 교차 문화적 대화에서 '중심'으로서의 서구라는 매개가 없어도 서로 다른 문화적 영역 사이에서 경험과 가치가 서로 연결되고 소통될 수 있다는 가능성의 인식을 의미한다. 교차 문화적 대화는 각 문화적 영역 간에 이루어지는 서로 다른 경험과 가치에 대한 상호적 대화다. 여기서 중요한 점은 서구의 예외주의를 뛰어넘을 수 있는 보편성을 추구하기 위해 '낯선 것으로의 선회'를 두려워하지 않는 것이다(Dallmayr 2004, 252-4).[2]

---

2 간디의 비폭력주의처럼 정치 윤리의 차원에서 비서구의 방법론이 종종 서구의 것들

한국에서 CPT 연구의 선구자인 강정인도 이 개념들에 큰 관심을 보였다. 그는 특히 가타리(F. Guattari)와 정화열 등이 횡단성 개념을 적극 활용하고 있다는 점에 주목했다. 정화열은 횡단성이 '보편으로서의 진리의 투명성 가정에 도전하며 서구 근대성에서 진리에 대한 유럽중심적 준칙에 내재한 보편성의 한계를 극복하기 위한 개념'이라고 말한다(Jung 2009, 218). 횡단성은 단일한 보편적 정치사상을 부인하고, 차이를 인정하면서도 타자와의 관계 속에서 자기 변화를 추구하며, 다원성과 소통, 매개를 지향한다. 이처럼 횡단성은 분명히 유용한 개념이지만, '어떻게 횡단성에 입각한 비교정치사상(철학)을 효과적으로 수행할 수 있는가에 대한 구체적이고 실천 가능한 방법론은 아직 제시되고 있지 않은 상태'인 것도 사실이다(강정인 2013, 37-39).

강정인은 그래서 횡단성의 적용가능한 방법론이 교차 문화적 대화이며, 그것이 적절히 활용된 사례로 파레크(Parekh)의 '상호작용적 다문화주의'(interactive multiculturalism)를 제시한다. 파레크는 인도 힌두교의 비폭력 개념을 서구적·기독교적 카리타스와 접목시킨 간디의 사례를 통해 '타문화에 대한 존중, 문화 내부의 이질성과 유동성, 상이한 도덕·종교·문화적 전통간의 대화'의 가능성을 제시했다. 강정인은 이 속에서 '확장적으로 진화하는 합의'의 가능성을 찾았다. 그리고 이를 교차 문화적 차원의 대화를 넘어 '교차 시간적 대화'로까지 확장해야 한다고 역설한다(강정인 2013, 49-53).

마치(March) 역시 횡단성과 교차 문화적 대화가 경험적 차원에서 서구중심주의를 약화시킬 수 있다는 데서 달마이어의의 주장에 동의하면서, 교차 문화적 대화에서 더 많은 방법론적 진화가 필요하다고 주장한다. 그

보다 지역적·보편적으로 더 효과적인 경우도 있다.

는 기존의 CPT에서 나타나는 동·서양의 비교에 대한 과도한 의식이나 집착 자체가 오리엔탈리즘의 징조이며, 이러한 비교에서는 '우리'와 '그들의'의 경계가 불명확한 경우도 많다고 지적한다. 특히 '비서구에는 서구에 없는 것, 혹은 서구와 다른 것이 있다'는 식으로 여전히 지속되고 있는 신비주의나 오리엔탈리즘에서 벗어나야 하며, 비서구의 정치사상이 서구 이론과의 비교 없이도 그 자체로 연구의 대상이 되기에 충분한 자질과 자격을 갖추고 있다는 사실을 간과하지 않아야 한다고 지적한다. 또한 마치는 CPT가 지구적 차원의 추상적 논의에 그친다면, CPT가 다루는 국제적 범주와 주제의 민감성 때문에 윤리성과 정당성의 측면에서 이론적·실천적 갈등을 피하기 어렵다고 주장한다. CPT는 본질적으로 정치적 이론과 실천을 다루며, 이는 단순히 학문적 문제에만 국한되지 않기 때문이다(March 2009, 538-65). 따라서 대화 그 자체에 의미를 두는 것에 머물지 말고, 현실에서 실천할 수 있는 대안을 찾는 것을 직접적 목표로 삼아야 한다.

젠코(Jenco) 또한 CPT가 서구와 비서구간의 대화에 머무른다면 이론적 완결성을 가진 방법론이 되기 어렵다는 데 동의한다. 젠코는 서구와 비서구라는 공간성을 넘어, 정치사상이 본질적으로 '과거와의 항상적인 대화'라는 시간성을 강조한다. 이런 시각에서, 젠코는 많은 CPT의 방법론이 서구 정치사상을 탐구할 때는 서구의 현재와 과거를 동시에 조망하지만, 비서구를 탐구할 때는 현재보다 과거의 전통에만 초점을 맞추는 시공간의 불균형이 나타난다고 비판한다(Jenco 2016). 이러한 젠코의 주장은 강정인이 '교차 시간적 대화'라고 부른 것과 일맥상통한다.

이 두 사람의 주장에 따라 정치사상에서 과거와 현재의 대화라는 시간적 영역을 추가한다면, 비교의 영역은 서구와 비서구라는 공간적 구분을 넘어서 시간을 포함한 '2 × 2 형식'으로 확장된다. 그리고 이것이 많은 CPT 연구들이 간과하고 있는 부분이다.[3] 그래서 서구에서는 과거와 현재의 화자들, 곧 고대로부터 현대에 이르는 사상사의 다양한 이론과 아이디어들이 모두 CPT 연구에서 동등한 대화의 주체가 되는 반면, 비서구에서는 몇몇 특정한 사상을 제외하고는 대부분이 평등한 대화의 주체로 인식되지 못한다. 그 결과 CPT에서 전 지구적 대화의 주체로 '대상화'된 비서구는 근현대의 비서구가 아니라 과거 혹은 그것과 연관된 현재적 유산의 일부인 경우가 많다.

예를 들어, CPT에서 '민주화'라는 주제로 한국과 서구 사이의 교차 문화적 대화를 시도할 때, 서구 민주주의의 경우 우리는 대체로 그리스 전통에서부터 현대 민주주의의 다양한 이론에 이르기까지 그 모두를 활용한다. 이에 반해 '한국'에서는 전통 사상(주로 유교)과 그 특수성이 현대에 미친 긍정적 기여나 부정적 영향 중 한두 가지만을 강조하는 경향을 보인다.[4] 또 현재 한국 민주주의의 보편성과 특수성, 근현대의 다층적인 사상적 변조와 발전상을 면밀히 살펴보기보다는, 민주주의와 관련한 몇 가지 지표나 민주화의 역사에서 특정한 사건 등을 예시로 들면서 '예외'나 '결핍'을 강조하는 경우가 많다.[5] 이런 연구는 현대 한국인이 만들어낸 것을

---

[3]　이에 대해서는 엘 아민의 중요한 연구(El Amine 2016)가 있다. 이 연구는 기존의 CPT 연구자들이 동서양의 이분법을 넘어서자고 하면서도 오히려 그 안에 갇혀있다는 점을 비판하고, 그 대안을 제시했다. 그러나 필자는 엘 아민이 대안적 연구 관점으로 제시하는 '전 세계가 공유하는 근대성'과 '주권자로서 근대 국가의 보편성'에 동의하기 어렵다. 이것은 동서양의 이분법을 넘어서는 장점을 갖지만, 동시에 '차이'를 무화시킴으로써 기존 개념들의 억압성을 가리기도 한다. 엘 아민이 제시하는 대안적 개념이 헌정주의, 인권, 민주주의라는 점에서 특히 그러하다. 이에 대한 논의에는 별도의 글이 필요하리라 생각한다. 다만, 독자들로서는 엘 아민의 헌정주의, 민주주의와 이 글의 후반부에서 필자가 제시한 정당성과 대표 개념 중에서 어떤 것들이 CPT에 더 적절한 주제가 될 수 있을지에 대해 생각해 볼 수 있을 것이다.

[4]　유교와 한국 민주주의를 접합시키고 있는 많은 연구들이 이러한 경향을 보인다.

[5]　비교정치연구에서 한국 민주주의를 '왜곡', '결핍', '과잉', '불구화' 등으로 묘사하는 연구들 다수가 여기에 해당한다고 할 수 있다.

서양의 과거와 현재, 동양의 과거 속에서 이해하려는 경향을 보인다. 한국의 민주화는 예외적인 것이고, 이에 영향을 미친 한국의 전통적 요소를 서구의 과거나 현재의 개념과 비교하여 분석해야 한다는 암묵적 전제가 깔려 있는 셈이다.

이와 관련해 가장 빈번히 일어나는 오류는 CPT 분야의 연구자들이 시간적·공간적으로 상호 공유되기 어려운 탈맥락적 개념을 무비판적으로 사용하는 일이다. 예를 들어, 한국에서는 '한국적 민주주의'(Korean democracy, Korean style democracy)라는 용어가 이론적으로 설 자리가 많지 않다. '한국적 민주주의'라는 용어는 한국 사회에서 순수하게 객관적·학술적인 의미를 갖지 않는다. 오히려 박정희가 독재정권을 미화하기 위해 사용한 이래로 학자들이 의도적으로 피하려고 하는 개념이다. 그래서 불가피하게 이 용어를 사용할 때에도 그러한 맥락을 강조하기 위해 사용하는 것이 대부분이다. 즉, 이 용어는 한국 현대정치사에서 특정한 역사성을 담지한 독특한 개념인 것이다. 그런데 이런 맥락을 이해하지 못한 CPT 연구자가 이 용어를 국제적인 학문의 장에서 별도의 개념화 없이 사용한다면, 우리는 용어 사용이 부적절하다고 느끼는 것은 물론, 이 용어를 사용하는 연구자가 한국정치사에 대해 충분히 이해하고 있지 못하다는 합리적인 의심을 하게 된다.

이는 마치와 젠코의 지적대로, 공간성을 위주로 한 비교에 지나치게 집중하면서 정작 대화와 횡단의 주체나 배경이 되는 비서구 사회에 대한 이해와 시간성(역사성)을 무시한 채 압축적 도식화를 추구한 결과다. 이런 도식화에 따르면, 특정한 시간대를 임의로 선택하여 '미국(유럽)의 민주주의는 이런 특징을 가진다'라고 부정확하게 단정적으로 묘사하고, 이를 다른 문화권의 민주주의와 비교해서 문제가 있다고 평가할 수도 있을 것이다. 물론 이런 일은 흔하게 벌어지지 않는다. 대화의 주체와 주제, 그것을 인지하고 구성하는 방식, 그것을 다루는 범주와 이해의 수준이 서구와 비서구에 동등하게 적용되지 않기 때문이다. 그래서 횡단성과 교차문화적 대화가 CPT의 방법론에서 하나의 전기를 만들어 낸 것은 분명하지만 여전히 여기에도 일정한 한계가 있다.

무엇보다 개념과 비교의 기준이 서구에서 결정되고 확립되며, 비서구인은 그 기준을 통해서만 소통할 수 있다는 점이 문제의 핵심이다. 간단한 비유로 말하자면, CPT를 논하는 '국제' 회의에서 참여자들이 영어로 말할 때 화자들은 항상 영어로 된 개념만을 사용하게 된다.[6] 이것은 동아시아, 라틴 아메리카, 중동 및 북아프리카의 지폐가 서로 간에는 교환되지 못하고 미국 달러를 통해서만 환전되는 것과 같은 상황이다.[7] 이러한 상황에서는 달러로 호환이 어려운 통화가 시장에서 기각되듯이, 영어로의 호환 가능성이 적은 개념들은 교차 문화적 대화에서조차 쉽게 사장된다. 비영어권 정치 공동체에서는 중요한 요소들이라 할지라도, 영어적 맥락으로 옮기기 어렵거나 충분히 알려지지 않은 많은 개념들은 교차 문화적 대화에서 인지되지 않거나 무시되기 쉽다.[8]

반면 영어권에서 발전된 개념들은 좀 더 쉽게 횡단성의 '기준'이 된다. 예를 들어, 유교는 항상 그것이 '민주주의와 자유에 어떻게 기여할 수 있는가?'라는 관점에서 검토되는 경향이 있다. 이 질문이 편향된 이유는,

---

6 우리는 이 '국제' 회의를 '영어로 하는 회의'라고 말하지 않지만, 이 회의에서 공통되는 언어는 대부분 영어다.

7 이것은 강정인이 '횡단성'과 '교차 문화적 대화'를 설명하면서 자주 활용했던 비유다.

8 물론 CPT가 속해 있는 '정치학'이라고 불리는 학문 영역 자체가 근대 서구에서 발전해 왔고, 여전히 강한 구심력을 발휘하고 있다. 그럼에도 현대 세계에서 일반적으로 받아들여지는 정치적 이상과 가치 대부분이 서구에서 발견되거나 (재)발명되었다는 사실을 의식하는 것은 중요한 의미가 있다. 예를 들어, 우리가 한국에서 필요하다고 합의한 정치적 가치인 민주주의, 공화주의, 자유주의, 인권 등의 가치가 번역과 수용을 통해 우리 사회에 확립되었다는 사실은, 한국인들이 이 공동체를 유지·발전시켜 나가는 데에 상당한 영향을 줄 수밖에 없기 때문이다.

CPT에서 '자유민주주의가 가족공동체를 강화하고 인간의 선한 본성을 실현하는 데에 기여하는가?'를 거의 묻지 않는다는 사실에서 잘 드러난다. 결국 시간성과 공간성을 동시에 고려한다는 점에서 방법론의 진보가 있었다고 할지라도, 여전히 개념과 비교의 기준이 서구에서 결정되고 확립된다는 근본 문제는 해결되지 않고 남아있는 것이다.

이러한 '개념적 비원초성(non-indigenousness)'이야말로 서로 다른 문화적 전통을 가진 사회를 대상으로 하는 CPT 연구가 맞닥뜨리는 가장 큰 난관일 것이다. CPT 연구는 여전히 '방법론적 전회'를 필요로 한다. 그리고 이 지점에서 강정인의 미완성 연구를 다시 한 번 검토해 볼 필요가 있다.

3. 강정인의 전략적 탈출구와 방법론적 상상

강정인은 90년대 이후 오랜 기간 '서구중심주의'를 극복하기 위한 대안으로 CPT를 연구해왔다. 특히 방법론에 많은 관심을 기울였고, 2천 년대에 들어서 일정한 체계를 갖추게 되었다. 강정인(2004)에 따르면 서구중심주의를 극복하기 위한 4가지 전략은 다음과 같다. (1) 동화(또는 통합) 전략, (2) 역전(또는 반대) 전략, (3) 하이브리드(혼합) 전략, (4) 해체 전략.

동화적(통합) 전략은 주변이 중심의 핵심적인 제도와 실천, 가치 및 문화를 적극적으로 수용하여 보편성을 획득하고 우월성을 공유하는 전략이다. 역전 전략은 중심과 주변 사이에 존재하는 제도, 관행, 가치, 문화가 근본적으로 다르고 동화되기 어렵다는 점을 강조하면서, 그 차이에 대한 평가와 의미를 뒤집어서 비정상이라거나 열등하다고 평가받는 요소를 정상이나 우월성으로 바꾸는 전략이다. 혼합 전략은 중심과 주변 모두에서 특정한 긍정적 요소를 선택하고 혼합하는 전략이다. 마지막으로, 해체적 전략은 중심과 주변으로의 분할, 또는 그런 분할을 가능하고 상상할 수 있게 만드는 대립적 차이를 해체함으로써 중심주의에 도전하는 것이다.

이러한 분류에 따르면 김대중의 전략과 현재의 홍콩·대만 학자들의 입장은 동화적, 또는 혼합 전략에 가깝고, 리콴유나 다니엘 벨, 중국의 주류 학자들이 가진 입장은 역전 전략에 가깝다. 그리고 해체를 제외한 나머지 전략들은 모두 교차 문화적 대화의 매개를 필요로 한다. 달리 말하면, 횡단성에서 중시하는 '낯선 것'에 해당하는 실체가 요구되는 것이다. 바로 이것이 우리가 지금 맞부딪친 방법론의 장벽이다. 비교의 기준이 되는 개념 설정의 중립성 문제를 먼저 해결해야 하는 것이다.

이에 대해 강정인은 '상동기관'(homologous organ)과 '상사기관'(analogous organ)이라는 생물학적 은유를 통해 문제 해결의 가능성을 제시한 바 있다(강정인 2013).[9] 근대 생물학은 초기에 주로 상동성, 곧 유사한 기관의 발생학적 기원과 그 변태에 초점을 맞췄다. '인간의 손에 (발생학적으로) 해당하는 기관을 고래에서 발견할 수 있는가?', '인간의 손과 고래의 앞 지느러미는 왜 그렇게 다르게 진화했는가?'와 같은 질문이 여기에 해당한다. 이러한 생물학의 상동성을 CPT에 관한 질문들에 투영한다면, '서구에서 발전된 특정한 정치적 개념(인간의 손)이 비서구의 다른 개념(고래의 앞지느러미)과 같은 것인가?', '그것들 간의 차이점과 공통점은 무엇인가?'와 같은 질문이 가능하다. 이 CPT 연구에서 인간의 손에 비유될만한 개념은 '민주주의' 또는 '자유'일 것이다.

1970년대와 1980년대의 초기 CPT 연구에서는 실제로 이런 질문들이

---

9 강정인이 이 생물학적 비유를 그렇게 길게 설명하지 않는다(강정인 2013, 53-8). 또한 다른 곳에서 이 비유를 이론적으로 더 발전시킨 흔적을 찾아보기도 어렵다. 생물학적 비유로 설명하는 부분에서 참고문헌에 대한 주석도 발견하기 어렵기 때문에, 어떤 경로를 통해 이 발상을 하게 되었는지 확인하기가 쉽지 않다. 다만 본인 스스로 이 비유가 적절한지에 대해 아직 확신하지 못하겠다고 언급한 적이 있다.

핵심적이었다. 예를 들어, 드 베리(de Barry)의 연구 질문은 '유교에 자유와 인권이 존재하는가?'였다(de Barry 1983, 1998). 그리고 이런 연구의 결론은 주로 '서구에서 발견된 자유(인권)가 비서구에도 있다(없다)', 혹은 '비서구의 과거에 존재한 자유의 초기 개념(≒배아 초기의 원형기관)은 이러저러한 이유로 서구의 자유(≒인간의 손)로 발전하지 못하고, 다른 형태(≒고래의 지느러미)로 변태되었다'는 방식으로 귀결되는 경우가 많았다. 이 질문들은 추후 CPT 연구에서 논란이 될 만한 논쟁을 활성화하는 데 많은 기여를 했지만, 근본적으로 서구(≒인간)를 기준으로 삼는 경향에서 벗어나지 못한 것 역시 사실이다.

강정인이 제시한 생물학적 은유의 맥락에서 볼 때, 동화 전략은 상동성의 차원에 해당한다고 할 수 있다. 그러나 역전 전략이나 하이브리드 전략에서는 경우에 따라 상동성의 차원을 넘어설 수 있다. 이를테면, 물속에서 헤엄을 칠 때는 손에 비해서 확실히 지느러미가 더 유용하기 때문이다.[10]

진화론에서의 연구방법은 초기에 '발생 기원'의 상동성(homology)에 주목했으나, 점차 '진화 과정'에서의 기능적 상사성(analogy)에 대한 연구, 곧 상동기관에서 상사기관에 대한 관심으로 확장되는 경향을 보였다. 상동성이 '발생학적 동질성'을 기준으로 삼는다면, 상사성은 '기능적 유사성'에 주목한다. 상사성의 관점에서 보면 발생 계통의 공통성이나 차이점은 중요하지 않다. 오히려 유전적 기원이 전혀 다른 기관도 환경적 변화에 따라 얼마든지 필요한 기능을 수행할 수 있다고 본다.

---

10 물론 지상의 세계와 물속의 세계는 전혀 다르다. 이것은 종종 완전히 다른 어떤 세계를 전제하는 것이기도 하다. 때로 이런 사고의 결과가 반드시 전체주의로 귀결되지는 않는다고 해도, 권위주의 정부의 주장을 뒷받침하는 이론들처럼 맹목적인 체제 옹호론이나 자민족중심주의로 빠질 가능성도 배제할 수는 없다. 대표적으로 중국의 '신유가 연구 집단'(Neo-Confucian study group)이 그러하다. 이에 대해서는 조경란(2013)을 참조.

과학계에서 점점 더 많은 생물학자들은 상사성이 상동성보다 진화에 대해 더 많이 설명할 수 있다고 믿고 있다. 즉, 과거에는 상동성에 비중을 두면서, 박쥐는 새와 구분되는 생물군으로서 쥐에 가깝다는 점을 과학적 사실로 강조했다면, 이제는 박쥐가 깃털이 달린 날개는 아니지만 얇게 펴진 피부를 통해서 새처럼 날고 있다는 사실에도 주목하는 것이다(강정인 2013). '비행'을 하는 데에 반드시 '날개'가 필요한 것은 아니다. 박쥐는 발생학적 분류로는 쥐에 가깝지만, 날아다닌다는 점에서는 오히려 새와 가깝다. 중요한 것은 '발생학적 기원'과 '기능적 유사성' 중에서 필요에 따라 어디에 포커스를 둘 것인가 하는 점이다.

이러한 맥락에서 상사성에 초점을 맞춰서 앞서 물었던 CPT의 질문을 바꾸어 본다면, '인간의 앞발(손이 아니라!)과 코끼리의 코의 공통점과 차이점은 무엇인가?', '인간의 앞발과 코끼리의 코는 각각 어떤 기능을 수행하도록 진화했는가?'와 같은 질문이 가능할 것이다. 이러한 질문들은 상동성에 기반을 둔 질문들과는 분명히 다른 차원의 횡단성을 보여준다.

4. 상사성과 개념적 중립성

강정인이 제시한 상사성의 비유는, 교차 문화적 대화를 할 때 서구 발생 기원의 매개를 사용하지 않으면서도 어떤 성격의 소통 수단을 활용할 수 있을 것인지에 대한 방법론적 상상력의 출발점이 된다. 다만 이 비유를 CPT에서 어떻게 재개념화·재이론화할 수 있을 것인가는 여전히 미완성으로 남아 있다.[11] 이 부분을 좀 더 발전시키기 위해 강정인의 4가지 전략으로 돌아가 상사성 문제를 고민해보자.

---

11 이와 관련한 상성인의 후속 연구는 불행한 사고로 인해 진행되기 어렵게 되었다.

강정인(2004)이 지적하듯이 동화 전략과 역전 전략은 실천 전략으로서 명쾌해 보이지만 논리적 단순성만큼 서구나 비서구의 특정 입장에서 우월성을 전제한다는 분명한 한계가 있다. 이 경우 서구중심주의는 헤게모니 경쟁의 한계를 벗어나지 못하고, 교차 문화적, 상호적 대화는 형식적 제스처에 그치고 만다. 그 대안으로서의 해체 전략은 원리적으로는 가능하지만, 실제로 많은 사람들이 세계시민보다는 특정한 공동체 고유의 정체성을 갖고 살아가는 실재의 세계에서 실현되기가 쉽지 않다. 이데올로기의 시대를 넘어서면 곧장 평화의 시대가 열리는 것이 아니라 문명의 충돌이 펼쳐질 수 있다는 헌팅턴의 주장을 재삼 떠올리지 않더라도, 현재 나타나고 있는 다양한 문명 간의 갈등을 근본적으로 해결하고, 전 인류 차원에서 공감대를 형성할 수 있는 '대안 세계'의 모델이 분명하지 않다면 해체 전략은 실현되기 어려워 보인다. 결국 이론적·실천적 측면에서 가장 가능성이 높은 전략은 상호성을 기반으로 한 하이브리드 전략이다. 그러나 이 전략에서도 교차 문화적 대화의 주체들이 비교와 소통의 대상으로 삼을 수 있고, 횡단성의 차원에서 상호 호환이 가능한 '상사기관'에 해당하는 방법론적 실체를 가진 개념은 필수적이다.

이 개념이 갖추어야 할 조건들에 대해서는 기존의 CPT 이론에서 일부가 제시된 바 있다. 윌리엄스와 워렌에 따르면, CPT에서 방법론적으로 활용될 수 있는 개념은 시간적으로 특정한 역사에서만 찾을 수 있는 것이 아니라, 더 넓은 범위의 과거·현재·미래 시제에 모두 다양하게 실재하리라고 예상되는 것이어야 한다. 즉, 공간적으로 동서양의 다양한 사상에 공통적으로 존재하면서, 과거나 현재는 물론 미래의 정치적 상상까지도 구성할 수 있는 확장성이 이 개념에서 중요한 것이다(Williams and Warren 2014, 48).

마치는 CPT를 방법론적으로 재구성하는 과정에서 극복되어야 할 '횡단성'의 한계는, 한편으로 비서구에 대한 편견이며 다른 한편으로 완전한 상대주의라고 지적한다. 그리고 그 방법으로서 '맥락적 이해'(contextual understanding)와 '설명적 (재)해석'(explanatory-(re)interpretative)을 제시한다. 맥락적 이해란 개념의 발생론적 기원과 본질을 따지는 것이 아니라 역사적 차원에서 유연하게 개념을 해석하는 것이고, 설명적 (재)해석은 그런 개념을 통해서 기존에 설명되지 못했던 것들이 설명되거나 재해석될 수 있어야 한다는 것이다. 마치는 이러한 '도구'를 가지고 역사적 텍스트를 해석할 때, 비교정지 이론이 가진 방법론의 상점이 CPT에 적용될 수 있다고 주장한다(March 2009, 549).

이러한 맥락적 이해를 강정인의 상사성 비유를 통해 재음미해보면, 발생학적으로는 서로 다른 개념이지만 유사한 기능을 수행하는 것들에 대해 우리는 공통의 이름을 붙일 수 있다. 또 이를 통해 CPT에서 동서양의 다양한 시·공간에서 공통된 기능적 개념들을 포착해 내는 것이 가능하고 필요한 일이 된다. 이것은 특정한 시공간에 얽매이지 않으면서 인류 전체의 정치공동체에서 유용한 개념으로서, 비서구에 대한 편견과 완전한 상대주의 사이에 놓인다. 그래서 상사성, 곧 기능에 주목하는 이러한 개념들의 속성은 다양한 시공간에서 중립성과 보편성을 획득한다. 여기서 우리는 CPT에서 수행하는 비교의 기준이 갖추어야 할 필요조건으로 '개념적 중립성'(conceptual neutrality)을 발견할 수 있다.

이 개념적 중립성이란 베버가 '가치중립성'(Wertfreiheit, value-neutrality)이라고 부른 것과 일부는 유비되고 일부는 대조된다. 베버의 가치중립성은 '과학적 방법론에 의해 발견된 사실들이라도 도덕적 가치판단을 피할 수 없다. 이처럼 도덕적 질문들에 대한 답을 회피할 수 없지만, 동시에 그것은 과학적 사실과 달리 보편적일 수 없고 특정한 시공간에서만 유효하다'는 두 가지 진술쌍으로 구성된다(Bisztray 1987, 42). 이를 개념적 중립성에 내입해 보면, '동서양의 여러 시공간에서 과학직 빙법론을 통해 발견된 개념들은 도덕적 가치판단을 피할 수 없지만, 그 판단의 기준은 보편적이거나 선험적으로 특정한 시공간에서 도출 될 수 없다'는 것으로 대구될 수 있다. 이런 맥락에서의 개념적 중립성은, CPT에서 대화와 비교의 매개가 되는 개념이 윤리, 지리, 역사, 시간 등의 다양한 측면에서 가치중립성을 갖는다는 것을 의미한다.

이러한 개념적 중립은 상호성과 평등성, 보편성을 기반으로 하며, 문화적 편견과 우월성(열등성), 발생학적 원초성 등을 극복한다. 예를 들어, 특정한 지역과 시간대에서 어떤 개념이 존재했거나 혹은 하지 않았거나, 먼저 출현했다는 것은 큰 의미가 없다. 대신 사회와 공동체들이 발생·유지·존속되는 과정에서 필수적인 기능을 수행하는 유사한 요소들 간의 유비와 비교가 이루어진다.

이 개념의 속성을 이해하기 위해, 상사기관을 설명하면서 예로 들었던 박쥐와 새의 비유로 돌아가 보자. 박쥐는 발생학적으로 새가 아니며, 박쥐는 새처럼 날지 않는다. 그러나 박쥐도 날고 새도 난다. 그들은 다른 방식으로 난다. 이 관점에서 중요한 것은 박쥐는 포유류, 새는 조류라는 분류가 아니라 둘 다 '난다'는 사실이다. 이 경우 '날개'(wings)의 존재라는 기준은 깃털을 가진 새의 존재에 기준을 둔 것이지만, '난다'(flying)는 기능은 중립적이다. 이처럼 '날개'와 '난다'는 개념을 분리해서 생각해보면, 민주주의, 자유, 인권, 평등과 같은 보편성을 가진 개념이 '날개'처럼 존재에 해당하는 것인지, '난다'는 개념처럼 실제적으로 구현된 무엇에 해당하는 것인지에 대한 논쟁이 가능하다.

우리가 박쥐와 새를 구분하면서도 동등한 생명체로 인지하는 한, 이 논쟁은 극단적인 상대주의로 귀결되지 않는다. 여기서 중요한 것은 박쥐가 새가 아니라는 사실이, 박쥐에 대한 모욕이나 결핍이 될 수 없다는 점이다. 박쥐가 새처럼 날지 않아도 박쥐의 품위에는 아무런 문제가 없다. 오히려 양자의 비교에서 주목해야 할 사실은, 나는 방법과 날 때 사용하는 기관은 다르지만 모두 날고 있는 점이다.

이제 '난다'는 행위를 추상화하여 '비행'(flight)으로 개념화 해보자. 이제 이 중립적 개념은 상사성을 통해 동등한 상호적 비교의 새로운 지평을 연다. 다음 단계에서 필요한 것은 '비행'에 해당하는 중립적인 정치적 개념을 찾는 일이다. 앞서 확인했듯이, CPT에서 이러한 개념적 중립성은 비교의 기준이 되는 개념이 과거와 현재, 미래의 모든 시점에 동양과 서양의 여러 문명에 공통적으로 존재하며, 다양한 정치 공동체에서 모두 중요한 가치로 인식되고 있을 때 충족된다.

예를 들어, '정당성'(legitimacy) 개념은 근대 서구에서 발견되고 발전된 '민주주의'나 '자유주의'와 달리 가치, 지리, 역사에서 개념적 중립성을 갖는다고 말할 수 있다. 정당성은 정치체제나 정부형태, 어떤 지배적 이데올로기와 관계없이, 모든 지배-피지배 관계 사이에서 반드시 존재하지 않으면 안 되는 개념이기 때문이다. 또한 정치적 '대표'(representation) 개념 역시 정부가 존재한 모든 인류의 역사에서 공통적으로 발견되는 중립적 개념이다. 어떤 정치공동체에서도 대표가 없는 통치는 이루어진 적이 없으며, 동시에 현대의 민주주의에서도 가장 핵심적인 요소이기 때문이다. 이하에서는 이 두 가지를 CPT 연구에서 적용할 수 있는 상사기관, 곧 중립적 개념의 사례로서 좀 더 자세히 살펴보고자 한다.

5. 개념적 중립성의 사례 : '정당성'과 '대표'

1) 정당성

통치(government)란 정치공동체에서 치자와 피치자 사이에서 발생하는 지배와 복종의 관계이며, 정당성은 치자와 피치자라는 두 주체 사이의 관계를 유지시키는 필수적인 매개다. 정당성은 통치자가 정치적 힘을 행사할 때 그에 복종할 의무가 있는 정치공동체의 구성원들이 정부와 맺는 관계에서 발생하며, "정치권력과 복종 사이에 발생하는 근본적인 정치적 문제를 해결하는 유일한 개념"이다(Coicaud 2002, 10). 그래서 정당성은 권력, 지배, 통치 등과 더불어 정치학에서 가장 오래되고 본질적인 개념 중 하나다. 정당성은 통치가 존재하는 모든 시공간에서 정부의 존립을 결정하는 개념이다. 따라서 민주주의나 자유주의 같은 근대 서구 기원의 개념에 비해 문명적으로 훨씬 넓은 지리적 보편성과 시간적 중립성을 갖는다(이관후 2015).[12]

지배와 복종의 관계에서 권력이나 권위 이외에 정당성 개념이 존재하지 않는다면, 정치는 권력투쟁과 동의어가 되어버린다. 더구나 통치의 존속은 지배권력의 물리력만으로는 불가능하다. 마키아벨리의 말처럼, 한번 자유를 맛본 인간은 좀처럼 압제에 굴복하지 않기 때문이다. 따라서 통치에 대한 복종의 기반은 법률과 같은 제도나 물리적 힘, 또는 권위 그 자체가 아니라, 그것들을 수단으로 삼아서 정치구성원들 사이에서 형성된 '정당성'이라고 할 수 있다(Barker 1990, 4-5). 어떤 통치도 정당성 없이는 유지될 수 없으며, 이 점에서 정당성은 정치권력의 행사와 그에 대한 동의·복종을 통해 정치공동체를 발생·유지시키는 유일한 원천이다.

---

12 강정인은 이상익과 함께 쓴 논문 「동서양 정치사상에 있어서 政治的 正當性의 비교」에서 정당성 개념을 다룬 바가 있다. 이 연구는 동서양에서 정치적 정당성의 핵심 개념은 모두 동의의 여부와 공동선의 추구이며, 이 두 요소는 긴밀하게 상호 의존적인 관계라고 주장한다(이상익·강정인 2004). 물론 여기서 CPT의 다양한 비교 기준 중에서 왜 '정당성'이라는 개념을 중심으로 동서양의 정치사상을 비교했는지 대한 설명은 찾아볼 수 없다. 필자는 강정인과 이상익이 서구중심주의라는 문제의식을 갖고 동서양 비교연구를 오랫동안 진행해오면서, 방법론적 제시는 하지 않았지만 직관적으로 중립적 개념을 찾아냈다고 생각한다. 그런 맥락에서 이 글은 그들이 진행해 온 연구들을 방법론적으로 재발견하고 정립하는 의미도 갖는다.

근대 이전의 거의 모든 통치는 비민주적이었지만, 여기에도 정당한 통치가 다수 존재했다. 현대에 들어서 정당성의 원리가 근본적으로 달라졌다고 할 수는 없다. 비민주적이면서도 정당한 통치는 가능하며 실제로도 그러한 사례가 존재하기 때문이다. 즉, 현대 사회에서 민주주의가 정당한 체제인 이유는 사람들이 이 체제에 동의하기 때문이지, 다른 선험적 이유가 있기 때문이 아니다.

만약 어떤 정치공동체에서 충분히 많은 수의 사람이 다른 가치나 이유로 인해 비민주적인 체제가 정당하다고 여긴다면, 이 체제에서는 통치가 작동한다. 또한 다수의 사람이 민주주의를 정당한 정치체제로 인정하지 않거나, 민주주의보다 더 정당하다고 여기는 정치체제가 나타난다면, 민주주의는 보편성과 정당성을 상실할 것이다. 민주주의는 정치적 정당성과 달리 자기완결적 개념이 아니다. 그래서 민주주의와 정치적 정당성 중에서 '통치'의 유지·존속에서 더 본질적인 개념은 정당성이다.

이러한 정당성의 본질이 명백하게 드러나는 시기는 기성의 물리적 힘이나 정치적 권위에 대항하는 새로운 힘이나 권위가 등장하여 권력의 공백이 생겨난 상황, 곧 칼 슈미트가 '비상 상황'이라고 부르는 순간이다.[13] 새로운 힘이나 권위가 기존의 권력을 몰아내는 것만으로는 새로운 통치가 성립되지 않기 때문이다.

그렇다면 왜 정당성은 다른 개념들과 달리, 혹은 그것들보다 더 중립적인가? 그 이유는 정당성 개념이 경험적(empirical) 측면과 규범적(normative) 측면에서 모두 보편성과 특수성을 고루 갖기 때문이다.

---

13 이것은 물리적 힘이나 권력뿐 아니라, 법과 제도의 경우에도 마찬가지다. 기존에 정당하다고 여겨지던 법이나 제도가 전복되려면, 새로운 법과 제도가 더 많은 '정당성'을 획득하는 길 외에 다른 방법은 없다. 왜냐하면, 법과 제도는 그것의 존재 자체가 아니라, 사람들이 그 규칙에 따른다는 행위를 통해서만 실제로 존재할 수 있기 때문이다.

먼저 정당성의 근거로 가장 직관적인 것은 경험주의적 증거다. 이것은 어떤 통치 체제를 해당 공동체의 구성원이 기꺼이 수용한다는 사실 자체를 정당성의 근거로 볼 수 있다는 관점이다. 비담은 '어떤 정치 공동체에 그 구성원들이 정당하다고 여기는 통치의 규칙이 존재한다면, 우리는 이것이 정당성의 경험적 증거라고 주장할 수 있고, 이 경우 정부는 사람들에게 정치권력을 행사할 이유들을 갖고 있다'고 주장한다. 즉 권력이 정당한 규칙과 동의의 증거들에 따라 획득되고 행사될 때, 우리는 그 통치가 정의롭거나 정당하다고 말할 수 있다(Beetham 1991, 3-11). 이 관점에 따르면, 하나의 정치 체제는 그것이 정당하다는 사람들의 믿음 여부에 따라 존속이 가능하다(Schaar 1989, 20 ; Peter 2009, 56-9 ; 이관후 2015). 그래서 이러한 정당성의 본질을 피너는 믿음 체계(belief system)라고 불렀다(Finer 1999). 또한 이러한 믿음의 존재가 정당성을 구성한다는 보편적 속성에 더하여, 그 믿음이 확인되는 과정이 각 정치공동체마다 다를 수 있다는 문화 상대주의적인 특수성도 함께 존재한다.

그런데 정치적 정당성은 또한 경험주의적 증거를 넘어 규범적(normative) 근거를 필요로 한다. 역사적으로 확인되는 바에 따르면 인간들은 자신들을 통치하는 권력에 대해 물리적 힘 이외에도 도덕성과 가치지향성을 요구한다. 가령 한 정부의 문제 해결 능력이 인민들로부터 충분히 정당하다는 평가를 받는 것은, 그 결과뿐 아니라 방법에서도 윤리적으로 옳다는 평가를 받을 때다. 또한 유사한 정책이라고 하더라도 정치공동체의 구성원들이 갖는 규범적 인식의 차이에 따라, 어떤 사회에서는 충분히 정당한 것으로, 다른 사회에서는 그렇지 않은 것으로 여겨질 수 있다(이관후 2015).

그래서 정당성을 구성하는 규범적 요소에서 나타나는 문화 상대주의적 특성은 제도, 권위, 법률 체계에서 모두 나타난다. 먼저 레펠드는 '시민들은 그들을 통치하는 특정한 제도를 수용할 만한 충분한 이유(good reasons)'

를 필요로 한다고 말한다(Rehfeld 2005, 16). 주목할 지점은 시민들이 그들에 대한 통치의 정당성에 대해 '이유'를 갖는 것과 규범적으로 '충분한 이유'를 갖는 것 간의 구분이다(Bellamy and Weale, 2015). 이것은 보편적으로 수용되는 규범적 요소들에서도 공통적인 '이유'를 넘어서 '충분한 이유'들이 다를 수 있고, 각 공동체마다 개별 규범이 갖게 되는 충분성의 '정도'의 차이가 있음을 의미하기 때문이다.

이런 차이는 '권위' 개념에서도 찾아볼 수 있다. 라즈는 '권위는 거기에 그것을 받아들일 만한 충분한 이유가 있을 때 정당하다'고 주장하면서, 레펠드와 마찬가지로 정당성의 '일반적인 이유'들과 '보다 나은, 충분한, 최상의, 결정적인, 타당한, 주요한' 이유를 구분한다(Raz 1986, 29-54). 법학자인 하트는 "법을 포함한 실제적 권위들의 역할은 사람들이 권위에 복종할 만한 충분한 이유를 확정하는 것"이라면서, '충분한 이유'라는 개념이 그러한 권위를 정당한 것으로 만든다고 주장한다(Hart 2012, 54-6). 이처럼 정당성을 구성하는 규범적 요소들 역시 보편성과 특수성을 모두 포함하고 있다.

이와 같이 정치적 정당성의 의미와 조건, 함의는 이것을 받아들이는 인민의 의사(people's mind)에 따라 끊임없이 변화와 발전을 거듭해 왔다. 정당성 문제의 핵심인, 지배와 복종의 주체라는 개념은 언제나 전복가능하고 또 전복되어 왔다. 통치가 정당성을 획득하기 위해서는 지배와 복종, 그리고 그 두 행위의 주체가 경험적·규범적 관계를 맺고 있어야 하지만, 이 모든 개념들의 내용은 고정되어 있지 않았다. 거기에는 정당성이라는 공통된 개념(concept)이 존재하지만, 개념에 대한 해석들(conceptions)은 늘 상대적이다. 따라서 우리는 정치적 정당성에 대해 관계론적 정의를 통해 그 틀(frame)을 규정할 수 있을 뿐이지, 그 내용(contents)을 확정할 수 없다. 이것을 정당성이란 보편적 개념이 갖는 주체와 근거에 대한 불확정성의 원리

(principle of uncertainty)라고 부를 수 있을 것이다(이관후 2015). 그리고 바로 이 불확정성의 원리가 정당성의 개념적 중립성을 가능하게 한다.

요약하자면, 정당성은 동의와 복종을 통해서 통치가 발생·유지되는 모든 곳에서 필연적 개념이면서, 경험적·규범적 차원의 근거를 필요로 한다. 두 근거는 각각 정당성의 필요조건과 충분조건이라고 할 수 있는데, 이는 본질적으로 문화 상대주의와 보편적 규범성을 동시에 요구한다. 이런 경우 특히 시공간의 변화에 따라 달리 나타날 수 있는, 지배와 복종의 주체들이 갖는 관계가 중요하며, 이 관계의 본질은 불확정성이라고 규정할 수 있다. 즉, 인민의 의사가 정당성의 핵심인 이상, 그 개념을 충족시키는 내용은 사전에 규정될 수 없다. 바로 이러한 속성 때문에 정당성은 다른 개념에 비해서 과거와 현재, 동서양이라는 시공간을 넘나드는 개념적 중립성의 조건을 상당 부분 갖추었다고 할 수 있다.

2) 대표

민주주의는 현재 지구상에서 정치적으로 '유일한 게임'으로 인정받는 보편성을 지닌다. 그러나 CPT의 관점, 특히 상동성의 측면에서 보자면, '민주주의'는 고대 그리스에서 제도적으로 구현되었다가 근대 서구에서 다시 재발견 혹은 새롭게 창안된 사상이자 제도다. 따라서 역사적·지리적으로 완전히 중립적인 개념은 아니다.

그런데 현대 민주주의의 정치 형태를 설명할 때, '자유'나 '사회'와 같은 수식어보다 더 보편적으로 쓰이는 개념은 대표제 민주주의(representative democracy)일 것이다.[14] 그래서 현대의 정치체제는 대표제와 민주주의의

---

14 '대의민주주의'는 'representative democracy'의 번역 용어로 '대표제'(representation)와 '민주주의'(democracy)의 결합이다. 그런데 그 번역어로는 '대표제 민주주의'나 '대표민주주의'가 아니라 '대의민주주의'가 우리 사회에서 널리 통용되고 있다. 나아가 '대

결합물이라고 할 수 있다. 여기서는 그동안 '민주주의'에 밀려 주목받지 못했던 '대표'를 중립적 개념의 사례로 제시하고자 한다. 특히 이 개념을 가치, 지리, 역사의 중립성 측면에서 검토하되, 대표 개념의 기원에 대한 다양한 견해에 초점을 맞추고자 한다.

'대표(제)'를 통한 정치의 기원에 대해서는 세 가지 역사적 관점이 있다. 그 중 두 가지는 각각 유럽과 미국의 독창적 발명품이라는 주장이다. 만약 이 관점들을 전적으로 받아들인다면, '대표' 역시 민주주의와 마찬가지로 서구의 근대에서 발생한 것으로, 개념적 중립성을 갖추는데 무리가 있다. 그러나 필자는 이 글에서 '대표'가 시공간적으로 보다 보편적인 상사성을 보여준다는 주장을 하고자 한다. 먼저 앞의 두 입장을 살펴보자.

현대 대표(제) 연구의 선구자인 한나 피트킨(Pitkin, 1967)에 따르면 대표제 정치체제는 근대 유럽에서 기원한다. 피트킨은 현재 통용되는 정치적 대표의 개념과 체계는 13-17세기 사이에 중세 유럽에서 대부분 탄생했다고 본다. 그에 따르면, 종교적 권위인 교황권이 근대의 정치적 대표제의 기원이다. 그 개념이 체계화된 순서를 보면, 먼저 하느님 앞에서 교황이 '기독교 신자(들)' 또는 '기독교 공동체'인 '에클레시아(Ecclesia)'를 대표한

표제'를 '대의제'로 쓰는 경우도 흔하다. 그러나 우리말에서 '대표(代表)'라는 용어는 대표자의 역할에 대해 순전한 대리에서 완전한 자율 사이의 다양성을 포괄하고 있는 반면, '대의(代議)'는 대표제나 대표자의 기능과 역할을 '대신 의논하는 것'으로 한정한다. 이 용어의 번역 기원은 19세기 후반 일본이다. 1875년 전후에 등장한 일본 번역어 '대의'는 1884년『한성순보』를 통해 한국에 수입되었다. '대의'라는 개념에서는 대표되는 사람들의 의지가 반영되어야 한다는 의미보다는, 대표자들이 의논을 통해서 그들의 이익을 수호한다는 맥락이 강하다. 이 논의에 참여하는 대표들이 우리와 같은 사람이 아니라 우리보다 월등히 뛰어난 어떤 사람들이다. 'representative democracy'가 '대의민주의'로 번역될 때에는 이러한 함의가 분명히 포함되어 있었다(이관후 2016a). 따라서 이 글에서는 대표제의 본래적인 개념적 중립성을 지키기 위해 대의민주주의가 아닌 대표제 민주주의라는 용어를 사용한다.

다는 개념이 수백 년에 걸쳐 정립되었다. 교황들은 이 '종교적 대표' 개념을 곧바로 모든 인류의 사회에 대한 '세속적 대표' 개념으로 확장하고 싶어 했다. 그래서 교황이 에클레시아뿐 아니라 세속 사회인 '레지나 (Regina)'의 유일하고 정당한 대표자라는 주장을 펼쳤다. 그 결과 1509년에 "represent"라는 동사가 옥스퍼드 영어 사전에 처음 등장했을 때, 그것은 확실히 종교적으로 신비로운 관념을 함축하고 있었다(Pitkin 1967, 241-4).

  이러한 종교적 맥락의 대표 개념은 '교구'를 중심으로 복합적으로 조직된 하위 종교 공동체들과 이를 대표하는 성직자 계층 구조를 통해서 촘촘하게 구축되었다. 이러한 체계의 작동을 통해서 '대표' 개념은 추상적인 교황권을 넘어서, 일정한 단위로 구성된 신자들의 집단을 개별 성직자들이 대표한다는 현실적 인식으로 점차 확산되고 전환되었다. 16세기 초의 유럽 봉건제에서는 종교적 단위가 정치 및 사회 단위와 중첩되어 있어서, 공식적으로 모든 신자들이 일정한 종교적 단위에 포함되어 있기 때문이다. 이러한 방식으로 각 종교적 단위의 대표자들이 동시에 정치·사회적으로 그 집단의 구성원을 대표한다는 관념이 생겨났다(Finer 1999, 1029-31 ; 이관후 2016b).

  교황권과 황제권의 대립 속에서 종교적 대표 개념이 세속적으로 확장되면서, 한 집단의 사람들을 누군가가 정치적으로 대표할 수 있다는 개념이 좀 더 일반화되기 시작했다. 먼저 교황권으로부터 독립적·세속적 대표성을 쟁취하려는 왕권이 불가피하게 대표의 신성성을 스스로 무너뜨렸는데, 나중에 이 이론적 빈틈을 봉건 귀족의 임의 기구였던 '의회'가 다시 한번 파고들었다. 왕권은 교황권만 무너뜨린 것이 아니라 대표의 신성성 자체를 부인했기 때문에, 그들 자신의 방패도 함께 사라진 셈이다. 의회 기구가 상대적으로 빨리 발전했던 영국에서는, 17세기 초에 입법자들이 자신이 속한 특정 정치공동체의 사람들을 대표한다는 관념이 확립되기 시작했다. '대표하는 자'와 '대표되는 자' 사이의 관계적 개념이 보다 구체적으로 성립한 것이다(Pitkin 1967, 246-7).

이런 과정을 통해 대표 개념은 종교적·신화적 차원에서 정치적·실천적 차원으로 변화해 갔다. 그 이론적 배경에 대해 스키너는 르네상스 전후에 일어난 로마 정치사상의 부활과 중세 교부철학의 결합을 강조한다. 모든 사람은 자신의 삶에 영향을 미치는 일에 관여할 수 있으며, 직접 그렇게 하지 못할 경우에 자신의 대표를 통해 그렇게 할 수 있다는 로마법적 관념이 중세적 종교 관념과 결합했다는 것이다(Skinner 2004).[15] 이론적으로 본다면 근현대의 정치적 대표 개념은 이러한 주장을 과감하게 펼친 파도바의 마르실리우스로부터 출발하여, 세속적 주권론을 확립한 장 보댕을 거쳐, 집단으로서의 인민을 '대표'하는 하나의 주권체라는 이론적 전기를 마련한 홉스를 통해 형성되어 갔다.

피트킨은 근대의 대표(제)가 이런 과정을 거쳐서 '발명'되었다고 본다. 대표의 기원에 대한 피트킨의 해석은 현대 대표제 민주주의에 대한 아주 직접적이고 설득력 높은 설명이다. 그러나 이는 동시에 대표(제)라는 정치체계는 사상사적으로 서구 중세가 로마라는 고대를 재발견하는 과정에서 발명되었다는 '유럽 중심적', '유럽 예외주의적' 설명이기도 하다. 이에 따르면 근대의 정치적 '대표' 개념이 유럽 이외의 다른 지역에서 출현하는 것은 근본적으로 불가능하다. 또한 유럽 이외에서 대표제 정치체제와 대표제 민주주의의 형성과 발전은 유럽의 지적 세례와 제도적 이식을 통해서만 가능하다.

---

15 스키너의 관심은 '대표'보다는 교황권과 황제권(군주권)의 대립과, 르네상스의 세례를 받은 도시들의 '자유'에 대한 것이었으나, 이 모든 이야기는 '대표'와 또한 연결된다.

두 번째 설명은 이런 '유럽기원설'에 대한 반박이면서 파생물이기도 한 '미국기원설'이다. 미국의 역사학자 고든 우드(Gordon Wood)는 미국이 영국의 지배에서 독립했다는 사실보다 더 중요한 것은, 추첨과 자치에 의한 '순수 민주주의'(pure democracy)와 본질적으로 다른 '대표제 민주주의'의 발명이라 주장한다. 즉, 미국의 건국과 제헌헌법이 민주주의와 대표제의 결합이라는 근대 대표제 정치체제의 출현에 있어 가장 결정적인 계기였다는 것이다(Wood 2008, 69-71). 이것은 기본적으로 유럽에서 실현 불가능한 망상에 불과했던 민주주의가 미국에서 실현되었다는 토크빌의 미국 예외주의적 입장을 따른 것이다. 또한 내용적으로는 자유와 평등의 습속과 더불어 '대표제'라는 아이디어와 제도가 미국이라는 나라와 현대 민주주의의 수립과정에서 핵심적이라는 관점이다.

역사적 선후를 따져 본다면, 우드의 말대로 미국이 왕이 없는 대표제 정부에 기초한 헌법을 만들었을 때, 영국에서는 여전히 왕권과 귀족원에 더해 극히 소수의 유권자가 뽑은 평민원이 결합된 중세적 의회제가 유지되고 있었고, 프랑스는 아직 혁명 전이었다. 그래서 우드는 중세적 계급에 따른 세습 지배계급이 아닌 국민이 선출한 대표로만 정부가 구성되는 '대표제 민주주의' 체제가 미국에서 탄생했다고 주장하며, 이 체제가 곧이어 인류 역사상 가장 정당하고 합법적인 정치체제로서 확산되기 시작했다고 말한다(Wood 2008 ; 이관후 2016b).

이 주장은 확실히 미국의 대표제에 대한 유럽적 전통의 결정적 영향을 축소하거나 부정하는 경향이 있다. 유럽의 정치사상은 잘해야 잠재적 조건을 제공했을 뿐이라는 것이다. 이 견해에 따르면, 미국의 정치체제인 대표제 민주주의는 기존의 대표제에 민주주의를 더하려는 유럽인들의 투쟁의 결과물이 아니라, 민주주의를 현실에 가능한 정치제제로 완성해 낸 미국인들의 발명품이다. 우드에 따르면, '앙시앙 레짐'이 존재하지 않았던 미국이라는 신세계가 없었다면, 민주주의라는 환상적 개념은 대표제와 만나지 못하고 고대 그리스의 전설로만 남았을 것이다. 또한 미국이 유럽의 결과물이라는 생각과 반대로, 미국의 창조적 설계자들이 발명한 '대표제 민주주의'가 프랑스 혁명과 영국의 선거권 확대에 영향을 미치면서, 유럽과 세계는 대표제 민주주의의 시대로 접어들게 된 것이다.

위의 피트킨과 우드의 주장 중에서 무엇이 역사적 진실에 가까운지를 검토하는 것은 이 글의 목적이 아니다. 다만 둘 다 유럽과 미국 중 어느 편이든 대표제 민주주의가 서구에서 먼저 발생한 개념이며, 다른 세계들은 그 영향권 하에서 그것의 원형을 닮아가는 중이라는 사실, 혹은 닮아가야 한다는 당위를 넘어서기는 어렵다는 점은 분명하다. 즉, 상동성의 원형을 탐구하고 있는 이 주장들은 CPT의 방법론에 적용하기가 쉽지 않다. 필자는 이에 대해 대표제의 기원과 본질적 성격에 대해 대안적 관점, 즉 세 번째 관점을 제시해보고자 한다. 대안적 관점의 핵심은 이러하다. 모든 정치체제 혹은 정부 형태는 기본적으로 대표제이며, 시간과 장소에 따라 다른 형태로 나타나거나, 다양한 다른 정치체제와 결합하여 나타난다는 것이다.

역사가 사무엘 피너는 인류 역사에서 나타난 거의 모든 정부를 검토한 뒤, 이 정부들을 설명할 수 있는 형태로 '대표제 정부'(representative govern-ment)를 언급한다. 그는 대표제 정부 형태가 정교한 수준의 제도로 자리 잡은 것은 근대 서구지만, 대표라는 관념은 어디에나 있었다고 본다(Finer 1999). 즉, 대표라는 개념, 대표제 정부라는 관념은, 그 단어가 존재하는지의 여부와 관계없이 보편적으로 존재했다는 것이다. 가령 '대표'라는 단어가 존재하지 않았던 고대 그리스에서도 폴리스의 외교사절인 '대사'(ambas-sador)는 존재했다. 민주주의를 정치체제로 채택한 아테네의 외교사절이 폴리스를 대표하는 행위를 할 때, 대표라는 관념 없이는 대사가 하는 행위의 합법성과 권위, 정당성을 설명할 방법이 없다는 데 피트킨도 동의한나

(Pitkin 1967 2-3 ; 이관후 2016b).

그런데 단어 없이도 관념이 존재할 수 있다는 발상은 유럽 이외의 곳에도 적용될 수 있을 것이다. 예를 들어, 대표 개념을 종교 영역에서 정치 영역으로, 특히 누군가를 형식적으로 '대표'(standing for)하는 것에서 누군가를 위한 '행위를 하는 것'(acting for)으로 발전되었다고 이해한다면, 유가 정치사상은 그것이 시작되는 순간에서부터 '대표'의 거의 모든 요소를 포함하고 있었다. 또한 대표의 정치적 정당성을 대표자의 적절한 자질에 대한 피대표자들의 동의, 수용, 평가와 만족도를 통해 평가할 수 있으며, 이를 기반으로 대표자를 교체할 수 있는 저항권이 포함되어야한다는 요소까지 확장하더라도, 유가 정치 이론은 대부분의 조건을 충족한다.

먼저 공자의 군주유덕자론(君主有德者論)과 맹자의 유덕자군주론(有德者君主論)은 대표자의 자질에 대한 분명한 답을 갖고 있다. 민심을 곧 천명으로 해석하는 맹자의 주장은 대표와 위임의 과정 및 주체에 대한 해석이다. 또한 민유방본(民惟邦本 ; 백성이 나라의 근본), 민귀군경(民貴君輕 : 백성이 귀하고 군주는 가볍다)의 정치사상은 '대표-위임' 관계의 목표와 조건을, 폭군방벌론(暴君放伐論 : 폭군은 백성의 지지를 받는 새로운 군주에 의해 정벌될 수 있다)은 그 관계가 언제 누구에 의해 종료되는지를 알려준다. 유가 사상에서 정치적 대표자는 백성의 의지와 이해를 하늘 앞에 대표하는 자이며, 하늘로부터 위임받은 통치권은 실은 백성에게서 받는다.

기원전 중국에서 시작된 유가의 '대표 이론' 전통은 동아시아에서 오랫동안 영향을 미쳤다. 2천 년이 지난 18세기 조선에서 다산 정약용은 이러한 대표제 정치의 개념을 「탕론(湯論)」에서 흥미로운 비유로 재현해 내기도 했다.[16]

---

16 「탕론(湯論)」은 폭군인 하나라의 걸(桀)왕을 제후였던 탕(湯)왕이 폐위하고 상나라를

대저 천자(天子)의 지위는 어떻게 해서 갖게 되는 것인가. 하늘에서 뚝 떨어져 천자가 되었단 말인가, 아니면 땅에서 불쑥 솟아나 천자가 되었단 말인가. 근원을 따지면 이렇다. 5가(家)가 1린(隣)이 되고, 5가에서 장(長)으로 추대한 사람이 인장(隣長)이 된다. 5린(隣)이 1리(里)가 되고 5린의 장으로 추대된 사람이 이장(里長)이 된다. 5비(鄙)가 1현(縣)이 되고 5비에서 장으로 추대된 사람이 현장(縣長)이 된다. 또 여러 현장들이 추대한 사람이 제후(諸侯)가 되는 것이요, 제후들이 추대한 사람이 천자가 되는 것이고 보면 결국 천자란 것은 여러 사람이 추대해서 생겨난 것이다.

대저 여러 사람이 추대하여 생겨난 것일지라도 사람들이 더 이상 따르지 않는다면 물러나야 하는 것이다. 5가에 불협화음이 있다면 5가가 의논하여 인장을 바꿀 수 있고, 5린이 화합하지 못하면 25가가 의논하여 이장을 바꿀 수 있고, 구후(九侯)와 팔백(八伯)이 화합을 못하면 구후와 팔백이 의논하여 천자를 바꿀 수 있는 것이다. 구후와 팔백이 천자를 바꾸는 것은 5가가 인장을 바꾸고 25가가 이장을 바꾸는 것과 같은 것인데, 어느 누가 신하가 임금을 쳤다고 말할 수 있단 말인가(정약용 1818?).

여기서 핵심적인 것은 '천자', 곧 정당한 정치적 대표가 통치권을 갖게 되는 원리와 과정, 그리고 그 권리를 상실하게 되는 조건과 그에 대한 평가다. 특히 정치적 대표의 자격 상실과 관련해서 맹자의 폭군방벌론이 전국시대의 극단적 상황에서 나온 것이라면, 「탕론」에서 정약용의 서술은 그 관념이 2천 년 뒤의 평화로운 조선에서도 유효하게 유지·발전되고 있다는 사실을 보여준다.

서구에서 대표 개념은 "다른 사람을 대신하여 행동한다"(to act on behalf

세운 것이 옳은 일인가라는 주제를 다룬 글이다.

of some other[s])는 의미를 획득했는데(Birch 1972, 15), 이런 위임 개념은 중세와 근대를 거치면서 '제한 정부'의 개념을 발전시켰다. 사회계약 이론의 맥락에서 보면, 정치적 위임은 어떤 사람들이 다른 사람들에게 그들을 통치할 수 있는 권력을 부여하기로 동의하는 절차와 행위에 의해 규정된다. 그런데 피치자의 동의 여부에 따라 위임이 결정된다는 이 제한 정부 관념은, 유가 사상에서 '천자의 자리는 하늘이 주는 것이며, 하늘의 뜻은 곧 백성들의 지지 여부에 따라 드러난다'는 주장과 교차한다. 또한 서구의 대표 개념이 상징적 대표에서 실질적 대표로, 곧 형식적 대표(standing for)에서 누군가를 위한 행위를 하는 것(acting for)으로 발전했다면, '위민(爲民)'을 핵심으로 하는 유교 정치이론은 사회계약 이론이 출현하기 훨씬 이전에 이러한 대표의 두 요소를 정당한 정부의 필요조건으로 결합시켰다.[17]

이러한 측면에서 볼 때, 대표 개념은 동서양의 여러 시공간에 존재한 보편적인 정치 체계이며 CPT에서의 상호적 대화와 비교에서 요구되는 중립성을 갖춘 개념이라 할 수 있다. 물론 현대 정치에서 '대표(제)'는 민주주의를 정당성의 필수 요소로 수용했기 때문에, 근대 이전의 대표(제)와 여러 면에서 다르다. 그러나 대표제 민주주의, 곧 선거로 대표를 선출하는 민주주의는, 원리적 의미에서 민주주의의 많은 요소를 포기한 체제이기도 하다. 대표제 민주주의는 고든 우드가 지적한 대로 순수한 의미의 민주주의와는 다르며, 마넹이 지적하듯이 선거제의 대부분의 요소는 실제로 반민주적이다. 대표제와 선거 민주주의의 결합은 귀족성과 탁월성이 보편성과

---

17 실제로 인류의 역사에서 어떤 통치자라도 피치자에게 실질적 이익을 전혀 제공하지 않고 힘이나 다른 권위만으로 자리를 보전하기란 어려웠을 것이다. 악행만을 일삼은 통치자라도 없는 거보다 있는 게 더 나은 이유가 있지 않으면 말이다. 그런 의미에서 '대표'의 개념적 발전은 오히려 동양이 빨랐다고 볼 수 있다. 그러나 이 글에서 취하고 있는 입장에 따르면, 그런 발생학적 우선성은 중요하지 않다.

유사성을 압도한 체제인 것이다(Manin 1997). 그런 의미에서 근대 민주주의에서 선거의 승리는 본질적으로 새로운 형태의 귀족을 합법적이고 정당하게 만들어 주는 '상처뿐인 영광'에 불과할 수도 있다(Sutherland 2018). 중요한 것은, 그렇다 하더라도 민주주의가 대표제라는 지배 형태의 본질을 변화시킨 것은 아니라는 사실이다.

근대 이후 정치적 대표(제)는, 사람들이 대표자를 선출할 수 있고, 선출 이후에는 그를 통제한다는 관념을 제도화하는 과정을 통해 지속적으로 발전했다. 현대 민주주의의 역사는 이런 대표제의 관념을 구체화하는 과정이었고, 여러 시민혁명을 거치면서 선택된 것은 대표제와 민주주의의 결합이라는 형태였다. 이 체제에서 유권자들이 직접 선출한 대표자를 의회에 보낼 수 있으며, 정기적인 선거로 그들을 통제할 수 있고, 더 많은 사람이 더 평등한 투표권을 가질수록 더 민주적이라는 관념이 생겨났다. 결과적으로 민주주의의 질은 거의 대부분 대표를 뽑는 방식, 통제하는 방식의 질에 의해 좌우된다. 민주주의가 현대 정치에서 유일한 게임의 룰이라면, 여전히 대표제는 그 민주주의를 규정하고 있다.

바로 이러한 측면에서 대표제는 현대 정치체제의 핵심적 요소이자 다양한 시공간에서 유효한 개념이다. 최초의 정부에서 오늘날의 민주주의까지, 통치가 작동하는 모든 영역에서 대표는 인간의 정치공동체와 함께 존재해왔다. '대표'는 개념적 중립성 안에서 보편성과 특수성을 모두 포괄한다. 그래서 '대표'는 일반적인 사회과학 영역과 비교정치의 핵심적인 기준이면서, 동시에 CPT에서도 유사한 역할을 할 수 있는 중립적 개념이라고 할 수 있다.

6. 비교정치이론의 새로운 출발점을 위하여

이 글의 목적은 크게 3가지였다. 하나는 정치학을 포함한 사회과학에서 서구중심주의를 극복하고자 하는 강정인의 프로젝트를 CPT 연구방법론의 측면에서 재검토하는 것이다. 특히, 그가 4가지 전략을 나름대로 완성하여 『서구중심주의를 넘어서』로 펴냈던 2004년부터 방법론적 탐구를 계속하여 『넘나듦의 정치사상』을 펴냈던 2013년까지의 고민을 살펴보는 데 집중했다. 두 번째는, 그가 제시했던 생물학적 비유, 곧 상동성과 상사성의 비유가 과연 CPT 이론의 방법론에 어떤 기여를 할 수 있는가를 검토하는 것이었다. 필자는 전자가 '발생학적 동질성'이라면 후자는 '기능적 유사성'에 해당하며, 상사성에서 유래하는 기능적 유사성이 CPT에서 필요한 교차문화적 대화와 횡단성에 기반을 둔 비교에서 유용한 '개념적 중립성'을 갖추고 있다는 점을 지적했다. 세 번째로는, '개념적 중립성'을 갖춘 사례로서 '정당성'과 '대표' 개념을 검토했다.

이 글에서 제시된 정당성과 대표는 여러 사례 중 하나일 뿐이다. 인민주권, 정의, 행복, 개인의 자유와 재산권, 개인성, 자연권 등의 개념들 역시, 그것의 발생학적 기원이 아닌 정치공동체에서의 기능에 초점을 맞춘다면 모두 또 다른 CPT 연구의 후보가 될 수 있다. 존 킨이 『민주주의의 삶과 죽음』에서 취한 입장을 따르면(Keane 2017), 시공간을 그리스와 서구가 아니라 지구 전체의 역사로 확장한 경우 민주주의 역시 중립적인 개념이 된다고 할 수 있다.

중요한 것은 CPT 이론이 요구하는 개념적 중립성이 불가피하게 문화적 상대성과 만난다는 점이다. 정당성 개념에서 잘 나타나듯이, CPT의 개념들 대부분은 인민의 의지가 특정한 정치적 가치와 체제에 대한 '신뢰'로 발현되는 언표 체계를 '익힘'으로써만 이해될 수 있다. 즉, 정당성의 기반이 되는 신뢰 체계의 형성과 유지는 정치공동체 별로 상이한 문화적 맥락에서 나타나고, 그것은 실천이라는 '삶의 방식에 대한 체득'을 통해서만 실현될 수 있는 것이다(Winch 1990). 이것은 정치공동체의 주체들이 다른 체제와 구분되는 특정한 맥락 속에서 통치의 메커니즘을 삶의 일부분으로 상시적으로 받아들이고 끊임없이 재구성하는 것을 의미한다. 이는 마치가 이야기한 '맥락적 이해 없이는 특정 개념을 비교의 기준으로 삼을 수 없다'는 언명을 반증하는 것이기도 하다.

물론 여기서의 문화적 상대성이 극단적인 문화 상대주의를 의미하는 것은 아니다. 상대적이라고 해서 상호 비교와 소통이 불가능한 것은 아니기 때문이다. 오히려 비교와 소통을 위해서는 서로 공유되는 가치와 개념이 필수적인데, 다만 이 과정에서 서로 다른 범주를 혼동하는 오류를 범해서는 안 된다는 것이다. 예를 들어, 종교, 도덕, 인민의 복리 등 정치적 복종의 규범을 구성하는 여러 요소는 모든 정치공동체에 존재하겠지만, 한 사회의 도덕적 논리를 다른 사회의 종교적 논리에 들이대서 정당성 여부를 판단할 수는 없을 것이다(이관후 2015). 대표 개념 역시 마찬가지다. 피너의 주장처럼 모든 인간의 정부는 '대표'를 통해 구성되고 유지되었지만, 그 정치적 대표가 가져야 하는 자질은 공동체 구성원들의 생각에 따라 모두 다르고 또 항상 변화해 왔기 때문이다. 문화 상대주의는 대표 개념의 존재 여부를 넘어서지 않으며, 동시에 서로 다른 시공간에서 특정한 대표(제)의 우월성을 전제하는 것도 불가능하다. 적어도 한 정치체제가 유지되고 있고, 정당하게 통치되고 있다는 충분하고 좋은 이유들을 갖추고 있다면, 그 대표(제)는 적절성을 인정받고 있다고 할 수 있다. 이처럼 상사성에 기반을 둔 대표 개념을 통한 교차문화적 대화는, 상동성의 측면에서 선거나 민주주의에 대한 발생론적 기원의 차이를 찾는 것보다 훨씬 더 유의미한 횡단성을 제공할 수 있다.

이 글은 탈서구중심주의의 이론화를 고민했던 강정인이 파악했던 달마이어의 방법론이 가진 의미와 한계, 그에 대한 다른 CPT 이론가들의 비판적 제언을 개념적 중립성을 통해 재구성하고 그 사례를 보여주려는 시도였다. 그러나 많은 부분에서 여전히 이론적으로 불완전하며, 강정인이 고민했던 한계를 충분히 극복했다고 보기도 어렵다. 다만, 강정인이 완성하지 못한 연구방법론이 의미 있는 작업이며, 동시에 더 많은 주석을 필요로 하는 연구의 출발점이 될 수 있다는 사실을 확인했다는 데에서 의미를 찾고자 한다.

제4부

동·서양 정치사상과 '서구중심주의 비판'

재비판 혹은 재해석

유가정치사상에서 이상주의와 현실주의의 중첩
강정인의 독법을 중심으로

정종모(부산대학교)

1. 동양정치사상에서 이상주의와 현실주의라는 화두

정치사상 연구자로서 강정인은 일관되게 서구중심주의의 극복이라는 화두에 천착했다. 그리고 그러한 화두를 사상적 원천에서부터 철저하게 파헤치기 위해 서양과 동양, 중심과 주변의 사상적 전통을 폭넓게 섭렵했다. 그가 자신의 주된 전공 분야에 해당하는 서구정치사상을 넘어 한국현대정치는 물론 동양고전에 몰두한 이유는 텍스트와 현실에 대한 철저한 이해를 바탕으로 동서고금의 지적 사유를 폭넓게 섭렵함으로써, 막연하고 추상적인 구호로서가 아닌 전략적이고 실천적인 방식으로 서구중심주의를 극복하고자 했기 때문이다. 특히 동양고전에 대한 그의 일관된 천착은 단순한 지적 호기심을 넘어선다. 이는 동양적 사유에 대한 반성과 창조적 해석을 통하여 서구중심적 편견을 극복하고, 시대적 과제와 현실의 문제에 대한 다층적 성찰의 가능성을 발굴하기 위한 전략의 일환이라 할 수 있다. 그는 다음과 같이 말한다.

필자가 우려하는 바는 전통으로부터 물려받은 사상적 자원을 보편적인 이념이나 원칙을 중심으로 새롭게 재해석함으로써, 다시 말해 그 긍정적인 측면을 더욱 숙성시키고 부정적인 측면을 해체함으로써, 시대에 적절한 진보적 또는 보수적인 사상이나 운동을 떠받칠 수 있음에도 불구하고 그러한 자원들이 성급한 서구중심적 예단이나 과거에 끼친 폐해 때문에 사장되어 버린다는 것이다. 이는 전통적인 사상적 자원들의 풍부하고 창의적인 활용 가능성을 포기하고 그것들을 더욱더 수구적인 것으로 만들어버리는 결과를 초래할 것이다(강정인 2004, 512).

그는 이어서 말한다.

필자의 궁극적인 입장은 전통사상과 서구사상의 균형적인 섭취를 강조하는 것이고 양자의 융합을 추구하는 것이다. 따라서 필자는 다음과 같은 세 가지 이유로 전통적인 사상적 자원을, 보수적 차원에서든 진보적 차원에서든 적극적으로 재해석, 재활용하는 것이야말로 서구중심주의를 비판적으로 지양할 수 있는 학문적 대안이라고 생각한다. 첫째, 동아시아의 문화적 유산은 인류 문명의 보편적 자산으로서의 가치를 지니고 있기 때문에 서구의 발전된 사상과 '호환 가능성'을 확보할 수 있고, 확보해야 한다. 둘째, 동아시아 문명은 서구문명이 보유하지 않은, 잠재적이고 현재적인 귀중한 자원을 보유하고 있기 때문에, 생태학적 비유를 사용한다면 생물다양성(biodiversity)의 차원에서, 그것을 보존, 확충, 쇄신할 필요가 있다. 셋째, 그 유산이 우리의 정체성을 구성하고 있고, 우리에게 친숙하기에 우리는 그 유산을 좀더 효과적으로 계발할 수 있는 전략적 위치에 있다(강정인 2004, 513).

강정인의 단행본 『넘나듦의 정치사상』은 위에서 말한 동서융합 전략의 구체적 예시이자 실천이라 할 수 있다. 저자 후기에서 강정인은 자신이 '순수한' 또는 '정통적인' 정치사상 연구자의 모습에서 벗어나 '유목민적 성향의 학자'의 길에 들어서게 된 개인적 이유와 학문적 여정을 진솔하게 고백한다. 예컨대 미국 유학 당시 정치사상은 물론 비교정치학이나 국제 정치학을 두루 공부한 이유에 대해 다음과 같이 말한다.

한국이라는 분단국이자 약소국 출신의 학자로서 국제정치학에 대한 이해는 필수라고 생각했다. 나아가 비서구권 출신의 학생으로서 주로 비서구권 국가 의 정치를 다루는 비교정치학 분야를 소홀히 할 수 없었다. 특히 미국에서 정 치사상을 공부하면서 당연히 '서양' 정치사상을 전공할 수밖에 없었지만, 비 교정치학 공부는 적어도 소재의 측면에서 제3세계 출신의 정치학도로서 정체 성의 주요한 표지이기도 했다. 더욱이 정치사상 연구 역시 수많은 국민국가들 의 다양한 역사와 전통 및 복잡한 현대 정치의 양상 등 국가별 차이를 염두에 두고 반영하는 비교정치학적인 시각을 유지할 때 비로소 맹목적으로 보편적 인 사상이나 이론에 매몰되는 것을 방지할 수 있을 것이라고, 또 연구 대상인 정치 공동체를 고립된 단위로 설정해 이론화할 것이 아니라 그 공동체가 위치 하고 있는 세계에 대한 국제관계적이고 전 지구적인 시각에서 조망해야 한다 고 믿었다(강정인 2013, 437).

이런 맥락에서 살펴보면, 강정인의 동양정치사상에 대한 천착은 보편적 인 사상이나 이론에 매몰되지 않고 비교정치사적이고 주체적인 관점에서 정치사상에 접근하기 위한 노력의 일환으로 간주할 수 있다. 그러한 작업 의 결실인『넘나듦의 정치사상』은 총 5부로 구성되어 있는데, 특히 2부 '동서비교'에 실린「덕치와 법치 : 양자의 겸전을 중심으로」와「동서양 사 상에 있어서 정지적 정당성의 비교 : 유가의 공론론과 루소의 일반의지론을 중심으로」, 그리고 3부 '전통사상'에 실린 「원시유가사상에 명멸했던 대동 민주주의: 급진적 회상」과 「율곡 이이의 정치사상에 나타난 대동(大同), 소강(小康), 소강(少康): 시론적 개념 분석」총 네 편의 논문에서 동양정치사상을 집중적으로 검토하고 있다. 다만 네 편의 논문이 모두 서구중심주의를 극복하기 위한 노력의 산물임은 분명하지만, 주제도 상이하고 일관된 이론이나 논점으로 수렴되지 않는다는 점이 다소 아쉽다. 그렇기 때문에 유가정치사상의 특징과 현대적 재해석의 가능성에 대한 강정인 나름의 입장과 전망을 정합적으로 정돈하는 것은 쉬운 과제가 아니다.

그러나 한 걸음 물러나 보면, 그들 사이에 내재적 일관성이나 문제의식의 초점을 찾아볼 수 있다. 바로 '동양정치사상에서 이상주의와 현실주의의 문제'에 대한 성찰이 그것이다. 예를 들어 유가의 덕치는 '도덕적 이상주의'를 상징하고, 법가에서 강조하는 법치는 유가에 대한 반발로서 현실주의를 표방한다. 한편, 유학 전통에서 중시하는 공론(公論)과 강정인의 '대동 민주주의' 개념은 정치적 정당성 문제와 관련하여 유가의 이념적 지향이나 이상주의를 대변한다. 이밖에도 강정인의 분석에 따르면, 율곡의 소강(少康)에 대한 강조는 심지어 패도(覇道)조차 일부 허용하는 현실주의 경향을 함축한다고 말할 수 있다. 이런 관점에서, 일정한 지평 위에서 강정인의 연구가 갖는 의미를 모색해볼 수 있다. 다시 말해서, 강정인의 연구를 동양정치사상에서 이상주의와 현실주의가 어떻게 대립·공존하고 있는지에 대한 문제 제기이자 동시에 나름의 해명 과정으로 바라볼 수 있을 것이다. 이러한 기대와 전망을 품고, 아래에서는 유가정치사상에서 이상주의와 현실주의가 어떻게 전개·분화되고 있는지를 강정인의 분석을 통해 살펴보겠다.

2. 유학의 현실주의에 대한 분석 :
   유학과 법치의 관계 및 율곡의 소강론

앞서 말했듯이 유가정치사상에 대한 강정인의 독해에서 유학의 현실주의 면모에 대한 관심과 조명은 특기할 만하다. 주지하듯이 성인의 통치나 위정자의 덕치(德治)를 강조하는 유학의 입장은 현실주의 면모보다는 이상주의 면모가 두드러진다. 예컨대 『논어』에 따르면 공자는 "이룰 수 없는 것을 알면서도 행하려는 사람," 즉 실현하기 어려운 이상을 추구하는 인간이라는 세간의 평가를 받았다.[1] 또한 『맹자』는 "왕께서는 어찌 이익을 말씀하십니까? 오직 인의가 있을 뿐입니다"라는 맹자의 단호한 언술로 시작되는데, 이 역시 유가적 이상주의를 드러낸다.[2] 이처럼 공자와 맹자는 춘추전국시대의 혼란과 횡류(橫流)를 도덕과 덕치로써 돌파하고 극복하고자 했다. 이른바 현대신유가(現代新儒家)의 중요 인물인 모종삼(牟宗三, 1909-1995)은 유가정치사상의 핵심을 '이상주의' 또는 '도덕적 이상주의'라고 평가한다. 모종삼은 다음과 같이 말한다.

> 공자는 『서경』을 산정하여 「요전」으로부터 시작해서, 정치상의 심원한 이상을 요(堯), 순(舜)의 선양(禪讓)에 기탁했으며, 요순의 성덕과 무위의 정치를 극도로 찬양했다. 맹자는 성선(性善)을 말하면서 또한 반드시 요순을 찬양하였다. 유가가 요순을 말한 것은 이상주의의 언어이며 또한 모범을 세운다는 뜻이니 반드시 역사적 사실은 아니다(牟宗三 2003, 3).

---

1 『논어』「헌문」, "子路宿於石門. 晨門曰, '奚自?' 子路曰, '自孔氏.' 曰, '是知其不可而爲之者與?'"

2 『맹자』「양혜왕」, "孟子見梁惠王. 王曰, '叟, 不遠千里而來, 亦將有以利吾國乎?' 孟子對曰, '王, 何必曰利? 亦有仁義而已矣.……'"인의와 이익에 대한 맹자의 대비가 갖는 의미에 대해서는 퀑로이슌(2017, 310-323)을 참조.

모종삼은 다른 곳에서 과학주의에 투영된 '이성주의적이지만 이상주의적이지는 않은 논리적 이성주의' 또는 니체 등이 촉발하고 히틀러의 민족적 영웅주의나 스탈린의 계급적 영웅주의에 투영된 '비이성주의적이면서 낭만적인 이상주의'와 대비시켜 유학의 이상주의를 '도덕적 이상주의' 또는 '이성주의적 이상주의'로 규정한다(牟宗三 2000, 5). 유학이 강조하는 성현 도통(道統)의 관념이나 요순 선양(禪讓)의 관념은 그것의 역사적 사실 여부 이전에 성현의 언어로서 선포된 하나의 규범적 이념이자 이상으로 작동했다. 그리고 그러한 이상에 도달하는 방법으로서 공자는 주공(周公)이 이룩한 문화의 재현 또는 주례(周禮)의 회복을 강조했다. 맹자 역시 언제나 요순을 정치의 모델로 삼았고, 왕도와 패도를 엄격하게 구분했다. 그러므로 모종삼의 말처럼 유학은 기본적으로 도덕적 이상주의를 지향한다고 말할 수 있다.

그렇다면 공자와 맹자의 철학이 지향하는 이러한 이상주의적 측면을 고려할 때, 유학의 현실주의적 면모에 대한 강정인의 일관된 관심은 특기할 만하다. 왜냐하면, 유학의 현실주의적 면모를 부각하는 것은 자칫 유학의 본령을 위배하거나 유학의 이상주의를 희석할 수 있기 때문이다. 이러한 우려에도 불구하고 강정인이 유학의 현실주의적 면모를 포착하고 그것의 내재적 논리를 섬세하게 분석하고자 시도한 것은 유학의 이상주의가 현실 감각을 결여한 '낭만적 이상주의' 또는 '공상적 이상주의'에 그치지 않는다는 점을 보여준다는 의미를 갖는다. 예컨대 우리는 특정한 유학자의 정치사상에서 이상주의와 현실주의의 중첩을 확인할 수도 있고,[3] 유학의 역사에서 이상주의 노선과 현실주의 노선의 분화나 충돌을 확인할 수도 있다.

---

3 예를 들어 정이천의 정치사상에서 이상주의와 현실주의의 중첩을 다룬 논문으로 정종모(2019)를 참조할 수 있다.

대표적인 예로, 제환공을 패자로 만든 관중(管仲)에 대한 평가와 관련하여, 맹자는 공자와 비교할 때 좀더 완고한 이상주의자의 면모를 드러낸다. 또한 주자(朱子)와 진량(陳亮)이 벌인 이른바 '왕패논쟁(王霸論爭)'에서는 도통의 전승 방식이나 한(漢), 당(唐)의 영웅에 대한 평가와 관련해 충돌이 나타났다. 여기에서 주자는 성현이 주도하는 특정한 역사만이 도덕적 의미를 지닐 수 있다는 완고한 성리학적 이상주의를 고수한다. 반면에 사공학파(事功學派)에 속하는 진량은 시대적 영웅이 이룬 업적에도 역사적, 도덕적 의미가 담겨 있으며, 성현의 지배력에서 소외된 역사도 가치를 지닌다고 주장하면서 유가적 공리주의를 포용하는 현실주의 입장을 견지한다.[4]

따라서 공자나 맹자가 다분히 이상주의적 입장을 지녔다고 해도, 현실주의가 공맹의 사상과 유가 전통에서 일관되게 배척되었다고 단정할 수는 없다. 오히려 유학의 현실주의적 면모에 대한 고찰은 유학의 이상주의가 갖는 성격과 논리에 대한 다층적 해석의 가능성을 열어주는 계기가 될 수 있다. 필자가 보기에, 강정인은『넘나듦의 정치사상』곳곳에서 유학의 현실주의적 면모에 대한 구조적인 이해를 시도하고 있다. 이 절에서는 두 가지 측면에 초점을 맞추고자 한다. 첫째는 법치에 대한 유학의 포용 가능성을 긍정함으로써 유학의 현실주의적 면모를 드러낸 부분이다. 둘째는 소강(少康) 개념에 대한 율곡의 강조를 통해 율곡의 정치사상이 표방하는 현실주의적 면모를 드러낸 부분이다.

먼저「덕치와 법치 : 양자의 겸전 필요성을 중심으로」에서는 동서양 정치사상 전통에서 덕치와 법치의 문제를 다루고 있다. 강정인은 "덕치는

4　이러한 이유로 틸만은 '공리주의 유가'라는 표현을 통해 종래 사공학파(事功學派)로 지칭되었던 진량의 노선을 규정한다. 관중에 대한 진량의 평가는 틸만(2017, 243-51)을 참조. 한편, 왕패논쟁에 대한 상세한 논의로는 이상익(2007)을 참조.

'지도자의 도덕적 감화력'을 통해 '백성을 교화'시킴으로써 '범죄나 분쟁이 없는 평화로운 사회를 만들려는' 통치원리다"(강정인 2013, 109)라고 규정하면서, 그것이 유가의 통치 이념이라는 점을 일단 수용한다. 이에 덧붙여 동양정치사상에서 법치의 모델이 법가의 전유물로 이해되었으며, 법치가 주로 형상(刑賞) 및 엄형주의(嚴刑主義)와 결부되었기 때문에 유학과 법치의 거리가 강조되거나 법치에 대한 부정적 시각이 강해졌다고 진단한다(강정인 2013, 120-1). 그러나 강정인은 이러한 선입견에 의문을 표한다. 공자, 맹자, 순자의 사상과 텍스트에 밀착해서 분석하면, 유학 전통이 법치 자체를 부정하지는 않았다는 것이다. 강정인은 "공자와 맹자가 덕치, 예치를 강조했을 뿐이지 광의의 법치는 물론 형벌을 위주로 한 협의의 법치를 전적으로 배격하지 않았으며, 그들 역시 협의의 법치를 보조적인 통치 수단으로 수용했다"(강정인 2013, 126)라고 지적한다. 그리고 "적어도 『논어』나 『맹자』의 본문에서 공자와 맹자는 형벌 등 강제성을 띤 통치 수단을 적극 활용하는 '협의의 법치'에 대해서는 비판적이었지만, 법이라는 단어 자체는 광의의 정치제도, 규범, 모범을 지칭하는 긍정적 의미로 사용했다"(강정인 2013, 123)라고 분석하면서 이에 대한 근거로 『논어』「위정」의 "법령으로 이끌고 형벌로 다스리면, 백성은 형벌을 모면하려고만 하고 수치를 모른다. 덕으로 이끌고 예로써 다스리면, 백성은 수치심을 느껴 또한 선에 이른다"[5]를 제시한다. 강정인은 반드시 덕치와 법치의 대립이란 각도에서 이 구절을 해석할 필요가 없다고 주장하면서, 절도죄를 저지른 아버지를 자식이 고발하는 것에 대한 공자의 반대를 법치 자체에 대한 거부로 확대해석할 필요가 없다고도 언급한다(강정인 2013, 121, 129).

---

5 『논어』「위정」, "道之以政, 齊之以刑, 民免而無恥, 道之以德, 齊之以禮, 有恥且格."

한편, 법치에 대한 유학의 포용 가능성이 오히려 서구의 법실증주의 정신에도 부합함을 다음과 같이 설명한다.

우리는 위의 세 사례에서 공자와 맹자가 인간이 중시하는 소중한 인륜적 가치를 보호하기 위해 실정법의 적용을 반대하거나 유예하고자 했다는 점에 주목할 필요가 있다. 그 가치란 부자지간의 인륜적 가치였고, 그 적용이 거부, 유예된 것은 형벌 적용을 둘러싼 형법의 영역이었던 것이다. 이처럼 법치가 국민의 긴요한 가치나 권익을 침해할 위험이 있는 경우에 국법의 적용을 유예하면서까지 그것을 보호하고자 하는 정신은 현대 서구의 법치가 추구하는 정신—서민 권익의 옹호—에 적극 부합한다고 할 수 있다. 따라서 표면적인 형식상의 모순과 달리 유가의 정신은 현대 서구의 법치 정신과 이 점에서 맞닿아 있다 (강정인 2013, 130-1).

이처럼 강정인은 유학이 덕치의 우선성을 포기하는 것은 아니지만, 그렇다고 법치의 필요성을 배제하지도 않는다는 사실을 선행 연구나 텍스트 분석을 통해 입증하고, 이러한 태도가 서구의 법치 정신과 상통할 수 있다고 강조한다.

우리는 유학과 법치 사이의 거리를 좁히고, 덕치와 법치의 공존 가능성을 긍정한 강정인의 관점을 유학의 현실주의에 대한 조망이라는 각도에서 이해할 수 있다. 왜냐하면 그러한 해석이 유학이 덕치의 이상에만 집착하여 현실을 규제하는 형정(刑政)이나 법제를 경시했다는 편견을 불식하는 근거를 제공하기 때문이다. 그는 덕치의 이상을 실현하기 위해서라도 점진적·방편적 과정으로서 법치의 운용이 요구된다는 사실을 보여준다. 또한 유학이 보편적 이념에 대한 통찰과 더불어 역사와 사회의 구체적 현실과 인간의 개별적 특성이 갖는 유한성을 자각하고 있다는 사실을 확인시켜 준다. 이런 점에서 강정인의 해석은 유학의 현실주의에 대한 의미 있는 성찰로 이해될 수 있다.

다음으로, 강정인은 율곡의 정치사상을 논하는 가운데 유학의 현실주의적 전망을 드러낸다. 그는 「율곡 이이의 정치사상에 나타난 대동(大同), 소강(小康), 소강(少康)」에서 "우리는 율곡이 패도를 소강(少康) 개념과 동일시하는 한편, 이를 본받아야 할 정치로 적극 권장하지는 않았지만, 치평(治平)이라는 점에서 어느 정도 긍정적으로 묘사하고 있다는 점을 알 수 있다"(강정인 2013, 249)라고 분석한다. 이와 더불어 그는 다음과 같이 율곡 정치사상의 특징을 설명한다.

우리는 율곡이 패도의 개념 규정에 있어서 맹자에 접근하면서도, 그 평가에 있어서는 왜 맹자보다 좀 더 긍정적이었는가라는 의문에 봉착하게 된다. 앞서 언급한 『동호문답』에서 볼 수 있는바, 율곡은 왕도와 패도를 바람직한 정치질서로서 치평(治平)이란 범주에 동일하게 배치하고 있다. 왕도와 패도를 엄격히 구분한 맹자와는 분명히 다른 입장인 것이다(강정인 2013, 251).

먼저 정치가로서 율곡은 맹자 사후 오랜 세월이 흘렀지만, 중국은 물론 조선에서도 왕도 정치가 한 번도 구현된 적이 없었다는 역사적 사실을 고려했을 것이다. 또한 율곡은 후대의 인물로서 맹자 이후의 중국 유학자들 역시 공자나 맹자보다는 어느 정도 긍정적으로 패도를 평가한 사실을 알고 있었을 것이다. 아울러 우리는 선조(宣祖) 시대의 신하들 역시 경연석상에서 선조와의 대화 도중 원칙적으로 패도를 비판하지만, 제한적인 차원에서는 긍정적으로 언급하고 있는 사례를 발견할 수 있다. 이런 이유로 율곡 역시 패도를 맹자보다는 좀 더 긍정적으로 평가한 것으로 생각된다(강정인 2013, 252).

한 마디로 강정인은 율곡이 맹자의 전통에서 일부 이탈하여 패도를 긍정하는 파격을 감행했다고 평가한다. 이러한 평가는 적어도 정치사상 차원에서 율곡을 주자의 계승자로 보는 것이 아니라, 말하자면 주자와 진량(陳亮) 사이에 위치시키는 것과 마찬가지라는 점에서 의미심장하다. 아래의 내용은 보다 명확하게 강정인의 논점을 드러낸다.

궁극적으로 패도에 대한 율곡의 이중적 입장은 당혹감을 느끼게 한다. 성리학자로서 율곡은 패도를 준엄하게 비판하는 듯하면서도 정치 질서의 가치적 위계 서열을 구조화하는 과정에서는 패도를 왕도보다 못하지만 폭군, 혼군, 용군의 통치보다는 나은 정치 질서로서 평가하고 있다. 이에 따라 패도(＝少康)는 왕도의 차선으로서 상대적으로 안정적인 개념적 위상을 부여받게 된다. 이런 논리적 구조는 패도에 대한 맹자와 주자의 입장을 고려할 때, 상당히 파격적이다. 특히 주자는 패도에 대한 일체의 긍정적 가치 평가를 완강하게 거부했다(강정인 2013, 270).

강정인은 공자와 맹자가 관중이 이룩한 사공적(事功的) 업적에 대해 다르게 평가한 것과 주자와 진량이 패도의 가치를 두고 논쟁을 벌인 것을 환기하며 논점을 다듬는다. 다시 말해, 율곡이 공자와 맹자의 미묘한 관점 차이를 파고들고 있으며, 또한 패도를 긍정한 진량의 주장에 일부 기대고 있다는 것이다. 강정인에 따르면, 이런 율곡의 관점은 소강(少康)에 대한 '개념적 혁신'을 통해 은연중에 '행간'의 언설로서 빛을 발하고 있다. 율곡의 관점은 학문이나 현실의 경장(更張)을 도모하면서 율곡이 견지한 실천적 태도의 연장선에서 해석되어야 한다는 것이다. 이러한 이해를 수용한다면, 우리는 조선유학에서 소강(少康) 긍정이라는 율곡의 현실주의 전략을 통해 주자학의 도학적 이상주의에 대한 수정이 시도되고 있었다는 것을 감지할 수 있다.

흥미롭게도 강정인의 분석은 김형효의 율곡 분석과도 맥을 같이 하는
데, 김형효 역시 율곡의 철학에 대해 "'도학적 왕도'와 '실학적 패도'의 두
가지 모습을 '야누스'의 얼굴로" 갖고 있었다고 평가한다(김형효 2000,
391). 다음과 같은 김형효의 평가는 강정인의 율곡 이해와 맞닿아 있으면
서, 율곡 정치사상의 현실주의적 면모를 드러낸 것이라고 말할 수 있다.[6]

그[율곡]는 유학의 선험적 원리로서 거의 종교적인 필연성처럼 주어진 요순의
성인준칙……을 영원한 가치합리성으로 수용하여 거기에 따르지 않을 수 없었
던 중세기적 이념에 한편으로 충실하면서도, 또 다른 한편으로는……진리를
경험적으로 탐구해야만……탈중세기적이고 근대적인 개혁과 변법의 시대상을

6   참고로 한형조와 김용옥의 다음과 같은 언급 역시 율곡 철학의 현실주의적 면모에 대
한 설명이라 할 수 있다. "율곡은 울고 웃는 현실을 떠나 어떤 순수도 어떤 절대도 없
다고 생각했다. 인간은 기의 네트워크 속에서 기를 발현하면서 살고 있다. 고립된 영
역은 없고, 관계란 존재의 운명이다.……인간은 자신의 유위를 통해 사회 조직의 구
조, 생산과 소비의 구조, 권력 배분의 구조, 규범과 법전의 구조를 합리화하고 조정
통제하는 우주적 소명을 안고 있다. 이 주기(主氣)의 철학적 확신이 그로 하여금 절
망적 상황에서도 언제나 사회와 정치 속으로 나아가도록 이끌었다. 요컨대 율곡이 사
회적이라면 퇴계는 종교적이다. 율곡이 정치가인데 비해, 퇴계는 수도자이다. 율곡은
활동적 삶(vita activa)을 지향했고, 퇴계는 명상적 삶(vita contemplativa)을 꿈꾸었다"
(한형조 2018, 463). "이에 비하면 율곡은 예리한 현실감각을 잃지 않았으며, 그의 기
(氣)에 대한 중시는 결국 현실에 대한 비관적 정조를 깔고 있다고도 말할 수 있다. 율
곡에서 송시열에 이르는 서인, 노론 계열의 주기론적 철학은 정통 귀족 관료의 현실
주의를 반영하는 것일 수도 있다. 즉 지고한 리는 발현될 수 있는 이상적 기준만 제
시할 뿐, 그 자체가 작위적으로 움직이는 것이 될 수 없는 것이다. 이것은 국가체제에
있어서도 국가운영의 주체는 기(氣)의 현실을 담당하는 관료들일 뿐이며, 왕의 존재
는 그 관료들의 바른 행위의 준거가 될 뿐, 능동적으로 움직이는 리가 되어서는 아니
된다는 것이다. 리의 무위성은 주자에게 있어서는 거대한 남송관료체계 속에서의 '왕
권의 무기력함'을 대변했다고 한다면, 율곡과 우암에게 있어서는 '신권의 적극성'을
대변했다고도 말할 수 있는 것이다"(김용옥 2004, 89).

창조할 수 있다는 선구적인 의식을 가졌다는 의미 부여를 내릴 수 있으리라. 그는 그의 전집 곳곳에서 경장과 변법의 필요성을 누차 강조하는데, 그 경장과 변법의 정책 건의는 한결같이 막스 베버가 말한 '가치합리적(wertrational)'인 왕도적 도학(도학적 왕도)에 의거한 발상법이 아니라, 권(패)도적 실학(실학적 패도)에 준거한 '목적합리적(zweckrational)'인 사고방식임을 주목해야 한다(김형효 2000, 392).[7]

여기서 김형효는 패도와 일면 연동되어 있는 경장과 변법에 대한 율곡의 지향은 그의 현실 감각이나 현실주의에서 도출된 것임을 밝히고 있다. 비록 율곡이 주자학의 신봉자였다는 점은 부정할 수 없지만, 권도가 상징하는 융통성과 패도에 담긴 현실주의나 실학적 면모를 수용함으로써 율곡은 도학적 이상주의로부터 얼마간 이탈을 감행했다는 것이다.

율곡의 소강(少康) 개념에 대한 강정인의 분석 또한 율곡의 용법이 역사적·정치적 현실을 고려하는 현실주의적 관점으로 이해될 수 있음을 보여준다. 강정인은 다음과 같이 말한다.

우리는 율곡이 '패도 = 소강(少康)' 등식을 어느 정도 받아들이되, 이에 대한 이중적인 태도를 취했다고 해석하는 것이 온당할 듯하다. 율곡은 성리학자로서 '공리(功利)의 사사로운 이익'을 추구하며, 이를 위해 임시방편적 조치와 모략을 구사하는 패도에 대해 원칙적이고 공개적으로는 비판적인 태도를 일관되게 견지했다. 하지만 이와 동시에 패도 정치가 삼대(三代) 이후에는 '그나마 볼만한 정치'였던 한, 당 시대의 소강(少康), 즉 '다소 강안(康安)'했던 치세를 만들어 냈다는 주장을 신중하게 제기하면서도 패도를 어느 정도 승인하는 현실주의적 태도를 취하고 있다(강정인 2013, 259).

7 이밖에 같은 책 456쪽 및 492쪽에도 비슷한 논지가 피력되어 있다.

강정인은 율곡에 대해 "율곡은 자신의 경장론을 통해 현실을 개혁하고자 했듯이, 기존 유가의 주요 개념인 대동과 소강(小康)의 개념적 혁신을 통해 동시대의 유학을 경장하고자 했다"(강정인 2013, 271)고 평가했다. 이는 율곡의 경장론이 소강(少康)으로 표현된 패도적 경향을 긍정했다는 것이다. 그렇다면 조선성리학의 역사에서 율곡이 표면적으로는 철저한 주자학자의 면모를 보였지만, 적어도 정치사상에 있어서는 주자의 이상주의에 저항하면서 조선의 현실에서 도달할 수 있는 치세(治世)를 모색했다고도 말할 수 있을 것이다. 이러한 율곡의 현실주의적 면모에 대한 발굴은 율곡에 대한 기존 이해의 지평을 확장하는 의미를 지닌다.

다만 아쉬운 점은 율곡의 현실주의가 주자 또는 퇴계의 이상주의에 대한 반발로서 성립한다고 할 때, 그러한 결과가 율곡의 리기론(理氣論)이나 심성론(心性論)과 어떻게 내적 연속성 및 정합성을 지니는지에 대한 부분이 강정인의 논의에서는 다루어지지 않는다는 점이다. 예컨대 형이상학 차원에서 리(理)와 기(氣)의 관계 및 심성론 차원에서 도심(道心)과 인심(人心)의 관계에 대한 율곡의 이해가 그의 현실주의와 밀접한 관련을 지닌다면, 이런 부분에 대한 검토가 그의 현실주의를 규명하는 데 유용한 토대가 될 수 있을 것이다. 이는 좀 더 포괄적인 이론적 기획과 전망을 요구하는 과제이자 강정인의 연구가 우리에게 던지는 질문으로 남아 있다.

3. 유학의 이상주의에 대한 분석 :
   유가 공론의 이상성 및 대동민주주의

앞 절에서는 강정인의 동양정치사상 연구에 나타난 유학의 현실주의적 면모를 살펴보았다. 앞에서 보았듯이, 덕치와 법치의 공존 가능성에 대한 유학 내부의 긍정 및 율곡의 패도나 소강(少康)에 대한 포용은 유학 전통이 덕치나 왕도론 같은 도덕적 이상주의에만 치우친 것이 아님을 보여준다. 그러나 이러한 강정인의 분석은 유학 전통 속에서 이상주의와 현실주의가 갈팡질팡한다는 인상을 주기 위한 것도 아니고, 양자가 표면적 조화나 양적 균형을 이루면서 공존하고 있다고 미화하려는 것으로 오해되어서도 안 된다. 오히려 강정인의 분석은 유학의 현실주의적 전망의 토대 위에서 이상주의가 어떤 의미를 지니고 기능하는지에 대해 더욱 섬세하고 체계적인 이해의 가능성을 열어준다는 데 의미가 있다. 그는 다른 저술에서 현대에 이르러 형이상학적 진리나 종교적 진리가 곤경에 처했다고 진단하면서, 그럼에도 그러한 진리가 요구되는 이유에 대해 다음과 같이 설명한다.

현대에 과학 기술이 획기적으로 발전하면서 오늘날 합리적 진리는 환영과 존중을 받는 반면, [한나 아렌트가 언급했던 ―인용자 추가] 초월적 진리와 사실적 진실은 전례 없는 곤경에 처해 있다.……기원적 5세기에 그리스에서 정치철학이 탄생했다. 이는 인간 사회가 신적 질서 및 물리적 자연과 분리되어 있으며 자율적인 작동 원리를 갖고 있다는 인간 의식의 비약적 진전에 힘입은 것이었다.……이러한 인식은 인간 지성의 놀라운 성장을 표상했지만, 동시에 신적 질서와 물리적 자연으로부터 인간이 소외되는 현실을 상징하는 것이기도 했다. 따라서 이후 많은 정치철학자들은 형이상학적 진리와 신적 원칙들을 재포착하려 노력했으며, 재포착된 진리와 원칙에 따라 인간 사회를 조형함으로써 소외를 극복하고 인간 사회와 우주적, 신적 질서 사이에 존재하는 균열을 메우고자 집요하게 노력했다. 정치철학에서 부단히 논의되는 인간의 본성, 자연 상태, 자연의 원리 등은 이러한 노력을 표상한다. 대표적으로 플라톤의 『국가』나 아리스토텔레스의『정치학』역시 그러한 노력의 결과물이라 할 수 있다. 요컨대 그리스 정치철학은 자연을 지배하는 원리와 동일한 또는 유사한 불변의 진리에 따라, 끊임없이 불안하게 변전(變轉)하는 유동적인 정치 사회에 항구적이고 이상적인 질서를 부여하려는 이론적 충동의 소산이었다(강정인 2017, 141-2).

여기에서 말하는 형이상학적 진리와 신적 원리를 유학의 각도에서 이해하면 천명(天命)이나 천리(天理)에 해당한다. 유교 전통 역시 플라톤이나 아리스토텔레스와 마찬가지로 초월적 진리 또는 덕치의 이상에 대한 부단한 호소를 담고 있는 것이다. 이 절에서는 세 가지 각도에서 유가 이상주의에 대한 강정인의 독법을 살피겠다. 첫째는 덕치의 이념성과 이상성의 실천적 의미에 대한 고찰이고, 둘째는 유가 공론론에 함축된 이상성의 의미에 대한 분석이며, 셋째는 대동민주주의 개념에 투영된 유가 이상주의의 함축이다.

첫째 문제와 관련하여, 유가 전통에서 덕치와 법치가 갖는 관계에 대한 강정인의 고찰을 살펴볼 필요가 있다. 강정인은 유가 전통이 덕치와 법치의 겸비를 말하면서도, 여전히 덕치의 우위를 고수한다는 점을 인정한다. 그러나 율곡의 문제의식을 통해 덕치라는 이상의 한계점을 다음과 같이 설명한다.

성인은 현상적으로 하나의 절대적 이상형, 진선진미한 완전성으로서 율곡의 철학에서 언제나 미완의 궁극적 목적이다. 그것이 궁극성을 지니기에 결국 인생은 그래도 살 만한 가치를 지니는 것으로 나타난다. 그러나 그런 절대성은 어디까지나 관념의 추상성을 벗어나지 못한다. 그래서 성인의 절대성, 즉 본연지리(本然之理)와 본연지기(本然之氣)가 완전히 상합하는 그런 절대성은 율곡의 표현처럼 당우삼대(唐虞三代) 이후에 한 번도 현실적으로 주어지지 않았다. 그런 절대성은 유교적 도학의 가르침에서 비롯되지만, 이이의 실학 즉 철학에서는 하나의 가정적인 것에 지나지 않는다(강정인 2013, 492-3).

이렇게 보면 요순의 덕치나 성인의 이상은 유토피아적 공상에 불과하며, 인간의 실존적 모습이나 당면한 현실은 그런 이상 앞에서 누추한 모습을 드러낸다. 다시 말해 초월적이고 순수한 천명이나 천리가 일단 세계 안으로 진입하면, 리기불리(理氣不離)의 혼잡성을 수용해야만 하며, 그 과정에서 주자가 말하는 리약기강(理弱氣强) 또는 율곡이 말하는 리통기국(理通氣局)의 명제가 함축하는 천리나 천명의 한계나 무기력성을 피할 수 없다. 율곡의 철학은 이러한 현실적 제약에 대한 절실한 자각 속에서 경장과 개혁을 통해 진보와 개선을 추동하려는 기획이다. 그러나 이와 같은 현실주의적 전망과 전략에서도 유학의 이상주의는 항구적 이념으로서 그 존재 가치를 잃지 않는다. 이에 대해 강정인은 다음과 같이 말한다.

주(周) 왕실이 해체되는 춘추시대 말 극도의 혼란한 상황 속에서 공자 역시 덕치를 강조하는 것이 실현 불가능한 주장이라는 점을 숙지하고 있었을 것이다. 그럼에도 불구하고 그처럼 대담한 주장을 내세우고 고수한 것은, 형정(刑政)을 위주로 한 제도의 정교한 완비를 통해서는 백성의 도덕적 완성은 말할 것도 없고 사회 규범을 준수하는 것마저도 달성될 수 없다고 믿었기 때문일 것이다. 나아가 덕치가 단순히 이상적인 목표로서 그치는 것이 아니라 우리의 현실을 해석하고 비판하는 척도로 작용함으로써, 덕치 역시 우리 현실의 일부를 구성할 수 있다는 신념에서 비롯된 것이었을 터이다. 이처럼 덕치의 이상은 제도의 정비 못지않게 정치지도자와 일반 시민의 덕성을 함양하는 것이 중요하다는 점을 우리에게 끊임없이 환기시킨다. 본래 덕치의 이상은 지도자의 도덕적 우월성을 전제하기 때문에 권위적인 색채가 강함을 부정할 수 없다. 유덕자가 정치지도자가 되어야 하지만 다른 한편 정치지도자는 유덕하다고 간주되기 때문이다(강정인 2013, 138).

여기에서 강정인은 덕치의 한계와 가능성을 모두 지적하고 있다. 먼저 그것은 분명 인치(人治)에 의존하기에 권위주의로 흐를 우려가 있다. 그러나 그것은 동시에 어떤 이상적인 목표로서 현실을 해석하고 비판하는 척도가 될 수 있다. 칸트가 말한 이념의 규제성과 비슷한 역할을 하는 것이다. 그리고 그러한 이상은 제도를 넘어 시민의 덕성을 함양하는 데에도 기여한다.[8] 이처럼 강정인은 도덕적 이상이나 덕치의 이념이 갖는 현재적 가치와 실천적 의미에 주목하는데, 이는 유가적 이상주의의 의미에 대한 유효한 통찰이라 말할 수 있다.

유가 공론론에 함축된 이상성의 의미에 대한 둘째 문제는 첫째 문제와 연계된다. 강정인은 공론(公論) 개념에서 유가의 이상적 덕치가 실천적으로 작동하는 것을 발견한다. 그는 「동서양 사상에 있어서 정치적 정당성의 비교: 유교의 공론론과 루소의 일반의지를 중심으로」에서 유교 공론론의 의미를 집중적으로 다루며, 특히 정치적 정당성에 관한 담론의 하나로서 성리학의 공론론에 주목한다. 그는 "주자학의 공론 개념은 '천하의 모든 사람이 함께 옳게 여기는 것'을 포함하고 있는데, 이는 '여론' 또는 '공론'으로 번역되는 서양정치사상사의 '퍼블릭 오피니언(public opinion, opinion publique, öffentliche Meinung)'과 일정 부분 유사성을 지니고 있다"고 말한다(강정인 2013, 144). 그리고 유가의 공론이 천리(天理) 개념과 연속되어 있다는 점에서 서구의 공론에 비해 이념성이나 보편성이 강하다고 평가한다.

유가의 공론론은 만장일치를 지향하고, 다수결에 대한 비판의 준거를 확보하고 있다. 공론을 주자는 '천리에 따르고 인심에 부합하여 천하의 모든 사람이

---

8 김우창 역시 법과 제도 이전에 윤리적 이상과 덕성의 함양이 필요한 이유에 대해 비슷한 논리로 역설하고 있다. 김우창(2018, 82-90 ; 104-37) 참조.

함께 옳다고 여기는 것'(천하지소동시자)이라고 정의했고, 율곡은 '인심지소동연자'로 정의했다. 여기서 '천하지소동시자'나 '인심지소동연자'는 만장일치를 상징하는 개념이다.……사회의 구성원 가운데, 일부는 천리를 따르지만 일부는 천리를 외면한다면 만장일치가 성립할 수 없을 것이다. 그러므로 우리의 현실에서 다수결이 불가피하다고 하더라도, 다수결이 꼭 옳은 것이라는 보장은 없는 것이다.……문제는 소수가 천리를 따르고 다수가 외면할 경우이다. 이런 경우, 유가에서는 천리의 이름으로 다수의 부당성에 대해 저항할 수 있다고 보는 것이며, 실제로 이러한 사례는 허다했다. 요컨대 유가의 공론론에서 궁극적으로 중요한 것은, 수의 많고 적음이 아니라 천리(天理)를 따른 것인가의 여부인 것이다. 이 점에서 유가의 공론 이론은 적어도 정당한 소수의 입장을 옹호할 수 있는 이론적 계기를 내포하고 있다고 볼 수 있겠다(강정인 2013, 180-1).

유가 전통에서 공론의 궁극적 확립은 천리에 대한 통찰이나 체인(體認)을 요청한다. 그러한 요청을 맹자는 『서경』에 나오는 "하늘이 보는 것은 백성이 보는 것으로 보고, 하늘이 듣는 것은 백성이 듣는 것으로 듣는다(天視自我民視, 天聽自我民聽)"는 말로 표현했다. 이처럼 백성의 동의나 지지는 공론 성립의 핵심 토대 가운데 하나이다. 하지만 그렇다고 해서 공론이 반드시 다수의 동의나 의지의 반영을 통해 확보되는 것은 아니다. 오히려 공론 개념은 천리의 보편성과 다수의 의지 또는 천리의 보편성과 공정한 의론 과정 간의 내적 긴장을 함축하고 있다. 강정인의 다음과 같은 언급은 이러한 긴장을 포착한다.

오늘날에 있어서 공론론이 지니는 의의에 대한 논의는 무엇보다도 '논을 통해서 공을 찾아낸다'는 것에 초점을 맞추어야 할 것 같다. 유가의 '공론' 개념은 천리와 인심에 부합하는 '공정한 의론'이라고 해석될 수도 있고, 모든 구성원이 참여하는 '공개적인 논의'라고 해석될 수도 있다. 전자는 '결과'로서의 '공(公)'을 부각시키는 것이며, 후자는 '절차'로서의 '논(論)'을 부각시키는 것이다.……결과로서의 공론은 다수결의 내용에 대해 견제할 수 있고, 절차로서의 공론은 다수결의 과정을 보완할 수 있는 것이다. 결과로서의 공론은 다수의 결정 사항에 대해 그 정당성을 검증하는 준거로 기능할 수 있다. 유가의 공론론에 입각해 대중의 어리석은 판단에 대한 비판과 견제의 기능을 수행하고자 할 때, 그 궁극적 기준이 되는 것은 천리다.……천리에 근거한 공론은 대중의 판단이 '생생의 원리'에 어긋남을 지적함으로써 비판적 기능을 수행하게 되는 것이다(강정인 2013, 182-3).

엄밀히 따지면 '공개적인 논의'가 반드시 '공정한 의론'을 가져오는 것은 아니다. 예컨대 민심의 향배에 대한 존중이 절차적 공론 확보의 유효한 통로일 수는 있지만, '공정한 의론'의 전부는 아니다.[9] 오히려 유학에서 말하는 도통(道統) 개념은 천리에 대한 인식과 체인이 다수보다는 오히려 성현과 현인을 매개로 한 소수의 자각과 덕성에 의지할 수도 있다는

---

9 박영도는 유교적 공공성 개념을 '천리의 공공성'과 '민본적 공공성'으로 대별하고, 양자 사이의 불일치 가능성을 다음과 같이 말하는데, 강정인의 시각과 상통하는 지점이 있다. "천리의 공공성을 사회적으로 구현하는 것이 유교 정치의 기본 방향이지만, 천리의 공공성은 비어 있어 확인할 수 없다. 이것을 확인하는 경로가 바로 민심을 통하는 길이다.……하지만 모든 민심, 민의가 다 천리를 따르는 것은 아니다. 민심은 또한 위태로운 것이기도 하기 때문이다.……요컨대 천리의 공공성은 분명 민의 목소리라는 형태로 드러나지만, 민의 목소리가 모두 천리의 표현인 것은 아니다. 따라서 유교 정치뿐 아니라 오늘날까지도 결정적 의미를 갖는 하나의 과제가 제기된다. 즉 위태로운 민의 목소리로부터 천리에 일치하는 합리적 핵심을 포착해내는 과제가 그것이다. 천리와 민의가 중첩되는 이 합리적 핵심이 바로 공론이다"(나종석, 박영도, 조경란 엮음 2014, 41).

사실을 드러낸다. 예를 들어, 공자의 『춘추』 산정(刪定)은 역사적 시비포폄(是非褒貶)이 성인의 덕성과 지혜에 의존하여 위태롭게 전승되고 있다는 인식을 반영한다. 다시 말해 춘추필법(春秋筆法)에 의한 역사적 정의 구현은 성인의 존재, 경전의 전승, 경전의 함축을 온전히 해독할 수 있는 현자의 등장 등 까다로운 조건을 요구한다. 그러나 이런 엄격한 요구는 달리 말하면 대중이나 다수에 의한 억압에 직면했을 때, 소수에 의한 보편적 정의의 인식 가능성과 공론의 존재 가능성을 긍정하는 계기로 작동한다. 이렇게 보면, 강정인이 말하는 '결과로서의 공론' 또는 '천리에 근거한 공론' 개념은 소수에 의한 천리 인식과 공론 형성의 가능성을 긍정하고, 덕성의 구현으로서의 발현되는 공론의 경지를 말한다는 점에서 유가적 이상주의에 대한 또 다른 독해로 볼 수 있다.[10]

끝으로, 강정인이 제기하는 '대동민주주의' 개념은 유학의 정치적 이상에 함축된 민주적 요소를 발굴하고, 그것이 헌정적 이념으로 작동할 수 있다는 사실을 드러냈다는 점에서 의미가 깊다. 그는 다음과 같이 말한다.

---

[10] 한편 이러한 공론론의 연장선에서 강정인이 유가적 엘리트주의의 함축을 논하는 것도 음미할 만하다. "주자학의 공론론은 한편으로는 이른바 엘리트의 활동 공간을 제공해 준다. 주자학에서 공론이란 '천하의 모든 사람이 함께 옳게 여기는 것'이라고 정의하면서도, 공론을 주도하는 존재로서의 사림의 역할을 강조했다. 공론이 배제된 다수결주의는 엘리트의 존재 의의를 인정하지 않는 것이다. 그런데 다수결주의가 그 자체만으로는 중우정치로 전락할 우려가 있다는 점을 고려한다면, 엘리트의 존재 의의는 결코 부정할 수 없다. 그렇다고 '주권재민과 다수결' 원칙을 포기하고 엘리트의 판단에 맡기자는 것도 또한 민주주의에서 용납될 수 없을 것이다. 여기에 다수결주의와 엘리트의 역할이 반드시 조화될 필요가 있는 것이다. 그렇다면 양자는 어떻게 조화될 수 있는가? 그것은 엘리트가 공론의 형성 과정을 선도하고, 최종적 결정은 다수의 결정에 따른다는 것으로 정리될 수 있겠다. 엘리트의 역할을 최종적 결정의 주체로 설정하지 않고 다만 공론 형성의 선도자로 한정한다면, 민주주의 원칙과 엘리트의 존재 의의는 서로 조화될 수 있는 것이다"(강정인 2013, 184).

이 글에서는 '대동민주주의'의 개념화를 위해 유가 고전에서 제시된 대동을 '위대한 조화(great harmony)'와 '위대한 합의(great consensus)'라는 두 가지 개념으로 나누어 고찰하고,……'대동민주주의'가 '위대한 합의'에 의한 민주주의임을 밝힐 것이다. 그리고 이런 개념에 근거해『서경』에 기술된 요(堯), 순(舜), 우(禹)의 이른바 '왕위 선양' 과정에 나타나는 정치적 결정을 대동민주주의 사상의 원형으로 개념화할 것이다(강정인 2013, 195).

우리는 기자가 전한 홍범이 무왕이 물은 '천도(天道)'의 내용을 구체적으로 천명한 것으로서 유가적 군주들에게 헌정적 규범이자 근본적인 가치로서 대대로 전승되고 따라서 내면화—그 현실적인 실천 여부를 떠나—되었을 것이라는 점을 강조할 필요가 있다. 따라서 필자는 '위대한 조화(great harmony)'로 특징지어지는 「예운(禮運)」과 달리, 「홍범(洪範)」에 나오는 대동을 '위대한 합의(great consensus)'를 통해 이루어지는 일종의 정치적 결정 방식으로 풀이하고자 한다. '위대한 합의'로서의 대동은 점괘는 물론 왕과 귀족 및 백성의 합의에 따른 결정을 지칭하기에 강한 민주적 함의를 부여받게 되는바, 이를 '대동민주주의'로 정의할 것이다. 아울러 이상 사회로서의 대동에 너무 친숙한 일반 독자들이 이 글에 대해 품을 법한 오해를 피하기 위해, 이 글의 주된 관심은 이상사회로서의 대동이 아니라 정치적 의사 결정 방식으로서의 '대동', 지금까지 소홀히 지나쳐 버린 '대동'이라는 점을 다시 한 번 강조하고자 한다(강정인 2013, 209-10).

주지하듯이 기존의 많은 연구가 유학의 민본주의 전통이 근대적 민주주의와 우호적으로 결합할 수 있는지에 대해 다루었다. 혹자는 그 단절과 거리에 주목했고, 혹자는 민본주의 전통이 민주주의의 토착화와 내면화에 공헌할 수 있다고 평가했다. 강정인의 '대동민주주의' 개념 역시 크게 보면 민본주의와 민주주의의 통섭(通涉) 가능성에 대한 고찰이다. 강정인은 『예기(禮記)』의 「예운(禮運)」편에 한정된 유토피아적 이상을 묘사하는 고정된 도식으로서 대동 개념을 이해하지 않는다. 오히려 시야를 「홍범(洪範)」까지 확장하여 '대동' 개념을 정치적 의사 결정 과정 또는 이상적 담화 상태에 대한 원리이자 '원시적 의미의 민주주의'의 실례로 바라본다. 그리고 이러한 원리의 작동이 『맹자』와 『주례(周禮)』 등에 반영되어 있다고 보면서, 그 원리가 규범적 제약과 실천적 호소를 낳는다고 판단한다.[11] 강정인의 독법과 해석은 직선적 발전 과정으로서 난세(亂世), 소강(小康), 대동(大同)을 설정하고 이를 바탕으로 현실정치의 한계를 지적하며 변혁을 추동하던 종래의 유가적 이상주의에서 더 나아간 것이다. 맹자가 선양(禪讓)이나 정전제(井田制)를 회상할 때, 그것은 과거나 미래에만 존재하는 이상에 불과한 것이 아니라 잠복과 회복의 부침은 있어도 명백한 현실성

---

[11] 모종삼은 『맹자』에서 말하는 "하늘이 주었다(天與之)" 및 "백성이 주었다(人與之)"의 의미를 설명하면서 이것이 결국 유학에서 강조하는 '공천하(公天下)' 관념을 반영하며, 이는 구체적이고 실제적인 덕행과 일, 민심의 향배를 통해 천리를 지향한 것이라고 말한다. 덧붙여 그것이 인간 이성의 '내포적 표현'의 반영으로서 인생과 사회적 현실 속에서 이성적 인간이 필연적으로 요청하게 되는 정치적 질서와 이상을 함축한다는 점에서 서구적 민주에 호응할 수 있는 현실성과 실천성을 함축한다고 말한다. "이는 공허한 개념 설계로 인해 실현할 수 없는 '당위'가 아니라, 요임금이 순임금을 천거한 것이 이러했음을 실제로 긍정한 것이다. 그 토대는 가장 구체적이고 실질적인 덕행과 일, 민심인데, 천리는 이를 통해 인정된다.……천리는 정치 세계의 실천에서 가장 높은 규칙이고, 이 규칙은 지금 말로 하면 당연히 '정권(政權)'의 이치에 속하는 것으로서 국가의 주권 문제를 포함한다. 그러나 과거 중국의 성인, 철인은 이러한 형식적 개념이 없었다. 그들은 다만 가장 구체적이고 실제적인 생활의 관계(인생가치)와 사회적 관계에서 '천리'를 체인하였는데, 이것이 바로 사회세계의 불변의 '규칙'이다. 이것은 이성의 '내포적 표현'이자 사회세계의 '규칙'의 '내포적 표현'이다. 이러한 '내포적 표현'의 방법은 지금에 보면 물론 여전히 부족함과 폐단이 있다.……그러나 장점도 있다. 즉 가장 구체적이고 실제적인 실존적 인생에서 착안하여 직접 사회세계의 규칙을 파악할 수 있다는 것이다"(牟宗三 2003, 126).

을 갖는 무엇이었다. 이와 유사하게 '급진적 회상'이란 표현에서 나타나듯, 강정인은 '대동' 개념에 투영된 '위대한 합의(great consensus)'의 정신과 이념에 역사성과 현실성을 부여한다.[12] 즉, '대동'은 백성이 평등한 구성원으로서 의사결정 과정에 참여했던 경험의 확인이라는 것이다.

강정인은 다산 정약용이 「원목(原牧)」과 「탕론(湯論)」을 통해 그러한 흔적을 소환했다고 말한다.

이 글은 그런 대동민주주의의 흔적이 조선의 실학을 집대성한 다산 정약용 (1672–1836)의 두 단편, 「원목」과 「탕론」에서 맹자 이후 2000년을 가로질러 거의 원형에 가까운 형태로 보존되어 명멸하고 있음을 확인할 것이다.……다산은 두 단편에서 정치 지도자의 선출 과정과 법률의 제정 과정을 서술하면서 대동 민주주의의 원칙을 선언하고 민(民)이 정치의 주체임을 천명했다(강정인 2013, 194–5).

크게 보면 「원목」과 「탕론」의 기획은 동아시아 역사에서 유가 민본주

---

12 강정인은 자신의 연구의 의미와 제약에 대해 "이 글은 서구에서 축적된 최근의 연구 성과를 소개하고, 나아가 이런 비판적 논의를 토대로 중국 고대사에도 민주정(또는 공화정)이 존재했을 것이라는 추론을 제기한다.……이 글은 역사학적 연구가 아니기 때문에 고대 중국 문명에 민주정이 존재했다는 역사적 증거를 제시하지 못하는 한계를 갖고 있으며, 단지 유가의 고전이나 역사서에 산재해 있는 내러티브를 분석해 민주주의 사상의 흔적을 체계적으로 제시할 뿐이다"고 말한다(강정인 2013, 193–4). 참고로 중국사 분야에서 중국 고대사에도 민주정 형식의 전통이 존재했다는 점에 착안한 연구로 대만의 학자 두정승(杜正勝)의 『주대성방(周代城邦)』을 참고할 수 있다. 그는 기원전 11세기에서 기원전 6세기 중국사를 다루면서 성방(城邦 : polis) 개념을 서주(西周)의 정치적, 사회적 구조에 접근하는 키워드로 삼고 당시의 정치 권력이 군주, 귀족, 국인(國人)의 삼각 체제 위에서 성립하고 있었으며, 경제구조에서도 씨족 공동체나 농장 공동체의 성격이 강했기 때문에 권위주의적 봉건 지배와는 상당한 거리를 지녔다고 주장한다.

의의 종합과 발전이라 할 수 있는 황종희의 『명이대방록(明夷待訪錄)』과 호응한다. 그러나 황종희는 공천하(公天下)의 이념을 실현하기 위한 방법으로 재상과 학교를 통한 군권 견제에만 초점을 두었을 뿐, 다산처럼 의사 결정 구조 자체에 대한 정당성 문제나 발생론적 고민을 피력하지는 않았다. 이렇게 보면 다산의 기획은 동아시아적 맥락에서 황종희의 사상에 대한 발전적 계승이라기보다는, 그야말로 『서경』, 『맹자』, 『예기』에 입각한 '급진적 회상'이자 이른바 '대동민주주의'의 회복이라 말할 수 있을 것이다.

이처럼 '대동'의 이상을 유토피아론이 아니라 의사 결정의 이상적 형태이자 절차적 정의에 관한 요청으로 본다면, 우리는 유학의 이상주의를 역사적 이념과 목표에 관한 숭고한 지향에서만 바라보는 시각에서 벗어날 수 있다. 다시 말해 '대동민주주의'의 역사성과 현실성을 긍정함으로써 민본의 원칙과 민주의 과제가 소통하고 결합할 수 있는 통로를 마련할 수 있는 것이다. 그리고 이 지점에서 우리는 강정인의 해석이 유학의 이상주의에 대한 새로운 이해의 지평을 마련하고 있음을 확인할 수 있다.

4. '중첩'과 '동시성'에 대한 감각

이 글은 『넘나듦의 정치사상』에 수록된 동양정치사상에 대한 고찰을 중심으로 유학의 현실주의와 이상주의에 대한 강정인의 이해와 통찰을 일별해 보았다. 강정인의 정치사상 연구를 대표하는 키워드를 하나 꼽으라면 우리는 응당 '서구중심주의'를 떠올릴 것이다. 만약 여기에 하나를 추가한다면 무엇이 있을까? 필자는 '중첩'이나 '동시성'을 생각할 수 있다고 본다. 서구정치사상을 공부했지만 한국의 현실에서 정치사상을 다루면서 강성인은 동양과 서양, 전통과 현실이 숭첩하는 '복잡계' 속에 놓여 있었다고 해도 과언이 아니다. 그가 '비동시성의 동시성' 개념을 차용하여 권위주의와 민주주의가 혼재한 현대 한국의 정치현실을 포착했던 것 또한 동시성과 중첩에 대한 민감한 감각의 발로라 할 수 있다.

　이러한 중첩과 동시성에 대한 예민한 감각과 천착은 좁게는 『넘나듦의 정치사상』에서도 관철되는 것이지만, 넓게는 강정인의 학문 전반을 관통하고 있는 '집요저음(執拗低音)'이라 말할 수 있다. 동양정치사상으로 시야를 확장했을 때, 중첩과 동시성에 대한 감각은 그가 의식했든 의식하지 않았든 간에 현실주의와 이상주의가 유학 전통이나 개별 유학자의 사상에서 어떻게 충돌, 분화, 중첩되는지에 대한 고찰과 통찰로 이어졌다. 이런 작업은 필자와 같은 유학 연구자에게 계속 고민해야 할 과제를 던져주고 있다는 점에서 의미가 크다. 동양과 서양, 전통과 현실, 보편과 특수, 계승과 극복 등이 중첩된 십자로(十字路)에서 어떻게 하면 방향을 잃지 않을 것인가? 이 글이 강정인의 방황과 고뇌에서 찾아낸 작은 지도이자 나침반일 수 있기를 바라면서 논의를 마친다.

덕치/법치와 동서 통섭

강정인의 논의를 중심으로

안외순(한서대학교)

1. 덕치 vs. 법치의 이분법, 서구중심주의적 편견

'근대화'가 지구적 보편현상으로 정착했음에도 불구하고, '근대화'는 곧 '서구화'라는 일반적인 등식이 여전히 강력하다. 이런 인식은 한 세기 넘게 진행된 '비서양적인 것'의 '폄하' 내지 '부정'의 시각과 연결된 것으로서 비합리적이며 일방적인 서구중심주의의 소산이다. 다행히도 1960년대부터 비판적인 지식 세계 일각에서나마 이 편견에 대한 반론과 비판이 시도되었다. 1990년대 이후에는 이러한 흐름이 더욱 적극적으로 진행되어,[1] 한국에서도 그 기풍이 진작되기 시작했다.[2] 강정인 교수는 한국 정치학계

---

1 대표적으로 한국서양사학회 엮음, 『유럽중심주의 세계사를 넘어 세계사들로』, 푸른역사, 2009에 실린 논문들 참조.

2 사실 서구중심주의적 인식에 대한 정치학계의 비판과 대안적 인식이 이때가 처음인 것은 아니다. 이용희의 경우 '서구적 근대화' 이론이 세계학계를 휩쓸던 1960년대에 이미 이를 시도한 바 있다. 이용희, 『일반국제정치학(상)』 박영사, 1962. 참조.

의 서구중심주의 비판과 극복의 대표주자다. 그는 1990년대를 전후한 시기부터 정치사상과 사회과학 분야에서의 서구중심주의적 편견과 한계를 극복하기 위해 노력했고, 학문적 성과를 모아 2004년 『서구중심주의를 넘어서』를 출간했다. 이후에도 연구가 계속되어 구체적 극복 방향을 제시하기 위한 일환으로 '동서양의 인식을 통섭'하는 학문적 실천을 선보였다. 그 결실은 2019년의 편저서 『교차와 횡단의 정치사상』으로 출간되었다.

이 글에서는 강정인의 서구중심주의 비판 및 극복 노력 가운데서도 동양, 한국 전통사상에 대한 재인식을 통한 시도, 특히 '유교적 덕치와 서구 근대 법치의 겸전' 주장을 소개하고 논의를 보완하고자 한다.

정치체제와 관련하여 '영미권의 근대정치는 법치(法治)고 동아시아 전근대는 인치(人治), 특히 미개한 전제정(專制政)의 인치'라는 대립적 이분법은 전형적인 서구중심주의적 인식이다. 사실 '동양 = 전제정 = 정체와 부패' 식의 이해는 아리스토텔레스(Aristoteles), 헤겔(G.H.F. Hegel), 맑스(K. Marx)라는 인류의 보편지성을 대표해왔던 서구지성가들조차 견고하게 이어왔던 시각이다.[3] 이는 1930년대 소련의 비트포겔(K.A. Witfogel)이 출간한 『동양적 전제주의』에 이르러 '자의적 전제정'의 표상으로서 '인치'가 '동양사회의 정체와 부패의 온상'으로 간주되면서 그 절정에 이른다 (Witfogel 1957). 게다가 이런 '전제정'에 대한 인식은 서구학자 뿐만 아니라 동양의 선구적인 유학연구자도 공유했다. 예컨대 근대와 유교를 화해시키고자 했던 량치차오(梁啓超)나 심지어 현대 서구 민주주의와 중국정치사상의 소통을 도모한 쑤어꿍뛴(蕭公權)에게서도 이러한 인식이 나타난

---

3 이에 대해서는 P. 앤더슨, 김현일 외, 『절대주의국가의 계보』, 까치글방, 1997의 보론 「아시아적 생산양식」 참조. 맑스적 시각에서 봉건제로부터 자본제로 국가 이행사를 설명한 앤더슨조차도 아시아를 바라보는 서양지성사만큼은 오리엔탈리즘에 기초해 있다고 비판하고, 아시아적 생산양식만큼은 폐기되어야 한다고 주장했다.

다. 일반 역사 개론서도 비트포겔식의 '봉건 전제정'이라는 말을 상투적으로 사용하는 것은 물론이다.

하지만 이는 명백히 재고되어야 하는 인식이다. 유교에서 사용하는 '인치(人治)'는 '인치(仁治)'를 의미한다. 또 유교에서 사용하는 '전제정'은 군주의 자의적 정치를 의미하는 것이 아니라 자격을 갖춘 적임자가 최고 권력을 정상적으로 행사하는 선정(善政)을 의미한다(안외순 2011, 181-2). 이 때문에 유교의 인치/법치/덕치/전제정 개념을 올바르게 이해하는 것은 서구중심주의 극복을 위해 매우 중요한 작업의 일부를 이룬다.[4]

이런 이유로 강정인 역시 인치와 법치를 대립적으로 이해하는 경향을 심한 서구중심주의적 편견이라고 비판하면서 '유교의 덕치와 서구 근대 법치의 겸전'과 '유교 입헌주의(헌정주의)[5] 해석' 작업을 대안으로 진행했다. 이 과정에서 그는 공간적으로는 동과 서, 시간적으로는 전통과 근대, 대상 차원에서는 '특수'와 '보편'을 직접 조우시키면서 유교와 근대의 장점을 상호 수용하고 이를 바탕으로 현대정치이론을 진일보시켜 서구중심주의 극복을 도모하고자 했다. 이러한 시도는 '인류 공동의 (고귀한) 자산으로서, 전통사상으로서, 전략적 가치로서 정당하게 탐색·확보, 전유·쇄신·확충, 계발할 토대를 제공'(강정인 2013, 9-10)한다고 강정인이 자부하는 것처럼 충분히 검토할 만한 가치가 있다.

---

4 지금까지 유교의 정치체제, 특히 덕치/법치(입헌/헌정)와 관련된 연구는 강정인의 연구 외에도 적지 않게 이루어졌다. 이승환(1998), Ham Chaehark(2000) ; 함재학(2004 ; 2006 ; 2008) ; 송영배(2007) ; 김비환(2008) ; 최연식(2009) ; 안외순(2011 ; 2013) ; 박홍규/송재혁(2012) ; 이철승(2014) ; 진희권(2017) 등이다.

5 그는 2002년 논문에서는 '입헌주의'라는 용어를 사용했으나 2018년 논문에서는 '헌정주의'를 사용하고 있다. 그 이유로 전자에 배제되었던 정치적 의미가 후자에 내포되어 있어서라고 밝혔다(강정인 2018, 197 각주1). 그러나 사실 한자적 의미에서 양자 공히 헌법에 입각한 굳건한 체제(법제도적 시스템)를 의미하는 만큼 큰 차이는 보이지 않는다.

강정인의 작업을 고찰하기 위해 이 글에서는 「덕치(德治)와 법치(法治) : 양자 겸전(兼全)의 필요성을 중심으로」(2002)와 「조선 유교 헌정주의의 성립 : 도통론과 문묘배향 논쟁을 중심으로」(2018)[6]를 주요 분석텍스트로 삼고, 보조자료로는 『논어』, 『맹자』 등의 유교경전과 『세종실록』 등의 1차 자료, 그리고 기타 2차 기존 연구를 활용할 것이다.

2. 강정인의 덕치 · 법치론의 주요 주장

1) 개념과 개요

강정인에 따르면 유교 문명권을 비롯한 비서구 사회는 법치가 결여되어 있다는 기존 인식은 '유럽예외주의와 오리엔탈리즘에 기초한 서구중심주의적 편견'일 뿐이다(강정인 2002, 71). 그는 자신의 비판적 평가가 정당함을 논증하기 위해 세 가지 방법을 사용했다. 첫째, 오랜 법치 전통을 가지고 있다고 이해되는 서구의 대표적인 법치론자들도 법치만이 아니라 동시에 덕치도 주장하고 있음을 소개했다. 둘째, 유교 전통 속에서의 입헌(헌정)주의적 요소를 발굴하여 제시했다. 셋째, 덕치와 법치의 대립적 이분법 대신 유가의 덕치 원리와 서구 근대식 법치 원리가 상호 보완적으로 추구되어야 한다고 주장했다.[7]

　그는 자신의 주장을 펼치기 위해 핵심 개념인 덕치(德治), 예치(禮治), 법치(法治), 입헌주의(立憲主義) 혹은 헌정(憲政主義)에 대해 다음과 같이

6　이들은 각각 『정치사상연구』 제6호(2002)와 『한국정치학회보』(52/4, 이석희와 공저)에 수록되었다가 후일 강정인 편저, 『교차와 횡단의 정치사상』(까치 2019)에 재수록되었다.

7　강정인(2002)에서는 이 세 부분이 균형적으로 배분되었다면 강정인/이석희(2018)에서는 두 번째 항목이 집중적으로 다루어졌다.

설명한다. '법치'란 '성문법의 외형적 준수를 강조하는 것'이고, '덕치'란 '도덕규범의 내면적 준수를 역설하는 것'으로서 양자는 '이론과 현실 양면에서 상호 대립되는 원칙이면서도 상호 보완적으로 사용되어야 하는 원칙'이다(강정인 2002, 73-5).

좀 더 구체적으로 강정인은 '법치'에 대해 일단은 '① 지배에 있어서 일반적인 법의 최고성, ② 법 앞의 평등성 ③ 헌법이 상위법으로서 통상적인 법을 구속한다는 관념을 지칭'한다고 이해한다(강정인 2002, 74-5). 하지만 그에 따르면, 사실 법 현상으로 볼 때 '법가적 법치'와 '근대적 법치'로 구분이 가능하다. "법가의 법치는 군주 1인의 권리와 권력을 무제한 인정하고, 군주 이하의 모든 계층은 군주가 제정한 법에 충실히 따를 것을 요구하는 전제적 법치주의"이다. 법가의 법치는 ①과 ②는 확보하고 있지만 최고 권력자와 제반 법체계를 구속하고 규제하는 ③의 의미로서 법치가 결여된 것이다. 세 가지 의미 모두를 확보하고 있는 근대 서구적 법치만이 "국민의 대표기관인 의회가 제정한 법률에 준거한 정치를 추구하는" 법치라고 할 수 있다(강정인 2002, 75). 따라서 강정인은 기본적으로 '오늘날 법치'라고 할 때의 개념은 '근대 법치관' 곧 '민주적 법치'로서, '법가적 법치'와는 다르다고 보았다.[8] 사실 근대 이전은 물론이고 현대사회조차도 법치주의가 억압 전략이자 기술적 도구로 전락하는 사례는 무수히 많다는 점에서[9] ③이 확보되지 못한 ①과 ②는 무의미하다는 그의 구분은 정당하다.

한편 강정인이 사용하는 '덕치' 개념은 "지도자의 도덕적 감화력을 통해 백성을 교화시킴으로써 범죄나 분쟁이 없는 평화로운 사회를 만들려는 통치 원리"이고, 이에 기초한 덕치주의란 "지도자가 솔선수범하여 도

---

8 그도 밝히듯이 이것은 이승환의 법치관을 수용한 것으로 보인다(이승환 1998, 185 참조).
9 이에 대해서는 홍성태(2021) 참조.

덕적 모범을 보일 때 백성들도 사심 없이 양보하고 협동하게 될 것이라는 가정에 기초"한다. 나아가 그는 "행위규범과 강제규범의 양면적 성격을 가지고 있는"예(禮), 즉 위반시 처벌이 수반되지 않는 자발적 의례이자 강제력이 발동되는 법치적 기능의 측면을 동시에 지닌 예가 덕치와 필수적으로 짝을 이루는 것으로 이해했다(강정인 2002, 73-4).

강정인은 법치와 덕치를 위와 같이 이해하면서, '지금까지 한국 사회에서 서구 문명의 압도적 영향하에서 법치주의가 통치 원리로 채택된 이래, 한편으로는 나날이 법을 양산하는 정부의 법만능주의 경향과 다른 한편으로는 이에 대한 반사작용 및 유가의 법치 전통에 대한 폄하 경향으로 인해 일반 시민의 법에 대한 냉소주의 또는 무법상태가 기묘하게 공존하고 있'다고 진단한다. 이 같은 현상은 사실 '법치주의가 비교적 완비된 서구 사회도 예외가 아니'며(강정인 2002, 68-9), 이를 해결하기 위해서는 양자의 단점을 보완하고 장점을 극대화하는 겸전(兼全)이 필요하다고 주장했다. 방법론적으로는 서양 사상사의 전통 속에서 법치와 덕치의 공유를 주장한 전통을 찾아 복구하고, 유교의 덕치 전통 속에서도 법치주의 전통의 실존을 발굴하여 제시함으로써, 동서양 모두가 덕치와 법치 관념 및 그 지향을 공유하고 있었음을 밝히고 양자의 겸전 필요성이 동서고금의 보편적 요청이라는 점을 강조했다.

그의 작업은 무엇보다도 '동양의 유교는 덕치, 서양은 법치'라는 기존의 대립적 인식구도를 해체했다는 점에서 의미가 있다. 다만 '유가적 덕치와 법치'에 관한 개념적 이해에는 재고의 필요성이 있는데 이는 3절에서 다루고자 한다.

2) 서양 사상의 덕치

개념적 이해에 이어 강정인은 서양 정치사상사의 유구한 법치화 노력 속에서 덕치의 겸전 시도 역시 지속적으로 이루어져 왔음을 보여줌으로써 종국적으로 오늘날 덕치와 겸전의 당위성을 제시했다. 강정인은 먼저 플라톤(Platon), 아리스토텔레스(Aristoteles), 키케로(Cicero)로부터 시작하여 1948년 유엔의 「인권선언」으로 이어지는 서구 사상사에서의 법치론의 전개를 소개했다(강정인 2002, 76-7).

이어서 강정인은 서양 정치사상의 시조격인 플라톤의 사상 속에서 법치와 덕치의 겸전 시도를 추적했다. 플라톤의 경우 주저인 『국가』는 여러 가지 측면으로 적합한 제도와 법률을 도모하는 '법치'를 제시하는 것이 주요 내용이지만, 핵심 주장 가운데 하나인 철인통치론, 곧 철학자의 지배는 사실상 '지혜에 의한 지배'(sophocracy)이다. 강정인은 이를 '철학자의 덕치'(rule of virtue)를 의미하는 것으로 보았다. 또 『국가』의 현실 버전이며, 그렇기에 더욱 법치적인 것으로서 서명(書名)조차 『법률』인 저작에 등장하는 '유덕한 원로들로 구성된 야간평의회'(Nocturnal Council)도 덕치적 요소였다고 본다(강정인 2002, 78).

다음으로 그는 고대 그리스 현실주의 철학의 비조로 불리는 아리스토텔레스에게서도 덕치의 시도를 찾는다. "플라톤보다 더욱 법치를 강조"하고 또 "법치를 인치(人治 : rule of men)와 대비시켜 논했던" 아리스토텔레스가 "상황에 따라 최선의 지배자 1인에 의한 통치를 수용"한 점, "불문법의 지배가 최선이고, 인간(뛰어난 지도자)에 의한 지배가 그 다음이며, 성문법에 의한 지배가 마지막"이라고 본 점, "법이 예상하지 못한 특별한 문제에 대하여 뛰어난 지도자가 '법의 수호자' 혹은 '법의 대리인'으로서 법을 운용해야 한다"고 본 점, 성문법보다는 불문법을 중시한 점, 법의 지배를 신 및 이성의 지배와 동일시한 점 등에서 아리스토텔레스의 법치론에 상당한 '덕치'(도덕)요소가 내면화되어 있다고 해석했다(강정인 2002, 79). 이런 맥락에서 강정인은 "아리스토텔레스에게서 법치란 넉치보다는 인치와 대립하고 있는 개념"이라고 분석한다. 법치와 인치(人治)를 대비하는 아리스토텔레스 법인식은 당시만이 아니라 서구 현대 법학에도 계승되어 "재판관에게 요구되는 사법적 덕의 요소나 재판관의 도덕 교육을 강조하는 경향"으로 확인된다(강정인 2002, 80).[10]

이처럼 서구 사상사에서 '덕치'와 '법치'의 겸전 노력을 밝혀내면서, 강정인은 서구의 이러한 시도가 어디까지나 "법치에 대한 덕치의 우월을 강조하기보다는 덕치를 법치의 미비점을 보완하는 요소로서 활용"해 왔고, 오늘날도 그런 차원에서 유의미하다고 분석한다(강정인 2002, 80).

이상에서 소개한 강정인의 논의는 전반적으로 충분히 설득력이 있다. 다만 '지혜를 보유한 철인왕의 통치'나 '유덕한 원로들로 구성된 야간평의회', '오늘날 재판관의 도덕성에의 기대' 등을 '덕치'의 차원으로 이해해야 하는지는 다소 의문이다. 이 모든 것이 사실상 플라톤 혹은 현대 사법제도를 운영하는 주체와 관련된 것으로서 결국은 법치 활동의 한 부분이기 때문이다. 유덕한 (혹은 부덕한) 판사가 재판을 심리하는 모든 행위는 법치적 행위이지, 본질적으로 '도덕규범의 내면적 준수를 역설하는 것'을 개념화한 '덕치' 행위는 아니다. 마찬가지로 군주가 '훌륭한 정치적 자질의 덕'을 가지고 국가적 최고 권력을 행사하든 '포악한 자질의 (부)덕'을 가지고 행사하든 그것은 어디까지나 해당 국가사회의 법률에 의거한 법치적 행위이지 덕치적 행위는 아니다. 이 점에서 다시 한 번 덕치, 법치 개념의 재검토 필요성이 제기되는데, 이에 대해서도 3절에서 다루기로 한다.

---

10 아리스토텔레스의 법치 개념을 덕치가 아니라 인치(人治)와 대비되는 개념으로 이해한 것은 L. B. Solum(1994)의 시각을 수용한 것이다.

3) 유가 사상의 법치

이어서 강정인은 유교문화권에서도 '덕치'만이 아니라 법치, 특히 통치자의 전횡과 폭정을 견제하는 입헌주의 혹은 헌정주의[11] 전통을 제시함으로써 덕치와 법치의 겸전을 도모하는 두 번째 작업을 수행했다. 다시 말하건대 종래의 법치는 법의 최고성(과 법의 평등)이 관철되는 정치를 지칭해 왔지만, 이것만으로는 법이라는 미명 하에 통치자의 자의적인 압제가 가능하다. 그래서 강정인은 법치에서 가장 중요한 요소로서 입헌주의(constitutionalism) 혹은 헌정주의를 강조했다. 요컨대 그에게 있어서 '법치주의는 기본권의 보장, 권력의 분립, 성문헌법의 존재와 함께 헌정주의라는 요소가 필수적으로 요청'되는데, 이때 헌정주의의 핵심은 통치자의 전횡을 방지하기 위해 통치자나 정부의 행위에 대한 규제의 체계에 있다(강정인 2002, 74-5 ; 강정인·이석희 2018, 158). 그렇기 때문에 헌정주의는 권력의 상호 견제와 균형을 추구하는 삼권 분립론, 자유민주주의 사상 및 인권사상과 결합하여 더욱 강력한 위상을 확보할 수 있었다고 보았다(강정인 2002, 75).

바로 이 지점에서, 강정인은 통치자를 규제하지 않았던 법가와 달리, 유교는 각종 법조문과 경전, 제도 등 다양한 방식을 통해서 최고 권력을 다각도로 제한했고, 그렇기 때문에 유교헌정주의가 성립한다고 강력하게 주장한다.[12] 이를 위해 그는 2002년 논문에서는 유교 일반이론을 중심으로, 2018년 논문에서는 조선의 사례를 중심으로 다루었다. 그의 이런 주장은 특히 이 분야에서 독보적인 성취를 이룬 함재학의 연구 성과를 적극 수용한 결과이기도 하다. 필자가 파악하기로 그는 함재학의 박사학위 논

---

11 이 글 각주 5 참조.
12 강정인(2002), 89 ; 강정인/이석희(2018) 참조.

문(Hahm 2000)의 성과를 국내에 가장 먼저, 그리고 적극적으로 소개한 연구자이다.[13]

강정인은 함재학과 마찬가지로 유교의 헌정주의 기능은 '법(法)'이라는 용어보다는 '예(禮)'에서 찾는 것이 더 타당하다고 보았다. 예는 다양한 방식과 제도에 의해 치자와 피치자 모두를 규율하는 법과 도덕의 중간 형태인 정치 규범으로서, 특히 '치자를 규율'하는 기능이 강했다는 것이다. 요컨대 흔히 전장법도(典章法度)로 표현되는 예(禮)에는 국가 통치의 규범과 제도의 총체를 지칭하는 광의의 법 개념이 입헌적 요소로 내재되어 있었다. 예를 들어, 『국조오례의(國朝五禮儀)』 등이 군주 및 왕실 관련 권위를 규율하는 다양한 의례적 절차 및 군신 간의 예에 관하여 정밀하게 규정했다. 한(漢) 왕조 이후 유교문화권에서는 "예가 법률화되는 과정에서 통치자가 준수해야 하는 의례적 형식이 성문화되었고, 이에 따라 통치자를 규율하는 측면이 크게 강조되었으며, 행정절차를 정교하게 규율하는 각종 예전(禮典) 역시 입헌적 기능을 수행"했다. 그 결과 중국과 특히 조선에서는 군주가 예를 준수하는지 여부가 통치자로서의 정통성을 상실하는 기준이 되었다. 이런 점은 명실상부한 예치(禮治)라 할 수 있고, 바로 '유교 헌정주의'라는 개념으로 분석할 수 있는 지점이라는 것이다. 적어도 예의 법률적 기능이 사라진 근대 이전까지는 예의 입헌주의적 기능이 강했다.[14] 이외에도 강정인은 조선의 경우 "동아시아 국가들 중에서도 유가의 이상을 철저히 구현하고자" 했기에 헌정주의적 경향이 더욱 강력하고 다

---

13 실제 함재학 본인조차 관련 연구 성과를 국내에 소개하기 시작한 것은 2004년 이후이다(함재학 2004 ; 2006 참조).

14 Chaihark Hahm, *Confucian Constitutionalism*, J.S.D. Dissertion (Cambrige, MA : the Harvard Law School Graduate Program, 2000) 45 ; 47 ; 62-5 ; 112 ; 122 ; 127-8 ; 130, 145 및 강정인(2002) 90-1 ; 강정인/이석희(2018), 161-2.

양하며 체계적인 방식으로 제도화되었다고 하면서 대표적으로 재상제(宰相制), 경연(經筵), 간쟁(諫爭), 사관(史官) 제도[15] 및 도통론에 따른 문묘 배향 논쟁을 사례로 설명했다(강정인·이석희 2018).

예(禮)에서 헌정주의적 성격을 추적하는 시각은 정당하다. 사실 유교권 사회에서의 예는 크게는 국가사회를 운영하는 내치와 외교에 관련된 모든 법률적 원리부터 각종 제도와 의전 및 개인의 행위규범과 관련된 모든 예절에 이르기까지 행위 양식의 총체를 일컫는다. 예에 법률적 기능이 포함된 것은 재론의 여지가 없다. 오늘날 헌법 내지 법률 혹은 법전에 해당하는 내용들이 예(禮)로 표현된 사례가 몹시 많기 때문이다. 고대의 전형적인 사례로는 유교문화권 국가 통치의 최고의 모델이었던 주(周)의 법전이 『주례(周禮)』였으며, 후대의 사례로는 다산 정약용의 조선 후기 국가 개혁서 『경세유표(經世遺表)』의 초명이 『방례초본(邦禮草本)』이었다는 점을 들 수 있다.

유교 헌정주의에서 예(禮)의 역할도 중요하지만, '요-순-우-탕-문-무-주공(堯舜禹湯文武周公)'으로 표상되는 고대 성왕(聖王)의 행적은 물론 자국의 역대 선왕의 치적, 그리고 사서(四書)와 육경(六經) 등 경전의 지침도 매우 중요했다. 선왕의 행적과 경전의 내용은 다른 무엇보다도 통치자들의 정치적 행위를 규정하는 기준점으로 작동했다. 이들의 사례와 가르침은 경연(經筵) 석상에서 군주와 관료들이 함께 그 해석을 놓고 치열하게 논쟁하고 토론한 결과로 군주의 제반 개인적·정책적 행위를 제약할 뿐만 아니라 결정하는 근거를 제공했다. 이때 동원되는 유교 경전과 역대 정치 사서의 핵심 내용은 최고 권력자인 군주의 겸손과 절제, 신하와 백성에 대한 배려, 사랑과 정의를 논하는 인의(仁義) 가치를 강조하는 것이었다. 그

---

15 강정인(2002), 91 ; 함재학(Hahm 2000, 170-240) ; 김비환(2008) 참조.

것은 비록 하나의 법전으로 성문화되지는 않았지만, 유교적 정치원리가 정치이념으로 공식 채택된 한대(漢代) 이후로는 그 어떤 법전보다 더 높은 헌법적 위상을 차지하고 있었다. 이른바 아리스토텔레스가 말한 성문법보다 상위에 있는 불문법의 형태를 취하고 있었던 것이다.[16]

4) 현대 법치사회에서 요청되는 덕치 : 시민적 덕성

강정인은 결론으로서 덕치와 법치의 겸전 시도 혹은 실천이 오늘날 현대 국가에서도 필요하다고 주장한다. "현대 국가에서 정교한 법 제도의 완비에도 불구하고 법치의 목적이 제대로 구현되지 못하고 있는 것은 법을 제정하는 자, 법을 집행하는 자, 법을 준수할 의무가 있는 일반 시민들에게 법을 지키려는 의식 — 곧 준법정신 — 이 결여"되어 있기 때문이다. 따라서 그는 해결책을 "덕치-시민적 덕성과 습성-의 산물"에서 찾는다. 즉, "공동체 구성원들이 법을 잘 지키는가라는 문제는 법 이전에 존재하는 공동체의 규범문화에서 형성되는 준법정신에 의존하며, 준법정신은 바로 시민적 덕성에서 연원한다"(강정인 2002, 92)는 것이다. 그는 준법정신에 대해 지도자와 피치자 모두 준수해야 할 입헌주의 혹은 헌정주의의 토대라고 말한다. 한국을 비롯한 현대 민주주의 국가 일반에서 "좋은 정치 지도자가 배출되고 있는지는 의문 내지는 뼈저린 문제"라고 지적하면서, 그는 해결책으로 "훌륭한 정치 지도자는 물론 주권자로서 품격을 유지하는 시민을 양성하기 위한 덕의 함양이 필요"하다고 주장한다. 그리고 이런 "덕치의 정신에 따라 정치의 최고 목적이 교육이라는 고전적 이상을 되살리고 다양한 시민교육과 사회화 과정을 마련하여 민주적 시민의 덕을 양성하는 것이 급선무"라고 언급했다(강정인 2002, 93).

---

16 아리스토텔레스, 나종일/천병희 역(1994), 155.

이상의 전반적인 논의에 대해서 필자 역시 동감하는 바가 크다. 강정인은 자신의 학문적 연원을 바탕으로 서양의 덕치를 추적하는 독자적 작업을 수행했고, 특유의 성실성으로 기존 연구 성과와 자신의 고전 해석을 잘 버무려 유교 헌정주의 전통을 재조명했다. 그 결과 양자 모두를 복권시키는데 성공했다. 그의 덕치와 법치 겸전 주장은 자신의 책 제목처럼 '동서양, 고금의 통섭적 성취'를 이룬 결과라 할 수 있다.

다만 그가 '덕치'를 '준법정신'과 동일시하고, '치자와 피치자의 내면적 소양'의 측면으로만 국한한 점은 재고할 필요가 있다. 이는 다시 '덕치' 개념에 대한 재고찰과 관련되기 때문이다. 이 점을 다음 절에서 본격적으로 논의해 보자.

3. '덕치'에 대한 재고찰

이제 지금까지의 논의와 주장을 보완하기 위해 '덕치'를 다시 고찰해 보자. '유교의 덕치'는 물론 '내면적 소양'을 매우 중요시한다. 하지만 '덕 일반'이 아니라 '덕치라고 할 때의 덕'은 '내면적 소양', '준법정신' 등의 규범이나 윤리 차원을 넘어 국가 통치의 전반을 포괄하는 정치적 특성을 함의하는 것임을 간과해서는 안 된다.

여기에서는 두 가지 방향, 곧 유교에서 말하는 정치의 덕과 법, 곧 덕치/법치 '개념'과, 세종(世宗)의 예를 들어 조선의 실제 덕치/법치 '사례'를 논하고자 한다. 전자에서는 '유교의 덕치' 개념 이해에 대한 새로운 이해를 제기하며, 후자의 논의를 통해서는 유교의 헌정주의적 성격에 대한 이해를 강화할 것이다.

1) '유교적 덕치/법치'의 개념 문제

강정인은 기존에 덕치와 법치를 대립적·모순적으로 인식한 데 대해 적극적으로 비판하면서 양자의 양립 가능성과 당위성을 주장했다. 이는 충분한 의의를 갖지만, 그 역시 '유교의 덕치' 개념을 '도덕적·윤리적 정치 혹은 덕성에 입각한 정치'로 이해하면서 '법치'와 대비했다. 이런 측면에서 그조차 다른 학자와 유사하게 이분법적 이해 구도를 완전히 극복하지는 못했다고 할 수 있다. 이에 대해서는 학계 전반의 재고가 필요하기에 필자는 '유교의 덕치와 법치'에 대한 새로운 개념적 접근을 제기하는 바이다.

첫째, 유교에서 말하는 '정치에서의 덕', 곧 '덕치에서의 덕'의 의미는 '인간으로서의 덕'과 다른데도 불구하고, 지금껏 일반적으로 양자는 동일시되어 왔다. 오늘날 언어 용법에서 덕은 도덕과 동일시되고 마치 인간만이 독점한 것처럼 인식되곤 한다. 하지만 사실 한자 문명권에서 '덕(德)'이라는 글자는 원래 '모든 만물이 그것으로 존재하도록 혹은 성립하도록 하는 고유한 속성'을 의미한다. 즉, 인간을 포함하여 모든 만물이나 운동에는 고유한 덕이 있고, 그런 덕을 획득하면서 각각의 사물이나 운동으로서 존재하거나 성립할 수 있는 것이다.[17] 요컨대 고대 그리스 철학에 비유하자면 '덕(德)'은 아레테(arete), 곧 덕(virtue)인 것이다. 예를 들어, 문(門)은 자신을 제외한 다른 존재가 자신을 통해 드나들 수 있도록 열리고 닫히는 출입의 기능을 할 때가 비로소 문으로서의 덕을 획득하면서 문이 되는 순간이다. 반면 벽(壁)은, 문과 반대로, 다른 존재가 드나들 수 없도록 막는 기능을 할 때 벽의 덕을 획득하여 벽이 된다. 덕이라는 말 때문에 문의 덕

---

17 이 고유한 덕들은 각자 모두 더 큰 보편질서에 참여하는데, 이 더 큰 보편질서를 도(道)라고 한다. 『老子』의 별칭인 『도덕경(道德經)』이 「도경(道經)」과 「덕경(德經)」으로 구성된 이유이기도 하다. 전자는 원리에 대해, 후자는 각 사물의 속성을 고리로 논하고 있다.

과 벽의 덕이 같은 것으로 간주되어서는 안 된다.[18]

이처럼 '정치'에도 '정치의 덕'이 있기 마련이다. '덕치'란 '정치의 덕으로 정치를 행할 때가 정치의 덕이 획득되는 순간'이고 말 그대로 '정치다운 정치'가 이루어짐을 뜻한다. 정치다운 정치가 인간다운 인간과 같을 수는 없다. 그럼에도 근대 이후 지금까지 우리는 '정치의 덕' 혹은 '덕치'를 말하면서 너무 쉽게 인간의 덕, 곧 도덕과 등치하여 이해해왔다.[19] 물론 정치 행위 자체가 인간을 대상으로, 인간이 주체적으로 행하는 것인 만큼 당연히 인간다운 요소도 포함한다. 즉 인간의 덕에서 도덕적인 요소가 핵심이라면 그런 측면도 포함해서 정치의 덕은 구성될 것이다.

유교에서 말하는 '정치의 덕'을 맹자식으로 표현하면 인정(仁政)이다. 이때 인정은 인(仁)이라는 최고의 가치를 국가 생활 전반에 구현하는 데 적합한 국가기구와 제도, 법률, 정치가 등을 구비하여 양민(養民)과 교민(敎民), 즉 백성의 경제생활을 넉넉하게 보장한 후 인간다운 교육까지 행하는 정치를 말한다.[20] 그럴 때 정치의 덕이 비로소 획득된다. 정치다운 정치로 정립된다. 덕치란 바로 이를 의미하는 것이니, 이상적인 국가 생활에 필요한 모든 요소를 다 갖추고, 절차 역시 준수하는 정치를 칭한다. 따라서 여기에는 1) 가장 낮은 차원이자 강제력에 근거한 형정(刑政)의 정치와 2) 이를 가능하도록 조문화한 정령(政令 : 오늘날 법률 혹은 법령)의 정치는 물론이고, 3) 더 자발적이고 주체적인, 그리고 근본주의에 의거한 법도와 사회문화적 의례에 의한 정치, 4) 높은 차원의 자발적·적극적 주체로서 선도하고 참여하는 정치가 모두 포함된다. 요약하자면, 유교에서

---

18 이와 유사하게 맹자는 백마의 백색과 백설의 백색이 모두 백색이라고 말한다고 해서 실제 현실에서 같은 백색은 아니듯이, 말과 눈의 덕은 다르다고 말한다(『孟子』「告子」).
19 이 점에 있어서는 과거의 필자도 예외가 아니었다(안외순 2011 ; 2013).
20 안외순(2002), 「해제」 참조.

말하는 정치방식으로서 '덕치'에서의 '덕'은 도덕적·윤리적 행위규범 차원에 국한된 것이 아니라, 그것을 포함하여 실정법은 물론 사회적 규범, 이를 운영하는 지도력까지도 포괄하여 국가를 최상으로 운영하는데 필요한 본질적인 속성을 지칭한다. '덕치'란 이 속성에 의하여 운영되는 정치인 것이다.

공자가 '주를 따르겠다[吾從周]'라고 말할 때, 이는 혁명과 개혁으로 나라를 건국하고 정비해가던 '주나라 초기의 정치·법·문화 제도와 역사 및 전통을 따르겠다'는 것이었지, 한낱 '그 마음'만을 따른다는 것은 아니었다.[21] 여기서 말하는 주나라의 정치·법·문화 제도가 예(禮), 곧 주례(周禮)이고, 그 정신으로 정치를 하는 것이 유교에서 말하는 덕치(德治)이다.

a) 정령(政令)으로 이끌고 형벌(刑罰)로써 제어한다면 백성들은 죄만 면하려할 뿐 양심이 없다.
b) 덕교(德敎)로 이끌고 예제(禮制)로써 제어한다면 양심적일 뿐만 아니라 지극하게 된다.[22]

위 인용문은 공자가 '법치(法治)·형치(刑治)'를 부정하고 '덕치(德治)·예치(禮治)'를 강조한 예문으로 많이 회자되어 왔다. 그러나 이 진술이 담고 있는 진정한 의미까지 진지하게 이해되고 있는 것 같지는 않다. 오히려 공자가 '협의의 법치·형치'를 부정하고 '덕치·예치'만 인정한다는 오해도 있는 것 같다. 하지만 공자는 '협의의 법치·형치'를 부정하지 않는다. 당연히 그것을 인정하되, 그것에만 의존하는 정치를 넘어서 구성원들로 하

---

21 『論語』「八佾」, "子曰 周監於二代 郁郁乎文哉 吾從周."
22 『論語』「爲政」, "道之以政 齊之以刑 民免而無恥 道之以德 齊之以禮 有恥且格." 부호는 필자가 임의로 부여한 것이다. 이하 동일하다.

여금 자발적·주체적·적극적인 국가생활의 구성원이 되도록 하는 '덕치·예치'의 수준을 소망한다는 점을 밝힌 것이다.[23] 이 점도 유교에서 말하는 '덕치', '예치', '법치'의 개념적 이해의 재고가 요구된다는 필자의 문제 제기와 맞닿는다.

위 인용문 a)에서 필자는 원어 '정(政)'을 협의의 정치권력, 곧 '공권력' 혹은 '강제적인 법률이나 제도'로 해석해서 '정령(政令)'으로 번역했다. 국가공동체에서 유일하게 합법적인 물리적 강제력의 영역이 정치권력이고 각종 강제력을 지닌 제도나 법률 혹은 행정명령이기 때문이다. '형(刑)'은 이런 정령을 위반했을 때 따르는 처벌이다. 이 강제력으로서의 정(政)·형(刑)은 오늘날 협의의 법령, 포고령 등의 강제력이 발동되는 정치적·행정적·사법적 지침을 지칭한다. 따라서 a)는 강제력을 행사하는 공권력에 의한 행정지도와 이를 준수하지 않았을 때 뒤따르는 처벌이 중심이 되어 질서가 유지되는 사회를 의미한다. 이는 오늘날 법치의 두 측면 가운데 강제력과 수동성 및 소극성에 입각한 정령의 정치이자 형벌에 의한 정치라고 하겠다. 물론 이것은 모든 정치공동체의 필수불가결한 기본적인 구성요건이다. 하지만 여기에만 의존하면 국가는 강제력만 무성한 철권정치가 된다. 구성원 대다수에게 이 국가는 살고 싶지 않은 나라일 것이다. 구성원들은 법망만 피하면 다행이라고 생각할 것이다.

해당 정령이나 법이 처벌을 위한 것이 아니라 궁극적으로 피치자를 보호하고 구성원 자신을 위해 존재한다는 것을 인식하게 되면, 민이 법을 대하는 태도는 달라진다. 이를 위해서는 법에 대한 국민들의 이해와 긍정

---

23 공자는 형벌이 적합하지 않으면 백성들이 어떻게 행위할지 모른다고 했다(『論語』「爲政」, "事不成則禮樂不興 禮樂不興則刑罰不中 刑罰不中則民無所措手足"). 여기에서도 공자는 예악을 형벌의 기준점, 곧 형치를 규정하는 법으로서 인식하고 있음을 알 수 있다.

적 인식도 중요하지만, 국정 전반과 법제도, 법령의 방향이 진정으로 국민의 생명을 보호하고 존중하기 위한 것인지가 더 중요하다. 즉 인용문 b)에서 보듯이, 국정 방향과 법 제도가 보민(保民)과 위민(爲民)을 제1의 목적으로 운영되는 것이 체감된다면[덕교(德敎)], 국민은 자발적·적극적·주체적으로 국가법률은 물론 생활 전반의 규범을 기꺼이 준수함으로써 정(政)·형(刑) 이전에 스스로 단속하고 준수하게 될 것이다[예제(禮制)]. 필자는 원문의 '덕(德)'을 '덕교(德敎)'로 번역했다. 기존 인식 경향을 감안하면, 이것은 '도덕적·윤리적 가르침'으로 이해될 여지가 다분하다. 하지만 '덕교'는 이미 언급했듯이 '위민과 보민의 의지를 담은 국가 제도 및 정책 제반'을 의미한다. 당시 '교(敎)'는 비법령적 가르침 혹은 교육만을 의미하지 않았다. 군주의 명을 '교(敎)', '하교(下敎)'라고 한데서 보듯이, 일종의 법령·훈령의 성격을 띠는 것이기도 했다.

그리고 바로 이 지점에서 '유교의 덕치'가 오늘날의 '입헌주의적(헌정주의적) 법치'임을 확인할 수 있다. 이러한 취지는 다음 예문에서 더 분명하게 드러난다.

c) 법소송을 처리함에 있어서는 나도 남들과 같겠지만, d) 할 수만 있다면 (사전에 정치를 잘해서) 송사하는 일 자체가 없도록 하고 싶은 것이지.[24]

이 인용문 c)와 d)는 앞의 a)와 b)에 각각 조응하는 것으로서 법치에 대한 공자의 두 가지 인식 태도를 보여준다. c)에서 그는 '형치로서의 법치'를 부정하는 것이 아니라 분명히 인정하고 있다.[25] 그러면서도 d)에서는

---

24 『論語』「顔淵」, "聽訟吾猶人也 必也使無訟乎."
25 실제 『論語』 곳곳에서 공자는 실정법은 물론 기존 제도를 철저하게 준수하는 태도를 보여주고 있다. 이런 태도 때문에 그를 보수주의로 분류하는 학자도 있다.

자신이 진정으로 소망하는 사회는 '형치로서의 법치'를 쓸 일이 없는 사회라고 밝힌다. 현실에서 범죄가 존재하는 한 최대한 공정한 법시행이 필요하지만, 이루기 위해 노력해야 할 보다 이상적이고 근본적인 목표는 '소송할 일이 없는 세상', 형치가 불필요한 세상, 곧 범죄가 없는 세상이라는 것이다.

이는 공자가 정치공동체 속의 인간을 소극적이고 수동적인 존재로 바라본 것이 아니라 적극적이고 주체적인 존재일 수 있다고 믿었다는 점을 보여준다. 즉 치자만이 아니라 인간 일반이 정치사회적 여건(덕교)과 스스로의 노력에 의해 누구나 군자(君子)가 될 수 있다는 신념이 그것이다. 이 지점에서 협의의 법관념과 관련된 공자의 인식을 간단하게나마 언급할 필요가 있겠다.

첫째, 엄격한 법치 사회를 위해서는 부모와 자식 사이에도 서로 죄를 고발해야 한다는 '법가(法家)'와 달리, 공자는 부모와 자식 사이에는 고발하지 않는 것을 인정한다. 하지만 이러한 공자의 법 관념이 불법적이거나 비법적인 것이 아니다. 천륜 관계에서는 아무리 범죄자라 할지라도 차마 고발하지 못하는 정서를 인정한 뒤에 법 적용이 이루어져야 한다는 관점이다. 오늘날도 직계가족의 경우 범인은닉죄가 적용되지 않는다. 이는 법치를 부정하는 것이 아니라 법 적용의 문제를 어느 선에서 정하는지의 문제이다.

둘째, 최고 통치자 순(舜)이 부친 고수(瞽瞍)가 살인을 저질렀을 경우 어떻게 처리할 것 같냐는 제자의 가설적 질문에 대해, 일단은 법대로 처리하게끔 하고, 그 다음에 자신이 천자직을 내려놓고 사인(私人)으로서 부친을 업고 도망갈 것이라는 맹자의 답변도 비법치에 해당하지 않는다. '공인으로서 법대로 처리하게 하고 이후 군주라는 자리를 사직한 후 자식이라는 미가인의 시부으로 자신이 범죄자가 될지언정 부친의 고생을 면하게 하려 노력할 것'이라는 답변은 여전히 법치의 테두리 속에서 개진되고 있다. 이것이 비법치이려면, 순이 천자직에 있으면서 자신의 부친은 예외로 한다든지 아니면 부친 때문에 법을 바꾼다는 식의 답변이었어야 한다.

덕치란 법제도적인 차원에서 정치공동체 구성원의 생명과 재산을 보호한 후에 가능한 것임을 맹자도 분명히 했던 것이다.[26] 그래서 공자와 맹자는 통치자에게 인정의 내용으로 양민과 교민의 의무를 요구했다. 통치자의 수기(修己) 역시 토지제도, 세금, 군사 등의 법령과 제도를 구축하고 실천함으로써 양민, 곧 인민의 생명·재산·행복을 보호하고, 추구하며, 실현한 바탕 위에 교민, 즉 이를 주체적이고 자발적으로 실천하도록 교육하는 인정(仁政)과 연관된다.[27] 따라서 유가의 덕치론을 '(통치자의) 모범적인 언행에 의한 감화나 교화'로 설명하고 나아가 인치론(人治論)으로 규정하는 풍토는 재고되어야 한다. 항산이 보장되지 않는 상태에서 항심을 욕하거나 형벌을 앞세우는 것은 '공동체 구성원들을 범죄의 그물망에 몰아넣는 행위'[28]라고 경고한 맹자의 언명을 상기할 필요가 있다.

강정인은, 앞서 2절에서 살펴보았듯이, 유교는 예를 비롯한 여러 가지 장치로 군주의 권력을 제한하는 것을 지향했으며, 그리하여 이른바 유교적 입헌주의(헌정주의)라고 평가해도 된다고 보았다. 필자는 이에 대해 충분히 동의한다. 다만 '덕치'가 '도덕적 지향'만을 의미하는 것이 아니라 국가 전반적인 운영 질서와 규범 전체를 의미하고, 자발적·주체적 동의를

---

26 『孟子』「離婁」下, "以善養人然後 能服天下."

27 『孟子』「梁惠王」上, "五畝之宅 樹之以桑 ……飢矣 謹庠序之教 申之以孝悌之義 頒白者不負戴於道路矣 七十者衣帛食肉 黎民不飢不寒 然而不王者未之有也."

28 『孟子』「梁惠王」上, "若民則無恒産 因無恒心 苟無恒心 放辟邪侈 無不爲已 及陷於罪然後 從而刑之 是罔民也 焉有仁人在位 罔民."

유도하는데 초점이 있다는 점을 논함으로써, 덕치에 대한 일반적인 인식에 이의를 제기하는 한편 강정인의 논의를 보완했다. 이 점에서 필자는 유교적 덕치를 '덕주형보(德主刑輔)의 법치(法治)', 곧 '적극적인 덕치와 소극적인 형치로 구성된 법치'[29]라고 규정한다.

2) 세종의 덕주형보의 법치

세종은 조선시대 내내 후대의 군주들에게는 따라야 할 모범이었고,[30] 신료들에게도 '성주(聖主)'로 칭송받았으며,[31] 당대에도 "거룩하신 덕이 높고 높아서 사람들이 무어라 이름하지 못하였으니, 당대인들이 해동의 요순이라 기렸다."[32] 오늘날에도 한국인들이 가장 존경하는 인물이라고 하니 그 야말로 한민족 최고의 통치자 상이다. 여기에서는 근대 이전 동아시아 유교 문명권에서도 가장 유교 정치적 성격이 강했던 조선의 최고 군주 세종의 정치를 통해서 '덕주형보(德主刑輔)의 법치'의 구체적인 모습을 살펴보고자 한다.

첫째, 세종의 덕치가 개인적 수기나 내면적 수양에 국한된 것이 아니라 현실적인 덕주형보의 법치임을 그 '덕'의 실체에 대한 기록을 통해 확인할 수 있다. 세종 훙거(薨去) 직후 그의 정치적 생애와 공과를 평가하여 기록

---

29 물론 이것은 '덕주정보(德主政輔)의 법치', '예주형보(禮主刑輔)의 법치'라고 해도 무방할 것이다.

30 예를 들어 조선 후기 군주 정조는 설날 아침 진전(眞殿)에 나아가기에 앞서 입직군만 대동하고 나머지 삼군(三軍)은 모두 각자 자신들의 집에서 쉬도록 명하면서 이것은 세종의 규례를 그대로 따르는 것이라고 했다. 그러면서 정조는 역대 왕들이 모두 『세종실록』에 있는 내용을 외우고 그 규례를 따르는데 자신도 그렇다고 밝히고 있다. 『正祖實錄』, 16년, 12월, 27일(辛卯). "敎曰 昔在先朝 每誦英陵朝實錄中句語 凡詣眞殿也 用此例 是日則元朝也 當令三軍在家便息 此亦仰述故事也."

31 李珥, 『栗谷全書』, 卷7, 疏箚5 참조.

32 『世宗實錄』, 32년 2월 17일(壬辰). "聖德巍巍 人不能名 時稱海東堯舜."

하는 『세종실록(世宗實錄)』 사평(史評)에서 '거룩하신 덕'으로 일컬어진 그의 '덕치'의 구체적인 내용을 볼 수 있다. 여기에는 군주의 도덕적 수양에 따른 피치자의 감화가 아니라 당대 현실의 전장법도(典章法度), 곧 법률·훈령·규례·의례 등으로 구성된 각종 제도에 의거하여 내치와 외교를 잘 시행했다는 사실로 빼곡하다. 기록은 세종의 덕이 거룩한 것이 그가 "문무(文武) 정치 모두 훌륭했기" 때문이라는 점을 말해준다. 그리고 "예악의 문화를 모두 일으켜 종률(鍾律)과 역상(曆象)의 법도류", 곧 예악, 천문 제도 등을 발명했고, '왕실을 잘 관리하여 이간질하지 못하도록 했으며', 인사에도 "관료를 예(禮 : 존중)로써 등용하고", 간언(諫言 : 비판하는 말)을 받아들였으며, 외교에서도 경전의 규례대로 "정성으로 사대(事大)하고 신의로써 교린(交隣)하였고", "인륜(人倫 : 보편적인 인간 윤리)은 물론 모든 사안에 밝았다"는 점을 구체적으로 열거한다.[33]

둘째, 세종이 펼친 덕주형보의 법치, 곧 덕치는 피치자인 백성과 함께 군주나 치자도 준수하고 제약받는 입헌주의적 법치였다. 먼저, 이 점은 정치적 목표와 노선 및 포부를 밝힌 즉위교서를 통해서 확인된다. 세종은 앞으로 자신의 정치는 태종과 태조가 일구고 준수했던 유교 전범을 철저히 준수할 것을 서약했다. 또 사면령을 반포함에 있어서도 이것이 고래로 전해오는 국법을 따른 것임을 밝히고 있다.

e) (앞으로의 정치와 관련해서) 모든 일체의 제도는 태조와 우리 부왕(父王 : 태종)께서 이룩하신 성헌(成憲)을 따를 것이며, 어떠한 임의 변경도 없을 것이다.

f) 그리고 이 거룩한 의례에 부쳐서 마땅히 너그러이 사면하는 정령을 선포하

---

33 『世宗實錄』, 32년 2월 17일(壬辰). "文武之政畢擧 禮樂之文俱興 如鍾律曆象之法 皆東方前古所未知 而皆自上發之. 敦睦九族 友愛二兄 人無間言. 使臣以禮 從諫弗 咈 事大以誠 交隣以信 明乎人倫 察乎庶物."

노니……이를 어기는 자는 죄를 묻겠으며

g) 정위근시(正位謹始 : 군주의 자리를 바로잡고 그 처음을 삼감)하여 조종[宗祧]의 중함을 받들고, 시인발정(施仁發政 : 인정을 베풀고 펼쳐서)하여 바야흐로 (선왕들이) 땀 흘려 이룩하신 은택을 확장해 나가리라.[34]

위의 인용문에서 확인되듯이 세종은 법을 비롯한 제반 제도를 시행함 있어서 e) 먼저 기존의 헌정질서를 철저히 준수할 것을 서약하고 있고, f) 신왕 즉위에 따른 사면 역시 기왕의 국가 제도에 의거해 집행하며, 특히 g) 자신의 정치는 유교 정치의 최종목표인 '시인발정', 곧 인정(仁政)을 펼쳐나가되, 그것이 선왕들의 전통을 잇는 것임을 천명하고 있다. 요컨대 '인정'은 법치를 부정하는 것이 아니라 기존의 제도와 전통을 준수하고 제약받는 입헌주의적 법치 원리 속에서 작동되었다.

이러한 세종의 즉위 서약은 재위 기간 내내 일관되게 실천되었다. 치세 중반에도 세종은 늘 "백성은 오직 나라의 근본이요 정치란 백성을 기르는 데에 있는 것이니, 백성의 생활을 풍족하게 하여 나라의 근본을 튼튼히 하는 것이 나라를 다스리는 급선무"라는 점을 강조했다. 그 구체적 실천을 위해 "날마다 대신들과 함께 문무(文武)의 인재를 뽑아 군대와 백성의 책임을 맡기면서 직접 그들을 불러 보고 경계하고 타일러서 정사와 송사(訟事)가 잘 처리되어 백성과 만물이 모두 편안하며, 군대는 용감하고 무기도 정예로워서 국경이 안정되어 우리 조종(祖宗)의 어렵고도 위대한 업(業)을 받들기를 소망"했다. 그리고 그 모든 것을 항상 "문무 대신들과 의논하는" "의정(議政) 전통"을 철저히 준수했다.[35]

---

34 『世宗實錄』, 卽位年 8月 11日(戊子). "恭惟太祖草創洪業, 惟父王殿下續承丕緒 一切制度 悉遵太祖 及我父王之成憲 無有變更.……於戱 正位謹始 以奉宗祧之重 施仁發政 方推渙汗之恩."

또 세종은 쉽게 법을 개정하려는 신료들 앞에서 그것이 더 상위 차원의 조선의 입헌 정신과 원리 및 전통과 어긋난다는 이유로 기각하면서 기존의 입헌주의를 고수하는 면모도 보였다. 예를 들어 재위 13년, 백성들이 지방관의 비리를 중앙정부에 직접 고발하는 제도가 지방관의 행정력을 저해한다는 이유로 의정부 원로 대신들 다수가 지방관의 비리는 감사를 파견하여 파악하도록 하고 직접 고발 제도는 폐지하자고 요청했다.[36] 이에 대해 세종은 "백성으로 하여금 고소하지 못하도록 조치를 해놓고 조관(朝官)을 보내 진소(陳訴)하게 하는 것도 모순이고, 또 사안마다 조관을 파견하는 것은 특별법으로 육전(六典)에 싣기에는 부적합하며", "고인(古人)이 '옛일을 본받지 않는 것을 경계하라' 하셨으니, 법을 제정하는데 근거가 없으면 그 폐단을 장차 어찌할 것인가"[37]라고 하며 법 개정에 따른 원리적 모순과 입헌 정신의 위배됨을 들어 반대했다. 법 제정의 원칙은 임시응변에 입각한 권법(權法)이 아니라 보편적인 상법(常法)에 따라야 하고, 그러므로 대신들의 요청은 오늘날 용어로 말하자면 헌법에 배치되어 수용할 수 없음을 분명히 한 것이다.

그리고 이 사례를 통해서 알 수 있듯이, 특히 백성으로 대변되는 약자를 보호하고 이들의 법적 항변권을 보장하고자 노력한 점도 세종의 특징으로 꼽을 수 있다. 그는 '백성들로 하여금 억울함을 호소하는 길을 막아서는 안 된다'하고 하면서 백성이 수령의 잘못을 고발하는 제도야말로 '백성을 보호하는 법'이라고 했다. 이는 백성들이 스스로 자신들의 이익과

---

35 『世宗實錄』, 12년 윤12월 9일(乙巳). 「藝文提學尹淮 製賜各道監司敎書以進」 참조.

36 『世宗實錄』, 13年 6月 20日(壬子). "判書申商鄭欽之大司憲申槪等啓 雖禁部民告訴 自己訴冤則呈 誤決移送他官改正 已成格例."

37 『世宗實錄』, 상동. "上日 旣立告訴之禁 又遣朝官 使民陳訴 實爲矛盾. 時遣朝官 特一時之法 不合載諸六典. 古人戒事不師古 立法無據 弊將若何."

권리를 수호하도록 한 법적 조치였다. 세종은 "백성 가운데 스스로 억울한 점이 있을 때 바로 잡지 못한다면, 가령……민생들이 원하는 바가 있을 때 군주가 없으면 혼란스러워서 군주를 세워 다스리게 하였는데, 백성이 억울함을 호소하는데 군주가 받아주지 않는다면 어찌 정치의 체통(體統)에 어긋나는 것이 아니겠는가"[38]라고 자신의 생각을 밝히기도 했다. 이러한 측면은 아래에서 논할 노비에 대한 처분의 사례, 즉 사사로이 사형(私刑)을 가할 수 없고 반드시 관청을 통해서만 가능하다고 한 데서도 충분히 시사되는 바이다. 관청의 공적 재판을 통해서만 처벌할 수 있다는 것은 노비에게도 시시비비를 가릴 법적 항변권을 보장한다는 의미이기 때문이다.[39]

셋째, 이제 세종의 덕주형보의 법치에 있어서 형치의 원리는 어떠했는지 간략히 살펴보자. 아래 인용문에서 세종의 형치관이 임의가 아닌 기존 법체계의 철저한 준수를 통해 시행하는 유교 입헌주의 면모를 보인다는 것을 확인할 수 있다.

h) 형조에 전지(傳旨)하시기를…… i) 상벌은 군주의 대권이지만, j) 군주로서 무고한 자를 죽여서 '선한 이에게 복을 주고 악한 이에게 화를 내리는 하늘의 원리'를 참람되게 해서는 안 된다. 하물며 k) 노비가 천하다고는 하나 하늘백

---

38 『世宗實錄』, 상동 "上謂贊成許稠曰 近聞卿與代言等 言部民親訴守令者 當勿許受理 冀達於予. 卿嘗言部民訴守令 甚非忠厚之風 太宗亦嘉納之 歲庚子 已立法. 予嘗思之 卿言甚善 至於自己所冤 悉令勿受 則假如守令 奪民奴婢 以與他人 更不受理可乎. 民生有欲 無主乃亂 必立君長而治之. 不受訴冤 則豈不害於治體."

39 노비의 생명권 보호 및 항변권 보장에 대한 세종의 노력은 실록에 자주 등장한다. 자기 노비를 관청에 고하지 않고 사적으로 죽인 권채 부부에 대해서 법적 처벌을 하라는 사례도 동일한 예이다. 『世宗實錄』, 9年 8月 29日(甲申) "義禁府提調申商啓 權採奴婢納招……." 참조.

성[天民]이 아닌 이가 없다……. l) 군주의 덕은 호생(好生)일 뿐…… m) 율문(律文)을 살펴보니 〈노비구가장조(奴婢毆家長條)〉에 이르기를…… n) 주인으로서 노비를 함부로 죽인 자는 o) 모두 율문에 따라 처리해야 옳다.……지금부터 p) 노비가 죄가 있건 없건 관청에 고하지 않고 죽인 자는 모두 q) 옛 규례(規例)에 의거 과단(科斷)하라."[40]

즉, h) 형벌을 전담하는 부서 형조(刑曹)가 있었고, i/l/p) 상과 벌은 국가의 중요한 공권력으로서 사적으로 행할 수 없는 영역임을 천명하고 있으며, j/l) 그렇기 때문에 공권력을 함부로 행사해서는 안 되고 그것은 오직 백성을 살리기 위해서만 존재하며 권선징악의 자연적인 원리를 사법적으로 구현하는 것이어야 한다. k) 노비를 포함하여 나라 안의 모든 구성원은 국가로부터 생명을 보호받아야 하는 천민[天民]이며, m/o/n/q) 재판과 형량은 반드시 죄형법률주의에 따라야 한다. n) 신분에 관계 없이 타인의 생명을 사적으로 해한 자는 모두 법에 의거하여 처벌하고, p/q) 따라서 사형(私刑)을 당한 자가 저지른 죄의 유무에 관계 없이, 사적 형벌을 가한 자의 신분에 관계 없이 모두 정해진 법률에 의거하여 처벌받도록 하고 있다.

유교에서 형벌을 가하는 원칙은 기본적으로 군주나 국가의 존재 이유인 백성을 보호하고 살리는 것, 곧 보민지덕(保民之德)과 호생지덕(好生之德)에 근거를 두었다. 이러한 목적을 위해 부득이한 경우에만 형벌을 가해야 하며, 그 원칙은 기본적으로 노비를 포함한 모든 백성에게 적용되었다. 여기에 더해 법률에 부합하는 죄형법률주의, 억울한 피해자가 없도록

---

40 『世宗實錄』, 26年 閏7月 24日(辛丑). "傳旨刑曹 賞罰 人君之大柄 以人君而殺一無辜 天之福善禍淫 尚且不僭. 況奴婢雖賤 莫非天民也.…… 人君之德 好生而已…… 稽諸律文 奴婢毆家長條云……則其主擅殺奴婢者 一依律文施行可也.……自今奴婢 有罪無罪 不告官而毆殺者 一依舊例科斷."

하는 죄형증거주의, 형벌에 있어서도 법가의 엄형주의에 비해 여러 가지 상황을 참작하는 경형주의(輕刑主義), 그리고 사형(私刑)을 금하고 반드시 국가를 통한 공적 형벌이어야 한다는 원칙도 채택하고 있었다. 세종은 이런 전통을 준수했다.

살펴본 것처럼 세종의 덕주형보의 법치론은 기본적으로 모든 인간의 존엄성과 능력에 대한 신뢰에 기초한다. 그의 덕치론은 내면적·규범적 성격만이 아니라 실질적인 국가 제도와 법률, 실질적인 공효(功效)의 성취까지 이 모든 것을 포함하는 것이었다. 또한 군주 자신도 피치자와 마찬가지로 철저히 전장법도에 구속되는 입헌주의 원리를 준수했다. 구체적인 정형(政刑)의 정치에 있어서도 좁은 의미의 법치에 속하는 물리적 강제력인 정령(政令)에 의한 정치 및 그것을 위반했을 때 가하는 형치(刑治)를 수반하되, 호생주의(好生主義)와 공평성의 원칙, 죄형법률주의, 약자보호주의 등의 성격을 띠고 있었다.

세종은 양민과 교민으로 구성된 인정(仁政)의 구현이라는 유교적 정치 목표, 곧 입헌주의적인 정신을 실천하고자 헌신했다. 농법개량, 측우기, 해시계 발명 등 각종 민생 해결을 위한 노력 등이 그의 양민적 실천이었다. 기성 지식인 중심의 한자 문화에서 벗어나 백성의 지식인화를 도모한 한글 창제 등의 노력이 대표적인 교민적 실천이었다. 덕치와 예치는 바로 이를 지칭한다. 덕치는 단순한 내면적·규범적 성격만을 갖는 것이 아니다. 백성으로 하여금 국가 생활에 자발적이고 주체적이며 적극적인 자기 의지로 참여하게 하는 국가의 제도, 법률, 장치 전반을 모두 포괄하는 의미이다.

4. '덕치'에 대한 새로운 이해를 위하여

지금까지 깅징인의 딕치·법치 겸전론과 입헌(헌정)주의론을 살펴보고, 보완적 논의를 진행했다. 그가 덕치와 법치에 관한 논의를 처음 제기했던 2002년 전후의 국내외 학계에서는 '유교는 자의적 인치에 의거한 전제정 아니면 기껏해야 규범적 성격의 덕치'인 반면 서양은 '전제정과 대비되는 법치'라는 인식이 지배적이었다. 강정인은 이런 인식이 지극히 서구 중심적인 편견에 기초한 것이라고 비판하면서, 유교의 덕치와 서구 근대 법치의 친화성을 강조했다. 나아가 오늘날 법치의 성공을 위해 유교의 덕치와 현대적 법치의 겸전이 필수적임을 주장하고, 그 논증을 위해 서구정치사상사에서 덕치의 사례와 유교에서의 법치 전통의 사례를 제시했다. 이러한 작업은 그동안 간과되었던 '유교문명권에서의 법치 전통의 회복'이자 '서양에서의 덕치론의 복권'이기도 하다.

이어서 보완적 논의를 전개했다. 특히 그것은 '유가의 덕치와 법치' 개념 이해에 대한 재고다. 강정인 역시 유교적 덕치 개념과 인식에 있어서 '일반적/인간적 차원에서의 덕 혹은 도덕' 등과 동일시하는 기존 관념을 지녔기에, 이에 대한 보완적 논의를 진행했다. 물론 이 점은 강정인만이 아니라 근대 이후 지금까지 이어져 온 학계 전반의 인식이다. 하지만 필자는 덕치에서의 덕을 정치적 관점에서 인식할 것을 요청하고, 그렇게 이해할 경우 '유교에서 말하는 덕치는 덕주형보(德主刑輔)의 법치'였다는 점을 개진했다. 그 예시로서, 가장 유교적이었던 조선시대 덕치의 전형으로 평가받는 세종의 덕주형보 덕치가 곧 법치였음을 밝히고, 덕주형보가 실은 '법주형보(法主刑輔)'와 동의어이기도 하다는 점을 논했다. 이 글의 논의가 덕치에 대한 새로운 이해를 마련하고, 나아가 동양의 전통 사상을 바라보는 서구중심주의적인 편견을 극복할 수 있는 계기가 될 수 있기를 바란다.

10

존 로크의 정치사상과 서구중심주의

문지영(서강대학교)

1. 서구중심주의자 로크?

존 로크(John Locke)는 흔히 '최초의 자유주의자'로 지목되며, 그의 정치사상이 집약된 『통치에 관한 두 번째 논고 : 시민-정부의 참된 기원과 범위, 목적에 관한 시론(*The Second Treatise of Government : an Essay Concerning the True Original, Extent and End of Civil-Government*)』[1]은 잉글랜드의 명예혁명과 미국 독립혁명의 이념적 기반을 제공함으로써 근대 민주주의 발전에 기여했다고 평가받는다(Lloyd-Thomas 1995 ; Faulkner 2001). 이 저작이 "서양 정치철학의 가장 위대한 고전 중 하나로 손꼽히는" 만큼(켈리 2018, 13), 거기에 담긴 로크의 여러 주장은 1689년 첫 출간 이래 오늘날까지 다양한 관점에서 해석되며 열렬한 옹호와 격렬한 비판을 동시에 받아

---

1 이하 편의상 『두 번째 논고』로 지칭한다. 원전 인용은 골디(Mark Goldie) 편집본 (Locke 2016)을 기본으로 하고, 관행에 따라 해당 절 번호(§)를 표기한다.

왔다. 특히 제5장 '소유에 대하여(Of Property)'는 로크 스스로 최고의 논의 중 하나로 여겨 몹시 자랑스러워 했을 뿐만 아니라, 로크 연구자 사이에서 가장 활발한 논쟁의 대상으로 꼽히기도 한다(양승태 1991 ; 켈리 2018).

강정인(2004)은 1950년대 이래 영·미 학계에서 로크의 소유권 논의를 둘러싼 해석의 변천을 소개한다. 노동계급에 대한 자본가계급의 이익을 옹호하는 것으로 간주하는 맥퍼슨의 해석, 국왕의 자의적 침해로부터 신민의 소유권을 방어하기 위한 것으로 보는 수정주의적 해석, 아메리카 인디언들에 맞서 잉글랜드 이주민들의 소유권을 지키려는 시도로 읽는 서구중심주의적(Eurocentric) 해석이 그것이다. 그는 "이 세 가지 해석 중 서구중심주의적 해석은 지금까지 커다란 주목을 받지 못했"으나 "로크 사상의 숨겨진 차원을 새롭게 부각했다는 점에서……각별한 학문적 의미를 지닌다"(강정인 2004, 179)고 강조하면서, 르보빅스(Lebovics 1991)와 툴리(Tully 1993), 파레크(Parekh 1995), 아네일(Arneil 1996)의 논의를 중심으로 로크 정치사상에 대한 서구중심주의적 해석을 상세하게 검토한다. 이때 '서구중심주의적 해석'이란 로크의 사상이 '아메리카 인디언을 서구의 시선으로 타자화하여 식민주의를 정당화하는 측면'에 초점을 맞추는 해석이다.

사실 『두 번째 논고』를 잉글랜드가 아메리카를 식민화하는 맥락에서 분석한 연구는 1960년대부터 등장했다. 예컨대 셀리저(Seliger 1968)는 로크가 국내적으로는 자연법에서 도출되는 자유와 평등을 토대로 한 정치체제를 구상했으나 국제관계에 있어서는— 특히 비서구인의 생명과 자유, 소유물을 다룸에 있어 —그런 자연법을 적용하지 않았다고 비판하면서, 로크의 자유주의는 식민지 정복 및 비서구인의 노예화에 대한 정당화를 한 축으로 포함한다고 주장한 바 있다. 그러나 1990년대 이전까지 『두 번째 논고』는 통상 왕정복고 이후 명예혁명에 이르는 당대 잉글랜드의 국내 정치 상황에 대응하는 저작으로 인식되었고, 아메리카 식민화라는 대외정책적 측면은 로크의 정치사상을 해석하는 맥락에서 곧잘 간과되었다 (Arneil 1994). 이런 흐름에 본격적으로 문제를 제기한 것이 1986년에 발표된 르보빅스(Herman Lebovics)의 연구다. 르보빅스는『두 번째 논고』에 언급된 '아메리카'에 주목하면서 로크를 "신대륙의 존재를 정치철학의 주요 구성요소로 만든 최초의 근대 철학자"(Lebovics 1986, 567)로 규정했다. 이후『두 번째 논고』를 아메리카 식민지 정책을 둘러싼 17세기 잉글랜드의 정치·경제적 논쟁의 맥락에서 재해석하는 연구 성과들이 속속 등장했다. 플래너건(Flanagan 1989), 아네일(Arneil 1992 ; 1994 ; 1996), 툴리(Tully 1993), 파레크(Parekh 1995), 이비슨(Ivison 2003), 아미티지(Armitage 2004 ; 2012), 클라우젠(Klausen 2007), 파(Farr 2008), 미우라(Miura 2013) 등이 대표적이다. 로크의 정치사상을 식민주의와 연결시켜 해석하는 연구가 모두 서구중심주의에 대한 문제의식에서 나온 것은 아니다. 하지만『두 번째 논고』에 나타나 있는 아메리카 및 아메리카 인디언 관련 논의는 로크의 소유권 이론과 로크적 자유주의의 한계를 새로운 각도에서 살펴보려는 연구 주제로서 꽤 오랫동안 천착되어 왔다.

그런데 국내 학계에서는 이러한 관점에서『두 번째 논고』를 거의 다루지 않았다. 송규범(2015)이 지적하듯이, 로크 정치사상은 중요성에 비해 그다지 활발하게 연구되지 않은 실정이다. 일단 연구 성과가 양적으로 매우 부족할 뿐더러, 주제 면에서도 자연법·자연권·사회계약 및 자유 개념을 중심으로 한 자유주의 사상 관련 연구와 소유권 관련 연구가 대다수를 차지한다. 이 점에서 강정인(2004)의 연구는 자못 의미가 깊다.『두 번째 논고』의 소유권 논의를 식민주의의 맥락에서 해석하는 입장들을 소개함으로써 국내 학계의 연구 공백을 드러내는 동시에 로크적 자유주의를 새로운 차원에서 접근하여 바라볼 필요성을 제기하기 때문이다.

허재훈(2014)은 이 같은 필요싱에 부응하여 로크의 사상을 식민주의의 맥락에서 조명한 연구라 할 수 있다. 허재훈은 로크에 대한 맥퍼슨의 해석을 토대로 로크를 "철저하게 '소유적 개인주의'의 입장에 따라 경쟁과 효율이라는 자본주의의 이상에 따른, 자본 축적의 논리학을 일관되게 고수한" 사상가로 규정한다. 그의 주장에 따르면, 로크는 "자연법을 구성하는 과정에서 배제의 논리를 작동시킴으로써 당시 잠재적으로 진행된 인디헤나[indigena, 원주민]의 절멸에 대한 이론적 정당화를 공식화"하고, "식민주의를 최초로 정식화한 부르주아 사상가"이며, 그럼으로써 "제노사이드를 비롯한 인종의 절멸과 삭제 프로그램"을 내장한 인종주의 및 오리엔탈리즘의 기원이기도 하다(허재훈 2014, 388, 399, 407, 408). 또한 그는 로크 자신이 유럽중심주의에 입각해 있을 뿐만 아니라 로크에 대한 서구 연구자들도 (로크의 이론과 아메리카 대륙 간의 밀접한 연관성에 주목하는 연구 성과가 미미하다는 점에서) "명백히 유럽중심주의 시각을 견지"하고 있다고 지적한다(허재훈 2014, 396).

이 글은 강정인이 제기한 논점을 발전시켜 로크의 정치사상에 대한 이해를 좀 더 확장해보려는 시도다. 구체적으로, 『두 번째 논고』에 나오는 아메리카 및 아메리카 인디언에 대한 언급이 로크의 정치사상에서 어떤 의미를 지니며, 나아가 로크적 자유주의의 특징을 어떻게 드러내는지 살펴보는 데 목적이 있다. 이 과정에서, 『두 번째 논고』를 식민주의의 맥락에서 읽는 연구들의 주요 논점을 검토하는 한편 로크의 정치사상이 시사하는 서구중심주의의 함축을 평가할 것이다. 이를 위해 다음 절에서는 우선 『두 번째 논고』에 대해 제기되는 서구중심주의 비판의 핵심을 간략히 짚어본다. 이어서 3절과 4절에 걸쳐 그런 비판의 텍스트적 맥락을 고찰한 후 끝으로 오늘날 우리의 자유주의 이해에 로크의 정치사상이 제공하는 통찰을 음미해 보기로 한다.

2. 『두 번째 논고』의 아메리카 : 서구중심주의의 전개

앞서 언급한 것처럼, 『두 번째 논고』의 식민주의적 맥락을 부각하는 논의가 모두 로크의 정치사상을 서구중심주의로 규정하지는 않는다. 강정인의 연구에서 소개되는 르보빅스(Lebovics 1991), 툴리(Tully 1993), 파레크(Parekh 1995), 아네일(Arneil 1996) 등도 "자신들의 해석을 서구중심주의적 해석이라고 부르지는 않는다"(강정인 2004, 220). 그럼에도 강정인이 로크의 정치사상과 식민주의의 관계를 문제화한 이 연구들을 '서구중심주의적 해석'으로 통칭하는 까닭은 그의 서구중심주의 개념 정의와 밀접한 관계가 있다.

『두 번째 논고』의 소유권 이론을 재조명하기에 앞서, 강정인 제시하는 '서구중심주의'의 개념을 간략히 살펴보자. 강정인은 서구중심주의를 '서구우월주의', '서구보편주의/역사주의', '문명화/근대화/지구화'라는 세 개의 명제로 구성되는 개념으로 정의한다. 즉, 서구중심주의는 '문명화'를 내세운 식민주의를 동반하며 식민주의를 통해 발현된다. 이러한 서구중심주의 개념에 입각한다면, "서구 문명의 제국주의·식민주의적 팽창"이 "곧 서구중심주의의 역사적 전개"와 동일시된다(강정인 2004, 217). 요컨대, '서구중심주의'는 로크의 정치사상이 갖는 제국주의적·식민주의적 함축에 대한 문제의식을 포괄적이면서도 적나라하게 드러내는 용어인 것이다. 그러므로 이 글도 서구중심주의의 전개라는 견지에서 『두 번째 논고』의 식민주의적 맥락을 강조하는 입장이 제시하는 논점을 정리하고자 한다.

이런 관점에서 볼 때, 『두 번째 논고』에서 로크가 별다른 이유 없이 아메리카를 자주 언급한 것은 아니다. 이는 당대 아메리카의 식민화와 관련하여 로크가 가진 특정 의도 내지 입장을 드러내는 것으로서, 로크의 정치사상을 해명함에 있어 중요하게 다루어져야 한다. 이러한 시각에서 '서구중심주의적 해석'은 로크의 생애가 아메리카 식민지에 깊이 연루되어 있었으며, 『두 번째 논고』를 저술한 것도 아메리카에 대한 그의 관심과 이해관계를 반영한다는 것을 밝히려고 시도한다.

예컨대 아미티지는 로크에 대한 전기적 연구와 로크 당대의 식민지 문서에서 발견한 증거에 입각하여, 통념과 달리 『두 번째 논고』 초고의 상당 부분을 완성했을 것으로 짐작되는 1682년 여름 무렵까지도 로크가 잉글랜드의 아메리카 식민지 정책에 깊은 관심을 유지하고 있었다고 주장한다. 더 나아가, 소유에 관한 논의를 전개하고 있는 제5장은 그런 관심이 직접 반영된 것으로서, 로크가 여타 장들과 별개로 작성한 뒤 나중에 전체 원고에 삽입했을 것이라고 추측한다(Armitage 2004). 르보빅스(Lebovics 1991), 아네일(Arneil 1992 ; 1994 ; 1996), 툴리(Tully 1993)도 이와 유사한 방식, 즉 철학적 접근과 역사적 증거에 대한 의존을 병행하는 방식으로 『두 번째 논고』의 아메리카를 해석한다. 이들의 논의는 로크 정치사상의 서구중심주의 경향을 크게 세 가지로 지적한다.

첫째로, 로크가 아메리카를 자연 상태로 상정함으로써 인디언의 정치조직이 지닌 정치사회성과 인디언의 집단적 정체성을 무시한다는 것이다. 로크는 당대 아메리카의 사정을 비교적 소상히 알고 있었다. 그렇기 때문에 『두 번째 논고』에서도 아메리카인들이 몇 개의 나라를 이루어 살고 있으며(§41), 그들의 왕은 "전쟁에서는 절대적으로 명령권을 행사하지만 국내에서 그리고 평화 시에는 아주 적은 지배권(Dominion)을 행사하고 아주 제한된 주권(Sovereignty)을 가질 뿐"(§108)이라고 기술할 수 있었다. 그럼에도 "태초에는 온 세상이 아메리카였다"(§49)고 언급하는 것은 당대 서구 사회의 정치·경제 제도를 기준으로 했기 때문이라는 것이다. 툴리는 당시 아메리카 인디언이 민족 연합 형태의 정부를 구성하고 있었으며, 서구 국가들 같은 관료제나 상비군, 성문법 등은 아니더라도 각 민족 간에 명백히 구분되는 영토적 경계와 의사결정 기관, 관습법을 갖추고 있었다는 점에서 로크가 서구중심적 편견을 드러낸다고 지적한다(Tully 1993). 파레크 또한 당시 인디언 사회가 중앙집권적이고 제도화된 권위 체계를 결여하고 있다는 판단에 근거하여, 로크가 아메리카를 '존중해야 하는 타국'의 영토가 아니라 '빈 땅'으로 간주했다고 주장한다(Parekh 1995). 자연 상태로 상정된 아메리카에서 인디언은 집단으로서 하나의 '인민'을 구성하고 있지 않다. 이들은 독립적으로 살아가는 자연 상태의 개인이다. 그렇기 때문에 이들은 오직 자연법을 준수할 의무만 지며, 타인에게 손상을 가하거나 손해를 끼친다면 "인간들이 함께 사회를 이룰 수도 없고 안전을 확보할 수도 없는 야생의 맹수 가운데 하나로 취급되어 죽임을 당해도 괜찮"은(§11) 존재인 것이다. 르보빅스나 아네일은 아메리카 인디언을 자연 상태의 개인으로 취급하는 로크의 관점이 당대 아메리카에 정착한 잉글랜드 이주민들의 인디언 학살과 수탈을 정당화하는 것이었다고 본다 (Lebovics 1991 ; Arneil 1996).

둘째로, 토지에 대한 사적 소유를 발생시키는 노동을 '울타리치기'와 '경작' 중심으로 설명한다는 점이 『두 번째 논고』의 서구중심주의적 편견을 드러내는 대목으로 꼽힌다. 로크는 자연 상태에서 "야생의 인디언에게 양분을 제공하는 과실이나 사슴 고기"는 바로 그 채취와 수렵 노동을 한 자의 소유가 분명하다고 말한다(§26, 27). 하느님이 인간에게 공유하도록 준 세상에서 공유물 가운데 어떤 부분이든 "나의 것인 노동"을 보태 "자연이 남겨 둔 그[공유] 상태로부터 떼어내는" 것이 사적 소유가 발생하게 되는 기원이라는 것이 로크의 입장이므로(§28), 아메리카 인디언이 주로 종사하는 유목이나 채취 활동도 사적 소유를 발생시키는 노동으로 인정된다. 그런데 "소유의 주된 문제가 땅의 과실과 땅 위에서 살아가는 짐승이 아니라……땅 그 자체"인 상황이 되면, 로크는 울타리를 쳐서 개간하고 파종하고 재배하고 수확하는 농업노동이 토지에 대한 소유권을 발생시키는 행위라고 본다(§32). 심지어 울타리가 쳐져 있더라도 제대로 경작되고 있지 않다면 그 부분의 땅은 "여전히 황무지로 간주되어야 했고 다른 누군가의 소유물이 될 수 있었다"(§38). 툴리와 아네일은 이 같은 로크의 주장이 서구 사회에 익숙한 정착농업을 내세워 수렵이나 채취 활동을 위주로 하는 인디언의 토지 소유권을 부정하고, 아메리카를 '비어 있는 황무지'로 만든다고 지적한다(Tully 1993 ; Arneil 1996). 그 결과는 인디언에게 비극적이지 않을 수 없다. 잉글랜드 이주민이 울타리를 친 아메리카 땅에 대해 인디언이 이의를 제기하며 되찾겠다고 나설 경우, 그것은 심각한 자연법 위반으로 간주되어 그 인디언을 사자나 호랑이처럼 죽여도 좋을 명분이 되기 때문이다. 툴리에 따르면, 로크의 경작 논변(cultivation argument)은 실제로 17-18세기에 잉글랜드 이주민이 아메리카에서 인디언을 잔혹하게 몰아내고 그들의 재산을 강탈하는 데 적극적으로 활용되었다(Tully 1993).

셋째로, "근면하고 합리적인 자들"과 "싸움질하고 다투기 좋아하는 자들"의 구분도 로크의 서구중심적 시선을 보여준다고 지적된다. 로크는 이 세상을 인간에게 공유하라고 준 하느님의 의도가 사람들이 그로부터 최대한의 이익과 편의를 얻게 하는 것이라고 본다(§34). 그러므로 이 세상은 "근면하고 합리적인 자들"을 위한 것이지 "싸움질하고 다투기 좋아하는 자들"을 위한 것이 아니다(§34). 여기서 툴리와 아네일은 로크가 "근면하고 합리적인 자들"로 염두에 둔 것이 땅에 울타리를 쳐서 경작하는 서구인이며, "노동으로 그 땅을 개량하는 일이 여간해서 없기 때문에 우리가 누리는 편익의 100분의 1도 누리지 못하"는 아메리카인(§41)을 "싸움질하고 다투기 좋아하는 자들"로 치부했다고 주장한다(Tully 1993 ; Arneil 1996). 뿐만 아니라 로크는 "야생의 인디언"과 "인류의 문명화된 부분으로 간주되는 사람들"을 대비하면서 후자를 "소유를 결정하기 위한 실정법들을 만들고 늘려온 사람들"로 칭한다(§30). 그러면서 아메리카는 "아시아와 유럽의 최초 시대 유형으로 여전히 남아" 있다고 보았다(§108). 이는 결국 "싸움질하고 다투기 좋아하는" 인디언에 비해 "근면하고 합리적인" 서구인이 우월하며, 나아가 서구인에 의한 아메리카 지배 또한 정당하다는 로크의 입장을 시사한다는 것이다.

이와 같은 로크의 정치사상에 대한 서구중심주의적 해석을 소개하면서 강정인은 로크가 자연 상태를 "홉스의 자연 상태와는 달리 다분히 목가적이고 평화적"으로 그렸지만 "정복과 약탈이라는 전체적 구도를 배경으로 하되 단지 국지적인 면에서만 평화를 강조한……유럽 제국주의의 '목가적인 곡조'에 지나지 않"은 것이었다고 덧붙인다(강정인 2004, 214-5). 그리고 이런 로크 사상의 서구중심주의가 근대화 이론의 기원이라고 주장한다. 다음 절에서는 『두 번째 논고』에 대한 서구중심주의적 해석의 논점을 따라가면서 로크의 정치사상을 서구중심주의라고 평가하는 것이 적절한지 검토한다.

3. 자연 상태와 자연 상태로서의 아메리카

『두 번째 논고』의 서구중심주의를 비판하는 논자들은 "태초에는 온 세상이 아메리카였다"(§49)라는 언급에 주목한다. 이로부터 로크가 아메리카를 자연 상태로 상정했으며, 서구인과 서구적인 것의 우월성 및 보편성을 앞세워 아메리카 인디언과 아메리카적인 것을 차별하고, 궁극적으로 복종시키거나 말살하도록 조장한다고 강변한다.

잘 알려져 있다시피, 자연 상태 논의는 『두 번째 논고』의 핵심 주제인 '정당한 정치권력의 특성 및 범위와 인민의 저항권에 대한 논변'을 추동하는 이론적 토대다. 『두 번째 논고』 제2장에서 로크는 자연 상태가 이성석인 인간들이 "자연법의 테두리 내에서 자신들이 알맞다고 생각하는 대로 자신들의 행위를 정하고 소유물과 인신을 처분하는 완벽한 자유의 상태"인 동시에 "모든 권력과 관할권이 상호적이며 아무도 남보다 더 많이 갖지 않는 평등의 상태"라고 밝힌다(§4). 뿐만 아니라, 로크는 자연 상태가 인간들이 서로 다양한 관계를 맺으며 살아가는 사회 상태임을 시사하는데, 이는 '만인의 만인에 대한 전쟁 상태'로 요약되는 홉스의 자연 상태 개념을 염두에 두었음이 분명하다. 예를 들어 "여기서 우리는 자연 상태와 전쟁 상태 간의 명료한 차이를 알게 된다. 어떤 인간들은 그 차이를 혼동하기도 했지만, 그 둘은 마치 평화, 선의, 상호 원조 및 보존의 상태와 적대, 악의, 폭력 및 상호 파괴의 상태가 서로 간에 그런 것만큼이나 멀리 떨어져 있다"(§19)는 구절이 그러하다.

요컨대 『두 번째 논고』에서 자연 상태는 "정치사회가 부재하는 상황에서 인간의 삶을 묘사하기 위한 추상적 모델"이자(켈리 2018, 89) 국가와 정치권력이 자유롭고 평등한 인간들의 자발적인 동의에 의해 발생하는 것임을 설명하기 위해 활용되는 개념적 장치다. 그러니까 자연 상태를 묘사할 때 로크의 일차적인 관심은 정치권력의 기원에 대한 역사적 설명을 제시하려는 데 있다기보다, "인간의 본성과 인간을 둘러싼 상황이 어떻게 정치권력과 권한의 필요성을 만들어내는지를 설명"하는 데 있다(켈리 2018, 51). "인간들이 그들 사이에서 판결을 내려줄 권위를 가진 공통의 상급자를 지상에 갖지 않은 채 이성에 따라 함께 사는 것은 마땅히 자연 상태다"(§19) 같은 언급이 로크가 제시한 자연 상태의 속성을 잘 나타낸다.

그런데 로크는 자연 상태에 대한 논의를 마무리하기 전에 "그런 자연 상태하의 인간들이라는 게 대체 어디에 있는가, 아니, 한 번이라도 있었던 적이 있는가?"라는 예상 가능한 반론을 스스로 제기하면서, 자연 상태는 (단순히 이론적 구성물일 뿐만 아니라) 역사적 실재이기도 하다는 답변을 내놓는다.

> 온 세상에 걸쳐 있는 독립적인 정부들의 모든 군주와 지배자가 자연 상태에 있으므로, 수많은 인간들이 저 상태에 있지 않은 세상은 결코 없었고 앞으로도 없을 것임이 명백하다.……나는 다음과 같이 단언한다. 모든 인간이 자연적으로 저 상태에 있으며, 자기 자신의 동의에 의해 자신을 어떤 정치사회의 구성원으로 만들 때까지 그런 상태에 머문다고 말이다(§14-5).

그러니까 로크에 따르면, 자연 상태는 현재 수립되어 있는 국가들의 역사적 기원으로 먼 과거 언젠가 존재했다는 의미에서가 아니라, 구성원들의 동의에 기초한 공통의 법과 정치권력이 부재한 모든 시대의 공동체, 공통의 상위 입법기관이 부재한 모든 국제관계가 자연 상태라는 의미에서 실재한다.

로크가 아메리카를 자연 상태로 상정했다는 서구중심주의적 해석의 논점은 이 같은 자연 상태 개념에 대한 이해를 토대로 재조명해볼 필요가 있다. 우선, '동의에 의한 정부'를 구성하고 있지 않다는 점에서 로크가 당시 아메리카를 자연 상태로 보았음은 분명하다. 하지만 이런 의미에서는 로크 당대 서구 사회도 대부분 자연 상태였을 것이다. 그러므로 아메리카를 자연 상태로 간주했다고 해서 곧바로 로크가 인디언 및 인디언들의 국가가 지닌 집단적 정체성과 정치사회성을 무시한다는 비판으로 나아가기에는 무리가 있다.

『두 번째 논고』에서 추상적 모델로 구성되는 자연 상태의 인간은 "완전한 자유와 자연법의 모든 권리 및 특권을 제어 받지 않고 향유할 자격을 다른 어떤 인간 혹은 세상의 많은 인간들과 동등하게 가지고 태어났다"고 간주된다(§87). 즉, "단지 인간이라는 이유로"(Lloyd-Thomas 1995, 20), 그러니까 "다른 사람들과 서로 동일한 본성을 공유한다는 그 이유만으로"(켈리 2018, 81) 평등하게 자연권을 누리는 존재로서, 이른바 '추상적 개인'이다. 자연권 또한 "국가의 경계나 정치제도 및 문화적 관습이 만들어내는 차이를 사상(捨象)"한 권리이며(문지영 2021, 96), 로크는 애써 "자연권이 관행적 권리와 구별된다는 점을 보이려 한다"(켈리 2018, 80). 이런 맥락에서 만일 로크가 아메리카라는 현실의 공간을 자연 상태로 상상했다면, 그때의 인간도 국적 및 인종적·계급적·성적·종교적 특성을 사상(捨象)한 '자연 상태의 인간'이어야 한다.

그런데 본격적으로 정치사회의 기원에 대한 논의를 전개하면서, 로크는 우연한 출생이나 이주가 한 인간을 어떤 정치사회의 구성원으로 만드는 것이 아니라고 단언한다(§118, §122). 어떤 인간을 "그 국가의 신민이나 구성원이 되……게 만들어 줄 수 있는 건 아무것도 없다. 그가 실제로 적극적인 약정과 명시적인 약속 및 협약에 의해 그 국가에 들어가는 길 외에는 말이다"(§122). 합의는 하나의 공동체 혹은 정부를 만드는 유일한 기원이며, 사람 수의 많고 적음과 상관없다(§95). 로크적 사회계약이 이루어지는 데 있어 중요한 것은 참여하는 개인 각각의 자발적인 동의와 지리적 근접성이다.

모든 인간은 처음 어떤 국가에 자신을 통합시킬 때, 거기에 자기 자신을 결속함으로써 그가 가진 혹은 얻게 될, 그러나 다른 어떤 정부에 이미 속해 있지는 않은 소유물 또한 그 공동체에 병합하며 내놓는다. 누군가가 소유의 안전한 보장과 규제를 위해 다른 사람들과 더불어 사회에 들어가면서, 그럼에도 불구하고 그 사회의 법률에 의해 소유가 규제되어야만 하는 그의 토지는 소유자인 자기 자신이 신민으로 있는 저 정부의 관할권에서 면제되어야 한다고 생각하는 것은 직접적인 모순일 테니 말이다. 그러므로 누군가가 이전에 자유로웠던 자기 인신을 어떤 국가에 결합하는 바로 그 동일한 행위에 의해 그는 이전에 자유로웠던 자기 소유물들 또한 똑같이 국가에 결합한다(§120).

자연 상태의 개인을 정치사회의 구성원으로 만드는 동의는 이렇듯 그 사람의 인신만이 아니라 그가 가진 소유물, 그가 거주하며 사용하는 토지도 전체로서 그 사회의 일부가 되게 만드는 것이기 때문에 물리적 제한을 받을 수밖에 없다. 그 외에 로크가 정치사회를 탄생시키는 계약에 대해 논의하면서 명시적으로든 암묵적으로든 상정하는 조건은 발견되지 않는다. 『두 번째 논고』의 자연 상태에서는 다양한 직업을 가진 사람들이 이런저런 관계를 맺으며 살고 있다. 하지만 정치사회를 구성하는 합의에 참여할 수 있는 자격 기준—이를테면, 출신이나 종사하는 노동의 형태 혹은 예배드리는 방식— 이 따로 명시되어 있지는 않다. 그러니까 로크가 당대의 아메리카를 자연 상태로 예시했다면, 거기서는 인디언이든 잉글랜드인이든, 유목 활동에 종사하든 정착농업에 주력하든, 기독교 신을 믿든 아니든, 필요에 따라 마음만 먹는다면 정치사회를 구성하는 계약에 나설 수 있는 것이다.

그러나 로크의 자연 상태는 이 같은 이론적 가정일 뿐만 아니라 '역사적 실재'이기도 하며, 『두 번째 논고』에 등장하는 '자연 상태로서의 아메리카' 역시 그렇다. 예컨대 로크가 아메리카의 숲속에서 만나 물물교환을 하자는 약정을 맺는 스위스인과 인디언이 서로 "완벽하게 자연 상태에 있다"고 말할 때(§14), 아메리카는 특정 시점에 '스위스인'과 '인디언'이라는 구체적 인간이 놓인 자연 상태의 실제 공간이다. 여기에 '문명화된 인류' 대 '야생의 인디언'이라는 구분을 대입하면, 이때 '스위스인'은 전자에 '인디언'은 후자에 속하는 것으로 여겨질 법하다. "아시아와 유럽의 최초 시대 유형으로 여전히 남아 있는 아메리카"라는 언급(§108)도 마찬가지다. (각각 자연 상태일) '아메리카'와 '아시아', '유럽'이라는 특정 공간들 사이에 단일한 시간적 발전 순서가 있는 것처럼 기술한다. "태초에는 온 세상이 아메리카였다"라는 언급이 시사하는 '자연 상태로서의 아메리카'는 주로 이런 맥락에서 서구중심주의를 함축한다고 지적되며, 그런 지적은 일견 타당하다.

그런데 "태초에는 온 세상이 아메리카"라는 로크의 언급이 등장하는 전후 맥락을 좀 더 자세히 들여다보면, 거기서 아메리카는 구체적인 역사적·지리적 공간이지만, 서구인들을 위해 비어 있는 땅 혹은 서구인들의 독점적 이익을 위해 인디언에게서 빼앗아야 할 땅으로 제시되어 있지는 않다는 것을 알 수 있다. "이와 같이 태초에는 온 세상이 아메리카였다. 그것도 지금 그런 것보다 더 많이 그랬다"는 문장 바로 앞의 내용은 다음과 같다.

내가 묻겠다. 한 인간에게 이미 개간이 되어 있고 가축들도 잘 갖춰져 있는 우수한 토지 1만 혹은 10만 에이커가 있는데, 아메리카의 내륙 부분 한가운데에 있어서 생산물을 팔아 자기에게 화폐를 끌어다 줄 교역을 세상의 여타 지역과 벌일 아무런 희망도 없다면, 그가 그 토지를 무슨 소중한 것으로 여기겠는가? 그것은 울타리 칠 가치도 없을 것이고, 우리는 그가 자신과 자기 가족이 누릴 삶의 편익을 제공하는 것 이상으로 그 토지에서 얻게 되는 것은 무엇이 됐든 다시 자연의 야생 공유지에 내놓는 것을 보게 될 것이다(§48).

그리고 "이와 같이 태초에는 온 세상이 아메리카였다. 그것도 지금 그런 것보다 더 많이 그랬다"는 문장 바로 다음에는 이런 언급이 이어진다. "화폐 같은 것은 어느 곳에서든 전혀 알려져 있지 않았으니 말이다. 누군가가 자기 이웃들 사이에서 화폐의 용도와 가치를 가지는 무언가를 발견했다고 해보자. 당신은 바로 그 인간이 당장 자기 소유물을 확대하기 시작하는 것을 보게 될 것이다"(§49).

흔히 로크는 화폐의 발명을 인정함으로써 불평등한 사유재산의 발생을 용인했으며, 심지어 그것을 '자연적인' 것으로 정당화했다고 비난받는다. 소유에 관한 로크의 논의에서 화폐는 애초에 로크가 사유재산 축적의 한계로 제시했던 이른바 '로크적 단서들'[2]을 무효화하는 계기가 된다. 그러므로 로크가 자연 상태에서 화폐의 사용을 받아들인다면, 그로 인해 발생하는 사유재산의 불평등이 '정당한' 것임을 부인하기 어렵게 된다.

하지만 켈리가 지적하듯이, 화폐에 대한 논의는 로크의 독창적인 고안이라기보다는 "재화의 비축과 교환수단으로 사용하는 관행"을 따른 것이다(켈리 2018, 130). 로크는 화폐의 발명이 사람들에게 "소유물을 지속시키고 확대할 기회를 제공"했으며(§48), "자기가 그 산물을 사용할 수 있는 것보다 더 많은 토지를 공정하게 보유해도 되는 방식"이 되고, 그리하여 "땅을 불균형하고 불평등하게 보유"하는 결과가 나타났다는 점을 인정한다. 그러나 이 모든 일은 "인간들이 사회의 경계 밖에서 협약 없이 단지 금과 은에 가치를 부여하고 화폐 사용에 암묵적으로 합의함으로써" 벌어진 것이라고 본다(§50). 즉, 로크의 논의에서 토지를 포함한 재산의 불평등한 소유가 '정당'한 것으로 간주되는 까닭은 사람들이 화폐 사용에 동의했다는 점 때문이다. 이는 달리 말하면, 사람들이 화폐 사용을 중단하거나 혹은 다른 방식으로 사용하는 데 동의할 수도 있으며, 그럴 경우 사유재산이 불평등하게 배분되어 있는 현실도 변화할 수 있다는 의미가 된다. 『두 번째 논고』 5장 말미에서 로크는 실제로 그런 가능성을 제시한다. 자

---

2 『두 번째 논고』에서 이는 타인을 위해 양질의 충분한 공유자산이 남아있어야 한다(§27)는 조건과 자신이 사용할 수 있는 한도를 넘어 썩히거나 없애야 할 정도로 많이 소유해서는 안 된다(§31)는 조건으로 설명된다.

연 상태의 불안과 불편을 교정하기 위해 뜻을 같이 하는 인간들이 명시적 동의를 발하여 정치사회를 수립하게 되면, 그런 "정부하에서는 법률이 소유의 권리를 규제하고 토지의 보유가 실정적 헌법에 의해 결정"될 수 있다는 것이다(§50).

정리하자면, 『두 번째 논고』의 소유에 관한 논의에서 '화폐의 발명'은 자못 중요한 논점이지만, 그렇다고 해서 로크가 화폐 사용 체제를 미화하거나 돈을 벌고자 자신이 사용하기에 충분한 정도 이상으로 토지 소유를 늘리고 소유물을 확대하려는 경쟁에 뛰어드는 상황을 기꺼이 긍정한다고 보기는 어렵다. "태초에는 온 세상이 아메리카였다"는 언급이 시사하는 '자연 상태로서의 아메리카'는 오히려 그 점을 부각시킨다. 앞서 인용한 §48의 구절에서도 그렇지만, "아시아와 유럽의 최초 시대 유형으로 여전히 남아 있는 아메리카"라는 §108의 언급에서도 아메리카는 사람들이 화폐 사용으로 인해 삶의 필요에 넘치게 재산을 확장하고자 하는 욕망을 품지 않는 곳, 그래서 소유의 불평등이라는 문제가 발생하지 않는 세상으로 그려진다. 당대 독자들이 쉽게 떠올릴 수 있는 과거 특정한 역사적 시점의 자연 상태를 상상하도록 유도하면서 아메리카를 소환하는 다음 대목도 그렇다.

아담이나 노아의 자녀가 세상에 처음으로 거주하게 되었을 때의 상태에 처한 한 인간 내지 가족을 상상하면서, 그가 아메리카의 어떤 내륙지역 빈 장소에 정착한다고 해보자. 그러면 우리는 우리가 준 한도[3]에 입각해 볼 때, 그가 스스로 만들 수 있는 소유물이 그리 크지 않고, 심지어 오늘날에 이르기까지 여타 인류에게 피해를 끼치는 것도 아니며, 그들이 불평하거나 이 인간의 침해로 인해 자신들이 위해를 당했다고 생각할 이유를 제공하지도 않으리라는 점

---

3 위의 각주 2)에서 요약한 '로크적 단서들'을 가리킨다.

을 알게 될 것이다. 이제는 인간 종족이 세상의 구석구석까지 온통 퍼져 있고, 태초에 있던 그 작은 수를 한없이 초과함에도 불구하고 말이다(§36).

여기서 아메리카는 사람들의 수요보다 자연이 공급하는 것이 훨씬 많아서 재산 다툼을 할 이유가 없고 적정한 수준의 소유가 지켜지는 고대 이상향에 비견된다. 그리고 이런 맥락에서 보면, '빈 땅'으로서의 아메리카도 인디언들을 배제하는 서구중심적 시선의 결과라기보다 화폐 사용과 그로 인한 사적 소유의 불평등이 발생하기 이전의 상태를 상상해본 결과라 할 수 있을 것이다.

물론 아메리카를 자연 상태로 비유하는 『두 번째 논고』의 논의를 이런 식으로 해석하더라도 로크 정치사상의 서구중심주의 경향에 대한 비판이 간단히 기각되지 않는다. 앞서 언급한 '인류의 문명화된 부류와 야생의 인디언' 혹은 '근면하고 합리적인 자들과 싸움질하고 다투기 좋아하는 자들'의 대비나 아메리카를 아시아와 유럽의 초기 유형으로 인식하는 관점 외에 아메리카의 "왕이 누리는 식사와 거처와 의복이 잉글랜드의 일개 일용 노동자보다 못하다"는 로크의 평가(§41)도 (의식적으로든 무의식적으로든) 서구우월주의를 드러낸다고 볼 수 있다. 자연 상태의 '추상적 개인'이 표방하는 보편주의 또한 실상은 '백인/남성중심주의'에 불과할지 모른다. 다음 절에서는 이런 논점들에 대해 살펴보기로 한다.

4. "근면하고 합리적인 자들"에 의한 경작과 아메리카

『두 번째 논고』에 제시된 "근면하고 합리적인 자들"과 "싸움질하고 다투기 좋아하는 자들"의 대비가 각각 '잉글랜드 이주민'과 '아메리카 인디언'을 가리키는 것으로 읽으면서 로크의 서구중심주의적 편견을 지적하는 입장은 "싸움질하고 다투기 좋아하는" 인디언이란 곧 '게으르고 비합리적인 자들'을 의미한다고 해석한다(강정인 2004, 206). 로크가 인디언의 이성적 능력이 잉글랜드 이주민으로 대표되는 서구인에 비해 떨어진다고 보았다는 것이다. 그러나 로크에게 이성이란 "인간 본성의 원칙"이자(§10) "하느님이 인류에게 준 공통의 규칙과 척도"다(§11). 또한 이성은 인간이 자유로울 수 있는 근거이며 자연권을 평등하게 누릴 수 있는 자격의 근거다(§,6, 61, 63). 자연권 이론을 포함해서 로크의 정치사상 전반에 미치는 기독교 신앙의 영향을 감안할 때, 그가 이를테면 아메리카 인디언 같은 특정한 범주의 인간들은 이성을 본성으로 갖지 않는다거나 덜 이성적이라고 여겼으리라 생각하기 어렵다.[4] 『두 번째 논고』에서 로크가 이성의 정도 차이를 인정하고, 그로부터 '완전한 인간'과 '덜 완전한 인간', '비인간'을 구분하는 기준은 오히려 자연법을 위반한 범죄의 유무와 정도다. 로크는 자연법 위반을 "이성의 올바른 지배에서 벗어"난 것으로 규정하며, 자연법을 위반한 범죄자는 이성을 포기하고 인간성을 상실한 자로 간주한다(§10-1). 로크의 맥락에서 사자나 호랑이처럼 죽임을 당해 마땅한 인간이란 타인에게 부당한 폭력과 살인을 저지른 가해자를 뜻한다. 특정한 정체성을 가진 집단 또는 특정 민족에 속한다는 사실 그 자체로 살육을 당하거나 비인간적인 대우를 받을 이유는 없다.

한편, 로크의 서구중심주의적 편견을 비판하는 입장은 "근면하고 합리적인 자들"과 "싸움질하고 다투기 좋아하는 자들"의 대비를 정착농업과

---

4 『두 번째 논고』에서 로크는 이성적 능력이 불완전한 상태에 있는 미성년자 외에, "자연의 통상적인 진행에서 벗어나 생길 수 있는 결함"을 안고 태어나는 사람과 "미치광이와 백치(Lunaticks and Ideots)"는 성인임에도 이성적 능력의 한계로 인해 자유인이 될 수 없고 타인의 후견과 관리·통제가 필요하다고 본다(§60). 하지만 명시적으로 인종이나 종족, 젠더를 이성적 능력의 유무와 결부시키지는 않는다.

유목·채취의 대비로도 연결한다. 즉, 로크는 농업 활동을 근면하고 합리적인 토지 이용 방법으로 제시했고, 토지에 대한 사적 소유권을 발생시키는 노동도 경작으로 한정했다는 것이다. 이렇게 해석하는 이른바 '경작 논변'은 인디언의 토지 소유권을 부정하고 잉글랜드 이주민의 아메리카 수탈을 정당화하는 데 결정적이다. 실제로 로크는 『두 번째 논고』에서 여러 번 아메리카의 경작되지 않은 땅을 '황무지(waste)'라고 부른다(§37, §42, §43, §45). 앞에서 언급한 '아메리카 나라들의 왕'과 '잉글랜드의 일용 노동자' 간의 대비도 이런 맥락에서 등장한다.

> 아메리카인들의 몇몇……부족들은 토지는 풍부한데 삶의 모든 편의 수단은 빈약하다. 자연이 그들에게 풍부한 자원, 즉 음식과 의복, 즐거움에 소용될 만한 것을 풍부하게 산출하기에 적합한 비옥한 토양을 여느 다른 인민들에게 제공한 것만큼이나 넉넉하게 제공했지만, 노동으로 그것을 개량하는 일이 여간해서 없기 때문에 우리가 누리는 편익의 100분의 1도 누리지 못하는 것이다. 그래서 그곳의 크고 비옥한 한 영토의 왕이 누리는 식사와 거처와 의복이 잉글랜드의 일개 일용 노동자보다 못하다(§41).

확실히 로크는 아메리카 인디언이 땅을 개간하고 경작하는 노동보다는 생존을 위해 필요한 것을 구하는 노동, 그러니까 주로 사냥이나 채취를 하며 산다고 생각했다(§46). 이는 기본적으로 로크 자신이 당시 아메리카 관련 자료를 탐독하며 얻은 정보일 테지만, 아메리카를 "인간이 필요로 하는 것보다 더 많이 가지려는 욕구가 오직 인간의 삶에 유용한가에 달려 있는 사물의 내재적 가치를 바꿔 놓기 전"의 상태로 상정하는 그의 태도와도 일관된다(§37). 그렇다면, 왕조차 잉글랜드의 일용 노동자보다 생활의 풍요를 누리지 못하는 아메리카의 상황을 부정적으로 평가하면서 '개선'을 요구하는 로크의 입장은 그런 태도와 일관되는가? 화폐 사용으로 인해 불평등한 재산 소유가 발생하기 이전의 '이상향적인 자연 상태'로 아메리카를 상정한 로크로부터 서구의 침입과 수탈을 정당화하는, '개간이 필요한 버려진 땅'으로서의 아메리카 논변이 어떻게 가능한가?

로크는 사적 소유의 기원을 논하는 『두 번째 논고』 제5장을 "하느님이 세상을 인류에게 공동으로 주었다"는 선언으로 시작한다(§25). 그런 하느님의 의도는 인간으로 하여금 삶의 혜택과 편익을 최대한 누리도록 세상을 이용하게 하는 데 있다(§26)는 것이 로크의 해석인데, 여기서 세상을 이용하는 방식이 인간의 '노동'이다. 5장 서두에서 로크는 누구에게나 자신의 인신은 그 자신의 것이라는 점을 근거로 "자연이 제공해서 그 안에 남겨 둔 것에 그가 자기 노동을 섞고 자기 자신의 것인 무언가를 결합하여 그 상태로부터 떼어내면, 그럼으로써 그는 그것을 자신의 소유로 만들게 된다"고 주장한다(§27). 떡갈나무 밑에 떨어져 있는 도토리든 산 속을 돌아다니는 사슴이든, 누군가 그것을 줍거나 사냥하는 노동을 행한 사람이 원래는 공유물로서 주어졌던 그 도토리와 사슴에 대한 "다른 인간들의 공동 권리를 배제"하고 독점적인 권리를 갖게 된다는 것이다(§27-8).

그런데 사적 소유에 대한 논의의 초점이 "땅의 과실들과 땅 위에서 살아가는 짐승들이 아니라 땅 그 자체"에 맞춰지면서 로크는 "한 인간이 갈고 심고 개량하고 재배하여 그 산물을 사용할 수 있는 만큼의 토지, 딱 그만큼이 그 사람의 소유"라고 말한다(§32). 즉, 자신의 노동을 더해서 삶의 혜택과 편익을 누리도록 땅을 이용하는 방법으로 농업을 꼽은 것이다. 이후 로크는 '개간된 땅'과 '개간되지 않고 자연에 방치된 땅' 간의 대비를 통해 경작 노동이 삶을 풍요롭게 하며 "토지에 가치의 최대 부분을 부여"한다는 점을 역설한다(§37, §40-3).

이런 맥락에서 보면, 로크가 전개하는 '경작 논변'의 핵심은 '농업'이 토지 소유권을 발생시키는 유일한 노동이라고 강변하는 데 있다기보다는, 농업이 초래하는 결과를 통해 (사유재산 발생의 기원으로 자신이 제시한) '노동'의 가치와 중요성을 부각하는 데 있다. "자신의 노동에 의해 토지를 제 것으로 전유하는 자는 인류의 공동 자산을 감소하지 않고 오히려 증대한다"(§37)는 로크의 주장은 이런 해석을 뒷받침해준다. 이 대목에서 로크가 강조하는 바는 울타리를 치고 경작하는 노동을 통해 토지가 사유재산이 된다는 논점 자체가 아니다. 로크는 노동이 식량 생산량을 증대시켜서 인류 전체에 유익하다는 점을 강조하는 것이다. 또한 로크는 토지가 그 자체로는 거의 가치가 없다고 지적하면서, "토지에서 나오는 모든 유용한 산물의 최대 부분을 우리는 노동에 빚지고 있다. 밀을 심은 토지 1에이커에서 나오는 모든 것, 즉 밀짚, 겨, 빵은 황무지로 놓여 있는 똑같이 좋은 토지 1에이커에서 나오는 산물보다 더 가치가 있으며, 그것은 모두 노동의 결과물이니 말이다"라고 단언한다(§43). 여기서도 직접적으로 강조되는 것은 토지를 대상으로 하는 노동의 한 유형으로서 '농업'이라기보다 경작하는 '노동'이 창출하는 '유용한 산물'과 '가치'다. 게다가 이 대목에서 로크는 빵을 만들어내는 노동으로 간주되어야 할 목록을 다음과 같이 제시한다.

우리가 먹는 빵을 계산할 때 들어가야 하는 것은 단지 쟁기질한 인간의 수고, 수확한 사람과 타작한 사람의 고생, 빵 만든 사람의 땀만이 아니다. 황소를 길들인 사람들, 철과 돌들을 캐내고 두들긴 사람들, 쟁기, 제분기, 가마, 혹은 이 곡식이 씨로 뿌려질 때부터 빵으로 만들어지기까지 필요한 엄청나게 많은 수의 여타 도구들과 관련하여 이용된 목재를 베고 짜 맞춘 사람들의 노동이 모두 노동 장부에 청구되어야 하며, 노동의 결과물로 받아들여져야 하기 때문이다. 자연과 땅은 그것들 자체로서는 거의 가치 없는 자원을 제공할 따름인 것이다. 빵 넝이 하나하나에 관해서 그것을 우리가 사용하게 되기까지 근면이 제공하고 사용하는……이 모든 것은 일일이 열거하기가 거의 불가능하며, 적어도 너무 길 것이다(§43).

실제로 로크는 이른바 '배척법안'[5] 위기로부터 명예혁명에 이르는 시기 잉글랜드의 정치적 갈등 국면에서, 토지를 부의 기반으로 삼고 지주에게 유리한 정책을 시행하면서 왕이 절대적 권위를 갖도록 하는 프랑스식 국가 모델을 추구했던 왕당파에 맞섰다. 로크는 부의 원천이 인간의 노동에 있다고 보고 제조업을 중심으로 국부의 증대를 꾀하며 법에 의해 재산과 종교적 관용이 보장되는 국가를 지지했던 세력에 속했다. 로크는 잉글랜드의 산업구조가 자유로운 노동을 통한 부의 창출 및 증대를 꾀하는 제조업 중심의 방향으로 전환되어야 한다는 입장이었고, 실제로 잉글랜드의 제조업 촉진 업무를 담당하기도 했다(Pincus 2006). 그런 로크가 토지 소유권을 발생시키는 노동으로 유독 농업만을 옹호할 이유는 없었을 것이다.

그렇다면, '개간이 필요한 버려진 땅'으로서의 아메리카에 대해 로크가 제기하는 문제의 핵심도 농업이 아니라 수렵·채취를 주된 노동으로 한다는 데 있다기보다는 생산성이 낮다는 데 있는 것으로 해석할 수 있다. 당시 아메리카의 상황에 상당히 정통했던 로크로서는 당장 그곳의 땅을 개량하여 생산성을 높이는 노동으로 제조업보다는 농업을 염두에 두었을 가능성이 크다. 그렇기 때문에 경작 노동만이 토지 소유권을 발생시킨다는 점을 근거로 로크가 아메리카 인디언의 재산권을 박탈하고 농업 위주로

---

5 가톨릭교도임이 공공연히 알려져 있던 요크공 제임스를 왕위계승 서열에서 배제하는 내용을 골자로 한 법안을 말한다. 1679년부터 1681년 사이에 세 차례 열린 의회에서 종교적 관용을 지지하는 의원들을 중심으로 법안 통과를 위한 노력이 이루어졌지만, 찰스 2세와 제임스가 의회 내의 오랜 국교파 대 비국교파 간 갈등을 이용하여 국교파의 지지를 끌어내는 데 성공함으로써 법안 통과는 실패로 끝났다. 이 법안 통과를 둘러싸고 전개된 정치적 국면을 '배척 위기'로 부르기도 한다.

아메리카에 정착한 잉글랜드 이주민의 이해관계를 대변했다는 해석은 무리가 있다. 게다가 17세기 당시에는 서구뿐만이 아니라 한국과 중국 등 아시아 대부분이 농경사회였으므로, 로크가 수렵·채취 활동보다 농업을 우위에 두었다고 해도 그것을 굳이 '서구중심주의적'이라고 평가해야 할지도 의문이다. 요컨대 인간의 노동을 사적 소유의 기원으로 제시하는 『두 번째 논고』 제5장의 논의는 농업만이 아니라 땅의 생산성을 높이는 모든 노동을 긍정한다. 이는 인간의 노동에서 물질적 가치의 향상 가능성을 찾는 로크의 입장을 반영한다.

앞서 언급한 바 있는 아미티지만이 아니라 여러 로크 연구자가 『두 번째 논고』 제5장은 그 외 다른 장들의 논의와 명백히 분리되며 별도로 작성되었으리라고 주장한다(Armitage 2004 ; Ashcraft 1986 ; Lloyd-Thomas 1995). 그러나 로크 자신이 5장을 독립적인 논문으로 출판하지 않고 『두 번째 논고』에 포함시켰다는 것은 소유에 대한 논의가 그 텍스트의 주요 주제와 연결되며 전체 맥락 속에서 읽을 때 의미가 더 잘 전달된다고 여겼음을 시사한다. 즉, 5장의 소유 관련 논의는 로크가 관심을 가졌던 잉글랜드의 대외 정책적·식민주의적 맥락과 국내의 반(反)전제군주·반(反)절대주의의 맥락을 함께 고려하면서 이해할 필요가 있다.

이렇게 보면, 로크의 '경작 논변'은 한편으로 자유로운 노동과 식민지 팽창을 통해 부의 창출 및 증대를 구상하는 자유주의적·제국주의적인 비전을 제시하는 것이면서, 동시에 토지 및 농업생산품을 중심으로 하는 당대 지배적인 경제정책과 절대주의 국가를 지향하는 지배 세력의 논리에 도전하는 것으로 해석할 수 있다. '이상향적인 자연 상태로서의 아메리카'와 '개간이 필요한 버려진 땅으로서의 아메리카'라는 언뜻 보기에 어색한 조합도 그렇다. 로이드-토마스가 잘 요약했듯, 『두 번째 논고』의 소유권 논의는 경제 정의 혹은 경제적 평등주의와 복지국가 논의를 지지하는 좌파와 사유재산의 절대성 및 야경국가를 옹호하는 우파 모두가 자신의 논변을 위해 활용할 정도로 복합적이다(Lloyd-Thomas 1995). '이상향적인 자연 상태로서의 아메리카'와 '개간이 필요한 버려진 땅으로서의 아메리카'의 공존은 자유주의-제국주의-반(反)절대주의-경제적 평등주의-자유지상주의의 요소가 저마다 조명받길 기다리며 얽혀 있는『두 번째 논고』의 복합성을 보여주는 전형적 사례라 할 수 있을 것이다.

5.『두 번째 논고』의 아메리카와 로크적 자유주의의 두 얼굴

자유주의 연구의 권위자 로젠블럼은 서구에서 자유주의는 특정한 역사적 맥락의 구체적인 문제들에 대응하는 과정에서 출현한 것이라고 설명한다(Rosenblum 1987). 예를 들어, (왕권신수론으로 대표되는) 정치적 권위의 전통적 기초와 절대주의 권력, 종교적 불관용, 봉건적 신분 질서와 토지를 기반으로 하는 세습적·귀족적 특권 등의 문제를 고민하면서 나온 산물이라는 것이다. 그런데 이처럼 자유주의를 '역사적 현상' 또는 '역사적 이념 운동'으로 이해하는 입장(Merquior 1991 ; Holmes 1993 ; 아블라스터 2007)이 식민주의 및 서구중심주의의 맥락을 고려하는 경우는 좀처럼 드물다.

그런 점에서, '최초의 자유주의자' 로크의 정치사상을 서구중심주의의 견지에서 해석하는 연구는 중요한 의미가 있다. 로크는 후일 '휘그파'로 불리게 되는 17세기 잉글랜드의 반(反)왕당파의 일원으로 국내 정치적 갈등과 장차 혁명의 성공에 깊이 관여했을 뿐 아니라, 입법가 및 행정 실무자로서 당대 잉글랜드의 아메리카 식민지 정책에 상당 기간 직접 개입했다.『두 번째 논고』를 식민주의·서구중심주의의 맥락에서 읽어야 할 로크의 개인적 동기와 역사적 배경이 있는 것이다.

하지만 이 글을 통해서도 일부 드러나듯이,『두 번째 논고』독해에서 식민주의의 맥락을 과도하게 강조하거나 혹은 『두 번째 논고』에 제시된 아메리카와 아메리카 인디언에 대한 언급을 오롯이 서구중심주의와 연결하는 해석은 텍스트적 근거와 역사적 증거 모두 부족하다. 『두 번째 논고』가 드러내는 로크의 정치사상을 식민주의·서구중심주의로 조명하는 국내의 대표적인 두 연구, 강정인(2004)과 허재훈(2014)은 이 점에서 상당히 시사적이다. 전자는 로크의 재산권 이론에 대한 맥퍼슨적·수정주의적·서구중심주의적 해석을 고찰한 후 그 중 수정주의적 해석과 서구중심주의적 해석이 설득력 있다고 평가하는 반면, 후자는 맥퍼슨적 해석을 토대로 하여 로크를 "식민주의를 최초로 정식화한 부르주아 사상가"로 규정한다. 각각 로크의 정치사상에 대한 어느 일면적 근거 또는 증거를 부각시켜서 보는 탓일 것이다.

로크는 여전히 충분하고 좋은 땅이 남아 있을 때는, 땅을 개량하는 노동을 통해 자신의 것으로 전유하는 행위가 다른 사람에게 아무런 피해를 주지 않는다고 말한다(§33). 또한 "다른 사람이 이미 차지한 것만큼이나 좋은 땅이 남아 있어서 그것을 자기가 개량하기 위해 가지는 자는 불평할 필요가 없으며 다른 사람의 노동으로 이미 개량된 것에 손을 대서는 안 된다"고 주장한다(§34). 그런데 곧바로 "화폐를 가지고 교역을 하는 다수의 인민이 정부 아래 살아가는 잉글랜드나 다른 어떤 나라에서는 공유물인 토지에 그 누구도 동료 공유자들 모두의 동의 없이는 그중 어떤 부분이든 울타리를 치거나 전유할 수 없는 것이 사실이다. 이것이 협약에 의해, 즉 위반해서는 안 되는 토지법에 의해 공유로 남아 있기 때문이다. 그런데 일부 인간들과 관련해서는 그것이 공유지만 온 인류에게 그렇지는 않으며……게다가 그런 울타리 치기 이후 남는 것이 그 밖의 공유자들에게는 그들 모두가 전체를 사용할 수 있었을 때의 그 전체만큼 좋은 게 아닐 것"이라고 덧붙인다(§35). 이 점에 특히 주목하여 클라우센은 사유로운 노동과 소유권 및 재산 보호를 목적으로 하는 국가에 초점을 맞추는 로크적 자유주의가 궁극적으로 잉글랜드의 제국주의적 팽창을 지지하지 않을 수 없다고 지적한다(Klausen 2007). 이 글에서 검토한 로크의 '경작 논변'은 분명 그런 지적을 뒷받침하는 측면이 있다.

그러나 다른 한편, 역사적 로크의 주된 관심사였던 종교적 관용과 『두 번째 논고』의 핵심 주제를 구성하는 동의에 의한 정부, 입헌주의, 인민의 저항권 등에 대한 그의 신념을 고려하면, 당대 아메리카에 대한 로크의 열정을 잉글랜드의 식민지 정책 옹호나 제국주의적 이해관계의 대변이라는 차원에서만 이해하기도 어렵다. 이와 관련하여 수에(Hsueh 2008)는 흥미로운 해석을 제시한다. 수에는 로크가 남긴 식민지 행정 기록과 1676년부터 1679년 사이에 작성한 개인 일기 등 다양한 미출간 자료를 분석하여, 로크가 식민지 정복과 원주민 복속이 불가피하다고 본 자유주의자였다는 기존 해석을 반박한다. 아메리카와 관련한 로크의 사상은 오히려 일종의 유토피아를 지향하고 있었다는 것이다.

일견 상반되는 이런 해석은 이 글에서 포착한 로크의 두 아메리카, 즉 '이상향적인 자연 상태로서의 아메리카'와 '개간이 필요한 버려진 땅으로서의 아메리카'에 각각 상응하는 것으로 볼 수 있다. 그만큼 『두 번째 논고』에 등장하는 '아메리카'는 로크적 자유주의의 복합성과 다면성을 상징한다. 서구 중심의 신자유주의적 세계화에 편승하고 그것이 초래하는 결과를 정당화하는 데 몰두하는 세태에서 로크의 정치사상이 함축하는 제국주의와 서구중심주의를 읽어내고 비판 및 경계하는 작업은 반드시 필요하다. 하지만 이 현실을 넘어 좀 더 자유롭고, 보다 평등하고 정의로운 대안을 모색하는 일 역시 우리의 과제다. 그렇다면 로크적 자유주의에서 끌어낼 수 있는 또 다른 얼굴, 유토피아적 상상을 자극하는 풍성한 논거를 적극 찾아 활용하는 노력도 필요할 것이다.

11

사회계약론을 다시 생각하기

하상복(목포대학교)

1. 근대정치사상과 사회계약론 :
홉스, 로크, 루소를 하나로 묶을 수 있는가?

한국정치사상학계의 영향력 있는 학자인 강정인은 2012년 심리학자 조긍호 교수와 공저로 『사회계약론연구』를 출간했다(조긍호·강정인 2012). 책의 부제 "홉스, 로크, 루소를 중심으로"가 말해주고 있듯이, 이 저술은 서유럽의 정치적 근대 개념의 형성과 진화에 중대한 영향을 미친 세 사상가의 정치사상을 사회계약론의 범주로 묶어 해석하고 있다.

한국의 정치사상연구에서 사회계약론은 서구 근대정치사상의 핵심으로 들어가는 키워드로 기능해왔다. 그리고 그 중심은 홉스, 로크, 루소의 계약론이었다. 1980년대 대학 교육을 받는 필자의 기억으로 서구 근대정치사상사 연구는 곧 홉스, 로크, 루소의 정치사상을 사회계약의 개념을 바탕으로 비교하는 작업과 동의어라고 해도 크게 틀린 말이 아니었다. 그런 관점이 여전히 유지되고 있는지는 구체적으로 살펴볼 문제지만, 적어도 『사회계약론연구』는 여전히 같은 방법론적 지향을 따르고 있다.

저자들은 세 사상가의 사회계약론을 사상적 배경과의 연관 속에서 전체적으로 논의한 뒤에 사회계약론을 구성하는 핵심 개념인 자연인, 자연상태, 사회계약, 국가권력으로 그들 계약론의 개별적 특성을 정리한다. 이어서 한 장(제5장 - 「홉스, 로크, 루소의 사회계약론 비교 및 종합」)을 할애해 이들 핵심 개념을 기준으로 하여 세 계약론의 공통점과 차이를 분석한다. 그리고 결론인 제6장 - 「19세기 사회계약론의 쇠락과 20세기 사회계약론의 부활」에서 흄, 칸트, 헤겔과 마르크스 사상에 의거해 근대 사회계약론에 대한 비판과 새로운 가능성을 모색한다. 저자들은 결론의 논의를 다음과 같이 시작한다.

서구에서 홉스, 로크, 루소에 의해 전개된 사회계약론은 영국의 명예혁명과 프랑스혁명 등 근대 시민혁명과 미국의 독립혁명을 사상적으로 추동하고 정당화함으로써, 서구 근대 정치사상사에서 심대한 영향을 미쳤다(조긍호·강정인 2012, 384).

이러한 입론에 비추어보면, 홉스, 로크, 루소의 사회계약론은 개별적 차원에서의 상이한 특성에도 불구하고 근대 시민혁명의 동력과 정당화 이념이었다는 공통의 위상으로 묶인다. 저자들은 베이커(Ernest Baker)로부터 이 시각을 받아들인다. 베이커가 『사회계약론(*Social Contract*)』 서문에서 "1651년 홉스의 리바이어던의 출간부터 1762년 루소의 사회계약론 출간에 이르는 한 세기는 흔히 사회계약론의 위대한 시기"로 불린다고 주장한 것을 인용하면서 말이다(조긍호·강정인 2012, 17).

저자들은 세 명의 사상가를 하나로 묶는 이념적·사상적 틀인 사회계약론의 주된 관심사가 "정당한 정치적 권위"에 있었으며 그것은 곧 "시민의 동의나 합의에 의한 정당화를 필요로 하는"것이라고 말한다(조긍호·강정인 2012, 17). 그 속에는 신분제 사회를 특징짓는 "피치자의 부자유"와 "불평등"을 근본적으로 부정하는 논리가 내재되어 있었는데, 그 점에서 사회계약론은 정치적 근대의 핵심 사유를 담고 있는 개념이자 이념이다. 사회계약론에 대한 관심은 결국 "자유롭고 평등한 인민들의 합의에서 국가 권력의 정당성을 찾으려는 관점의 원형을 살펴보기 위한 것"이고, 그 작업은 홉스·로크·루소의 사상을 추적함으로써 이루어질 수 있다고 저자들은 밝힌다(조긍호·강정인 2012, 18).

사회계약론에 대한 저자들의 논의는 자유주의 이념과 결합하면서 한층 더 세밀한 이야기로 진입한다. 사회계약의 관점에서 저자들은 자유주의를 다음과 같이 이해한다. 자유주의는 욕망의 주체로서 개인, 그와 같은 욕망 혹은 욕구를 자유롭게 추구할 수 있는 개인이라는 인식을 토대로 한다. 여기서 개인의 욕망은 전근대적 신의 의지 또는 보편적 선에 대비되며, 그 점에서 개인은 근대적 존재다. 그런데 욕망하는 개인의 무제한적 자기 이익의 추구는 "필연적으로 개인들 사이에 이익 갈등을 야기할 수밖에 없고, 결과적으로 사회를 혼란에 빠뜨릴 것"인데, "이러한 혼란으로부터 개인과 사회를 구제할 수 있는 제도적 장치의 필요성이 대두된다"(조긍호·강정인 2012, 20). 그 제도적 장치의 구현체인 사회계약은 합리적 계산능력으로서의 이성에 토대를 두며, 이성을 지닌 개인들이 맺는 계약을 통해 "사회는 혼란에서 구제되고, 개인들은 제한된 범위 내에서 자기 이익을 확보할 수 있게" 된다. 저자들은 이러한 원리와 목표에 연결된 사회계약이 자유주의 정치사상의 핵심을 차지한다고 말한다.

홉스, 로크, 루소로 이어지는 사상적 연속선을 통해 사회계약론의 구조와 원리를 이해하려는 저자들의 관점은 아래 입론을 통해 한층 더 강하게 지지된다.

초기 자유주의 정치철학의 주요 부분을 구성하는 사회계약론의 기본 구조는 홉스를 통해 완성되었다.……자유롭고 평등하지만 정념으로 가득 찬 자연 상태의 인간이 합리성의 결과인 사회계약을 통해 시민사회를 형성한다는 홉스의 사고는 17세기 유럽의 정치사상은 물론 향후 자유주의 정치이론에 있어서 지속적으로 영향을 미친 새로운 정치이론의 출발점이었다. 홉스에 의해 제시된 사회계약론은 같은 17세기 영국의 로크와 18세기 프랑스의 루소 등으로 이어져, 이 시기 자유주의자들의 정치이론의 전형이 되었으며……"(조긍호·강정인 2012, 21. 강조는 필자)

홉스, 로크, 루소를 사회계약의 관점 안에서 하나의 범주로 묶으려는 저자들의 관점은 계약 개념을 논의할 때에도 계속된다. 저자들에 따르면, 세 사상가는 각각 협약(pacts), 협정(compacts), 약정(conventions), 신의계약(covenants) 등의 상이한 용어를 사용하여 오늘날 우리가 '사회계약'(social contract)으로 이해하는 개념을 표현했다.[1] 하지만 용어상의 차이에도 불구하고 세 사상가는 모두 "사회 내에서 인간들 사이의 상호적인 의무와 권리의 기원과 구속력을 설명하기 위해 근본적으로 동일한 문제의식을 공유"했다는 것이다(조긍호·강정인 2012, 22. 강조는 필자).

이 책의 제5장은 홉스, 로크, 루소 사회계약론의 이념적·사상적 공통점과 연속성에 대한 저자들의 논리를 좀 더 구체적으로 보여준다. 여기서 논의는 세 사상가의 인간 본성론, 자연 상태론, 사회계약의 내용, 국가 권력론으로 나누어 전개된다.

첫째, 인간 본성론의 차원에서 세 사상가는 공히 인간을 "자기보전과 자기이익을 추구하려는 욕구를 행동의 제1동인으로 하는 욕구의 주체"이

---

1 예외적으로 루소는 '계약'(contract/contrat)이라는 표현을 사용했다.

고, "욕구의 추구를 자기결정에 따라 자율적으로 규제하는 자유의 주체"이며, "욕구의 추구를 합리적인 방법으로 하는 이성의 주체"로 설명한다. 저자들은 "평등하게 태어난 인간은 자유의지에 따라 자발적으로 그리고 이성의 능력에 따라 합리적으로 자기보전과 자기이익을 추구하는 존재"라고 말한다(조긍호·강정인 2012, 362).

둘째, 자연 상태론에서 저자들은 세 사상가가 서로 다른 모습(전쟁상태, 전쟁상태로 변모하기 쉬운 취약한 목가적 평화 상태, 평화와 평등의 상태로부터 불화와 불평등이 심화하는 전쟁상태)을 그리고 있다고 분석한다. 그럼에도 저자들은 이들의 자연 상태를 "아직 이성의 기능이 작용하지 않거나 온전히 효력을 발휘하기 이전의 상태", "오직 자연적 자유와 자기이익 추구의 욕구만이 작용하고 있는 상태"로 정리한다(조긍호·강정인 2012, 366).

셋째, 사회계약의 관점에서 보면 이들 세 사상가는 공히 자연 상태의 인간들이 자신의 권리와 힘을 공동체에 양도하는 계약을 통해 사회에 평화를 정착시키는 것을 계약의 목적으로 설정한다. 그리고 그것은 궁극적으로 "자기이익의 보장"을 위한 과정, "인간의 이성 능력에 근원을 두고 이루어지는" 과정이란 공통점을 지닌다(조긍호·강정인 2012, 370-1).

넷째, 국가 권력론의 차원에서 저자들은 이 세 사상가의 생각이 공통점보다 차이가 더 크다고 이야기한다. 그럼에도 저자들은 세 사상가가 공히 "국가 권력은 개인의 안전, 자유, 생명 그리고 재산의 보호와 공공선의 실현이라는 목적에 맞게 운영되어야 한다는 한계를 설정"하고 있다고 해석한다(조긍호·강정인 2012, 379).

논의를 요약하면, 강정인과 조긍호의 『사회계약론연구』는 홉스, 로크, 루소의 사회계약론을 자유주의적 문제의식과 원리를 공유하는 사상의 범주로 묶는 데서 출발한다. 이 글은 그런 관점이 타당한지 비판적으로 검토하고자 한다. 거칠게 보면, 두 저자는 세 사상가를 자유주의라는 이념적 연속선으로 묶어내기 위해 논리적 엄격함의 절차를 생략해버렸다. 가령 저자들은 자연 상태 속 개인의 자기이익 추구가 초래할 사회적 혼란과 관련해, 세 사상가가 '사회'에 대해 같은 개념을 사유하고 있다고 전제한다. 이 문제와 무관하지 않은 것으로서, 저자들은 이들을 모두 사회계약론자로 통칭하면서도, 홉스와 로크가 사회계약이라는 말을 사용하지 않았음을, 달리 말하면 루소만이 사회계약이란 개념을 사용했음을 지적한다. 그렇다면 우리는 이 세 사상가를 모두 '사회' 계약론자로 묶어 부르는 것이 타당한가를 질문해 볼 수 있다. 세 사상가의 사회 개념은 과연 동일한가?

　나아가 저자들은 국가 권력론의 차원에서 이 세 사상가는 공통점보다 차이가 더 두드러진다고 말한다. "홉스, 로크, 루소가 제시하는 국가 권력론 사이에는 국가 권력이 사회계약의 결과 생성되는 것이라고 보아, 그 정당성을 계약을 맺는 모든 사람의 자발적인 합의에서 구하고 있다는 사실을 제외하고는 공통점보다는 차이점이 더 많다"는 것이다(조긍호·강정인 2012, 277-8). 그러나 저자들은 국가 권력에 대한 관점의 두드러진 차이가 그들을 사상적 연속선에 배치하는 것과 어떻게 양립 가능한지를 명확히 설명하지 않는다.

　버어키(R. N. Berki)와 같은 연구자는 서구 정치사상사를 논하면서 홉스와 로크를 '근대 초기의 정치사상 : 시민적 비전'으로, 루소를 '근대의 정치사상 : 사회적 비전'으로 구분한다. 그렇다고 해서 그가 영국의 두 사상가와 루소가 역사적, 이념적, 사상적으로 완전히 구별된다고 말하는 것은 아니다. 버어키가 해석하는 루소는 "시민적 비전을 가장 대담하게 표현했을 뿐만 아니라 최초로 그것을 신랄하게 비판했다는 점에서 근대 정치의식을 연결해 주는 고리 역할을 담당"한 인물이다(버어키 1985, 232). 하지만 버어키는 홉스, 로크와 같은 자유주의 사상과 루소의 계약론이 공통점보다는 차이점이 더 많다고 본다. 왜냐하면 루소의 사회계약론은 과거와는 근본적으로 상이한 역사적·정치적 조건을 마주하려는 것이었기 때문이다.

[근대 정치사상의] 시민적 비전은 근대국가의 태동 및 초기 성숙단계와 밀접한 관련이 있는 것이었다. 그것의 제1의 관심사는 국가의 '기반'과 '기원'이었으며, 출발점은 개인이었다. 그것은 '공적' 결사나 법적 체계의 시각에서 국가 문제를 설명했다. 이에 반해 사회적 비전은 기본적으로 이 공적 결사의 눈부신 발전에 대한 근대의 대응을 표상하는 것이다. 이제 그 '내용' 또는 '실질'이 그 형태와는 별개로 주목의 대상이 된다. 그 체제가 갖추어지고 있었으므로 체제를 갖춘 실체가 주목을 받게 된다. 즉, 순수한 통치구조인 국가 대신 성숙을 거듭해 온 사회가 각광을 받게 된다. 깊고 넓은 관계 구조인 사회가 정치라는 뼈대에 살을 바르는 것이다(버어키 1985, 230).

버어키의 이 주장에서 뚜렷이 대비되는 것은 개인의 관념과 사회의 관념이다. 시민적 비전에서 국가와 정치가 개인의 차원과 결합한다면, 사회적 비전에서 국가와 정치는 사회와 연결된다. 사회는 개인으로 구성되지만, 개인과는 근본적으로 다른 실체다. 여기서 버어키가 말하는 사회는 "민족, 계급 또는 인류 등의 집단이다"(버어키 1985, 230). 이 주장을 따른다면, 홉스나 로크의 사상에서의 사회라는 개념과 루소의 사회 개념을 동일하게 사용하기는 사실상 대단히 어렵다. 하지만 강정인과 조긍호 교수의 사회 개념에는 그러한 구분이 들어설 여지가 없다.

정치사상사의 고전인 플라므나츠(J. Plamenatz)의 『정치사상사2』에서 루소는 홉스, 로크와 같은 자유주의자와의 차이 및 유럽의 초기 사회주의 사상가와의 연속선 위에서 다루어진다. 가령, 플라므나츠는 자유, 행복과 관련해 루소에게서 "홉스나 로크 또는 몽테스키외에게서 볼 수 없는 개념을 보게 된다"고 말한다. 그에 따르면, 루소의 자유는 "자신의 욕구를 되도록 많이 충족시킬 수 있는 상태를 열망하는 것이 아니라 자신의 기준에 따라 올바른 생활을 할 수 있는 상태를 열망하는 것"이고 "행복해진다는 것은 자신과 타인에 대해 좋은 관계를 유지하는 것"이다(플라므나츠 1986, 108). 이런 해석을 따르면 루소는 적어도 자유와 행복의 관념에서는 자유주의자라고 말할 수 없다. 루소의 자유와 행복은 자유주의적 개인의 욕망 실현 원리와는 무관할 뿐만 아니라, 고립적 상황이 아닌 타인과의 관계 속에서, 즉 사회적 형식 속에서 실현되는 것이기 때문이다.

또한 플라므나츠는 프랑스 경제학자 바스티아(Frédéric Bastiat)의 주장을 따라 루소를 사회주의 사상의 근원으로 해석한다.[2] 플라므나츠는 유럽의 초기 사회주의자들을 '루소의 손자들'에 비유하는 바스티아의 관점을 강조하면서, 적어도 두 차원에서 루소와 사회주의자를 결부한다. 이런 루소와 사회주의자의 유사성은 결국 루소 이전 자유주의 사상가와 루소의 차이를 드러내는 지점이 된다. 첫째로는 "비참의 구렁텅이에 빠진 인간이 사회의 희생물이라는 신념과, 자유는 평등한 자들의 사회에서가 아니면 불가능하다는 신념"이다. 둘째로는 "사회는 능력이나 재능의 차이와 관련되지 않는 심각한 불평등을 허용하기 때문에 사악하고 불합리하며 부패를 만연시킨다"는 관점이다(플라므나츠 1986, 249). 이 두 가지 유사한 사유는 자유주의자가 생각하는 자연권적 평등이나 정치적 평등과는 다르다. 여기서 플라므나츠는 로크가 생각하는 권리의 평등과의 대비를 특별히 강조한다.

버어키와 플라므나츠의 관점을 수용하면, 우리는 강정인·조긍호의 입론인 '홉스, 로크, 루소로 이어지는 자유주의적 사회계약론'이라는 구조를 받아들이기 어렵다. 물론 루소의 사회계약론은 자연 상태와 계약을 통한

---

2 물론 플라므나츠는 다른 곳에서 루소와 바스티아의 근원적 차이에도 주목한다.

정치체의 수립이라는 당대 계약론의 방법론적 전통을 따른다. 또한 무질서하고 갈등을 초래하는 상태를 해결할 정당한 정치적 권위의 탄생을 희구했다는 점에서 자유주의적 정치사상의 문제의식을 공유한다. 그렇지만 좀 더 근원적인 차원에서 루소는 정치적 자유주의의 전통으로부터 벗어나 있다.

이 글은 루소가 자유주의로부터 이탈하는 지점을 인간에 대한 근본적 이해, 특히 이성과 감성에 대한 태도, 그리고 자연 상태에서 벗어난 인간들이 만들어낸 사회의 성격, 그렇게 탄생한 정치공동체의 궁극적 원리를 기준으로 살펴보고자 한다.

2. 근대적 인간 본성에 대한 해석 차이

플라톤에서 출발하는 서구 지성사의 근원적 문제의식을 정치적 정념(political passion)의 관리 혹은 치료에서 찾는 프랑스 사회학자 앙사르(Pierre Ansart)는 서구의 삶과 사유 속에서 이성과 정념은 권력 관계 속에 놓여 있었다고 지적한다(Ansart 1983). 세계에 대한 일관되고 영속적인 진리를 파악하는 힘으로서 이성은, 육체의 욕구를 따라 상황에 휘둘리고 원칙 없이 움직이는 정념을 통제하고 관리하며 지배하는 힘이자 의지로 여겨져 왔다. 호르크하이머와 아도르노가 공동 집필한 『계몽의 변증법』은 그와 같은 이성의 기획이 서구 역사와 문명사 속에 얼마나 면면히 흐르고 있는지, 나아가 서구 근대가 그러한 프로젝트에 얼마나 열광했는지를 극적으로 보여준다(호르크하이머 · 아도르노 2001). 두 사상가는 호메로스 서사시 『오디세이(*Odyssee*)』의 주인공 오딧세우스의 모험에 대한 문명사적 해석을 통해 이성적 논리와 의지에 대한 찬양이 서구 정신사에서 얼마나 오랜 시간을 거슬러 올라가는지를 주석한다. 오닛세우스의 귀환 과정은 욕망, 두려움, 공포, 모순으로 채워진 정념에 대한 이성의 최종적 승리를 알리는 대 사건이다(호르크하이머·아도르노 2001, 80-130). 그리고 그 이성은 서구 근대에 접어들어 계몽의 이념에 힘입어 자연과 사회의 지배적 힘으로 새롭게 탄생했다.

서구 문명사의 관점에서 근대를 이성의 패권적 지배로 포괄하는 이런 해석은 일견 타당하다. 하지만 이 해석은 정념과 이성에 대한 서구 근대의 독특한 체계를 인식하지 못하는 문제가 있다. 문제는 서구 근대는 계몽주의에 바탕을 두고 이성의 지배를 향하는 시대였지만, 동시에 정념 혹은 욕구와 같은 것들에 대한 새로운 태도와 평가가 일어난 시대이기도 했다는 사실에 있다. 이러한 문제의식을 바탕으로 홉스, 로크, 루소의 사상을 해석하면 세 사상가의 차이를 좀 더 명확히 이해할 수 있다.

우리가 근대의 출발을 르네상스에서 찾을 수 있다면, 그 이유는 아마도 르네상스의 문예적 시간이야말로 인간의 욕망과 감성과 정념에 대한 새로운 해석과 평가가 넓고 깊게 이루어진 시간이었기 때문이다. 그 점에서 근대는 오히려 이성이 아닌 것들에 대한 관심에서 출발한 시대였던 것이다. 그렇다고 해서 근대가 이성 우위의 태도를 버린 것은 아니라는 사실을 놓쳐서는 안 된다. 근대는 인간의 욕구와 정념 자체를 부정적으로 바라보지는 않았지만, 욕구와 정념 내부에는 질서의 힘이 존재하지 않는다고 생각한 시대였다. 그래서 근대는 욕구와 정념의 원칙 없고 일관되지 못한 운동에 질서를 잡고 일관성을 유지하는 원리로서 이성을 요청했다. 그렇게 보면 근대 이성의 기획은 전근대의 기획과 연속선에 놓이면서도 결코 완전히 동일한 것은 아니다. 근대는 르네상스에서 시작했을 뿐 르네상스에 완성된 것이 아니다. 근대가 완성되기 위해서는 종교개혁과 과학혁명, 계몽주의라는 이념의 시간을 지나야 했다. 종교개혁부터 계몽주의에 이르는 시기는 르네상스에서 태동한 인간의 욕구와 감정을 이성이 관리하고 지배하는 기획이 실천되던 때였다.

육체에 깃든 감각과 욕망이 있기 때문에 자신의 죄와 구원을 고민하고, 세상에 대한 앎을 소망하고, 더 나은 유토피아를 꿈꿀 수 있는 인간을 태동한 시기가 근대였다. 그 점에서 근대는 정념과 욕구를 근원적 평가절하의 대상으로 삼지 않았다. 하지만 정념과 욕구를 내부의 힘과 원리대로 운동하도록 방임할 수는 없었다. 왜냐하면 정념과 욕구는 진리를 파악할 능력도 없고, 이상적인 삶과 사회를 구상할 합리적 사유 능력도 없었기 때문이다. 따라서 통제할 외적인 힘으로서 이성이 필요했다. 그렇게 보면, 근대는 이성적이지 않은 것에 대해 이중적인 태도를 보인다고 할 수 있다. 이런 이중성은 근대철학의 구조에서도 드러난다. 가령, 칸트의 비판철학을 들 수 있는데, 칸트는 인식론적 진리의 한계를 인간의 감각 영역으로 제한하면서도 감각적 정보를 무질서한 것으로 간주하고서, 이성의 원리를 통해 그 정보를 논리 정연한 언어적 질서로 전환해냄으로써 진리 인식에 도달하고자 한다.

이런 배경에 비추어 보면 홉스와 로크의 정치사상은 너무나도 '근대적'이다. 무엇보다 두 사상가는 자연 상태 속 인간을 육체적 감각과 욕구를 동력으로 살아가는 존재로 파악하고 있기 때문이다. 홉스의 『리바이어던』이 인간의 신체 감각에 대한 논의에서 시작하는 것에서 홉스의 사유가 지닌 근대성을 볼 수 있다. 홉스는 "모든 사고의 근원은 감각이다. 감각이 없으면 인간의 마음속에 아무런 개념도 생기지 않기 때문이다"라고 말한다(홉스 2014[2007], 21). 이어서 '정념의 내적 원인과 정념을 표현하는 언어에 대하여'란 제목의 6장에서 인간의 다양한 정념을 논한다. 욕구, 욕망, 사랑, 혐오, 희망, 탐욕 등의 정념은 모든 인간이 공통적이고 평등하게 보유한 능력이다. 홉스에 따르면, "자연은 인간을 육체적, 정신적으로 평등하게 창조했다. 비록 때때로 어떤 사람이 다른 사람보다 신체적으로 강인하다거나 정신적으로 기민하다 할지라도 모든 것을 종합적으로 고려할 때 인간들 사이의 차이점은 그다지 크지 않다"(홉스 2014[2007], 93).

전쟁상태로 들어가는 이유는 기본적으로 인간이 능력에서 평등하고 자기 보존 및 명예 욕구를 갖기 때문이다. 그런데 홉스는 한 가지 이유를 더한다. 바로 상대방에 대한 믿음의 결핍이다. "서로에 대한 확신의 결핍 때문에 자기 자신을 지키기 위해서는 자기가 먼저 선수를 치는 것보다 더 적절한 방법이 없다"는 것이다(홉스 2014[2007], 94). 여기서 인간이 전쟁상태를 벗어나야 하는 이유는 도덕적 당위와는 무관하다. 그것은 무엇보다 정념이 만들어낸 판단에 기인한다. 인간은 "죽음에 대한 공포를 벗어나 편안한 생활을 하려는 욕구"를 달성하고 싶어한다(홉스 2014[2007], 98). 그러한 욕구를 달성하기 위해 이성이 작동한다. "인간의 이성은 인간이 합의에 이룰 수 있는 평화 조항을 알려준다"(홉스 2014[2007], 98). 인간 이성 속에는 19개의 조항으로 구성된 자연법이라는 이름의 평화 원리가 내재되어 있다는 것이다.

홉스의 평화 프로젝트는 본성으로서 인간의 욕구에 대한 이해에서 시작하여 그 욕구를 관리하고 통제하며 질서로 전환하는 이성의 기획이다. 홉스는 정념으로 통칭되는 인간의 욕구와 욕망을 윤리적, 도덕적으로 비난하거나 부정적으로 평가하지 않는다. 그는 "우리 중 누구도 인간의 본성 그 자체를 비판할 수는 없다. 인간의 욕구나 다른 정념은 그 자체로는 아무런 죄가 없다"고 주장한다(홉스 2014[2007], 96). 우리는 여기서 홉스의 근대성을 찾게 된다. 그런데 욕구와 욕망은, 자연법으로 구현되는 이성에 의해 관리되고 통제되어야만 실제로 향유할 수 있다. 그 점에서 이성은 욕망의 구원자로 등장한다.

한편, 『통치론』에서 로크가 그리는 자연 상태의 인간은 "자유의 상태"(로크 1996, 13)에 있다. 자유의 상태는 인간의 욕구와 그에 대한 이성적

인도가 적절히 구현되고 있는 상태다. 로크는 당대 신학자 후커(R. Hooker)를 따라 인간이 욕구와 욕망의 존재라는 사실을 수용한다. 동시에 질서 있게 정념을 추구하기 위해서는 이성이 인도해야 한다고 선포한다. 모든 인간은 자신을 보존하고 노동을 통해 원하는 물질을 소유하고자 하는 세속적 존재이지만, 그렇다고 소유를 향한 욕구가 무원칙적이고 무질서한 것은 아니다. 왜냐하면 자연은 인간에게 소유욕을 평화롭게 충족하도록 하는 이성의 목소리를 부여했기 때문이다. 로크는 "자연 상태에서는 그것을 지배하는 자연법이 있으며 그 법은 모든 사람을 구속한다. 그리고 그 법인 이성은 조언을 구하는 모든 인류에게 인간은 모두 평등하고 독립된 존재이므로 어느 누구도 다른 사람의 생명, 건강, 자유 또는 소유물에 위해를 가해서는 안 된다고 가르친다"고 말한다(로크 1996, 13).

이렇게 보면 로크의 이성은 타인의 물질적, 정신적 소유를 방해하지 않는 내적 도덕의 원리로 나타난다. 동시에 로크의 이성은 수단이기도 하다. 이성은 인간이 이 세상에서 자신의 욕구를 충족할 수 있게 하는 도구이기 때문이다. 로크는 "사람들에게 세계를 공유물로 주신 하느님은 또한 그들에게 삶에 최대한 이득이 되고 편의에 봉사하도록 세계를 이용할 수 있는 이성을 주셨다"고 말한다(로크 1996, 34). 여기서 로크의 이성은 홉스보다도 더 근대적인 성격을 띤다. 왜냐하면 근대 이성은 규범의 원리이기도 하면서 목적을 달성하기 위한 합리적 수단의 원리이기도 하기 때문이다.

욕구의 내용은 서로 다르지만, 홉스와 로크에게서 자연인은 궁극적으로 욕구와 이성이 내적으로 결합해 있는 존재다. 인간의 존재성은 언제나 자신의 욕구를 달성하려는 데서 모습을 드러내지만, 그 욕구의 추구는 인간의 내면을 채우고 있는 이성의 원리를 따를 때 가능해진다. 이성이 이끄는 욕구의 인간이야말로 근대인의 표상이다.

하지만 『인간불평등기원론』 속 루소의 사연인은 본성상 홉스, 로크의 자연인과 근본적으로 다르다. '미개인'으로 불리는 루소의 자연인은 자기의 생명을 유지하는 것 이외에 어떤 욕구도 없다. 그러므로 "발가벗은 채 집도 없이 산다거나 그 밖에 지금의 우리가 그처럼 필요하다고 믿고 있는 갖가지 무용지물들을 소유하지 않았다고 해서 최초의 인류가 불행하다고는 말할 수 없으며, 그들 자신을 보존하는 데 큰 장애가 된다고는 더더욱 말할 수 없다"(루소 2018[2003], 41). 루소의 자연인은 아무런 욕심도, 욕구도 없이 오직 자연이 부과한 생명 연장과 개체 보존의 논리를 따른다. 이 점에서 루소의 사상은 욕구를 인간의 보편적 본성으로 보려는 근대적 사유와 다르다. 루소는 홉스와 로크가 인간의 자연적인 본성으로 생각한 명예와 재산을 향한 세속적 욕구를 오히려 인간적 대결과 갈등의 근원으로 간주한다. 그는 "어떤 땅에 울타리를 두르고 '이 땅은 내 것이다'"라고 선포하는 물질적 욕구에서 인간의 비극이 시작되었다고 말한다(루소 2018[2003], 104). 사적 욕구는 이제 다음과 같이 비극적 결과를 가져온다.

마침내 인간은 탐욕스러운 야심이나, 진정한 필요성 때문이 아니라 재산을 늘려 남보다 우위에 서려는 열망 때문에 서로를 해치려고 하는 옳지 못한 경향을 불러일으키고, 더욱 확실한 성공을 거두기 위해 친절의 가면을 쓰기 일쑤이기에 더욱 위험하다고 할 수 있는 은밀한 결투심을 불러일으킨다. 요컨대 한편으로는 경쟁과 대항이, 다른 한편으로는 이해의 대립이 있게 되는데 이 모두가 남을 희생시켜 자기의 이익을 도모하려는 숨겨진 욕망일 뿐이다. 이 모든 악은 소유가 낳은 최초의 결과이며 이제 자라나기 시작한 불평등과는 따로 떼어 생각할 수 없는 동반자다(루소 2018[2003], 123. 강조는 필자).

홉스와 로크에게 이성은 세속적 욕구와 욕망을 안전하고 조화롭게 달성하는 원리다. 하지만 루소에게는 이기적 필요와 이해관계를 위한 수단이다. 자신의 이해관계에 대한 인식이 생기면서 "이성이 활발"해지고(루소 2018[2003], 121), 그렇게 발달한 이성은 세속적 부를 지키기 위한 전략적 계산의 힘으로 작동한다. 루소는 이성이 인간의 욕구를 인도하는 조화와 질서의 근대적 형식이라고 보지 않는다. 루소에게서 근대 이성은 규범과 도덕의 목소리가 아니라 자신의 사적 이익을 달성하기 위한 이기적 계산의 논리로 축소된다.

따라서 루소가 제시하는 원초적 인간은 결코 근대적이지 않다. 그는 근대적 욕구도, 근대적 이성도 없는 존재이기 때문이다. 루소의 원초적 인간은 이성의 인도 없이 자신의 생존을 지키는 데 필요한 최소의 욕구만으로 살아가는 존재다. 나중에 다시 보겠지만, 원초적 인간의 본성인 감성 속에 이미 질서의 원리가 내재한다. 그 점에서 우리는 자신의 생명을 지키고 명예를 극대화하려는 욕구를 위해 이성을 발휘해야 하는 홉스적 인간, 자신의 물질적 욕구를 충족하기 위해 이성적 능력을 실천해야 하는 로크적 인간과는 근본적으로 다른 루소적 인간을 마주한다.

3. 근대적 주체의 본성에 대한 인식 차이

홉스의 이성과 관련하여, 강정인·조긍호는 전략적 계산을 이성의 핵심이라고 해석한다.

이성은 정념의 대상에 대한 접근과 회피 운동의 실제적이고도 합리적인 방안을 강구하고 선택적으로 실행하게 하는 도구적, 전략적 기능을 담당한다. 이는 정념으로부터 비롯되는 대상에 접근하거나 회피하는 다양한 반응 중에서 자기에게 유리한 것을 합리적으로 계산하여 선택하게 하는 계산능력을 핵심으로 한다(조긍호·강정인 2012, 359).

앞서 본 것처럼, 로크에게서도 이성은 자신의 사적 이익 달성을 위한 전략적 사고의 차원을 포함한다. 하지만 홉스의 자연법 조항이나 로크의 자연법적 명령은 단지 전략적 계산, 혹은 베버가 근대성의 핵심으로 파악한 목적합리성에 국한되지 않는다. 오히려 홉스와 로크에게 이성은 인간들 사이에서 준수해야 할 규범들을 제시하고 명령하는 가치합리성에 근접한다. 가령 홉스는 자연법을 "너는 너 자신에게 행해지기를 원하지 않는 것은 다른 사람에게 행하지 마라"라는 명령으로 요약하면서 그것을 인간 "내면의 법정"에 호소하는 힘으로 해석한다(홉스 2014[2007], 111). 마찬가지로 로크는 이성이 "하느님이 인류에게 준 공통의 규칙과 척도"라고 말한다(로크 1996, 17). 여기서 이성은 단순히 자신의 보존과 생존 및 소유만을 위한 힘이 아니다. 전 인류의 보존을 위한 힘이다.

여기서 제기하고자 하는 문제는, 홉스와 로크의 이성은 규범적이며 동시에 계산적이기 때문에 결국 근대적 인간의 내면 세계에 들어 있는, 그리하여 그 개인의 양심과 사유에 작용하는 실체라는 점이다. 생각해 보면, 홉스와 로크의 근대인은 욕구의 실현이 자신의 궁극적 지향이라는 점에서 고립적이고 자율적인 '개인'이며, 욕구 실현을 위해 이성의 명령을 듣고 실천한다는 점에서도 마찬가지로 '개인'인 것이다.

칸트는 1784년에 「계몽이란 무엇인가에 대한 답변(Beantwortung der Frage : Was ist Aufklärung?)」을 썼다. 그것은 「계몽이란 무엇인가」에 대해 어느 성직자가 언론에 기고한 글에 답변하는 형식이었다. 여기서 계몽에 대한 칸트의 유명한 명제, 곧 "계몽이란 우리가 마땅히 스스로 책임져야 할 미성년 상태로부터 벗어나는 것이다"가 정립되었다. '미성년 상태'란 말이 의미하듯이, 계몽은 정신적으로 자율적이지 못한 인간을 자율적 인간으로 재탄생시키는 힘이다. 계몽을 지닌 인간은 다른 사람에 의지하지 않고 스스로 지적 능력을 발휘하는 존재가 된다(칸트 2009, 13).

계몽에 대한 칸트의 선언이 말해주는 것처럼, 근대 이념의 응축으로서 계몽주의는 궁극적으로 스스로 사유하고 행동할 수 있는 이성적 주체 형성을 향한 의지이며 실천이었다. 이때 주체는 자기 안에 진리의 형식을 품고 있으며, 그리하여 스스로 온전히 사고하여 진리를 발견하는 완결체로 등장한다. 타자라는 외적인 존재가 있어야 할 필요가 없다. 그 점에서 우리는 '근대적 주체'라는 개념을 사용하는데, 이 주체는 사실상 인식과 삶의 모든 과정을 인도해 줄 완전한 규범적 기준과 행위의 기준을 내재한 존재다.

지식사회학자 만하임(K. Manheim)은 서구 문명이 봉건을 벗어나 근대로 향하게 한 동력은 물질적·사회경제적 차원 속에서만 만들어진 것이 아니라고 말했다. 그에 따르면, "세계에 대한 기존 관념이나 해석을 불식할 수 있는 하나의 새로운 **사고방식**"의 형성이 필요했다(만하임 2012, 177. 강조는 원문). 이때 근대적 사고방식의 조형에서 가장 중대한 역할을 수행한 힘이 철학이었다. 철학은 '의식철학'으로 명명되는 새로운 사고방식의 조형을 통해 근대라는 길의 입구를 열었다. 만하임은 이렇게 말한다.

이러한 방향에서 가장 중요한 최초의 발자취는 무엇보다도 **의식철학**의 발생에서 찾아볼 수 있다. 의식이란 하나의 단일체로서, 그 속에 담겨 있는 여러 요소가 서로 응집성을 띠고 있다는 생각은 특히 독일에서 사상적 대단원을 매듭지을 만큼의 문제로 부각되었다. 즉, 여기서는 우리의 주변을 둘러싼 그 개괄적인 양상의 파악이 더욱 힘들어지는 무한한 다양성으로 채색된 세계 대신에 주관, 주체의 통일성을 바탕으로 한 응집력을 행사하는 세계 체험으로 대두되었으니, 이와 같은 주체는 적어도 세계 형성에 관한 여러 원리를 단순히 수용하는 것이 아니라 자발적으로 스스로의 내면 그 자체에서 이를 조성하게 마련인 것이다(만하임 2012, 178. 강조는 원문)

만하임은 근대의 탄생을 이끈 의식을 주체로 부르는데, 그 개념은 의식이 자신의 통일된 내면적 사고능력을 통해 자기 앞의 세계를 이해하고 재구성하는 능력을 보유하고 있다는 점에서 성립한다. 말하자면, 의식은 세계에 능동적으로 접근하고 세계를 자신의 고유한 기준에 따라 파악할 수 있는 정신적 역량을 지니고 있다는 점에서 주체다. 그 주체는 계몽에 대한 칸트의 선언이 표명하는 미성년 상태에서 벗어난 인간의 또 다른 이름이다.

이런 논의에 비추어 보면, 홉스와 로크의 자연인은 근대적 주체로서의 능력을 온전히 갖추고 있다. 그는 욕망의 자립적 주체이면서 자신의 능동적 사유를 통해 내면의 목소리인 자연법의 명령을 듣고 정치적 진리를 발견할 수 있는 이성적 주체다. 자연인이 보편적으로 보유하고 있는 근대 이성이 발견한 진리명제는 계약을 통한 권력체를 형성함으로써 평화와 질서의 세계를 구축하도록 이끈다.

하지만 루소는 이런 근대적 주체를 이상적 인간 모델로 그리지 않는다. 오히려 그는 욕망으로부터 자유로운, 그렇기 때문에 이성의 규범과 계산을 따를 필요가 없는 원초적 인간을 이상화한다. 루소의 상상력은, 근대적 사유에서 명확하게 드러나지 않는 개념인 '타자성'에 대한 성찰로 이어지면서 근대적 주체 이념의 벽을 뚫고 들어간다. 루소는 자연인을 '이타적 감성'을 본성으로 하는 존재로 그린다. 루소의 자연인은 어떤 점에서 모순적이라고도 할 수 있다. 왜냐하면 자기 보존을 위해 자연의 리듬을 따라가는 고립적 존재이기도 하지만, 동시에 타인을 향해 마음을 여는 사회적 본성을 지닌 존재이기도 하기 때문이다. 루소는 타자성의 토대를 이성이 아니라 감성에서 찾는다. 인간의 영혼에 대한 성찰의 결과, 루소는 이성보다 앞서는 인간의 두 가지 심성을 발견한다. "자신의 안락과 보존에 대한 관심", 그리고 "동포가 죽거나 고통을 당하는 것을 보면 자연스럽게 느끼는 혐오감"이 그것이다. 여기서 루소는 자연법이란 근대적 개념을 언급하는데, 그것은 자기 보존에 대한 관심과 타인의 고통에 대한 공감, 그리고 그 둘 사이에서 형성되는 조화와 질서의 원리로 나타난다(루소 2018[2003], 43). 루소의 자연법은 자신의 이기적 욕구와 이익을 달성하기 위한 이성적 원리로서 자연법이 아니다.

루소의 자연인은 동물적 생존의 법칙을 따라 고립적으로 살아가지만, 그렇다고 이기적이지는 않다. 자연인의 본성에는 동료의 고통과 어려움에 공감할 수 있는 이타성이 내재하기 때문이다. 홉스와 로크가 인간을 이기적 욕구를 본질로 하며, 욕구를 실현하기 위한 도구로서 이성을 활용하는 존재로 그리는 데 반해, 루소는 감성을 기반으로 타인을 생각하고 자기 고유의 행복을 유보할 수 있는 인간을 그린다. 루소가 자연인의 본성으로 지목하는 감성은 타인을 대상으로 자신의 행위를 규율할 수 있는 윤리적 행위의 원초적 능력으로 나타난다. 루소는 "사실상 내가 동포에게 어떤 종류의 해도 입혀서는 안 된다는 의무를 지니고 있다면 그것은 동포가 이성적인 존재이기 때문이 아니라 감성적인 존재이기 때문인 듯하다"라고 말한다(루소 2018[2003], 44). 이러한 맥락에서 루소는 홉스의 인간관을 비판한다. 루소는 홉스가 인간을 이기적인 존재로만 보면서, "동포의 괴로움을 보기 싫어하는 선천적 감정에서 인간이 자기 행복에 대해 느끼는 정열을 완화하는 원리"를 지닌 감정적 존재로서 인간의 모습을 외면했다고 비판한다(루소 2018[2003], 56).

홉스를 비판한 뒤 루소는 공감과 동정심으로 불리는 인간의 감성을 좀 더 자세히 설명한다. 루소는 공감의 능력은 자연이 인간에게 부여한 궁극적 덕성이며, 아무리 타락한 문명과 사회 속에서도 사라지지 않는 자연적 능력이라고 말한다. 연민의 정으로도 불리는 이 공감 능력이 없다면, 루소는 인간이 다른 모든 덕성을 가지고 있더라도 인간답지 못한 괴물이 되어버릴 것이라고 성찰했다.

루소는 이성이 아니라 감성, 즉 공감과 연민의 감정이 인간 사회의 유대를 만드는 힘이라고 강조한다. 그 근거로 루소는 하나의 예시를 든다. 만약 폭동이나 거리에서 싸움이 발생했을 때, 문명화된 사람들, 즉 이성적인 사람들은 자리를 피하지만, 지혜와 이성이 없는 미개인과 하층민은 싸움을 말리고 폭동을 억제한다는 것이다. 즉, 루소는 이성이 이기적이라면, 감성은 사회적이란 점을 지적했다. 그러한 맥락에서 루소는 연민이라는 감성의 위대함을 외친다. 그에게 연민은 자연으로부터 부여된 본능적 마음이며, 연민을 통해 인간의 이기심이 억제되고 사회 전체가 보존된다. 연민은 자기 앞에서 고통받는 사람에게 본능적으로 도움을 주려고 하는 마음이며 법률, 풍속과 같은 제도화된 질서의 힘 없이도 사회적 통합과 질서를 만들고 유지하는 근원적 힘이다. 또한 그것은 약한 자의 것을 빼앗으려는 사악한 욕구를 억제하는 힘이기도 하다(루소 2018[2003], 58).

교육에 대한 루소의 사상을 담은 책 『에밀』은 공감하는 인간, 연민을 지닌 인간의 이상을 담고 있다. 『에밀』 제4부에서 루소는 모든 인간은 타인에 대한 애착을 지니고 있다고 말하는데, 애착은 타인의 즐거움에 대한 공감이 아니라 고통에 대한 공감에 근거한다고 주장한다. 루소는 타인의 불행에 대한 공감 능력과 연민의 정이 지극히 자연스럽고 보편적이라고 역설한다. 루소는 이렇게 묻는다. "고통스러워하고 있는 어떤 불행한 사람을 보면서 동정하지 않는 사람이 누가 있던가? 단지 그럴 마음만 가지면 되는 경우, 누가 그를 그 불행으로부터 구해주고 싶은 마음을 갖지 않겠는가?" 이것이 가능한 이유는 인간의 본성 덕분이다. 인간은 본래 행복한 인간의 입장보다는 불행한 인간의 입장 쪽에 공감하고, 불행한 인간 쪽이 행복한 인간 쪽보다 자기와 더 가깝다고 느끼는 존재이기 때문이다(루소 2006, 395).

루소는 이런 본성적 사회성을 지닌 인간을 키우기 위한 교육 지침을 제시한다. '열다섯 살에서 스무 살까지'의 아이가 배워야 할 도덕교육의 준칙이다. 루소는 인간이 지켜야할 도덕적 준칙으로 세 가지를 제시했다. 제1준칙은 "자신을 자기보다 더 행복한 사람의 입장이 아니라, 더 불행한 사람의 입장에 놓아보는 것이 인간의 마음이다." 이를 위해 루소는 젊은 이들이 다른 사람들의 화려함이 아니라 불행을 볼 수 있도록 가르칠 것을 제안한다.

제2준칙은 "사람들은 오로지 자신들 역시 면할 수 없으리라고 생각되는 타인의 불행만을 동정한다"는 것이다. 불행에 대한 인식을 바탕으로 불행에 빠진 타인을 도와야 한다는 명령이다. 루소는 이러한 준칙에 입각해, 피치자를 불쌍히 여기지 않는 권력자, 가난한 사람들에게 베풀지 않으려는 부자, 평민들을 멸시하는 귀족들을 신랄하게 비판한다. 그 점에서 루소는 "불행한 사람들의 운명이 자신의 운명이 될 수 있다는 것, 그들의 모든 고통이 자신의 발아래에도 있으며, 수많은 예상치 못한 불가피한 사건들 속으로 자신도 떨어질 수 있다는 것 등을 이해시키도록" 교육하는 것이 중요하다고 강조한다.

이어서 제3준칙으로 루소는 "사람들이 타인의 불행에 대해 갖는 동정심은 그 불행의 크고 작음에 의해 측정되는 것이 아니라, 그것을 겪고 있는 사람에게 기울이는 감정에 의해 측정된다"를 제시한다. 이를 위해 루소는 모든 인간을 사랑할 것을, 측은한 마음과 동정심을 가지고 다른 인간들을 대하는 것을 가르칠 것을 요청한다(루소 2006, 394-404). 그리하여 루소는 "남에게 대접을 받고자 하는 대로 너희도 남을 대접하라"는 성서의 구절을 합리적 정의로 해석하면서, 그것을 대신할 원칙으로 "타인의 불행을 되도록 적게 하여 너의 행복을 이룩하라"는 원칙을 제시한다. 바로 연민의 감정에서 도출된 윤리 원칙이나.

지금까지의 논의에 비추어 보면, 홉스와 로크가 그리는 주체와 루소의 주체는 공통점보다는 차이가 더 많다. 근본적으로 홉스와 로크의 근대인은 자기 완결적인 존재로 나타난다. 그는 자신의 욕구 지향을 명확히 알고 있고, 그것을 충족하기 위한 내면의 자연법적 이성을 갖추고 있는 자립적 주체다. 그에게는 타자와의 상호성을 통한 도덕과 윤리의 실천 가능성이 존재하지 않는다. 타자는 오히려 자신의 욕구 충족에 부정적으로 관여하는 존재로 등장할 뿐이다. 반면, 루소의 인간은 그런 의미의 근대적 주체가 아니다. 루소의 인간은 근대적 특성을 지닌 욕구를 지니고 있지도 않고, 욕구 충족을 위한 이성적 정신도 결여하고 있기 때문이다. 그는 오직 원시적 소박함으로 자기의 원초적 생명을 유지하고, 타인에 대한 공감을 바탕으로 사회적 질서를 확립해 나간다. 루소의 주체는 타자에 대한 인식, 타자에 대한 공감과 연민의 감정으로 연결되어 있는 존재다.

4. 사회와 정치의 본질에 대한 인식 차이

주지하는 것처럼, 근대국가와 정치는 계약의 원리 위에서 탄생했다. 그렇게 보면 근대적 정치공동체는 자연적 산물이 아니라 인공적 산물이다. 우리는 그 점에서 사회계약론 사상가들의 공통점을 찾을 수 있다. 계약론은 홉스에게서 시작했는데, 그는 국가와 정치를 인류학적 시간의 지속 위에서 이해하는 것을 거부한다. 홉스는 국가 혹은 정치공동체를 정확한 기원을 알 수 없는 인류학적 본성의 실체가 아니라 사람들의 개별적 필요에 의해 인공적으로 창출된 제도와 절차적 실체로 인식한다. 홉스의 사회계약을 이끄는 본질적 동력은 인간의 세속적 욕구다. 모든 인간들은 자신의 이익을 충족하려는 욕구의 존재로 그려지고, 그런 욕구의 물리적 충돌이 혼란과 무질서를 만들며, 그 지점에서 국가권력과 정치의 필요성이 대두한다. 이렇게 이해한다면, 홉스는 인간의 삶이 이루어지는 시공간을 무엇보다 세속화된 물질세계로 인식하고 있음을 알 수 있다.

이러한 정치적 인식론은 로크에게서도 관찰할 수 있다. 로크는 『통치론』에서 자연과 세계를 다음과 같이 설명한다.

사람들에게 세계를 공유물로 주신 하느님은 또한 그들에게, 삶에 최대한 이득이 되고 편의에 봉사하도록 세계를 이용할 수 있는 이성을 주셨다. 대지와 그것에 속하는 모든 것은 인간의 부양과 안락을 위해서 모든 인간에게 주어진 것이다. 그리고 대지에서 자연적으로 산출되는 모든 과실과 거기서 자라는 짐승들은 자연발생적인 작용에 의해서 생산되기 때문에 인류에게 공동으로 속한다. 따라서 그러한 것들에 대해서는 그것들이 자연적인 상태에 남아 있는 한, 어느 누구도 처음부터 다른 사람을 배제하는 사적인 지배권을 가지지 않았다(로크 1996, 34).

이 주장에서 잘 드러나고 있듯이, 로크는 자연을 물질적 장소, 인간의 삶과 이익을 위한 수단적 장소, 따라서 세속적인 장소로 이해한다. 로크는 자연을 인간 욕구의 실현을 위한 세속적 자리로 간주한다는 점에서 홉스와 크게 다르지 않다.

이 같은 세속적 인간관과 자연관으로부터 정치에 대한 홉스와 로크의 관점이 도출된다. 이때 정치란 본질적으로 국가 구성원들의 세속적 이익과 욕망을 구현해주는 행위다. 정치적 근대에 들어서면, 『신국(De Civitate Dei)』의 저자 성 아우구스티누스의 정치사상에서와 같이 정치를 초월적 존재의 성스러운 의지를 지상에 실현하는 일로 이해하는 것은 더 이상 유효하지 않다. 이제 정치는 종교와 단절하고 경제와 결합한다. 전근대에서 근내로 이행하면서 정치는 세속적인 영역으로 전환되었다. "신성의 영역 안에서 정치는 해결할 수 없는 자기 갈등의 본성(가령, 모든 정치적 갈등의 궁극적 터전인 선과 악의 갈등)을 보유하고 있었지만, 근대의 내부에서 정치는 점차적으로 경제 영역으로 흡수"되었다는 것이다(Aureli and Giudici 2013).

이렇듯 근대 계약론에서 우리는 정치신학으로부터 정치경제학으로의 전환을 볼 수 있다. 근대의 정치이론에서 정치는 구원, 규범, 도덕의 문제가 아니라 물질적 소유와 분배를 둘러싼 경제적 행위로 바뀌었다. 가령 자유주의의 정치는 자신의 물질적 이익을 명확하게 사유하고 판단할 수 있는 이성적 인간들이 수행하는 시장 안에서의 경제적 운동에 관여하는 일이고, 마르크스주의 정치는 생산수단의 소유를 둘러싼 갈등의 운동에 개입하는 과정이다. 한마디로, 근대 정치는 물질적 소유관계의 함수다. 이는 홉스와 로크, 특히 로크의 사회계약론에서 뚜렷하다.

월린(S. Wolin)에 따르면, 로크부터 시장의 원리를 따르는 사회가 등장하는데, 시장은 물질적 소유관계가 관철되는 무대다. 이제 정치와 국가는 그 사회적 관계를 보호하고 조정해주는 외적 장치로 기능한다. 홉스에게는 물질적 이익을 둘러싼 합리적 주체들의 자율적 관계의 공간이 시민사회가 아직 명확한 양상으로 드러나지 않지만, 로크에게는 그 구체적인 형태가 드러낸다. 시민사회는 근본적으로 조화롭고 질서 잡힌 영역이다. 왜냐하면 그 속의 근대적 주체는 자신의 이익을 추구하면서도 타인의 이익을 침해하지 않아야 한다는, 스스로에게 내재된 자연법의 명령을 실천하는 존재이기 때문이다. 로크는 "그 법인 이성은 조언을 구하는 모든 인류에게 인간은 모두 평등하고 독립된 존재이므로 어느 누구도 다른 사람의 생명, 건강, 자유 또는 소유물에 위해를 가해서는 안 된다고 가르친다"고 말한다(로크 1996, 13).

시민사회의 질서를 만들고 유지하는 힘은 근본적으로 개별 주체의 내적 이성이고 합리성이다. 그 과정에는 어떤 외적인 규범과 도덕이 개입하지 않는다. 시장의 도덕이 그런 것처럼, 시민사회는 합리적 주체의 자율적인 사고와 판단이 궁극적으로 전체적인 조화와 선을 낳는다. 하지만 자연적 이성의 명령을 따르지 않는 사람이 범죄를 저지를 가능성을 배제할 수 없다. 자연적 권리에 입각해 그러한 범죄를 처벌하면 궁극적으로 자연 상태가 적나라한 양상이 드러나기 때문에, 외적 권력체를 통해 시민사회의 이탈적 상황을 통제하고 조화와 질서를 확립할 필요가 있다. 월린의 해석에 따르면, "로크는 인간이 '시민사회 내에서 갖는 이익'을 '마련하고, 보존하며, 증진하기 위해' 정부가 존재한다고 선언"했고, "그러므로 정치적인 것은 인간으로 하여금 '그들이 좀 더 원하는 것을 취득하게' 놓아두는 보호 장치들의 총체"에 있었다(월린 2009, 177).

요컨대 홉스에게서는 아직까지 드러나지 않았던 사회와 정치 사이의 자유주의적 긴장이 로크에게는 드러난다. 홉스에게는 명확하게 자신의 원리를 갖지 못한 자연 상태의 운동에 질서를 부여하는 것이 절대권력체였고, 그렇기에 자연 상태를 구원하는 힘이 강력한 정치권력에 부여되었다면, 로크에게 그 힘은 합리적인 근대적 주체의 이성적인 자율성이며 이는 정치가 아니라 사회 안으로 들어와 있기 때문이다.

인간의 물질적 욕망이 초래할 무질서와 혼란을 질서와 조화의 상태로 만들어내는 것이 근대 사회가 풀어내야 할 중대한 문제였다. 루소는 홉스, 로크와는 다른 제3의 길을 선택했다(Spector 2018). 절대적 권력에 의한 완전한 정치적 질서를 꿈꾸는 것이 홉스의 길이다. 로크의 길은 자율적 주체의 합리적 이익 추구가 만들어내는 온전한 조화와 그것의 부분적 일탈을 조정할 최소한의 정치적 개입을 요구한다. 양자 모두 루소가 보기에 답이 아니었다. 루소의 시각에서 홉스의 길은 인간이 누려야 할 자유가 없는 상태를 의미했고, 로크의 길은 물질적 불평등이 만연하는 시민사회와 그것을 정당화하는 정치적 원리가 초래한 직대와 공포의 상태를 뜻하는 것이었기 때문이다.

무엇보다 루소는 로크의 시민사회를 재구축하고자 했다. 루소는 내면적 양심과 이성에 의해 질서를 유지한다는 로크의 믿음을 수용할 수 없었다. 루소가 자연 상태에 사적 소유권이 등장하면서 사람들 사이의 적대가 생겼다고 말하는 것에서 알 수 있듯이, 물질적으로 불평등한 상황에서는 인간의 이성이 오직 자신의 사적 이익을 확보하고 보호하기 위한 계산적 이성으로만 사용될 것이기 때문이다. 루소는 시민사회의 경제적 불평등을 최소화하는 물적 조건과 제도적 장치를 마련함과 동시에, 그들을 하나의 통합체로 구축하기 위한 '외적 도덕'을 만들어내야 한다고 생각했다.

여기서 루소의 새로운 사회학적 상상력과 뒤르케임(E. Durkheim)의 사회학이 조우한다. 뒤르케임이 1918년에 출간한 『루소의 사회계약(Le Contrat Social de Rousseau)』이 양자의 구체적인 접점이다. 잘 알려진 것처럼, 뒤르케임은 사회가 개인들의 질서 원리로 환원되지 않는 고유한 실체라고 생각했다. 그는 연구방법론에서만이 아니라 공동체의 집합적 운동에 대한 분석에서도 이 관점을 일관되게 유지한다. 뒤르케임은 『사회분업론(De la Division du Traveil Social)』에서 스펜서(H. Spencer)를 비판했다. 스펜서는 마치 시장에서처럼 자신의 욕망과 이익을 합리적으로 알고 있는 개별적 존재의 판단과 행위가 자동적으로 전체적인 조화와 협력과 질서를 만들어낸다고 주장했다. 반대로 뒤르케임은 사회적 통합과 질서는 개별자의 공리주의적 행위 세계 바깥에 존재하는 가치와 규범에 의해 가능하다고 생각했다. 이 문제와 관련된 뒤르케임의 논리를 보자.

이렇게 보면, 사람들이 상상하는 독자적 개성처럼, 자율성을 가진 개인으로부터는 개인 밖에 나올 것이 없다. 따라서 사회적 사실인 협력 그 자체는 **사회적 규칙**에 종속되어 있으며, 그와 같은 규칙 없이 사회적 협력은 생겨날 수 없다.

바로 이 같은 이유로 자신의 자아 속에 스스로 갇혀 있는 심리학자는 자아 이외의 것을 발견하기 위해 그 자아로부터 더 이상 탈출하지 못한다. 집단생활은 개인생활에서 탄생한 것이 아니다. 오히려 개인생활이 집단생활에서 탄생한 것이다(뒤르케임 2012, 414-5. 강조는 필자).

진화의 과정을 따라 더 분화된 조직이 만들어지고 구성원 각각이 합리적으로 사고하고 행동한다고 하더라도 그들 사이에 자동적으로 분업이 형성되는 것은 아니다. 그것은 오히려 사람들의 고립과 분열을 만들어낼 수도 있다. 따라서 분업의 형성과 그에 따른 협력을 위해서는 사람들 사이의 도덕적 연결 관계가 반드시 필요하다. 뒤르케임에 따르면, "분업은 이미 존재하고 있는 특정 사회 내부에서만 일어날 수 있다. 이 말은 개인들이 서로 물질적으로만 결합해야 한다는 것이 아니라, 그들 사이에 도덕적 연결 관계가 있어야만 한다는 것을 의미한다"(뒤르케임 2012, 410-411). 이 도덕적 연결 덕분에 인간은 서로 이기적인 욕망의 존재로 분해되지 않고, 타인을 인식하고 배려하고 양보하는 분업의 구조를 만들어낼 수 있다. 또 그 바탕 위에서 사회적 통합과 질서가 만들어진다. 뒤르케임은 "현대사회의 도덕은 우리가 동료 인간들에 대해 더 배려하고 정의로운 행동을 하도록 요구한다. 또 우리가 자신의 임무를 잘 수행하며 자신이 가장 잘할 수 있는 분야에서 일할 것과 자신의 노력에 대한 정당한 대가를 받을 것을 요구한다"고 말한다(뒤르케임 2012, 604).

뒤르케임은 『루소의 사회계약』에서 루소의 사회계약으로 탄생하는 공동체는 도덕 공동체임을 강조했다. 그 공동체는 개별적 구성원들의 단위로 환원될 수 없는 도덕적 실체(un être moral/a moral being)의 형식을 갖는다는 것이다(Durkheim 1918, 14). 특정 구성원의 것이 아니면서도 구성원 모두를 결합하게 하는 사회적 도덕과 그로부터 발생하는 유기적 연대의 힘을 통해 단일하고 자율적인 실체로서 '사회'가 탄생한다. 이런 맥락에서 우리는 루소의 사회를 관통하는 개념으로서 일반의지를 다시 이해해 볼 수 있다. 루소는 사회계약을 통해 나타나는 변화를 이렇게 묘사한다.

자연 상태에서 정치 상태로의 이런 이행은 인간에게 매우 주목할 만한 변화를 만들어낸다. 즉 행위에서 정의가 본능을 대체하고 인간 행동은 전에는 없었던 도덕성을 부여받는다. 이때에야 의무의 목소리가 신체적 충동을 대신하고 법이 욕구를 대신하게 되어, 여태껏 오로지 자신만을 고려했던 인간은 이제 자신이 다른 원리를 따라 행동해야만 하고, 성향의 목소리를 듣기 전에 이성의 충고를 따라야 함을 알게 된다(루소 2018, 29-30).

정치 세계를 살아가는 인간의 행동이 따라야 할 도덕성이 곧 일반의지다. 루소는 일반의지를 논하면서 "모든 이익이 일치하는 어떤 지점이 있지 않다면, 어떤 사회도 존재할 수 없을 것이다. 그렇다면 사회는 오직 이 공동이익을 기준으로 통치되어야 한다"고 말했는데(루소 2018[2003], 35), 그 점에서 일반의지는 사회라는 도덕적 실체를 성립하게 하는 유일한 원리가 된다. 이와 관련해서 일반의지에 대한 뒤르케임의 해석을 더 살펴보자. 뒤르케임은 개인 사이의 갈등을 해소하고 질서를 확립할 힘은 개인이 살아가는 세계 내부에서 찾을 수 없다고 말했다. 그 힘은 사회로 불리는 외적인 영역에 존재한다. 사회적 힘은 개인 내면의 정신 속에 간직되어 있는 것이 아니다. 도덕적 질서라 불리는 그것은 "개인을 초월하는 것이란 사실, 그리고 그 도덕적 질서는 물리적, 정신적 특성 속에서 구현되는 것이 아니란 사실"을 인식해야 하는데, 그 도덕적 질서를 만들어내는 원천이 바로 일반의지다(Durkheim 1918, 71 ; Spector 2018, 551).

이처럼 일반의지의 본질을 사회학적 관점에서 바라보아야 하는 것이라면, 자유주의적 관점을 통해 일반의지 개념에 도달하기는 어려워 보인다. 왜냐하면 자유주의는 사회적 구성원의 개별적 이성에 의한 질서를 상상하기 때문이다. 일반의지가 단순히 사회적 통합과 질서를 위한 기능적 차원을 넘어서 구성원 모두를 하나의 단일한 도덕적 신체로 통합해내는 것이라면, 그것은 명백히 상징적 차원에서 이해되어야 한다. 왜냐하면 구성원이 하나의 단일체로 변화하기 위해서는 그들 내부에 공통의 집합의식이 만들어져야 하기 때문이다.

이런 해석을 수용한다면, 로크의 사회와 루소의 사회는 근본적으로 다르다고 할 수 있다. 그렇기 때문에 강정인·조긍호가 사회계약론 개념으로 로크의 사회와 루소의 사회를 구분하지 않고 사용하는 것은 문제가 있다. 로크의 사회는 합리적 주체의 자율적인 이성의 능력이 자동적으로 조화와 질서를 만들어내는 실체라면, 루소의 사회에서 그 질서와 조화의 힘은 개별자들에 내재해있는 것이 아니라 외적인 도덕이다. 엄격한 의미에서 로크의 사회에서는 루소의 사회가 토대로 삼는 '집합성'이 들어설 자리가 없다.

나아가 그러한 맥락에서 근대적 계약 개념을 이야기하면서 루소가 왜 '사회계약'이란 용어를 사용했는지 생각할 필요가 있다. 루소에게 사회계약은 특정한 정치권력체를 만들어내는 계약에 국한되지 않는다. 루소가 제시한 사회계약의 본질은 집합도덕을 지닌 사회를 만들어내는 과정이다. 그렇게 될 때 정치와 국가는 분리될 수 없다. 왜냐하면 일반의지를 구현하고 있는 사회의 정치적 형식이 국가이기 때문이다. 따라서 루소의 사회와 정치에서는 로크의 사회와 국가 사이에 있는 자유주의적 긴장이 존재하지 않는다.

뒤르케임은 『종교생활의 원초적 형태(*Les Formes Élémentaires de la Vie Religieuse*)』에서 유기적 연대의 공동체를 만들기 위한 장치로 종교적 의례의 중요성을 강조한다. 이에 비추어 보면, 루소가 일반의지를 통해 단일의 정치체를 만들어내는 과정과 관련하여『사회계약론』후반부에서 시민 종교를 언급한 것에 주목하게 된다. 루소에게서 시민 종교란 "한 나라에 수용되어 그 나라에 알맞고 그 나라를 후견하는 신과 수호자들을 제공"하는 것으로, "신에 대한 숭배와 법에 대한 사랑을 결합한다는 점에서, 그리하여 조국을 시민들의 경외의 대상으로 만들어 국가에 봉사하는 것이 국가의 수호신을 섬기는 것임을 시민들에게 가르치는" 종교다(루소 2018, 164-5). 말하자면, 시민 종교는 성스러운 것을 숭배한다는 점에서 전통 종교와 동일하지만, 조국이라는 근대적 성물을 숭배한다는 점에서 그리고 애국이라는 덕성으로 정치적 실체인 조국에 대한 시민들의 헌신과 의무를 장려한다는 점에서 전근대적 종교와 같지 않다.

시민 종교에 대한 루소의 예외적이고 흥미로운 생각은 그가 구상한 근대적 정치공동체의 구조에 대한 상상으로 우리를 이끈다. 홉스와 루소는 근대적 정치공동체의 본질이 물질에 대한 자유로운 소유와 세속적 욕구의 실현이라고 이해했지만, 루소는 한 걸음 더 나아간다. 일반의지 위에서 공동체의 절대적인 도덕적 통합을 이룩하기 위해서는 성스러움의 실체가 필요하다. 성스러운 존재를 숭배하는 시민 종교야말로 그러한 정치적 필요에 부응하는 제도다.

사회적 통합과 질서의 문제의식에서 루소와 뒤르케임의 사유는 서로 만난다. 그렇다면 우리는 루소의 정치공동체를 세속화된 시공간 질서로만 이해할 수는 없다. 그의 사회계약으로 탄생한 공동체는 물질적 평등이 관철되어야 하는 속된 시공간과 함께, 국가적 성스러움의 존재가 운동하는 신성함의 시공간으로 구성되기 때문이다. 따라서 루소에게서 근대적 정치신학이 탄생하는데, 이 지점에서 홉스와 로크가 계약으로 탄생시키려 한 국가와 루소의 국가 사이에 커다란 차이가 드러난다.

5. 사회계약론 개념을 다시 사유하기

한국의 정치학 교육, 특히 근대 정치사상 영역에서 '사회계약'이라는 개념을 통해 홉스에서 로크를 지나 루소로 흐르는 서사는 핵심을 차지해왔다. 서양 정치사상사 텍스트가 근대 사상의 동일성 차원에서 세 사상가를 통합하는 경우도 있지만, 근래에는 그렇지 않은 사례도 다수 있다. 이 점에서 한국의 정치학계가 세 사상가를 사회계약론의 범주로 묶어 해석해온 관점은, 그 기원은 무엇이며 어떤 서사를 구성하고 어떤 효과를 낳고 있는지를 고찰해야 할 하나의 문제일 수 있다.

이 글이 비판적으로 접근하고자 했던 조긍호·강정인의 『사회계약론 연구』는 홉스, 로크, 루소를 사상적 연속선, 특히 자유주의 사상의 연속선으로 묶어내려는 시각의 오랜 전통을 다시 살려내고 있다. 『사회계약론 연구』가 밝히고 있는 것처럼, 홉스, 로크, 루소의 정치사상은 자유주의 정치사상의 전통을 명백히 공유한다. 국가를 국가구성원의 자유로운 계약의 결과물로 해석하려는 태도야말로 자유주의 정치사상의 원천이라고 말할 수 있기 때문이다. 그러한 정치사상적 인식은 국가와 정치공동체에 대한 근대 민주주의적 원리의 정수를 전달한다는 점에서 교육적으로도 매우 중요하다.

그럼에도 세 사상가를 자유주의 정치사상가라는 이름으로 묶기에는 그들 사이의 차이가 적지 않다. 앞서 분석한 것처럼, 특히 홉스, 로크와 루소 사이의 사상적 거리는 몇 가지 점에서 너무나도 크다. 무엇보다 근대적 인간과 정치공동체의 본성에 대한 해석에서 서로의 거리를 명확히 볼 수 있다. 루소는 인간을 욕구와 이성의 관점에서 접근하는 '근대적 인간 모델'을 수용하지 않을 뿐만 아니라 사회와 정치에 대한 관념에서도 근대적 지향을 거부하거나 넘어선다. 한편 이 글이 논의의 효율성을 위해 홉스와 로크 사이의 사상적 차이에 대해서는 본격적으로 접근하지 못했지만, 앞서 간략히 언급했듯이, 국가권력에 대한 홉스와 로크의 관점 차이도 눈에 띈다.

지금까지 이 글이 제기한 해석에 입각하면, 세 사상가를 하나로 묶어 근대정치사상의 원리를 통합적으로 이해하는 관점보다도 몇 가지 기준을 통해 개별 사상가의 고유성을 드러내는 일이 더 중요해 보인다. 왜냐하면 그들의 사상적 차이를 드러내는 작업을 통해 깊은 곳에 숨어 있는 사상사적 상상력과 마주칠 수 있기 때문이다. 루소로부터 자신이 구상한 도덕적 사회체의 상상력을 끌어내고자 했던 뒤르케임의 사회학적 시도는 루소의 사회사상을 정치적 근대의 범주에서 떼어놓음으로써 가능했던 것이다.

제5부

'한국 정치사상의 재구성'이라는 문제의식

보완과 적용

12

이승만의 자기 인식과 권위주의의
정당화(1945.10-1950.6)

정승현(서강대학교)

1. 자유민주주의와 권위주의의 '공존'과 이승만의 인식 체계

강정인은 자유민주주의가 정착되기 이전 한국 정치의 두드러진 특징을 '자유민주주의와 권위주의의 중첩적 병존', 즉 앞으로 실현될 자유민주주의를 위해 현재의 권위주의 정치를 정당화하는 구조였다고 지적했다(강정인 2009, 43-5). 실제로 이승만, 박정희, 전두환 권위주의 정권은 "공산주의의 침략과 위협으로부터 자유민주주의를 방어하고 국가안보(반공)와 경제발전에 필요한 정치적 안정을 유지한다는 명분"으로 권위주의 정치행태를 정당화했다(강정인 2014, 91). 이때 그들이 내세운 명분은 '한국적 민주주의(박정희)', '민주주의의 토착화(전두환)' 같은 것이었다. 이는 정치체제로서 민주주의가 어느 누구도 거부할 수 없는 정당성의 원천이 되어 있는 세계사적 시간대에서 권위주의 정치라는 파행성을 감추기 위한 속임수였다. 강정인은 『한국 현대정치사상과 박정희』(2014)에서 박정희 정권이 내세운 이르바 '한국적 민주주의의' 담론을 상세하게 파헤쳤다.

그런데 이승만의 경우는 사정이 다르다. 박정희는 '한국적 민주주의'를, 전두환은 '민주주의의 토착화'를 내세우고 권위주의를 정당화했지만, 이승만은 자신의 모든 방침과 주장이 민주주의를 지키기 위한 것이라 강조했다. 그는 어떤 수식어도 붙이지 않고 민주주의의 이름으로 권위주의를 정당화했던 것이다.[1] 이 글은 이승만의 인식 체계 속에서 권위주의의 정치적 실천과 민주주의 담론이 모순 없이 공존할 수 있었던 근거, 즉 자유민주주의의 이름으로 권위주의 통치를 정당화했던 토대를 찾는다. 이를 통해 강정인이 공백으로 남겨놓은 점을 보완하며, 한국정치사상의 지평을 확대하려고 했던 그의 기획에 다소나마 보태고자 한다.

민주주의에 일정한 수식어를 붙여서 그 의미를 전도시킨 것이 어떤 의미를 갖는지 고찰하는 것, 그리하여 민주주의와 권위주의가 어떻게 '공존'하는지를 분석하는 것은 중요한 작업이다. 그렇다면, 수식어를 붙이지 않는 것은 어떤 의미를 가질까? 그것이 명실상부한 민주주의를 구현하거나 지향한 자연스러운 결과일 수도 있겠지만, 문제는 그렇지 않을 경우다.

강정인은 정치체가 표방하는 가치(민주주의)와 현실(권위주의)이 상당한 괴리를 보일 경우에도 정권이 내놓은 민주주의 담론이 순전히 허위인 것도 아니고 그렇다고 현실에 대해 아무런 영향을 미치지 못하는 것도 아니라는 점에 착목하여 '중첩적 병존'의 양상을 다각도로 분석한다(강정인 2009). 담론을 그저 허위로 보는 것이나 영향력이 없다고 간주하는 것이나 모두 발화자의 의도는 물론 담론의 발화·전파·수용의 복잡성을 단순화해 버린다. 궁극적으

---

1   이 글에서 권위주의는 강정인의 개념 규정을 따른다. 그는 권위주의를 "개인의 사상과 행동에 있어 권위에 대한 맹목적인 복종을 기대하고 수용하는 원리……권력이 국민에게 책임을 지지 않는 1인의 지도자 또는 소수의 집단에 집중된 정부……지도자는 정치권력을 빈번히 그리고 자의적으로 기존의 법과 제도에 구애받지 않고 행사"(강정인 2009, 51)하는 정치체제로 규정했다.

로는 가치(민주주의)와 현실(권위주의)의 괴리가 어떻게 지속될 수 있는지, 어떤 효과를 발휘하는지에 대해 비판적으로 분석할 수 있는 하나의 중요한 시각을 배제한다. 특히 한국의 민주화가 많은 경우 발화된 민주주의 담론의 진정한 실현을 요구하면서 이루어졌다는 점을 상기하면, 더욱 그러하다.

그런데 단순히 발화자의 의도로 환원되지도 않고, 현실과도 거리를 갖는 담론으로 가치(민주주의)와 현실(권위주의)의 괴리가 드러나지 않는 경우는 어떨까? 이런 경우에는 기존의 접근처럼 정권이 내놓은 담론을 분석할 가치가 없는 것으로 치부하면서 그 허위를 폭로하는 데 집중해야 할까? 이런 분석이 갖는 실천적인 의미를 가볍게 볼 일은 아니지만, 두 가지 해명해야 할 문제를 갖는다. 첫째, 현실과 매우 동떨어진 가치로 정치체의 현실을 설명하고 지향점을 제시하는 것은 정권을 유지하는 데 도움이 되지 않는다. 정권을 비판적으로 평가할 수 있게 하는 담론을 스스로 제시하는 이유는 무엇인가? 둘째, 가치와 현실의 괴리가 장기간 지속될 경우 정권을 유지하는 것은, 억압이든 선전이든 매우 비용이 많이 드는 일이다. 그런데 왜 좀 더 현실에 가깝도록 담론을 변화시키지 않는가? 이런 질문에 답하기 위해서는 분석의 시각을 행위자의 인식 체계로 옮길 필요가 있다. 행위자의 내면을 직접 파악할 수는 없겠지만, 담론을 통해 행위자의 인식 체계를 가늠하고, 다시 이런 추론을 발화된 담론과 현실과 대조하여 한편 수정하고, 한편 확증해 가는 접근이 필요한 것이다. 요컨대 기존의 시각이 간단히 '허위'로 치부했던 행위자의 의도가 일종의 인식 체계로서 진지하게 분석되어야 할 대상으로 부각된다.

이런 관점에서 이 글은 이승만의 비민주적 정치행태가 자신의 인식 체계에서는 전혀 민주주의를 훼손하지 않는 것이며, 심지어는 그것이 민주주의 원리에 충실했다고 간주되었을 수도 있었음을 살펴보자고 제안한다. 필자는 그것을 민주주의의 설계자·건설자, 국민의 훈육자, 민의(民意)의 대행자라는 이승만의 자기 인식에서 찾고자 한다. 이승만의 인식에 따르면 신생 대한민국은 자신의 설계도와 지휘에 따라 자유민주주의 정체로 건설되었다. 이 설계자·건설자의 역할로부터 자유민주주의가 무엇인지 규정하는 해설자의 역할, 자신이 규정한 자유민주주의를 지키기 위해 필요한 국민의 책임과 의무를 가르치는 훈육자의 역할도 맡았다. 더 나아가 스스로를 민의의 대행자로 자처하며 자신의 지침과 행동은 국민의 뜻을 받들어 실행한다고 인식했다. 이런 자기 인식 속에서 이승만은 자신의 모든 행동과 방침을 (자신이 규정한) 자유민주주의를 지키는 길이라고 확신하며 권위주의를 정당화할 수 있었던 것이다.

글의 구성은 다음과 같다. 2절에서는 민주주의 설계자·건설자로서의 자기 인식과 권위주의적 정치행태의 관계를 다룬다. 3절은 민의의 대행자로서의 자기 인식을 분석하며, 4절은 국민의 훈육자로서의 자기 인식을 살펴본다.

이 글은 '이승만의 자기 인식'에 초점을 맞추기 때문에 이승만의 연설·담화를 주요 분석 대상으로 삼았다. 또한 이 글에서는 일민주의를 다루지 않는다. 후지이 다케시의 노작(勞作)이 잘 알려주듯(후지이 다케시 2012), 일민주의는 이범석을 중심으로 한 족청계(族靑系)가 이승만 정권 초기의 지도 이념으로 만들어낸 것이며 6·25전쟁 이후 족청계의 소멸과 함께 거의 사라지다시피 했다.

필자는 이승만의 자기 인식을 보다 면밀히 파악하려면 6·25전쟁 이전과 이후를 구분해야 한다고 본다. 이승만은 해방정국과 정부수립 직후부터 권위주의적 통치 형태를 드러냈으나 본격적인 파행과 독선은 1951년 자유당 창당과 1952년 발췌개헌부터 나타나기 시작했다. 그 이전까지는 이승만을 수장으로 하는 여당도 없었고 국회의 간접선거로 대통령을 선출하던 때였던 만큼 권력 기반도 확고부동하지 않았다. 이승만의 단정 수립을 강력하게 반대했던 중간파들은 여전히 신망을 얻고 있었으며 언론의 반발도 상당했다. 반면 전쟁 이후 한국 사회 전반은 반공과 국가안보를 최우선의 가치로 삼고 민족주의 계열의 인사들을 설 자리를 잃었으며 자유당을 앞세운 이승만의 행동을 막을 제동장치도 없었다. 따라서 전쟁을 전후하여 이승만의 행동양식과 자기 인식 그리고 민주주의와 권위주의의 공존을 정당화하는 언설 체계에서도 변화가 나타났을 것이다. 그런 이유로 이 글은 이승만이 귀국한 1945년 10월부터 전쟁 발발 전인 1950년 6월까지로 분석 시기를 한정했다.

한 가지 덧붙일 말이 있다. 개화기 이래 한국에 수용된 자유주의는 처음부터 "민주적 제도를 갖춘 자유주의"(문지영 2004, 84), 즉 미국식 민주주의와 짝을 이룬 자유민주주의였다. 또한 개념 사용에서도 통상 자유주의는 자유민주주의를, 민주주의는 자유민주주의를 의미한다. 이승만이 민주주의라고 할 때 그것은 미국식 자유민주주의를 의미했으며, 그가 자유민주주의라는 용어를 사용한 적도 찾기 힘들다.[2] 따라서 특별한 설명이 없는 한 '민주주의'는 '자유민주주의'를 가리킨다.

2. 민주주의의 설계자 · 건설자[3]

신생 대한민국 정부는 미국식 대통령중심제를 정부형태로 채택하고 인민

---

2 필자는 이승만이 '자유민주주의'라고 기술 혹은 발언한 사례를 적어도 1950년 6월까지는 발견하지 못했다. 이승만은 박사학위 논문 『전시중립론』에서 미국의 정책을 설명하며 '자유주의'라는 단어를 사용했으나, 그 외에는 '자유주의' '자유민주주의'라는 용어를 쓴 적이 없다. 그는 민주, 민주주의, 공화, 공화주의라는 말을 사용했는데, 그것은 자유민주주의를 의미한다.

3 이승만의 발언에 한해 (1946/1/7 「반탁성명서」, 『우남실록』, 367)의 방식으로 날짜, 제목, 출전을 표기했다. 출전은 인용문 바로 뒤에 써야 하는 것이 옳지만, 중간에 들어가면 너무 번잡해져 문장 끝에 배치했다. 인용된 이승만의 발언들은 현재의 표기법에 맞게 필사가 최소한의 수정을 가한 것이다.

주권, 자유와 평등, 기본권, 견제와 균형의 권력분립을 기반으로 삼은 민주주의 국가로 출발했다. 이런 결과를 맺는 데 가장 중요한 영향을 끼쳤던 인물은 이승만이었다. 그는 청년기부터 미국 민주주의를 이상으로 삼고『제국신문』,『매일신문』의 논설을 통해 민주공화주의에 기초한 근대 국가를 설립하고자 활동했다. 그런데 역설적이게도 "자유민주주의가 무엇이고 시장경제가 무엇이고 근대 국민국가의 헌정질서, 정치체제가 무엇인지 제대로 알았던 사람의 최고봉"(강경근 2008, 149)이었다는 이승만의 정치행태는 처음부터 권위주의적이었다. 이와 같은 권위주의 정치행태와 민주주의 정치사상의 공존, 즉 권위주의를 민주주의 담론으로 정당화했던 일차적 토대는 스스로를 민주주의 국가의 설계자이자 건설자로 내세우는 자기 인식에서 찾을 수 있다. 이승만은 대중 앞에서 당당하게 자신을 그렇게 드러냈다.

1945년 11월 28일 서울 정동교회에서 자신은 개화기부터 "우리나라도 미국처럼 국민의 투표로 만사를 결(決)해야 한다"는 신념을 갖고 활동했던 탓에 감옥에 갇혀 죽는 날을 기다리게 되었다고 말했는데, 이는 선각자이자 민주주의의 설계자로서 자신을 드러내는 것이었다(「미군, 임시정부 영수 환영회 답사」,『우남실록』, 342). 그리고 해방 이후 자신은 앞으로 "통일된 자유민주국의 기초를 영원 무궁히 세우는" 데 온 힘을 다할 것이라고 주장했으며(1946/3/1「27회 3.1절 기념사」,『독립노선의 승리』, 108),[4] 8월 15일 대한민국 정부수립 선포 겸 광복 3주년 기념식에서는 "민주주의를 전적으로 믿어야 될 것"이라 역설하며 민주주의에 바탕을 둔 대한민국이 설립되었음을 밝혔다(『우남실록』, 566).

---

4 양우정 편,『이승만대통령 독립노선의 승리』(공보처 1948). 이하『독립노선의 승리』로 표기한다. 여기서 '자유민주국'은 자유민주주의 국가보다는 자유로운 민주주의 국가로 보는 편이 옳을 듯하다.

위의 발언들이 보여주듯 이승만은 대한민국 정부의 수립을 개화기부터 민주주의 국가를 만들기 위한 자신의 노력이 결실을 맺게 된 것으로 풀이했다. 이처럼 개화기부터 조선의 미래를 미국 민주주의로 설계했다고 자처한 이승만은 신탁통치, 남한 단정 수립 등 해방공간에서 가장 중요했던 여러 국면에서 자신의 설계와 지휘에 따라 정국을 이끌어왔다고 주장하며 민주주의의 기획자이자 건설자로서의 면모를 과시했다.

신탁통치 국면에서 이승만은 "탁치가 강요된다면 열국의 종속 민족으로 우리에게 대한 생사여탈의 권(權)을 타인에게 맡겨놓은 격이 될 것"이라고 하면서 자주독립의 이름으로 신탁통치를 반대했다(1946/1/7 「반탁성명서」, 『우남실록』, 367). 남한 단정 수립에 대해서는 "이말 저말 듣고 아무 것도 못하고 앉았다가 마침내 다 공산화하고 말 것이니" 남한 총선거를 통해 정부를 수립하자고 주장했다(1948/2/23 「남조선 총선거를 통한 통일정부 수립을 강조한 성명서」, 『우남실록』, 511). 마침내 1948년 12월에는 자신의 설계와 지휘 아래 설립된 정부가 "UN총회에서……우리 반도 강산에 유일한 법적 정부임을 세계 48개국이 인증"했다고 선언하며 한반도 유일의 합법 정부로서 대한민국의 건설자를 자처했다(「이북동포와 인민군에게 보냄」, 『훈화록』, 89).[5] 이 발언들에서 이승만은 개화기에는 조선의 미래를 새롭게 설계했던 설계자, 해방공간에서는 자주독립과 민주주의를 성취하고자 분투하여 그 결실을 맺은 건설자로서의 자기 인식을 분명하게 드러내고 있다.

이승만은 새로운 국가의 기획자이자 건설자의 역할을 자신에게만 한정시켰다. 그는 처음에는 상해·중경 임시정부에 대해 몸을 낮추었고 신탁통

---

5 김광섭 편, 『이대통령 훈화록』(중앙문화협회 1950). 이 발언에는 정확한 날짜 표시가 되어 있지 않다. 앞으로는 『훈화록』으로 표기한다.

치 국면에서는 김구와 함께 행동했다. 그러나 남한 단독정부 수립을 놓고 그들과 갈등을 빚으면서부터는 임정을 철저하게 배제했다. 1948년 5월 31일 국회개원식에서 의장 자격으로 행한 연설은 이승만이 국가 설계자로서의 역할을 독점하고 있음을 잘 보여준다. 그는 이 국회를 구성함으로써 "대한민주국이 다시 탄생"했다고 하면서 그 연원을 1919년 "우리 13도 대표들이 서울에서 모여서 국민대회를 열고……임시정부를 건설"한 사실에서 찾았다. 그리고 이 국회는 "국민대회의 계승이요 이 국회에서 건설되는 정부는 즉 기미년에 서울에서 수립된 민국임시정부의 계승"이라고 밝혔다(『우남실록』, 541). 이른바 한성정부에서 자신이 집정관 총재로 선출된 사실을 거론하지는 않았으나, 남한 단독정부 수립에 반대했던 상해·중경 임시정부를 '대한민주국'의 설립 주체로서 배제하며 개화기부터 국회 설립에 이르기까지 국가 설계자·건설자의 역할은 자신에게만 부여된다는 주장이었다.

이승만은 민중에게 새롭게 탄생한 나라의 근본원리, 곧 민주주의가 무엇인지 규정하는 역할도 담당했다. 자신의 인식 속에서 그것은 민주주의 설계자이자 건설자라는 자격으로부터 귀결되는 독점 역할이었다. 그렇다면 이승만은 당시 민주주의를 어떻게 이해하고 있었을까?

이승만에게 민주주의는 기본적으로 미국식 민주주의를 의미했다. 그는 개화기부터 민주정치를 설명할 때 항상 미국을 전거로 삼았고 조선은 앞으로 미국 민주주의를 따라야 한다고 주장했다. 내각책임제와 대통령중심제를 놓고 격론을 벌이던 당시 이승만은 내각책임제는 "군주정체로 뿌리가 깊이 박힌" 영국 같은 나라에서 실행하는 것이며 "영국과 일본과 같은 제도는 군주국 제도이고 미국은 민주제도인 만큼 민주국 제도가 우리나라에 적합"하다고 말했다(『독립노선의 승리』, 246). 미국식 대통령중심제의 정치체제가 설립된 이후 1949년 3·1절 기념식에서는 이미 3·1운동

때부터 "우리 민중이 미국의 민주주의를 사랑해서 마음속에 이미 민주 정부를 설립한 지가 오래되었던 것"이라고 말했는데(『훈화록』, 14), 이는 대통령중심제의 연원을 1919년 '민중의 마음속'으로 소급하여 정당화하려는 의도로 볼 수 있을 것이다. 이승만에게 정치제도로서의 민주주의는 미국식 대통령중심제였고, 대통령은 그 자신이 되는 것이었다.

정치원리의 측면에서 이승만이 규정한 민주주의의 근본은 반공이었다. 반공과 민주주의가 반드시 결합되는 것은 아니지만 이승만의 인식에 따르면 공산주의의 반대는 민주주의이고, 반공이 곧 민주주의였다. 당시 이승만과 우익은 '공산독재의 지배로부터의 자유'라는 의미로 민주주의를 규정하고 노예와 독재의 수사법을 구사하며 반공을 정당화했다. 그는 귀국 직후부터 공산당의 목적은 "우리 독립국을 없이 해서 남의 노예로 만들고 저의 사욕을 채우려는 것"이라고 하며 식민지의 기억을 환기시켰다(1945/12/17「공산당에 대한 나의 입장」,『자료 대한민국사 1』, 612). 정부수립 후에도 공산당의 주장에 넘어가면 "노예의 지위"로 전락하여 "멀리 앉은 몇 사람의 독재로 내려오는 명령에 속박을 받을 것"(1949/8/15「정부수립 일주년 기념사」,『훈화록』, 38)이라고 말했다. 이것은 '멀리 앉은' 모스크바의 지시에 따르는 노예가 된다는 뜻인데 이처럼 그는 일관되게 '공산독재', '노예'와 민주주의의 '자유', '독립'을 대비시키며 자신이 설계한 민주국가는 반공을 근본으로 해야 국권이 유지될 수 있다고 명시했다.

반공만으로 민주주의의 기본원리가 충족될 수는 없다. 반공은 기본적으로 '반대한다'는 소극적 측면을 갖고 있기 때문이다. 그가 강조한 민주주의의 또 다른 기본원리는 국민주권과 신분 평등이었다.[6] '민주주의적 공

---

6 이승만은 민주주의와 공화주의를 같은 말로 사용했다. 이 글에서는 이승만의 의도를 특별히 반영할 필요가 있을 때는 '공화/민주주의'로 표기했다.

화국'을 군주나 양반의 속박 없이 "모든 만민이 다 평등한 자유와 권리를 가지고 안심하고 부지런히 일할 수" 있는 정치로 해설한 연설에서 그가 민주주의의 근본원리를 인민주권과 신분 평등에서 찾고 있었음을 알 수 있다(1946/04/19『대동신문』). 그 외에도 이승만은 여러 연설과 담화를 통해 국민은 정부에 대해 의견을 밝힐 수 있는 '언권(言權)'(1949/5/10「5·10 선거 제1주년을 맞이하여」, 『담화집 1』, 19),[7] '평등권, 언론·출판·집회·종교의 자유'(1948/5/31「국회개원식 의장 식사」, 『우남실록』, 541), '자유와 생명 재산의 보호'(1948/7/17「헌법공포식사」, 『우남실록』, 547) 권리 등을 갖게 된다고 말했다. 이것은 반공이라는 소극적 차원을 넘어 인민주권, 신분 평등, 기본권 등의 측면에서 민주주의의 적극적인 정치원리를 설명하려는 의도라고 볼 수 있다.

이상의 발언에서 알 수 있듯, 이승만이 규정한 민주주의는 정치제도 측면에서는 미국식 대통령중심제, 정치원리의 측면에서는 반공과 인민주권 및 신분 평등을 바탕으로 국민에게 기본권이 주어지는 정치체제였다. 위와 같은 사항들을 제외하면, 1945년 10월에서 1950년 6월 사이 이승만이 행한 수많은 연설과 담화에서는 민주주의 정치원리에 관한 언급을 더 이상 찾기 어렵다. 대신, 민주주의를 지키기 위한 국민의 의무와 책임을 강조하는 발언이 채워져 있다. 이것은 국권이 있어야 민족과 국가가 자유롭고, 국가의 자유가 있어야 개인도 비로소 자유로울 수 있다는 그의 자유 개념에서 비롯된 것이었다.

이승만은 일찍부터 "우리가 바라는 이 자주독립 다시 말하면 우리의 자유"라고 하면서 자주독립이 곧 자유의 선결 조건임을 밝혔다(1945/10/18「각 정당대표들에게」, 『건국과 이상』, 33).[8] 자주독립은 일차적으로 식민지로부터

---

7   공보처, 『대통령이승만박사담화집 1』(공보처, 1953). 이하 『담화집 1』로 표기한다.

의 해방을 의미했지만, 해방정국과 정부 수립 후에는 반공과 연계되었다. 전쟁 직전의 연설에서 그는 "공산주의에 빠져서 남의 속국으로 국가의 독립과 인민의 자유를 다 포기하고 노예로 지내게 되든지"(1950/6/20 「정부 지지를 요망」, 『담화집 1』, 53), 자신이 수반으로 있는 정부를 지지하며 반공 노선 아래 국가 독립과 인민 자유를 지키는 양자택일밖에 없다고 역설했다.

이처럼 '자주독립-민족의 자유-개인의 자유-반공-민주주의-정부 지지'로 이어지는 이승만의 인식 틀에서 가장 중요한 것은 공산주의를 막아내고 자주독립과 개인의 자유를 지키기 위한 국민의 의무와 책임이었다. 개인은 "3천만을 구성하는 한 분자[로서]……전체를 위해서 희생[하고]……한 개인의 생명을 바쳐 전체를 살려야 하는" 존재가 되어야 했다(1945/10/29 「협동 협조를 강조한 담화」, 『우남실록』, 322). 개인이 자유와 권리의 주체 이전에 국민의 구성원으로서 사욕을 버리고 국가를 위해 생명을 바쳐야 하는 존재가 되어야 민주주의가 지켜진다는 것이었다. 이는 분명히 자유민주주의의 본령과는 어긋나는 국가주의적 사고방식이다. 그러나 이승만의 인식에서는 그것이 자유민주주의를 지키는 유일한 길이었다.

지금까지 보았듯이 이승만의 담화와 연설은 민주주의 건설을 목표로 청년기에는 군주정에 맞서고 해방 후에는 공산주의들과 싸우며 민중을 이끌어서, 마침내 자신의 설계도에 따라 대한민국을 세운 기획자이자 건설자로서의 자기 인식을 드러낸다. 이승만의 인식에 따르면, 자기 자신은 민주주의 대한민국의 유일한 설계자·건설자다. 따라서 민주주의가 무엇이고 민주주의를 지키기 위한 국민의 책임과 의무를 규정하는 '독점 자격'

---

8 한국에 돌아온 1945년 10월 16일부터 12월까지 이승만의 연설·담화 10편을 수록하여 이승만 명의로 출간한 작은 책자이다 『건국과 이상』으로 표기한다.

도 당연히 자신에게만 부여된다. 그의 일관된 논법은 국가가 없으면 자유도 없고, 남한 단독정부 수립과 더불어 민주국가가 성립되었으며, 이 민주국가를 대표하는 정부가 없으면 자유를 잃고 공산주의의 노예가 되기 때문에, 자신이 수반으로 있는 정부를 지지해야 한다는 것이었다. 개인은 국가가 허락한 자유와 권리 안에서 무력하고 왜소한 존재에 불과했지만, 대한민국에서 살고자 한다면 이승만이 규정한 민주주의를 받아들이고 그것을 지키기 위한 책임과 의무를 수행해야 했다. 이승만의 인식에서는 그 모두가 민주주의 건설과 수호를 위한 것이었다.

이승만의 권위주의가 본격화된 계기를 국가보안법과 결부시켜 설명하는 주장이 많다. 서희경은 국가보안법으로 인해 행정부가 선악과 진리의 판단자가 되고 국가지도자의 의지가 법률을 대체하게 됨으로써 민주주의와 정반대의 길을 걷게 되었다고 지적했다(서희경 2004, 15). 이 법은 "폭력이 지배하는 아노미 지대"인 비상사태라는 "예외상태를 정례화"시키며 국가에게 무제한의 권력을 열어준 것이라는 논평도 옳다(강성현 2012, 92). 그러나 이승만의 권위주의 정치행태는 이미 1948년 반민법 제정을 둘러싼 국면에서부터 잘 드러나고 있었다. 반민법 제정과 관련하여 자신의 방침과 대립하는 국회에 대해서는 "떠들지 말라"는 말을 반복하며(서희경 2011, 63에서 재인용) 자신은 국회에 구속되지 않는 존재, 권력분립의 원칙을 넘어서는 존재임을 드러냈던 것이다.

권력분립을 무시하는 이승만의 태도는 여순사건의 수습 국면에서도 잘 드러난다. 여순사건의 정부 책임을 주장하며 거국내각을 주장하던 국회에 대해서는 "우리 정부는 4년 동안 그냥 있을 것입니다. 좋아도 있을 것이요, 싫어도 있을 것"이라면서 안하무인의 태도로 일관했다(1948/11/6 「국회속기록 제97호」, 『여순사건자료집 1』, 247). 그리고 "대통령책임제 하에 있는 우리 제도하에서의 반정부 행동은 반국가 행동이 될 것"이라고 반박했다(1948/11/6 『국제신문』). 이런 발언은 국가권력의 행사에 일체의 제한을 거부하고 권력분립을 부정하는 것이었으나, 이승만의 자기 인식에서는 '민족 생명과 국가 운명'을 지키기 위해 전권(全權)을 장악하고 모든 수단을 취할 수 있다는 확신의 발로였다.

이런 발언들은 민주주의 국가의 설계자·건설자로서 국가와 정부를 동일시하며 일체의 반대와 제약을 거부하던 이승만의 자기 인식을 잘 보여준다. 그는 자신이 설계·건설한 민주주의 국가를 지키기 위해 모든 수단이 허용되어야 한다고 주장했다. 견제와 균형은 삼권분립이라는 형식으로만 남고 행정부조차 대통령의 의지에 순응하는 조직체에 불과하게 되면서 이승만이 국가 그 자체가 되었다. 그렇지만 이승만의 자기 인식에서는 그 모든 것이 민주주의의 이름으로 정당화될 수 있었다.

3. 민의의 대행자

이승만의 권위주의 정치행태와 민주주의 담론 체계의 공존을 떠받쳤던 또 다른 자기 인식은 '민의(民意)의 대행자'라는 부분이다. 현대 민주주의는 인민주권 개념을 기반으로 성립된 정치체제이다. 철학자 찰스 테일러(Charles Taylor)가 잘 지적했듯이 "스스로를 법의 근원으로 여길 수 있는 그런 인민의 의지가 근대의 도덕적 질서를 이루는 것이다"(테일러 2010, 175). 그 핵심은 정치권력이 인민의 의지에 의해 성립되어야 하고, 의회나 대통령은 인민주권을 위임받은 존재이며, 법과 권력의 근원으로서 인민은 정치권력을 감시하고 견제할 수 있어야 하고, 정치권력은 인민의 의지에 따라야 한다는 것이다. 국민의 뜻 혹은 민의를 따른다는 구호는 이와 같은 인민주권의 원리를 존중하겠다는 표현이다.

이승만 역시 언제나 '민중의 뜻', '민심', '민의' 혹은 '공론'이라는 명분을 동원하여 자신의 주장을 정당화하고 스스로를 민주주의 원칙에 충실한 지도자로 묘사했다. 그는 일찍부터 "민주주의 국가에 있어서는 정당한 대중의 의견이 총의로써 표명되는 것이며 그 표현된 총의에는 모두가 순종해야 한다"고 말했다(1946/1/29 「이승만, 기자회견에서 3천만 동포가 나아갈 자주독립의 지침을 표명하다」, 『자료 대한민국사 1』, 933). 또한 "민주주의 정치는 법률과 공론으로서 정치의 생명을 삼는 것……투표라든지 모든 것을 공론에 의해서만 실시해야" 한다고도 주장했다(1946/8/19 「국민회 소집은 필요」, 『독립노선의 승리』, 116). 이처럼 이승만은 민주주의의 핵심 중의 하나를 공론을 따르는 정치라고 규정했지만, 실제로는 '자신이 공론이라고 정당하게 인정하는 것', 즉 자신의 방침에 따르라는 말, 자신의 방침이 민의이며 자신의 의지가 국민의 뜻이라는 말이었다. 이러한 화법은 도처에서 확인된다.

1945년 12월에는 자신이 한국에 돌아온 이후 두 달 동안 여러 방면으로 민심을 알아본 결과 "민중은 공산주의를 원치 않고 있는 것을 알았다"고 말하면서 자신의 반공 노선을 민중의 뜻이라는 명분으로 정당화했다(1945/12/18 「이승만, 독립촉성중앙협의회는 개인 자격으로 애국자의 모임이라고 말하다」, 『자료 대한민국사 1』, 614). 자신이 민중을 대변하고, 민중의 뜻에 따른다고 하는 이승만의 어법은 남한 단독정부 수립 국면에서 잘 드러났다. 이른바 남선(南鮮) 순행 중 기자회견에서 이승만은 "자율적 정부 수립에 대한 민성(民聲)이 높은 모양"이지만 자신은 아직 생각을 발표하지 않겠다면서 한발 물러섰다(1945/5/11 「미소공위 무기휴회와 지방순회에 대한 소감」, 『우남실록』, 397). 그러나 이미 남한 단정수립을 '민성'이라는 이름으로 밝히고 있었다.

단독정부 수립을 공식적으로 밝힌 1946년 6월 3일 '정읍 발언' 이후 6월 4일 기자회견에서 "남방에서만이라도 무슨 조직이 있기를 일반 민중이

희망하고 있다"(1946/6/6『서울신문』), 6월 5일에는 "일반 민중이 초조해서 지금은 남조선만이라도 정부가 수립되기를 고대하며 혹은 선동하는 중"이라고 말하며(1946/6/8『대중일보』) 자신의 행동을 민중의 뜻이라는 명분으로 정당화했다. 1946년 8월이 되면 "경향의 일반 동포가……정부를 조직하자 또는 자율적으로 독립을 전취하자 하여 공론이 자못 비등"하다고 말하면서 단정 수립을 공론으로 기정사실화했다(1946/8/19「민족통일의 시급성을 피력한 담화와 문답」,『우남실록』, 406). 이러한 발언들은 자신의 주장을 민의, 공론, '국민의 뜻'으로 포장하고 민의를 받드는 민주주의자로 자신을 만들어내는 이승만의 전형적인 화법을 잘 보여준다. 그와 같은 행동양식은 정부수립 후에도 확인된다.

정부수립 이후 치열한 쟁점이 되었던 반민특위 국면에서 이승만은 친일 경찰을 처벌하여 "목전의 난국을 만든다면 이것은 정부에서나 민중이 허락하지 않을 것"이므로 이들을 "아직 포용하는 것이 필요"하다고 말했다(1949/2/4「사무분담 명백히 하라, 반민법 실시에 대하여」,『담화집 1』, 18). 친일파를 처단하지 않으려는 자신의 방침은 민중의 뜻이라는 것이었다. 그럼에도 친일 경찰 처단의 소리가 높아지자 이승만은 공산당의 지하공작과 반란 음모를 막아 치안을 안정시키기 위해 처벌을 안 하는 것이라고 반박했다. 그리고 "정부에서나 공회에서나 언론기관에서 이런 내용을 알고 사실을 엄정하게 밝히도록 해서 공론이 정당히 서서 국가에 잘못되는 일이 없게" 하면 자신은 안심하겠다고 말했다(1949/2/22「정당한 공론이 필요」,『담화집 1』, 15). 이승만의 방침을 국민이 '정당한 공론'으로 알고 따를 때 국가, 즉 자신이 수반으로 있는 정부가 지켜지고, 그럴 경우에야 민주주의가 수호된다는 말이다.

이승만은 자신의 주장, 즉 '민의'에 어긋나면 '국민된 의무'로서 여기에 반대해야 한다고 주상했다. 단독성부 수립 국면에서 그는 "민수제도 원직은 다수 공의를 소수가 망종(望從)하는 것이니 누구나 대중의 의사를 무시하고 공론을 위반하여 개인의 의견을 고집"하면 "애국남녀"가 용인치 않을 것이라고 주장했다(1948/3/24 「선거 자유 분위기와 선거불참 문제에 대한 담화」, 『우남실록』, 524). 이 발언은 단독정부 수립을 반대한 중간파를 겨냥한 것이었다. 또한 1950년 1월 내각책임제 개헌이 시도되자 "우리 민국과 전 민족이 원치 않는 것"이며(1950/1/14 「개헌 공작에 재고려를 요청」, 『담화집 1』, 24), 만일 개헌안이 국회를 통과하여 국민투표에 회부되면 "전국이 다 일어나서 이를 방지할 직책과 권한이 있음을 깨닫고 국민된 의무를 행하여야" 한다고까지 주장했다(1950/3/3 「개헌에 국민투표」, 『담화집 1』, 27). 자신의 뜻은 민중의 뜻이고, 자신의 방침과 어긋나는 부분에 대해서는 권력분립의 원칙을 무시하면서까지 국민의 의무로서 반대해야 한다는 것이다.

민의를 빙자한 이승만의 발언들 가운데 단연 백미는 자신의 국회의원 출마 소감일 것이다. 본래 자신은 출마할 의사가 없었지만 "민주주의는 대다수 민중의 의사에 순종하는 것이 당연하다는 것을 생각할 때 끝까지 거부하기가 너무도 미안스러워……다수 동포들의 성의와 권고를 무시할 수 없기 때문에 승낙을 한 것"이라고, 역시 민중의 의사를 동원했다(1948/4/14 「국회의원 출마소감」, 『우남실록』, 530).

이승만이 자신의 의견을 '민심'이나 '민중의 뜻'이라고 주장하는 데는 자신만이 민중을 대표한다는 인식이 깔려 있었다. 이승만은 자신을 지지하는 조직을 제외한 다른 단체나 정당들은 파당적 이익을 위해 뭉친 단체, 당파와 같은 것으로 보았다. 이승만이 당파, 파당이라고 규정하는 조직들은 국면과 상황에 따라 달라진다. 처음에는 독립촉성중앙협의회를 제외한 모든 단체와 정당이 파당이었고, 단정 수립을 밝힌 1946년 5월부터 1948년 5·10선거가 실시되기까지의 시기에는 공산주의자와 중간파가 당파의 으뜸이었다. 1947년에 그는 "애국남녀들은 정당이나 파당적 주의로 분쟁을 일삼는 인사들은 독립 방해자로 인정하여 당파 세력이 민간에 포용을 받지 못하도록 만들어야" 한다고 했는데 이승만은 '파당주의'에 "공산측과 내통하는 중간파"도 포함시켰다(1947/11/26 「애국동포에게 거듭 경고한다」, 『우남실록』, 491). 국회가 구성되자 이번에는 한민당, 무소속 등 자신에 반대하는 세력이 당파로 규정되었다.

이승만은 국무총리 인준을 놓고 국회와 대립하던 1948년 7월 30일 국회 본회의에 출석했다. 여기서 그는 지금 수많은 정당들이 있는데 "이 정당들은 나라 일은 어떻게 되든지를 물론하고 우리만이 정권을 붙잡고 쌈하는⋯⋯파당"일 뿐이라고 비판하며, "정부를 조직할 적에 어떤 한 정당의 정부가 되지 말게 해"달라는 것이 "진정한 민의"라고 주장했다(서희경 2020, 65쪽에서 재인용). 국회의 면전에 대놓고 현재 국회 내의 정당들은 파당에 불과하고 자신이 국민 전체의 뜻을 대표한다는 발언은 이승만 자신의 의사가 곧 국가의 '일반의사'로까지 격상되고 있음을 보여준다. 자신의 주장과 방침은 곧 국민의 뜻이었으며, 국민은 대통령의 뜻을 공론으로 받아들여야 했다. 그렇지만 이승만의 인식에서는 민의의 대행자이자 일반의지의 표현으로서 자신의 행동과 방침은 인민주권이라는 민주주의의 원칙에 충실한 것이었다.

이승만은 자신의 방침을 민중의 뜻이라고 주장한 반면 반대 의견은 모략, 선전, 선동으로 매도했다. 그는 국면에 따라 누가 모략과 현혹을 하고 있는지 달리 지목했다. 일차적으로 모략과 선전은 공산주의자들에게 해당되었다. 그는 귀국 직후부터 공산주의자들을 선동과 "부언낭설(浮言浪說)을 고작[원문 그대로]하여 인심을 현혹시키며⋯⋯일국의 정령을 문란케" 하는 자라고 불렀다(1945/11/21 「공산당에 대한 나의 관념」, 『자료 대한민국사 1』, 612). 남한 난성 수립 국면에서는 5·10 총선거를 반대하고 남북

협상을 위해 북한으로 간 김구, 김규식의 행동이 "민심을 선동"하는 행위로 규정되었다(1948/5/7 「남북협상의 무모성을 주장한 담화」, 『우남실록』, 536). 좌익은 물론 중간파도 자신의 방침과 다를 경우에는 '민중의 뜻', '민족의 의사'를 무시하며 선전 선동을 하는 무리로 규정되었다.

정부수립 이후 선전 선동은 이승만에 반대하는 국회를 비난하는 명분으로 활용되었다. 여순사건 이후 국회는 정부의 책임을 지적하며 시국 수습 대책의 하나로 '거국일치의 강력내각'을 구성하자는 제안을 내놓았다. 이승만은 중앙방송국 연설을 통해 이와 같은 국회의 행동은 "민중 대다수가 정부를 반대한다고 거짓 선동"하여 "공산당을 돕고" "민족 생명과 국가 운명만 위태"하게 만든다고 비판했다(1948/11/7 「정부타도하지 말라」, 『여순사건 자료집 1』, 535). 당시 친일파 처단, 양곡 수매, 민생 문제 등에 대해 국민의 불만이 높았는데도 이승만은 그 모든 것을 무시하고 국회의 행동을 거짓 선동이라고 매도했다.

이승만은 민중이 자기 말을 듣지 않는다고 여기면 민중에게도 경고하면서 공포 분위기를 조성했다. 경고는 '미리 조심하도록 알린다'는 뜻으로도 볼 수 있지만, 그 경고가 단순하게 끝나지는 않았다. 여순사건이 일어난 직후에는 "남녀아동까지라도 일일이 조사해서 불순분자는 다 제거하고……앞으로 어떠한 법령이 혹 발포되더라도 전 민중이 절대복종"하라고 말했다(1948/11/5 「불순배를 철저히 제거 반역사상방지법령 준비」, 『담화집 1』, 8). 실제로 그는 계엄법도 없는 상태에서 계엄령을 선포했고, 김완룡 법무관에게 "임자가 가서 한 달 안에 그 빨갱이들 전부 다 재판해서 토살(討殺)하고 올라오라, 그럼 계엄령을 해제하겠다"고 말했다(김득중 2009, 506에서 재인용). 민주주의를 지킨다는 명분으로 그가 국민에게 보낸 '경고'는 이승만을 정점으로 하는 국가에 복종하지 않으면 '목숨을 부지하기 어렵다'는 '위협'으로 보면 될 것이다. 그가 말한 "앞으로 어떠한 법령"은 국가보안법으로 현실화되었다.

보수적 논객들은 "반공을 전제로 해야 했던 대한민국의 민주주의"라고 (이주영 2011, 31) 반박하며 국가보안법 제정의 정당성을 옹호하는데, 당시 상황을 감안하면 이런 논평은 이해할 수도 있다. 국가의 존속이 위기에 처한 비상시에 대처하기 위해 국가에 방대한 권력이 허용되는 것은 용인될 수 있다. 단 여기에는 한계가 있어야 한다. 민주주의의 핵심 원리 중의 하나는 권력 행사의 범위에 제한이 있어야 하고, 만일 불가피한 상황에서 국민의 기본권을 침해하거나 제한한다면 그 조건과 기간에 엄중한 제한을 두어야 한다는 것이다. 하지만 국가보안법은 국가를 선악과 진리의 판단자로 만들었다. 국가가 허위 혹은 악으로 규정한 이념이나 사상을 따르는 국민은 생명이 박탈될 수도 있었다. 이것은 예외상태를 근거로 국가 권력을 무한 확장하며 국민의 기본권을 박탈하고 제약 없는 권력을 주장함으로써 민주주의의 법규범을 짓밟은 것이었다.

지금까지 보았듯이 이승만은 거의 언제나 '민의'를 명분으로 자신의 방침을 정당화했지만 실제로는 '민의의 창조자'였다. 사회구성원들의 의지는 국가의 설계자·건설자이며 국민의 훈육자인 자신의 의지에 따를 때에만 '정당한 민의'로 성립될 수 있다는 인식이었다. 민중을 가르치고 민중의 뜻을 대변하며 자신이 설계하고 건설한 민주주의를 지킨다는 이승만의 자기 인식에서는 자신의 주장과 방침이 곧 법규범이었다. 이처럼 자신의 의지가 전체를 대표하고, 전체 공동체의 일반의지의 표현으로서 자신의 의지가 인민을 '의로운 길'로 이끌어나간다고 확신했던 사례는 프랑스혁명기의 자코뱅주의자나 볼셰비키에서 찾을 수 있다. "진정한 인민 대표성의 결성적인 적도가, 이기적이며 분열된 파벌에 대항해 전체를 위해 굳건히 서 있는 지도자들의 덕성에 달려 있다고 보았던 자코뱅주의자들"(테일리 2010, 207)을 역사에서는 공포정치 혹은 자고뱅 독재라고 부른다. 그렇지만 자신만이 국민 전체를 대표한다고 확신하며 국민을 가르치고 일체의 제약을 거부했던 이승만의 자기 인식에서 권위주의 통치 행태는 민주주의의 이름으로 정당화될 수 있었다.

4. 국민의 훈육자 : '새 백성' 만들기

민주주의의 이름으로 이승만의 권위주의를 지탱한 또 다른 자기 인식은 그의 민중 관념에서 찾을 수 있다. 민주주의는 기본적으로 인간 평등의 사상을 기반으로 성립된 체제이다. 모든 사람은 인격적으로 평등할 뿐 아니라 그 판단에 있어서도 평등한 존재로 간주된다. 모든 인간은 잘못을 범하고 불완전하지만 어느 누구도 완벽한 진리를 알 수 없기 때문에 (평등한) 다수의 판단에 따라야 한다는 다수결 원칙이 정치적 결정의 규칙으로 성립된다. 현대 민주주의에서 '인민'이란 바로 그와 같은 판단과 결정의 자율적 주체를 의미하고, 민주주의에서 인민과 정치인은 동등한 인격으로 만나게 되는 것이다. 그러나 이승만은 자신이 인민과 같은 위치에 서 있다고 생각하지 않았다. 그는 인민에게 새롭게 탄생한 나라의 근본원리와 '국민'이 갖추어야 할 책임이 무엇인지 알려주고 가르치는 '훈육자'의' 역할을 자임했다.[9]

이승만의 훈육자 역할은 넓게 보면 국민 만들기 프로젝트라고 할 수 있다. 홍태영이 잘 지적했듯이 "국민이 된다는 것은 국가의 지배권을 받아들이고 국가가 만들어놓은 공통된 상징, 관념, 문화, 도덕 가치를 공유함

---

9 이승만이 대중을 호명할 때에는 민족, 인민, 민중, 국민, 동포, 백성 등의 용어를 고루 사용했다. 정부 수립 후에도 여전히 백성, 인민, 민중이라는 용어를 자주 사용했다. 임종명이 지적했듯 해방정국에서 이 말들은 국민과 같은 의미로 통용되었다. 임종명 (2014, 29-69).

으로써 동질적인 집단의식을 갖추는 것이다"(홍태영 2011, 20).[10] 이승만의 국민 만들기 프로젝트에서 '동질적 집단의식'은 국민도덕을 확립하는 데서 출발한다. 앞에서 말했지만 이승만은 민주/공화주의가 실현되려면 먼저 나라의 자주독립을 되찾아야 했고, 국민은 자신의 책임과 직책을 다해야 한다고 말했다. 이승만은 그 책임과 직책을 '국민도덕'이라 불렀고, 그것을 '애국애족의 마음', 책임, 직책, 의무, 직분 등으로 풀이했다. "국민각자가 자기의 직분을 다하여" 나가는 것이 "국민도덕의 근본"이라는 발언은 그러한 인식을 잘 보여주고 있었다(1945/12/31 「이승만, 3천만 동포에게 고하는 담화문 발표」, 『자료 대한민국사 1』, 621).

이승만이 국민도덕을 그토록 강조한 것은 한국인은 '원죄'를 갖고 태어난 민족이었기 때문이었다. 이승만에 따르면, 한국인은 "50년 전에……자기 하나만 살려다가 죽게 되었던 것"이고 "해방 이후에는 "각각 자기의 생명과 사욕과 허영심과 파당성을 다 버리고 민국과 민족의 자유를 위해서 전 민족의 통일을" 이루지 못해 독립을 속히 달성하지 못한 죄를 갖고 있었다(「1946년 광복절 기념사」, 『독립노선의 승리』, 111). 대통령 취임식에서도 그는 "부패한 백성으로 신성한 국가를 이루지 못하니" "구습을 버리고 새 길을 찾아" 날로 분발하여 "새로운 백성을 이룸으로써 새로운 국가를 만년 반석 위에 세우기로 결정"해야 한다고 주장했다(1948/7/24 「대통령 취임사」, 『우남실록』, 554). 이러한 발언들은 과거의 '부패하고' '죄 지은' 백성을 회개시키고 새로운 국민으로 태어나게 만드는 일종의 메시아로서의 인식까지도 보여준다.

---

10 민중 혹은 인민을 국민으로 결속시키는 데는 민족의식이 중요한 역할을 한다. 국가는 민족이라는 신화와 상징을 활용하여 인민을 국가 속으로 통합하고 도덕적으로 통일하려고 한다. 각종 의례 사업을 동원한 민족·국민 만들기에 대해서는 강정인·한유동(2014), 오제연(2018), 임종명(2009)을 참고하라.

'죄를 짓고 구습에 빠진' 백성은 어떻게 무엇을 바꾸어야 '새 백성'이 될 수 있을까? 이승만의 인식에서 새 백성이 되기 위해 갖추어야 할 국민도덕의 요체는 사상통일이었다. 그에게 사상통일은 반공으로서의 통일, 그리고 자신의 생각과 지시에 따른 통일, 두 가지 의미를 갖는다.[11]

반공에 의한 통일은 새삼 설명할 필요가 없을 것이다. 사상통일의 또 다른 의미는 자신만을 지지해야 한다는 뜻이다. 이승만에게는 반공으로서의 통일, 자신의 지시와 방침 하에서의 통일, 이 둘이 이루어질 때 사상통일이 달성된다. 조선신문기자협회 결성식 축하 연설에서 이승만은 "사상이 사람이요 살과 뼈와 피는 그 형체에 불과하고 사람으로서의 생명은 그 사상에 있는 것인즉 이 사상이 건강해야만 건전한 국가를 건설할 수 있는 것"이라고 했다(1947/8/10 『독립노선의 승리』, 166). 남한 단정 수립을 내외에 천명하던 시점에 발표된 이 연설에서 '건강한 사상'이란 곧 이승만의 단정 수립 방침이었다.

사상통일의 강조는 정부 수립 국면에서도 계속 이어졌는데, 이번에는 자신의 방침과 다른 국회의원을 겨냥했다. 그는 5·10선거로 구성된 국회에 "무소속과 좌익 색태(色態)로 지목받은 대의원"이 여럿 들어와 "사상충돌로 분쟁 분열"될 우려가 있다고 주장하며 무소속과 과거 좌익 전력의 의원들을 위험 분자로 지목했다(1948/7/24 「대통령 취임사」, 『우남실록』, 554). 뿐만 아니라 내각책임제와 대통령중심제를 놓고 갈등을 빚던 국면에서 이승만은 "당파싸움으로 망한 우리는 무엇보다도 사상 통일로서 행동 통일을 기하여야 할 것"이라고 말했는데(1948/6/7 「내각책임제는 찬성

---

11 기존의 여러 연구들은 이승만이 만들고자 했던 국민을 '반공전사로서의 국민'으로 규정하고 있다. 대표적으로 홍태영(2019), 임종명(2010)을 꼽을 수 있다. 이 글은 이승만의 국민 만들기 프로젝트에서는 '반공전사' 외에 '이승만의 지시에 따라 다시 태어나는 국민'이라는 보다 넓은 있다고 보면서, 기존의 연구들을 보완하고자 한다.

못하나 국회 통과되면 추종」,『우남실록』, 543), 실상은 대통령중심제에 반대하는 의원들을 겨냥하는 발언이었다. 자신의 방침을 따를 때 사상통일이 이루어지며, 그럴 때에야 민주국가를 만들고 지킬 수 있다는 것이다.

사상적으로 통일된 후 국민은 또 여러 덕목을 갖추어야 했다. 이승만은 광범위하게 그것을 '공명정대하고 애국애족하는 마음'이라는 말로 표현했다. 이승만은 필요에 따라 애국애족의 항목을 달리하여 자신의 정치적 의도에 맞게 끌어들였는데, 그것 역시 반공으로 사상통일, 자신의 방침 아래 통일이라는 두 가지 의미였다. 이때는 대중에게 '애국' '우국(憂國)' '충애' 같은 용어를 사용하며 민족주의적 감성을 불러일으키고자 했다. 이 수사법은 공산주의에 반대하는 경우에 가장 많이 활용되었지만 5·10 선거 국면에서도 유용하게 활용되었다. 그는 "우리 애국남녀는 일심으로 일어나서……총선거를 실시"하자(1947/11/26 「애국동포에게 거듭 경고한다」,『우남실록』, 491), "우리 3천만 애국동포" "우리 충애동포"는 "한인의 정신"으로 총선거 실시에 매진하자고 주장했다(1948/2/23 「남조선 총선거를 통한 통일정부 수립을 강조한 성명서」,『우남실록』, 511). 이 국면에서 애국남녀가 타도해야 할 대상에는 공산주의자뿐 아니라 중간파도 포함되었다. 이승만은 김구, 김규식의 선거 불참에 대해 "우리 애국남녀가 용인치 않을 것"이라고 말하며 중간파까지 애국남녀의 타도 대상으로 만들었다(1948/3/24 「선거 자유 분위기와 선거불참 문제에 대한 담화」,『우남실록』, 524).

이렇듯 이승만은 자신의 정치적 목적을 위해 '애국남녀' 같은 용어를 사용하고 그들의 주체적 행동을 촉구했지만, 기본적으로 그는 대중을 어리석고 언제라도 공산주의의 '유혹'에 넘어갈 잠재적 위험 분자 혹은 우매한 존재로 산주했다. 공산낭에 대한 연설이나 남화의 거의 모든 경우에서 이승만은 좌익을 '인심 현혹', '유언비어 유포', '선동과 환란', '악질적 유혹'을 일삼는 무리로 묘사했다.

이승만은 남한 단정 수립을 놓고 격렬한 좌우대립이 벌어지던 국면에서 공산주의자는 "순진한 민중을 속여……매국노들의 선동으로 살인, 방화, 강탈" 등 모든 비인도적 행동을 벌이고 있다고 주장했다(1946/10/26 「전민족 대중에게 고하노라」, 『독립노선의 승리』, 135). 이런 인식은 여순사건 관련 담화에서 여실히 나타난다. 이승만은 여순사건을 "몽매천식(蒙昧淺識)한 분자들이……반란을 양성하고 있다가 정부를 기만하고 국권을 말살하려는 음모"(1948/10/24 「반도[叛徒]는 진퇴유곡 후환[後患] 방어책에 전력하라」, 『담화집 1』, 7), "무지몰각한 망동분자들이 어리석게 남의 선동에 끌려 살인, 방화를 감행"한 것이라고 주장했다(1948/11/07 「안전보장은 관민일치로」, 『담화집 1』, 8). 왜 그런 '무식한' 분자들이 '선전선동'에 넘어가 반란을 일으켰는지는 전혀 고려되지 않았다. 그저 민중의 무식과 어리석음이 강조될 뿐이었다. 1949년 3·1절 기념사에서 공산주의를 "큰 전염병"(『훈화록』, 15)이라 했던 것을 본다면 병에 걸린 민중의 불결과 무지만이 문제였을 터이다.

이처럼 이승만은 신생 대한민국의 기획자·건설자로서 국가를 신성의 차원으로 끌어올리고 민중에게는 민주주의를 수호하기 위해 갖추어야 할 책임과 의무가 무엇인지 가르쳤다. 그는 민중을 그대로 내버려 두면 공산주의의 유혹에 넘어가거나, 잘못된 판단을 하거나, 혹은 애초부터 무지하여 전체를 어지럽게 만드는 존재로 보고 있었다. 민중은 이승만이 규정한 국민의 자격을 받아들이고, 국민으로서 갖추어야 할 도덕을 체득하며, 이승만이 수반으로 있는 정부를 가장 소중히 여겨야 한다는 행동규범을 준수하는 존재가 되어야 했다. 이 자기 인식의 배후에는 자신이 민중의 행동규범과 도덕을 가르침으로써 민주주의로 인도하는 훈육자라는 확신이 자리 잡고 있었다. 이것은 분명히 권위주의, 더 나아가 파시즘의 논리이지만, 이승만은 민중이 자신이 가르치는 도덕률을 체득할 때에만 우매의

나락으로 떨어지지 않고 국권과 민주주의를 보호할 수 있다고 믿었다.

그 외에도 이승만은 온갖 담화를 발표하며 '새 백성'이 되기 위한 마음 가짐과 행동 방침을 주문했다. 이런 담화 정치에 대해서는 당시에도 지나치다는 비판이 있었다. 그는 "대통령이 담화를 너무 많이 발표한다는 비평이 없지 아니하나……내가 발표하지 않으면 이런 내용을 민중이 알 수 없게 되고 위기만 심하게 되는 터이므로 부득이 해서 이와 같이 하는 것"이라고 말했다(1949/2/22 「정당한 공론이 필요」, 『담화집 1』, 15). 자신이 알려주지 않으면 민중은 모른다는 말이었다. 그의 발언은 끝이 없었다. 대통령 취임 이후부터 1950년 6월까지만 한정해도 주변을 깨끗이 청소하라, 서로 도와라, 세금을 잘 내라, 짐승과 새를 보호하라, 현미를 먹고 쌀을 아껴라, 전기를 절약하라, 토탄(土炭)을 사용해서 석탄을 아껴라, 화재를 예방하라, 위생 관념과 청결에 힘써라 등등 거의 '노인네 잔소리'를 연상시킬 정도였다. 그렇지만 이승만에게 이 모든 것은 자신의 설계와 진두지휘 아래 건설된 대한민국의 국권과 민주주의를 지키는 데 필요한 국민 도덕을 가르치는 훈육자로서 당연히 해야 할 일이었다.[12]

서희경은 이승만이 이윤영 국무총리 인준 실패 이후 국회 반대를 극복하기 위해 정치전략을 바꾸어 국회가 아니라 국민에게 직접 호소하는 대국민 담화를 발표하는 것이 "이른바 담화정치의 시작"이며, 그것은 "국민의 뜻을 대변하기보다 일종의 대통령 자신의 모노로그"이자 반의회주의적인 행태였다고 지적했다(서희경 2011, 61, 63). 물론 옳은 말이다. 그러나 이승만은 이윤영 총리의 인준 국면이 아니라 그 이전부터 온갖 사항을 담화나 성명의 형식을 빌려 국민에게 직접 전달하고자 했다. 그의 인식에서는 자신이 아니면 국민을 '올바르게 훈육'할 사람이 없었기 때문이었다.

---

12 이승만의 연설을 수록한 책 중의 하나는 제목이 『이대통령 훈화록』이었다.

이승만의 이런 인식을 긍정적으로 평가하자면 "한국 국민이 완전한 민주주의적 자치를 실천하고 누리기 전에 거쳐야 하는 준비 단계에서 불가피하게 권위주의적인 교도 민주주의 정치를 실행했다"(유영익 2013, 192)고 말할 수 있을지도 모른다. 그러나 이러한 논평은 본질에서 벗어나 있다. 현대 (자유)민주주의의 중심 원리 중의 하나는 자율적 판단 주체로서의 인간이라는 대전제이다. 국가는 인민으로부터 일정한 권력을 위임받지만 특정 영역, 예컨대 개인의 양심·사상·도덕 등의 영역은 개인의 자율적 판단에 맡겨두고 개입해서는 안 된다는 의미이며, 개인의 자율성과 자유에 대한 존중이 그 철학적 배경을 이루고 있다. 자율적 판단과 자유의 주체로서 인민은 최고지도자와 민주주의를 운영하고 이끌어가는 수평적 관계로 맺어져 있는 것이다.

반면 이승만은 민주주의 국가를 지키기 위해 인민이 이런저런 능력, 지식, 기준을 갖춰야 하고, 만일 그렇지 않다면 그들을 가르쳐야 한다는 인식을 갖고 있었다. 이승만의 인식에서는 그것이 민주주의를 실현하고 지키는 국민을 만들기 위해 자신이 당연히 맡아야 할 훈육자로서의 책임이었다. 그에게 한국인은 훈계와 가르침의 대상, 하나하나 가르쳐주어야 할 어린아이, 최고 권력자의 명령과 지시를 도덕으로 받아들이며 순응하는 '신민(臣民)' 정도에 불과했다. 이 자기 인식 속에서 국민을 가르치고 명령하는 권위주의 통치는 민주주의의 이름으로 정당화될 수 있었다.

5. 이승만의 자기 인식에 대한 반발

필자는 이승만이라는 정치행위자의 특정한 자기 인식이 권위주의 정치행태를 민주주의로 정당화하는 역설을 포착하고자 했다. 지금까지 보았듯 이승만은 민주주의 대한민국의 설계자·건설자, 국민의 훈육자, 민의의 대행자로서의 자기 인식을 갖고 있었다. 자신의 설계와 지휘 아래 민주주의 대한민국이 건설되었고, 민중의 뜻에 따라 성립된 국회에 의해 대통령으로 선출되었기 때문에, 국민은 자신이 규정한 민주주의의 틀을 받아들여야 했다. 또한 개인을 방치하면 전체가 어지러워지기 때문에 자신은 민중에게 국민도덕을 가르치는 훈육자의 역할을 담당했다. 더 나아가 민의를 대변하는 자신의 정치는 인민의 의사에 따르는 정치이며, 그런 점에서 민주주의 원리에 충실한 정치라고 확신했다. 이승만의 자기 인식에 따르면 대한민국은 자신의 기획에 따라 민주주의국가로 세워졌고, 모든 인민이 자신의 가르침을 충실히 받들며 자신의 방침을 '민의'로 알고 따를 때 이 민주주의 국가가 지켜진다. 자신은 대한민국이라는 국가를 세우고 국민도덕을 가르치는 '나라의 아버지(國父)', 국가를 움직이고 결정하는 최고 의지, 나아가 국가 그 자체였다.[13] 이러한 인식 속에서 권위주의와 민주주의는 모순 없이 조화될 수 있었다.

마지막으로 덧붙이자면, 이런 이승만의 자기 인식에 대한 균열이 일찍부터 나타나기 시작했다는 점이다. 그것은 반공과 민주주의의 관계를 둘러싼 해석의 갈등이었다. 반공이 자유민주주의 체제를 만들고 수호하기 위한 수단이라면, 즉 민주주의를 위해 반공을 한다면, '수단으로서의 반공'이 지켜야 할 한계가 존재한다. 반공은 자유민주주의 체제를 수호하는 것인 만큼 자유민주주의의 본령을 훼손해서는 안 된다는 제약이 부여되

---

13 이승만의 이런 인식이 그에게만 한정되었는지는 의문이다. 이른바 '독립영웅', '국가건설자'의 칭호를 갖고 있는 다른 나라의 지도자들, 특히 권위주의적 지도자나 독재자들도 비슷한 인식을 갖고 있었을지 모른다. 또한 박정희나 전두환 같은 인물들도 나름대로의 자기 인식 아래 자신의 행동을 '민주주의 수호'라는 명분으로 정당화했을 수도 있다. 이런 문제는 좀 더 진전된 연구를 통해 밝혀져야 할 것이다. 다만 이승만은 수식어 없는 민주주의를 자임했다는 점에서 정치행위자의 인식 체계를 분석해야 할 필요성을 좀 더 분명하게 보여줄 따름이다.

는 것이다. 물론 이 문제는 체제가 직면한 위협의 종류와 강도에 따라 탄력적이 된다. 지켜야 할 자유민주주의의 본령이 우선인가? 아니면 위협에 직면한 체제의 생존이 우선인가? 이승만은 후자의 입장에서 제한 없는 국가권력을 내세웠다. 한민당도 국가보안법 제정을 비롯하여 반공 체제의 강화를 위해 이승만에게 적극 협력했다.

그러나 점차 반공을 명분으로 언론 통제를 강화하고(1949년 4월 서울신문 정간), 국가보안법 위반자에 대한 인권 유린이 다반사로 벌어지며 정부 권력이 제어되지 않자 아무리 반공이 중요해도 국가권력이 자유민주주의의 원칙을 벗어나서는 안 된다는 반발이 정치·사회지도층 안에서 나타나기 시작했다. 특히 한민당의 입장을 대변하던『동아일보』가 앞장서 '반공민주건설론'을 기치로 내걸고 이승만 정부의 반민주주의 정치 형태를 비판하기 시작했다. 이때의 명분은 반공을 위해 민주주의를 철저히 하라는 요구였다.『동아일보』는 사설「반공정책과 민주건설」(1949/10/8)에서 "우리의 민주건설이 성공하는 날 이북괴뢰집단은 완전히 패배하는 것"이라고 주장하면서, '현재 대한민국의 민주발전을 막는 장애물'로 인권유린, 경제 건설의 지지부진, 정당 활동의 질식 상태, 누구도 책임을 지려고 하지 않는 정부, 비서(秘書)정치에 의한 정권 농단을 지적하며 이승만 정부를 강하게 비판했다. 또한 1950년 1월 1일 연두사(年頭辭)에서도 "정치 경제 사회 문화 등 각 방면의 민주 건설을 적극 추진시키는 것만이" 공산주의에 대한 승리와 통일의 길이라고 주장하며 이승만 정권은 "직권남용에 의한 인권유린"을 저질러 "주권재민의 기본적 민주성격을 거세"했다고 비판했다(1950/1/1『동아일보』).

이런 반발은 민주주의 설계자·건설자라는 이승만의 역할은 인정하지만, 민주주의의 이름으로 권위주의를 정당화했던 논리를 민주주의의 이름으로 거부하는 것이었다.[14] 또한 인권유린이라는 비판은 훈육자로서의 자

기 인식을, 주권재민의 거세라는 비판은 민의의 대행자로서 자기 인식을
전면적으로 부정하고 있었다. 인권을 유린하면서까지 교육시키는 사람을
훈육자로 부를 수는 없을 것이고, 주권재민이 사라졌는데 민의가 대변될
리는 없기 때문이다. 정권의 실정과 파행이 거듭되며 이승만의 자기 인식
에 대한 의문과 도전은 국민 일반으로까지 확대되었고, 민주주의의 이름
으로 권위주의를 정당화했던 논리는 설득력을 잃었다. 그 결과, 대한민국
최초의 민주공화국은 최초의 독재정권으로 오랫동안 기억되고 있다.

---

14 1951년 이후 야당과 언론이 이승만 정권의 횡포를 비판할 때 헌법에 명시된 '민주공
화'를 가장 강력한 명분으로 동원했음을 잘 보여주는 연구로는 오제연(2019)을 들 수
있다. 이승만이 규정한 공화/민주 개념을 거부하는 해석의 갈등이 본격적으로 나타났
던 것이다.

2000년대 한국의 '탈민족주의' 논쟁 연구
주요 쟁점과 기여

전재호(서강대학교)

1. '민족주의의 신성화'와 탈민족주의 논쟁

이 글은 2000년대 기성 학계의 민족주의 인식을 비판하고 등장한 탈민족주의 담론과 그에 대한 기성 학계의 재비판, 곧 '탈민족주의 논쟁'을 검토하고 학술적 의미를 고찰한다. 강정인은 "한국 현대정치의 이념적 지형"에서 "한국 민족주의를 출현시킨 특수한 역사적 체험이 '민족주의의 신성화'라는 특징을 한국 정치의 이념적 지형에 각인을 시켰다"라고 주장했다. 곧 20세기 초 일본 제국주의에 의한 주권 상실, 해방 후 미소의 분할점령과 민족 분단, 그리고 6·25 전쟁으로 이어진 근대 민족국가 건설의 실패가 한국에서 민족주의에 절대적인 정치적 상징성을 갖게 했음을 지적했다. 따라서 1980년대까지 한국에서 민족과 민족주의는 "불가침·무오류의 신성성"을 획득했다(강정인 2014, 119-24).

그러나 1990년대로 들어서면서 한국 사회에서 민족과 민족주의가 지닌 절대적 위상에 균열이 발생하기 시작했다. 역사학자 임지현은 한국 사학계가 민족을 초역사적인 자연적 실재로 부당하게 전제했고, 그로 인해 역사 연구의 인식론적 가치가 훼손되었으며 역사학은 신화의 영역이 되어버렸다고 비판했다(임지현 1994). 그는 1999년 출간한 『민족주의는 반역이다』에서도 지배 담론으로서 민족주의가 지닌 억압성과 배타성을 비판했고, 해방 이후 한국 민족주의는 체제 이데올로기에 포섭되었기에 이제는 더 이상 체제를 옹호하는 권력과 이데올로기가 아니라 건설을 기약하는 반역의 이데올로기로 재창조되어야 한다고 주장했다(임지현, 1999).

사회과학계도 탈냉전 이후 확산하던 지구화(globalization)에 주목하여, 이에 장애가 되는 한국 민족주의의 성격을 비판했다. 그들은 한국 민족주의의 강한 방어적, 폐쇄적, 자민족 중심주의적(ethno-centric) 성향이 세계화라는 시대적 흐름에 저해되기 때문에 이제는 탈민족주의를 지향하는 전진적이고 개방적인 민족주의로 변화해야 한다고 주장했다(김동춘 1994 ; 임현진 1995).

1990년대 후반에 이르러 한국 민족주의에 대한 비판이 학계 일반의 주요 관심사로 부상했다. 1997년 『창작과 비평』은 "지구화 시대의 한국학 : 민족주의와 탈민족주의의 긴장"이라는 좌담을 개최하여 탈민족주의를 다루었다. 조혜정은 민족주의가 본래 중심에 위치한 소수 지배자의 편이며 배타적이고 위계적 성격을 지녔기에, 냉전체제에서 변질된 민족주의는 물론 저항민족주의 사관도 해체되어야 한다고 주장했다(이태진 외 1997, 43-4).

역사문제연구소도 1999년 4월 "한국 민족주의 : 저항이데올로기인가 지배이데올로기인가"라는 심포지엄을 개최했다(역사문제연구소 2000). 총론은 임지현과 윤해동이, 일제 시기와 해방 3년기의 민족주의와 민족문제 인식은 임경석과 류준범이, 그리고 남북한 민족주의의 성격은 임대식과 서동만이 담당했다. 임지현과 윤해동이 민족주의가 지닌 문제점을 지적한 데 비해, 다른 발표사들은 민족주의를 옹호했다. 여기서 민족주의를 둘러싼 논쟁의 결론이 도출되지는 않았지만, "적어도 민족주의는 그 자체로서 절대적인 '선'이 아니며 개개인 또 각 계층의 개성과 다양성이 존중되며 다른 민족과의 평화적 공존을 인정하는 상생의 철학이 뒷받침될 때만 진보적 역할을 담당하리라는 점, 궁극적으로는 패권주의·민족주의에 기초한 갈등의 세계질서 자체가 극복되어 나가야 하리라는 점"은 발표자와 토론자가 공유했다(역사문제연구소 2000, 9). 이 심포지엄은 학계 전반에 민족주의에 대한 관심과 논의가 확대되고, 민족주의 역사학의 진로에 대한 고민도 보편화되는 계기가 되었다고 평가받는다(이윤갑 2007, 50).

2000년으로 들어서면서 한국 민족주의에 대한 비판은 학계의 핵심 쟁점이 되었다. 한국 민족주의에 대한 비판적 문제의식을 확산시킨 데는 2000년 1월 결성된 '비판과 연대를 위한 동아시아 역사포럼'(이하 역사포럼)이 결정적인 역할을 했다. 역사포럼은 결성 취지로 "민중의 역사적 기억에 덧씌워진 권력의 봉인을 떼어버리고 '정사'에서 배제된 집단이나 개인을 역사 다시 쓰기의 새로운 주체로 내세움"으로써, "성찰적 동아시아 역사상"을 만든다는 점을 내걸었다(임지현 2002b, 12). 그들은 2006년까지 권력 담론으로서의 민족주의 비판, 탈민족·탈국가 역사 인식, 국사 해체, 동아시아의 연대, 민족에 대한 원초론적 인식 비판 등 다양한 쟁점을 제기하면서 한국의 탈민족주의 담론을 주도했다.[1] 역사포럼은 '탈근대적' 성격, 곧 포스트모더니즘(또는 탈근대론)을 수용하여 민족주의 자체의 문제점과 한계 및 위험성을 지적하면서 민족주의를 해체하자는 견해를 견지

---

1 역사포럼은 활동 범위를 넓혀 유사한 문제의식을 지닌 일본 및 타이완의 학자들과 교류했다. 2000년부터 여러 차례의 세미나와 심포지엄을 개최하여, 그 결과를 『당대비평』(2000)에 "동아시아 지성의 고뇌와 모색 : 지구화와 내셔널리티 사이에서"라는 특집으로, 그리고 『기억과 역사의 투쟁』(2002), 『국사의 신화를 넘어서』(2004), 『역사학의 세기 : 20세기 한국과 일본의 역사학』(2009) 등의 단행본으로 출간했다. 역사포럼에 대한 연혁과 소개는 임지현·이성시(2004)와 도면회·윤해동(2009)을 참조하라.

했다는 점에서 당시 등장했던 다른 민족주의 비판 담론들과 구별된다. 정치학자 권혁범, 영문학자 고부응, 국문학자 신형기 등도 역사포럼과 유사한 시각, 곧 단순히 민족주의의 부정적 측면을 비판하는 것이 아니라 포스트모더니즘(탈근대)의 입장에서 민족주의를 부정하고 해체를 주장했다.

이런 분위기 속에서 2000년대 초반 여러 학술지가 한국 민족주의와 관련된 쟁점을 특집으로 다루었다. 먼저, 『역사비평』은 2001년 가을호에서 "집중토론 : 한국역사학·역사교육의 쟁점"이라는 제목 아래, 서의식의 「민족 중심의 역사서술과 역사교육」, 김기봉의 「포스트모던 역사이론 : '무기의 비판'인가 '비판의 무기'인가」라는 논문과 ① 일본 역사교과서 왜곡에 대한 각자의 해석과 자기 입론의 정당성 제시, ② 탈민족·탈국가적 역사인식의 타당성 검토, ③ 역사교육에 대한 점검과 대안이라는 제목으로 임대식, 남지대, 지수걸, 송상헌, 윤해동, 김희교, 지수걸, 김기봉, 서의식이 참여하여 집중토론을 진행했다. 여기서 식민지 근대, 포스트모던 역사이론, 민족정체성, 한국사학사, 고조선·고구려·발해사, 역사계승의식, 민족담론 해체 등을 둘러싸고 포스트모더니즘의 입장을 지지하는 견해와 반대하는 견해가 팽팽히 대립했다(역사비평사 2001, 16).

이어서 『역사비평』은 2002년 봄호에서 "탈/국가·탈/민족 역사서술에 대해 듣는다"라는 특집을 기획하여, 탈민족주의론과 그에 대한 반론을 다루었다. 특히 이 기획은 한국인과 함께 일본인과 중국 조선족 연구자의 입장을, 그리고 역사학자와 함께 사회학자, 정치학자, 국문학자의 입장까지 포괄했다. 특집은 안병직의 「포스트모더니즘 역사론을 위한 변론」, 유용태의 「거시역사와 미시분석 : 분업과 협업」, 도면회의 「한국근대사 서술에서의 민족·국가문제」, 후지이 다케시의 「일본에서 본 '포스트모더니즘 역사이론' 논쟁」, 김성호의 「자신을 망각한 세계화란 있을 수 없다」, 윤택림의 「탈식민 역사쓰기를 향하여 : '탈근대론'석 역사해석 비판」, 박

명규의「역사 논쟁에 대한 사회학적 이해」, 임규찬의「변화와 동요 속에
서도 지켜야 할 그 무엇은 있다」, 박명림의「역사 연구와 교육의 몇몇 고
려들 : 객관과 비교와 비판」, 송기호의「민족주의 사관과 발해사」, 채웅석
의「고려시대 민족체 인식이 있었다」, 오수창의「조선시대 국가·민족체
의 허와 실」등 총 12편의 글로 구성되었다. 이 가운데 도면회는 한국 현
대사를 중심으로 민족과 국가가 어떻게 기술되어 왔는지를 역사 인식 차
원에서 분석하면서, 그 속에 배어있는 근대화·국민국가 중심의 관점이
지니는 문제점을 제기했다. 후지이 다케시는 천황제가 온존한 일본의 국
민 입장에서 일본식 국가주의와 한국 민족주의의 과거와 현재의 차이를
살폈다. 중국 조선족 역사학자인 김성호는 탈국가·탈민족적 역사서술을
강하게 비판했다(역사비평사 2002, 27).

『당대비평』도 2002년 특별호에서 "'역사 교과서' 비판 : 내셔널 히스토
리의 해체를 향하여"라는 특집 아래 탈민족주의를 주장하는 연구를 게재
했다. 이 특집은 한국, 일본, 중국, 유럽의 역사 교과서를 비교할 수 있도
록 지수걸의「'민족'과 '근대'의 이중주」, 야스다 히로시의「일본 근대사
서술의 기본 구상」, 김한규의「'단일 민족'의 역사와 '다민족'의 역사」, 이
성시의「한·일 역사 교과서의 고대사 서술을 둘러싸고」, 이와사키 미노
루의「후쇼사 판『새 공민 교과서』의 논리와 심성」, 스테판 버거의「과거
의 재현 : 유럽의 내셔널 히스토리」를 게재했다. 특히 탈민족주의 시각을
대표하여 지수걸은 한국의『고등학교 국사』와「한국 근현대사 교육과정」
이 '우리나라(조국)'·'우리 민족(겨레)'과 '근대화(근대성)'·'식민지화(식민지
성)'라는 두 개의 기본 코드를 다양하게 변주하면서 한국 근현대의 '민족
대서사'를 완성하고 있다고 주장하면서 그 이유와 목적에 대해 분석했다
(지수걸 2002, 58).

2003년에는 20여 개의 국내 철학회가 "탈민족주의 시대의 민족"을 대

주제로 한 '한국철학자대회'를 공동 개최했다. 여기서는 세계화 시대에 맞는 민족 개념과 현대에서 민족의 의미, 새롭게 형성되고 있는 민족 개념, 민족의 정체성 등을 논의했다. 특히 송두율은 독일 통일 이후 '탈민족'이 화두로 떠오른 유럽의 시민사회와 달리, '민족'이 남북 모두에서 여전히 강인한 생명력을 발하는 분단 현실에서 구성된 담론의 특성을 생각해 볼 필요가 있다고 주장했다. 한편 2004년에는 참여사회연구소의 『시민과 세계』(제5호)이 "시민정치, 국민, 그리고 세계시민"을 주제 기획으로 삼았고, 여기에서는 김상봉의 「민족과 서로주체성」, 윤건차의 「재일동포의 민족 체험과 민족주의」, 정용욱의 「시민과 국가 : '고수'와 '해체' 사이」가 탈민족·탈국가에 대한 견해를 개진했다.

이렇게 한국 민족주의를 둘러싸고 논쟁이 확산하자, 이를 다룬 개별 연구도 상당수 이루어졌다. 이들 연구는 대부분 탈민족주의론의 문제의식에 일정 정도 동의하면서도 그것이 가진 문제점과 한계를 비판했다. 예를 들어, 탈민족주의론의 인식론적 전제인 민족과 민족주의의 근대성 및 이론적 기초인 포스트모더니즘의 문제의식은 인정하지만, 그것이 주장하는 탈민족·탈국가론, 국사 폐지론, 동아시아 연대론 등에 대해서는 강하게 비판했다. 탈민족주의 비판의 근거로는 식민지와 전쟁 경험, 분단 상황, 그리고 강대국 사이에 낀 약소국이라는 한국의 특수성 등을 제시하거나(이윤갑 2007 ; 홍석률 2006 ; 2007 ; 강종훈 2008 ; 배영순 2008 ; 나종석 2009a ; 2009b), 탈민족주의론이 국민국가에 대한 잘못된 이해에 기초했다고 보았다(진태원 2009). 그리고 대안으로 세계화 시대에도 민족과 국가는 여전히 유용하기 때문에 이에 맞게 한국 민족주의를 변용하거나, 민족주의와 추상적이고 공허한 세계시민주의의 양극단을 지양하고 세계시민주의에 열려있는 민족주의를 지향해야 한다고 제안했다(나종석 2009a).[2]

2000년대 한국 민족주의를 둘러싼 비판적 입장을 홍석률은 '세계회론에 입각한 탈민족주의론', '민족주의 재구성론', 그리고 '탈근대론적 관점의 탈민족주의론'으로 분류했다. 첫 번째 세계화론에 입각한 탈민족주의론은 "국가는 문명의 상징이고 민족은 전근대적 야만의 상징"이라는 이분법적 사고에 기초하여 "한국 사회의 현실과 역사를 '민족' 중심으로 이해하는 것은 의미가 없다"라고 주장하면서, 그 대안으로 자본주의 문명을 의미하는 '문명사관'을 제시했다. 이 시각을 대표하는 집단은 뉴라이트 학자들이 조직한 '교과서 포럼'이다. 그들은 기존 고등학교『한국 근·현대사』교과서가 '잘못된' 민족주의 사관에 의해 서술되었고, 따라서 대안적 역사관을 위해 역사의 기초인 민족을 해체하고 상대화해야 한다고 주장했다(이영훈, 2007). 두 번째 민족주의 재구성론은 "민주화운동 과정에서 형성된 저항적 민족주의의 흐름을 계승·발전시키려는 사고"로, 민족주의 자체가 가진 한계와 문제점을 인정하면서 그것을 좀 더 민주적이고 인류공동체를 모색하는 방향으로 재구성하자는 것이다. 세 번째 탈근대론적 관점의 탈민족주의론은 "민족주의 자체의 문제점과 한계, 위험성을 지적하며 해체하자는 입장"으로, 역사포럼이 이에 해당한다(홍석률 2007, 151-2). 그런데 첫 번째와 두 번째 논의는 기존의 민족주의를 비판하나 '탈근대(론)적' 입장에서 그것의 해체를 지향하고 있지 않기 때문에, 탈근대성을 지향하고 민족주의의 해체를 주장하는 세 번째 입장과는 성격이 다르다.

회고적으로 볼 때, 2000년대 탈민족주의론이 제기했던 한국 민족주의 비판은 그동안 한국 사회에서 의심 없이 받아들여졌던 민족과 민족주의에 대해 성찰과 반성을 가져왔다. 하지만 좀 더 중요한 작업은 민족주의

---

2 탈민족주의 논쟁과 직접 관련되지는 않지만 2008년 번역 출간된 앙드레 슈미드의『제국, 그 사이의 한국』도 학계의 한국 민족주의 인식에 영향을 미쳤다. 이 책은 19세기 후반 이래 민족의 발명을 중화주의의 해체 과정, 국혼 문제, 근대 역사교과서의 인식, 강역 인식 등 매우 광범위한 주제를 다루면서 설명했다.

의 부정과 해체라는 형태로 제기된 탈민족주의론의 문제의식 중 기성 학계가 용인하고 공감할 수 있었던 부분은 무엇이었고, 받아들일 수 없었던 부분은 무엇이었는지, 이런 차이가 어떤 의미를 지니는지, 그리하여 탈민족주의론이 제기했던 여러 쟁점이 아직도 한국 사회에서 유효한지를 고찰하는 것이다. 이를 위해서는 2000년대 전개된 한국의 탈민족주의 논쟁의 맥락과 구체적 쟁점을 정리하고 그 학술적 의미를 평가하는 작업이 필요하다. 필자는 탈민족주의 '논쟁'의 전개 과정이 한국 민족주의에 대한 학계의 상이한 입장들, 그리고 그 의미와 한계 및 남은 과제들이 드러나게 된 담론장이었다는 데 주목한다.

이런 접근은 '민족'이 지닌 중심주의적 성격을 예민하게 비판했던 강정인의 문제의식과도 닿아 있다. 강정인은 『서구중심주의를 넘어서』(2004)에서 서구 문명의 우월성과 여타 문명의 열등성을 담론적으로 성립시키고 강화하는데 '역사'가 수행하는 역할을 강조했고, 서구중심주의를 극복하는 '해체적 담론 전략'의 훌륭한 사례로 '세계사 바로 세우기'를 제시한 바 있다. 탈민족주의의 문제의식과 이론은 실상 이런 기성의 역사서술에 대한 비판 및 역사의 재구성과 맥을 같이 한다. 이후 『한국 현대 정치사상과 박정희』(2014)에서는 한국 정치이념의 전개를 좌우한 핵심 요인으로 '민족주의의 신성화'를 지적하고, 이를 '민족주의에 의한 여타 이념의 중층결정'과 '민족주의 내에서 한 과제에 의한 다른 과제들의 과잉결정'으로 구분하여 체계적으로 분석했다. 그가 보기에 신성화된 민족주의야말로 한국 현대정치를 '비정상'적으로 전개하게 만든 원천이었다.

강정인의 이와 같은 분석은 여러모로 논쟁적일 수 있다.[3] 다만 이 글이 주목하는 점은 강정인이 한국 정치이념의 전개에 미친 서구중심주의의

---

3 강정인(2014)에 내한 비판적 고찰은 이 책 4장을 참고하라.

폐단과 한국 민족주의의 신성성을 연결하는 가운데 한국 민족주의의 중심주의적 성격을 강하게 비판했지만, 2000년대 이후에는 민족주의의 신성화가 '퇴조했다'고 진단한다는 것이다(강정인 2014, 325-44). 만약 이런 진단에 동의한다면, 한국에서 탈민족주의 논쟁은 민족주의가 퇴조기에 접어들고 나서야 시작되었다고 할 수 있다.[4] 이처럼 뒤늦은 논쟁을 어떻게 보아야 할까? 퇴조하고 있는 민족주의를 부정하고 해체하자는 주장은 어떤 의미를 가지며, 민족주의의 중요성을 새삼 상기시키는 반박은 어떤 함의를 갖는 것일까? 이런 물음에 답하기 위해서도 필자는 탈민족주의 논쟁의 구체적인 쟁점들을 다시 곱씹어 보아야 한다고 생각한다.

이를 위해 이 글의 2절은 논쟁이 등장하게 된 현실적이고 이론적인 배경을 고찰하고, 3절은 논쟁에서 제기된 주요 쟁점 가운데 한민족 형성의 근대론, 포스트모더니즘(또는 포스트모던 역사인식), 권력 담론으로서의 민족주의, 그리고 탈민족·탈국가 역사 인식/서술과 국사해체론을 고찰한다. 마지막으로 4절에서는 논쟁이 지닌 학술적 의의를 제시한다.

2. 한국 탈민족주의 논쟁의 배경

2000년대 한국 학계에서 탈민족주의 논쟁이 확산되는 데는 1990년대 초 시작된 현실의 세 가지 변화와 두 가지 이론이 큰 영향을 미쳤다.

현실의 변화로는 첫째, 1990년대 초반부터 확산되기 시작한 지구화가 한국 민족주의의 폐쇄성을 드러내면서 이에 대한 비판이 제기되는 계기

---

4 강정인은 민족주의의 과잉을 비판하는 뉴라이트 계열의 주장과 진보 진영 일각의 비판을 "탈민족론"으로 부르면서 검토하고 있다(강정인 2014, 339-43). 용어는 유사하더라도 강정인의 '탈민족론'은 이 글에서 초점을 맞추고 있는 탈민족주의와 그 함의가 다르다.

가 되었다. 탈냉전 이후 미국은 한국에 시장 개방과 자유화 압력을 가했고, 이에 김영삼 정부는 '국제화'와 '세계화'를 구호로 내걸고 개방정책을 전개했으며 기업들도 활발히 해외로 진출하기 시작했다. 이런 흐름에 대해 일부 세력들은 민족주의를 내세워 반대했는데, 이러한 민족주의적 대응에 대해 비판이 제기되었다. 곧 일군의 연구자들은 한국 민족주의가 지구화 시대에 적응하기 위해서는 '폐쇄적' 성격에서 벗어나 '개방적' 성격을 띠어야 한다고 주장했다(정일준 1994 ; 김동춘 1994 ; 임현진 1995).

둘째, 1990년대 초부터 본격화된 이주민의 유입과 그들의 장기 체류는 한국 사회가 지닌 '타자'에 대한 '차별성'을 드러내는 계기가 되었다. 언어와 문화가 다른 이주노동자가 대거 유입되면서 그동안 한국 사회가 인지하지 못했던 '타자'에 대한 제도적이고 일상적인 차별이 드러난 것이다. 이것이 사회적 쟁점으로 부상하면서 한국 사회가 당연시했던 '단일 민족 관념'에 대한 문제 제기가 나타났고, 이는 한국 민족주의에 대한 성찰로 이어졌다.

셋째, 1990년대 말 일본의 우경화와 2000년대 초 중국의 동북공정은 한편으로는 한국 사회에서 반일 및 반중 감정에 불을 붙였지만, 다른 한편으로는 그들로부터 우리의 모습을 발견함으로써 한국 민족주의를 성찰하는 계기가 되었다. 중국, 일본은 물론 한국에서도 민족주의는 이성적이고 합리적인 판단보다는 선전·선동에 쉽게 휩쓸리는 감성적이고 비합리적 성격을 드러냈던 것이다. 그럼에도 한국 사학계는 이에 자민족·자국 중심적 시각을 고수하며 반응했는데, 이는 한국 민족주의에 대한 비판적 인식을 촉구하는 계기가 되었다.

2000년대 한국 탈민족주의 논쟁에 영향을 미친 두 이론은 민족주의의 근대론(modernism)과 포스트모더니즘(postmodernism)이다. 두 이론은 1980년대 이래 서구에서 확산되었고 1990년대 한국 사회에 유입되면서 민족주의 인식에 영향을 미쳤다. 먼저, 1980년대 초 서구 학계에는 기존의 민족주의 연구를 비판하는 새로운 연구가 연이어 등장했다. 겔너(Ernest Gellner)의 『민족과 민족주의(*Nation and Nationalism*)』, 홉스봄(Eric Hobsbawm)과 레인저(Terence O. Ranger)가 편집한 『전통의 발명(*Invention of Tradition*)』, 홉스봄의 『1780년 이후 민족과 민족주의(*Nation and Nationalism since 1780*)』, 앤더슨(Benedict Anderson)의 『상상된 공동체(*Imagined Communities*)』 등이 그것이다. 이 연구들은 전근대에도 민족이 존재했다고 주장하는 원초론(primordialism) 또는 영속론(perennialism)을 부정했다. 대신 근대론 또는 도구론(instrumentalism)의 입장을 공유했는데, 이에 따르면 민족은 근대에 형성되었으며, 민족이 민족주의를 만든 것이 아니라 민족주의가 민족을 만들었다. 서구의 근대론은 원초론적 시각에 바탕을 둔 기존 학계의 민족주의 인식에 대한 비판의 근거를 제공했기에 탈민족주의론에 의해 적극 수용되었다.

둘째는 서구의 포스트모더니즘이다. 포스트모더니즘은 기성 학계의 인식에 대한 비판의 이론적 근거를 제공함으로써 1990년대 한국 학계에 큰 영향을 미쳤다. 포스트모더니즘의 역사 인식은 근대화나 세속화, 또는 진보나 해방 등 특정한 방향과 목표를 상정하는 목적론적인 인식을 거부한다. 또한 역사를 통일되고 일관된 하나의 과정으로 파악하는 '총체적' 시각을 거부한다. 한국 사학계는 이에 대해 부정적으로 반응했지만, 탈민족주의론은 이를 적극 수용하여 기존의 민족주의 인식을 비판하는 도구로 삼았다.

이처럼 2000년대 탈민족주의 논쟁 확산에는 1990년대 몇 가지 현실의 변화를 배경으로, 포스트모더니즘과 근대론적 민족주의 시각이 큰 영향을 미쳤다.

3. 한국 탈민족주의 논쟁의 주요 쟁점

이 절은 탈민족주의 논쟁의 다양한 쟁점 가운데 탈민족주의의 인식론적 전제인 한민족 형성의 근대론, 그 이론적 기초인 포스트모더니즘과 포스트모던 역사 인식, 이데올로기적 차원인 권력 담론으로서의 민족주의, 현실적·실천적 차원에서 제기된 탈민족·탈국가 역사 인식/서술과 국사해체론을 검토한다.[5]

1) 한민족 형성의 근대론

한민족의 기원에 대한 한국 사회의 일반적인 인식은 원초론 또는 영속론이다. 그러나 학계에서는 이미 1980년대 근대론이 등장했고, 그 후 계속 확산했다. 백낙청 편 『민족주의란 무엇인가』(1981)와 차기벽 편 『민족주의』(1984)는 1980년대 초 한국에 서구의 근대론을 소개한 대표적인 서적이다. 학계에서 근대론의 확산은 1992년 역사문제연구소와 역사비평사가 주최한 대토론, "한국 민족은 언제 형성되었나"에 참여한 13명의 학자들 중 다수가 한국 민족의 형성에 대해 근대론을 지지한 데서 잘 볼 수 있다(서중석 외 1992, 97).

서구에서 등장한 근대론은 민족을 전근대부터 존재했던 정치체가 아니라 종교공동체와 제국의 해체, 자본주의의 발전 등 여러 요인이 복합적으로 작용한 결과로 근대에 등장한 것으로 간주했다. 또한 민족은 영속적이지 않고 아닌 잠정적이기에 탈근대가 되면 해체되거나 사멸할 수도 있다

---

5 2000년대 한국의 민족주의 논쟁을 민족주의의 대내적 억압성과 대외적 팽창성 또는 공격성 여부라는 두 가지 논점으로 정리한 연구도 있다(나종석 2009a, 170). 그러나 논쟁을 이해하는 데는 구체적인 쟁점을 검토하는 것이 더 적절하다고 생각하여 이 글은 주요 쟁점을 중심으로 다루었다.

고 보았다. 한국에서 근대론을 수용한 연구자들도 한민족이 19세기 말 또는 20세기 초 등장했다고 보았다. 이에 대한 기성 학계의 반발은 대개 두 가지 형태로 나타났다. 한편에서는 근대론을 완전히 부정하면서 한민족이 이미 전근대부터 형성되어 있었다고 주장했고, 다른 한편에서는 민족개념의 근대성을 인정하면서도 그것을 전근대 민족과 근대 민족으로 구분하여 한민족은 전근대 민족이라고 주장했다(서중석 외 1992, 97).

근대론의 입장에서 기성 학계의 인식을 비판한 대표적인 연구자는 임지현이다. 그는 한민족이 전근대에 등장했다고 생각하는 '민족주의 사학'을 비판하면서, 민족과 민족주의는 근대의 산물이고, 민족은 근대 이전의 문화적 공통성 또는 자기의식을 지닌 정치공동체와는 구별되는 사회적 실재라고 주장했다. 그러면서 전근대 민족의 존재를 전제한 '민족주의 사학'을 "민족적 형식을 강조한 나머지 민족을 초역사적인 자연적 실재로 부당 전제하고 있다"고 비판했다(임지현 1994, 117).

임지현은 전근대 시기 한반도에는 근대적 민족의식의 두 가지 전제조건이 충족되지 않았다는 점을 근거로 전근대에도 민족이 존재했다는 주장을 부정했다. 민족의식이 형성되기 위해서는 첫째로 "민족 구성의 객관적 측면에서 '우리'와 '그들'을 가르는 봉건적 신분제를 철폐하고 '우리'라는 연대 의식을 심어줄 수 있는 새로운 질서 위에 공동체가 재편"되어야 하며, 둘째로 "민족의 수직적 통합을 정당화시켜주는 이데올로기가 요구"된다(임지현 1994, 129). 두 가지 전제조건은 유럽에서는 부르주아 혁명과 인민주권론에 의해 충족되었지만, 한반도에서는 19세기 말까지도 충족되지 않았다. 신분제가 폐지된 것은 1894년이었고, 인민주권론이 확산되기 시작한 것도 20세기에 들어서였다.

이에 대해 기성 학계는 임지현이 서구의 개념을 한국에 그대로 적용했다고 비판했다. 대신 전근대와 근대 시기에 연속성을 발견할 수 있는 한

민족의 특수성을 강조했다. 예를 들어, 서의식은 "우리 역사학의 이론과 방법은 우리 자신의 정서와 삶의 궤적을 근거로 도출"되어야 하기에, "서구가 그들의 역사를 이해하기 위해 만들어낸 내셔널리즘 개념을 준거로 삼아……한국사 이해 형태를 재단하려는 시도는 한계가 있다"고 비판했다(서의식 2001, 25). 또한 "우리 민족이 중국이나 일본 등 주변 민족과 구별되는 하나의 문화적, 정치적 단위로서 형성된 것은 청동기 시대의 일이었고, 그 후 혈통상 다소간의 혼합이 있었다 해도 우리만큼 혈통의 순수성을 유지해온 민족은 세계에 드문 것이 사실이며, 나라가 나뉘고 합쳐지는 몇 차례의 과정에서도 우리는 언어와 문화가 다른 타민족과 일정한 구별 속에서 존재"했기 때문에 "전근대에도 민족적 의식이 있었음이 분명"하다고 주장했다(서의식 2001, 24–5).

이에 비해 김기협은 한민족 형성에 관한 극단적인 원초론적 입장을 비판하되, 한민족이 조선시대부터는 존재했을 것으로 추정했다. "한국인이 단군 할아버지 이래 하나의 민족으로 존재해왔다는 선언이 신화의 영역에 속하는 명제"이지만, "조선시대의 우리 조상들이 하나의 민족을 이루고 있었다는 사실에 대한 반증은 어디 있는가? 같은 언어를 쓰고 하나의 국가에 속해 있으면서 주변의 중국인, 일본인, 여진족과 대비되는 정체성을 스스로 의식하는 집단이 존재하지 않았던 말인가?"라고 반문했다. 그러면서 "신분적 차별이 존재하는 곳에서" 민족을 "찾아볼 수 없"다는 임지현의 주장에 대해 "어처구니없을 뿐"이라고 비판했다(김기협 2008, 75–6).

민족의 근대성을 수용하면서도 근대 이전 한반도의 주민집단이 '민족'의 성격을 지녔다고 생각한 일부 연구자들은 그것을 '민족체(Nationality)'라 부르면서 근대론과 다른 입장을 주장했다. 채웅석은 한국 사학계의 민족의식 과잉이 역사적 사실을 객관적으로 분석하는 데 장애가 될 정도라는 비판에 대해서는 "일면 타당"하다고 수긍했다. 하지만 "고려시대가 민족체의 결정·강화에 큰 전기가 되었다는 점은 부정할 수 없"으며 "민족체에 대한 인식은 신분 계층간에 편차는 있었지만 존재했고 후기에 크게 강화되었다"고 주장했다(채웅석, 2001 : 128-32).

오수창도 탈민족주의론의 의의를 어느 정도 인정하되 민족체는 조선시대에 존재했다고 주장했다. "조선시대의 국가는 확정된 영토 위에서 단일한 종족, 단일한 언어를 바탕으로 전 국토의 인민들에 대해 고도의 통합력을 행사하고 있었으며, 이것은 근대 이후 경험하고 지향하게 되는 '민족'과 '국가'에 절대적인 기반이 되었다. 우리 전근대의 '국가'·'민족체'를 모두 실체가 없었던 것으로 평가하는 것 역시 사실과 어긋난다"고 그는 말했다. 또한 탈민족주의자들이 서구중심주의에 빠져, 서구의 역사 경험에서 도출된 근대 민족과 국민국가를 가져다가 우리 전근대 시기에 적용한 후, 민족이 없었다고 설명한다고 주장했다(오수창 2001, 140).

임지현도 민족과 구별되는 전근대의 정치공동체로 민족체라는 개념을 사용했다. 그는 민족체를 "장기간의 역사적 경험을 공유함으로써 언어와 문화, 사회역사적 의미에서의 혈연 등에서 동질화된, 그러나 근대 민족에서처럼 모든 민족 성원이 능동적인 민족의식을 갖고 민족사에 적극적으로 참여하려는 주관적 의지는 아직 결여된 제한적 동질집단"이라는 의미로 사용했다(임지현 1994, 119). 곧 임지현은 전근대의 민족체를 인정하면서도 근대 민족과의 차별성을 강조한 데 비해, 다른 연구자는 전근대의 민족체와 근대 민족의 연속성을 강조했다는 점에서 양자가 구분된다.

한편 민족을 특징짓는 핵심 요소를 '귀속 의식'이라고 규정하고, 그것은 전근대부터 존재했다는 주장도 등장했다. 강종훈에 따르면, 동아시아는 유럽과 달리 "일찍부터 확연히 구분되는 영역 내에서 중앙집권적 지배체제가 가동되었고, 그에 따라 각국의 구성원들이 스스로를 주변 나라의 주민들과 구별하는 자의식", 곧 "신분과 계층을 뛰어넘는 공통의 귀속 의식"

이 존재했다. 따라서 "민족주의 사학에서 전근대 시기에 민족의 존재를 상정하고 그 역사를 서술한 것은,……크게 잘못된 것은 아니"다(강종훈 2008, 66-8).

요컨대 한민족의 기원에 대해 탈민족주의론은 민족의 근대성을 주장하면서 유구한 역사를 지닌 한민족 혹은 역사를 초월해서 존재하는 한민족이라는 기성 학계의 인식을 비판했다. 이에 대해 기성 학계는 근대론을 전면 부정하거나 또는 탈민족주의의 문제의식을 수용하면서도 전근대 민족이나 민족체라는 개념을 도입하여 한민족의 특수성을 강조하는 방식으로 기존의 인식을 변형했다.

2) 포스트모더니즘과 포스트모던 역사 인식

포스트모더니즘과 그에 따른 포스트모던 역사 인식은 탈민족주의론의 이론적 기반이기 때문에, 탈민족주의 논쟁에서 자연스럽게 중요한 쟁점으로 부각되었다. 탈민족주의론은 포스트모더니즘과 포스트모던 역사 인식이 기존의 민족주의적 역사 인식을 비판하고 그 한계를 극복하는데 도움이 된다고 주장했다. 탈민족주의론은 포스트모더니즘을 "계몽이 낳은 이성의 안내서인 비판 자체를 무기력하게 만드는 것이 아니라, 그러한 비판에 대한 비판 곧 메타 비판을 통해 근대적 이성 비판의 한계가 무엇인지 드러냄으로써 그 한계를 넘어설 수 있는 가능성"을 모색하는 것으로 보았다. 또한 포스트모던 역사학은 "진보로서 역사라는 근대의 기획, 계급투쟁의 역사라는 목적론, 그리고 민족의 자서전으로서 역사라는 거대 담론이 특정한 것에 중심적 의미를 부여"한 것을 비판하고, "중심적인 의미들을 해체"함으로써 "무의미한 것들의 의미들"을 되찾아 주고, 이를 통해 탈근대 역사의 새로운 시작을 모색하는 것으로 보았다(김기봉 2001, 36-7).

탈민족주의론은 편견, 선입관, 타성, 통념에서 빗어나기 위해 열린 눈으로 포스트모더니즘을 받아들여야 한다고 주장했다. 포스트모더니즘은 민족이나 계급이 인간 외부에서, 물질적 구조에 의해, '객관적' 혹은 '선험적'으로 미리 주어진 것이 아니라, 인간이 언어와 담론을 통해 상정하는 자기 인식에 의해 만들어지는 것이라고 보았다. 이런 관점에 따르면, 역사를 오로지 민족이나 계급 관점에서 접근하고, 거기에 절대적인 역사적 의미를 부여하는 것은 잘못이다. 진보와 해방을 내건 민족·계급 담론이 인간을 더 나은 삶으로 이끄는 것이 아니라 오히려 억압, 왜곡하는 굴레가 되기도 했다. 곧 민족 통합을 내세워 계급 불평등을, 계급의 유대와 연대를 앞세워 성 불평등 문제를 호도하고 은폐했다.

이렇게 포스트모더니즘은 근대를 이끈 거대 담론들의 이데올로기적 성격을 폭로하고, 진보와 해방의 담론 이면에 지배와 억압의 요소가 존재한다는 사실을 보여주었다. 따라서 포스트모더니즘에 따른 해체주의의 본질은 철저한 반(反)기성, 반(反)권위의 비판 의식이다(안병직 2002, 37-8). 그런데 한국의 민족주의 역사학은 민족을 본질적으로 변하지 않는 초역사적 실체로 상정하여 한국사 서술의 중심에 놓으며, 한국사를 '민족의 얼'이나 '민족정신' 등 추상적 관념의 실현으로 간주했다. 그것은 민족이나 국가를 형이상학적 실체로 보는 19세기 역사주의 역사학의 낡은 관념론적 역사관으로서, 오히려 한국사를 심하게 왜곡하는 결과를 가져왔다(안병직 2002, 39).

이런 포스트모더니즘에 대해 기성 학계는 대체로 부정적으로 대응했다. '탈근대' 논의들이 "지금까지 당연시해왔던 가치들을 뒤집어보고 묻혀온 문제들을 새롭게 볼 수 있는 성찰의 계기를 제공해준 점에서 긍정적"이라는 평가도 물론 있다(김성보 2001, 185). 그러나 대부분의 논의들은 포스트모더니즘을 '전면' 부정하는 방향으로 기울어져 있었다. 예컨대 탈민족주의론의 문제의식을 긍정했던 김성보도 비판적인 평가를 제기한다. 즉,

탈근대론은 "엄밀성·일관성을 가지고 있지 못하며, 그로 인해 논의의 혼란을 초래하고 있으며, 근대와 보편, 근대와 탈근대의 구분 기준을 자의적으로 설정"했고, "근대 또는 근대성을 지극히 협애하게 규정함으로써 근대의 다양성과 생명력을 간과"했다. 이에 따라 탈민족주의론은 "한국역사학계가 견지해온 '내재적 발전론'과 같은 분석시각들을 내면적으로 이해하기에 앞서 조급하게 단순화시켜 비판, 부정하고 있다"는 것이다(김성보 2001, 189, 191-2).

이와 유사하게, 서의식도 서구의 경험에 기초한 포트스모더니즘은 우리의 삶과는 동떨어진 논의이며, 국내 포스트모던 역사학이 기존의 한국사 인식을 부정하는 것은 주체성의 결여를 드러낸다고 비판했다(서의식 2002, 305). 그에 따르면, 역사학계의 과제는 포스트모던 역사학이 주장하듯이 민족 중심적 역사 인식을 극복하는 것이 아니라 오히려 제대로 된 역사학의 체계를 세우는 것이다(서의식 2001, 23).

이와 같은 논쟁의 양상을 통해 2000년대 초 포스트모더니즘 또는 포스트모던 역사학을 둘러싸고 탈민족주의론과 기성 학계의 인식 사이에 얼마나 큰 괴리가 존재했는지가 드러난다. 한편에서는 포스트모던 역사 인식을 민족에 부여된 추상적·초월적 가치와 그런 민족을 중심으로 짜인 '왜곡된' 한국사를 비판할 수 있게 해주는 인식론적 도구로 보았다. 반면 다른 편에서 볼 때 새롭게 도입된 포스트모더니즘이라는 도구는 이론적인 엄밀성과 일관성을 갖추고 있지 못할 뿐 아니라 서구중심주의적 편향성을 내재하고 있었다. 이런 시각의 논자들은 포스트모던 역사 인식을 비판의 도구로 인정하지 않고 비판의 표적으로 삼았다.

3) 권력 담론으로서의 민족주의

민족주의 역시 하나의 권력 담론이며, 따라서 그 논리적 귀결로 민족주의를 해체해야 한다는 주장은 탈민족주의 논쟁의 가장 뜨거운 쟁점이었다. 민족주의가 지닌 권력 담론의 성격을 지적한 대표적 논자인 임지현도 2000년까지 민족주의를 종족적(ethnic) 민족주의와 시민적(civic) 민족주의로 구분하고 후자에 기초한 열린 민족주의를 주장했다. 그러나 그는 2001년 9·11 테러 이후 시민적 민족주의를 대표한다고 간주되던 미국에서 민족주의의 배타성과 폭력성이 전면적으로 드러나자 시민적 민족주의와 종족적 민족주의 간에 본질적 차이가 없다는 결론에 도달했다. 그는 시민적 민족주의를 지향하던 과거 주장을 철회하고 '열린 민족주의'에 대한 추구를 포기했다(임지현 2004, 28).

이후 임지현은 '일상적 파시즘'과 '대중독재' 개념을 통해 권력 담론으로서 민족주의의 성격에 대한 인식을 심화시켰다. 근대 국민국가의 형성·발전 과정에서 "'시민종교'로 성장한 내셔널리즘은 국민으로 호명된 근대 주체들의 자발적 복종을 유도함으로써 지배 이데올로기의 헤게모니적 기능을 충실히 수행"했다(임지현·사카이 나오키 2003, 179). 그에 따르면, "내셔널리즘은 대중들을 자발적으로 독재 권력에 동의하게 하는 메커니즘의 중요한 축을 담당"하며, 따라서 "좋은 내셔널리즘과 나쁜 내셔널리즘을 구분하는 것은 사실상 불가능"하다(임지현·사카이 나오키 2003, 187). 결국 그는 민족주의를 국가주의와 구분하거나, '닫힌 민족주의 대 열린 민족주의', 또는 '나쁜 민족주의 대 좋은 민족주의'라는 이분법으로 구분하는 민족주의에 대한 '규범적 이해'를 부정했다.

임지현도 한국에서 "민족과 민족주의에 대한 규범적 이해"가 "일본 제국주의에 맞선 저항 민족주의의 전통, 독립 직후의 참혹한 내전과 50년이 넘는 냉전적 분단 상황"이라는 특수한 요인에 기인한다는 점을 인정했다. 하지만 그가 보기에, 한국 민족주의가 전개된 특수성을 과도하게 강조하는 것은 민족주의 또는 국민국가가 갖는 "'모듈(module)적' 성격을 간과"하는 것이다. "식민지 민족주의의 저항 논리는 사실상 제국주의의 지배 논리에서 주어와 목적어를 전도시킨 '적대적 문화변용'의 산물"이기 때문이다. 따라서 식민지의 저항적 민족주의는 식민주의가 이식한 이성과 진보의 담론 틀 내에서 독립 이후 자연스럽게 국가주의로 전화하게 된다. 그런 만큼 양자의 차이는 생각보다 크지 않다(임지현 2002a, 193-4). 임지현의 민족주의의 '해체' 주장은 민족주의에 대한 규범적 이해에 대한 비판과 부정의 연속선상에서 자연스럽게 제기되었다.

한편 윤택림도 임지현과 유사한 논리로 권력 담론으로서의 민족주의를 비판했다. 그에 따르면, 식민지 시기 한국에서 민족주의는 저항적 민족주의로 탄생했지만, 그와 함께 식민주의와 제국주의의 이미지도 한국인들에게 내면화되었다. 그 결과 "해방 후 한국인들은 끊임없이 식민지 콤플렉스 속에서 드넓은 만주와 대륙을 꿈꾸는 제국주의적 시기(imperial envy)를 하거나, 피부가 더 검고 못사는 나라에서 온 외국인은 물론 같은 민족이라는 조선족에 대해서조차 인권 의식을 가질 수 없었다. 그리고 근대화의 발전 단계는 타문화와 타문화 속 사람들의 위계질서를 재는 척도로 한국인에게 내면화되었다. 곧 한국인의 민족주의와 근대의 이면에는 식민주의와 제국주의라는 또 하나의 얼굴이 있는 것이다." 이런 관점에서 윤택림은 현실에서 "민족, 국가 단위로 세계정치가 돌아가고 있으니 약소국가로서 국가와 민족주의로 맞서야한다는 주장"을 단호히 거부했다. 그가 보기에 문제는 "근대성의 구조 내에 이미 민족주의와 식민주의는 함께 들어가 있"다는 점이었다(윤택림 2002, 84). 따라서 필요한 것은 바로 그 구조를 바꾸는 것이었고, 이를 위해서는 탈근대를 넘어 탈식민으로 나아가야 한다.

민족주의를 권력 담론으로 보는 탈민족주의론에 반대하는 시각은 크게 두 가지로 구분된다. 첫째는, 민족주의에 대한 규범적 이해를 고수하는 입장이다. 이 입장에 따르면, 탈민족주의론은 민족주의와 국가주의를 혼동하여 비판의 대상을 잘못 설정하고 있는 셈이다. 민족주의와 국가주의는 구분되어야 하는데, 이는 양자가 "전혀 다를뿐더러 상당한 정도로 대립적"이기 때문이다. 예컨대 고명섭에 따르면, 탈민족주의론은 "서구의 내셔널리즘에 담긴 민족주의·국가주의·국민주의를 변별 없이 그대로 수용"했고, 그렇기 때문에 "극우 국가주의도 내셔널리즘이고, 반극우 민족주의도 내셔널리즘"이라고 보는 오류를 저질렀다. 또한 "극우 반공 정권이 구사한 민족주의적 수사를 민족주의 자체와 동일한 것으로 착각한 범주 혼동"을 일으켰다(고명섭 2005, 33).

둘째는, 민족주의의 양면성 또는 다양성을 강조하는 입장에서, 탈민족주의론이 민족주의의 부정적 측면을 확대 해석한다는 주장이다. 이런 입장은 민족주의에 부정적 측면이 다소 있다고 해서 그것이 민족주의를 부정하는 근거가 될 수는 없다고 주장한다. 예컨대 나종석은 권력 담론으로서의 민족주의 비판에 대해, 탈민족주의론은 민족주의가 본래 배타적이고 폭력적이라고 비판하지만, 이는 "민족주의에 대한 일면적인 평가"라고 반박한다. 또한 그 논자들은 "민족주의의 다양한 양상들을 모두 다 근대 민족국가의 틀에 사로잡혀 있는 위험한 이념"이라고 비판하지만, 이는 "민족주의의 다양성을 적절하게 설명"하지 못한 것이라고 논박한다. 끝으로 탈민족주의론은 "자신이 한국 사회에서 초래할 수 있는 정치적 효과 및 권력 효과에 대해 무비판적"이고 다른 견해의 "비판 가능성을 미리 차단하여 비판으로부터 스스로를 벗어나게 한다"고 꼬집는다(나종석 2009b, 57-8, 79).[6]

---

6 이와 관련해서 최장집은 탈민족주의론이 '현상으로서의 민족주의'를 부정한다고 지적한 바 있다. 즉, 민족주의는 현실에서 다양한 나타나 사회적 갈등의 원천을 이루는데 탈민족주의론은 이 점을 간과한다는 것이다. 그는 민족주의를 "이념, 이데올로기, 가치로서의 민족주의"와 "역사적 현상으로서의 민족주의"로 구분하고, "현상으로서의 민족주의를 부정할 때 특정 단계에서의 역사적 현상을 설명하고 이해하기 어려울 뿐만 아니라, 현재의 중요한 갈등의 한 원천을 이해하기 어렵게 된다"고 주장했다. 한국

탈민족주의론은 민족주의가 가진 권력 담론의 성격을 드러냄으로써 기존의 민족주의 인식이 가지고 있던 '좋은 민족주의'에 대한 '환상'을 폭로했다. 탈민족주의론의 관점에서 보면, 문제는 민족주의와 국가주의 혹은 식민주의가 얽혀 있는 구조 자체에 있다. 그리고 '좋은 민족주의'에 대한 환상은 의도치 않게 이런 구조를 재생산하는 데 기여하고 있었다. 이에 비해 민족주의를 옹호하는 입장은 탈민족주의론이 제기하는 민족주의의 부정적 측면의 원천을 좀 더 구체적으로 변별하고자 했다. 이는 탈민족주의론의 비판을 수용하되 그 원천이 나쁜 민족주의, 국가주의임을 재확인하는 과정이었으며, '민족주의는 해체되어야 한다'는 주장에 대해 '어떤 민족주의가 비판되어야 하는가'라는 질문을 정교화해 가는 과정이었다.

4) 탈민족·탈국가 역사 인식/서술과 국사해체론

탈민족주의론이 제기한 탈민족·탈국가 역사 인식/서술과 국사해체론은 권력 담론으로서의 민족주의에 대한 비판과 직결된 현실적·실천적 차원의 쟁점이었고, 기존의 민족·국가 중심적 역사 인식 및 서술에 대한 '급진적 도발'로 인식되었다. 먼저 탈민족·탈국가 역사 인식의 필요성이 어떻게 제기되고 받아들여졌는지를 살펴본 후, 좀 더 급진적인 국사해체론이 불러일으킨 논쟁을 검토한다.

(1) 탈민족·탈국가 역사 인식과 서술의 필요성

지수걸은 원론적 수준에서 역사교육의 문제를 제기했는데, 역사교과서가 "조국과 민족을 신성한 존재로 초역사화한 뒤 그것에 대한 무조건적 충성

에서 북한 문제가 "냉전이 중요한 원인이 되는 민족문제"로 남아 있고 그것이 '객관적 현실'이라는 점에서 보듯이, "우리가 관념적으로 민족주의를 부정하고 해체한다고 해서 그 현실이 없어지는 것은 아니"라는 것이다(최장집 2006, 118-9).

과 복종을 강요"하기에 "국가·민족 중심의 역사 인식에서 벗어나"야 한다고 주장했다(임대식 외 2001, 68). 그에 따르면, "다차원적이고 다중적인 관계 속에서 이루어지는 인간의 삶 가운데 오로지 국가·민족 단위의 삶만이 중요하다는 인식, 다층적 관계 속에서 지켜야 하는 윤리나 가치를 깡그리 무시한 채 오로지 국민윤리나 국가·민족의 가치만을 중시하는 인식을 배타적으로 강요하는 역사교육을 바로잡"아야 하며, 국가·민족 중심의 역사 인식을 대체하기 위해서는 "다중심적 관점의 역사 이해"가 필요했다(임대식 외 2001, 79).

도면회는 민족·국가 중심적 역사 인식의 문제점을 구체적으로 제기했는데, 첫째, 민족·국가 중심적 역사 인식은 "과거 인간의 행위를 반국민(민족)적 행위와 애국(애족)적 행위로 양분하고 그 사이의 중간적 행위를 인정하지 않는" 문제점을 갖고 있다. 이런 인식에 근거한 역사서술은 "특정한 인간이 어떠한 의도와 목적을 지니고 행위를 하던 간에, 그 결과가 적(제국주의 또는 해방 이후에는 사회주의)을 이롭게 했거나 이롭게 할 개연성이 있을 때는 친일파(또는 빨갱이)로 낙인찍어 국민(민족)의 역사로부터 배제"시켰다. 곧 범죄를 저지르지 않은 이들을 처벌하는 것도 국가와 민족의 이름으로 정당화되었던 것이다(도면회 2002, 59).

둘째, 민족·국가 중심적 시각은 근대화를 긍정적 개념으로만 보고, '자민족'에 의한 국민국가 수립과 서구·일본과 유사한 사회경제체제의 성취만을 근대화로 인식한다. 이 시각은 "조선인의 사적 토지 소유를 대한제국기보다 안정적으로 보장"했던 식민지 시기, 일본에 의해 진행되었던 근대화는 "근대화로 간주"하지 않는다. 또한 "자민족에 의해 근대화되었다면 모든 국민이 '행복하고 자유롭게' 살았을 것이라는 환상을 품게" 한다. 그러나 "'조국 근대화'를 외치면서 만들어낸 한국 자본주의의 고도성장"이 보여주듯이, 자민족에 의한 근대화가 모든 국민을 '행복하고 자유롭게' 만들지는 못했다(도면회 2002, 61).

셋째, 민족·국가 중심적 시각은 "국가(나라)와 사회, 민족과 특정 경계 내의 주민집단을 동일한 것인 양 혼동"시킨다. "국가는 특정한 지리적 영역과 그 안에서 거주하는 인간을 지배하기 위해 고안된 기존 사회의 재생산·유지 체제일 뿐"이고, 민족 역시 "특정 경계 내의 주민집단을 동일한 정체성을 소유하고 있는 양 천명하고, 제국주의 본국으로부터 독립된 국가(나라)를 구성하는데 동원하는 개념"이다. 그러나 민족·국가 중심적 시각은 "동일한 정체성을 확인시키기 위해 머나먼 옛날부터 전해오는 신화와 설화, 문화양식을 민족의식의 근원이나 전통의 확인이라는 이름하에 재창조·재발명하여 주민집단을 '민족'이라는 개념으로 포섭"했다(도면회 2002, 62).

도면회는 이런 시각에 대한 대안으로 민족·국가 개념의 폐기가 아니라 "민족·국가에 도덕적 정당성을 선험적으로 부여하지 않는 역사서술"을 주장했다. 그것은 "주민집단의 민족으로의 통합과 그 속에서 권력관계에 의해 배제되는 다른 주민집단의 고통을 역사 속으로 복원"하는 것이다. 그는 이와 같은 대안적 역사 인식이 국가를 소속된 구성원이 벗어날 수 없는 공동체가 아니라 "형성되고 확립되는 과정"에 있는 지배체제로 보는 시각이라고 설명하고, 이런 인식은 민족·국가의 "억압성이나 불법성에 저항하고 새로운 사회를 형성하는 토대를 쌓아갈 수 있"는 기반이 될 것이라고 주장했다(도면회 2002, 63). 요컨대 그는 민족·국가 중심적 시각을 상대화시켜 객관적으로 인식하고 서술할 것을 주장한 것이다.

이런 탈민족주의론의 비판과 대안에 대해 기존 국가·민족 중심의 역사서술을 옹호하는 연구자들은 '현실주의적' 논리로 반박했다. 예컨대 서의식은 "국제관계에서 갈등이 필연적"이기 때문에, 이러한 상황에서 "우리가 취해야 할 것은 결국 민족 중심의 수체성 확립"이고, 또 "전제 제계보서의 민족사가 바로 섰을 때"만이 "민족 이외의 다양한 단위들을 다양성으로 이해"할 수 있다고 주장했다(임대식 외 2001, 88). 김희교도 일본의 팽창주의, 미국의 국가방위체제 구축과 동아시아에서의 수직적 역학관계 고착 노력, 그리고 중국의 급속한 자본주의 발달에 따른 약육강식적 시스템 구동 등 현재의 동아시아 상황을 강조했다. 따라서 "동아시아는 19세기와 본질적으로 거의 달라진 것이 없는 국제적 역학관계"에 놓여 있기 때문에 민족·국가 중심의 역사 인식이 여전히 필요하다는 것이었다(임대식 외 2001, 90-2).[7] 하지만 민족·국가 중심의 역사 인식과 서술에 대한 탈민족주의론의 좀 더 선명한 주장과 이에 대한 반박은 아래에서 다룰 국사해체론을 둘러싸고 이루어졌다.

(2) 국사해체론 논쟁

한편 탈민족주의론 중 일부는 민족·국가 중심적 역사 인식에 대한 비판을 넘어 국사의 '해체'를 주장했다. 그 근거는 '권력 담론으로서 국사(또는 내셔널 히스토리)'로서, 그들은 "국사를 일종의 정치적 기획으로 이해"하고, "'국사'라는 이름으로 우리에게 각인된 내셔널 히스토리는 사실상 '민족국가를 위한 변명'"이라고 본다. 그들에 따르면, 국사는 "민족국가를 역사 발전의 주체이자 대상으로 설정함으로써 가장 자연스러운 정치조직이라 믿게 만들고 또 정당화"시켰다. 국사에는 "개개인이 일상적 삶의 영역에서 겪은 고통과 절망, 기쁨과 희망은 민족의 고난과 영광이라는 민족 서사에

---

7 이처럼 현실주의를 강조한 반박은 지수걸의 주장을 겨냥한 것이었다. 좀 더 구체적으로 제기된 도면회의 주장에 대한 반박은 발견하지 못했다. 추정컨대 좀 더 급진적인 용어로 제기된 국사해체론을 둘러싼 논쟁이 전면화되는 가운데 온건한 수준에서 이루어진 탈민족·탈국가 역사 인식과 서술에 대한 논쟁은 충분히 전개되지 못했던 것으로 보인다.

가려 설 땅이 없"다(송기호 2007, 293). 따라서 국사해체론은 구체적이고 생생한 삶의 기억으로서의 역사를 복원하기 위해 "권력이 강요한 국가적 기억의 틀", 곧 국사에서 벗어나 한다고 주장했다(정용욱 2004, 95).

또한 국사해체론은 단순히 일국의 국사 해체가 아니라 동아시아 각국의 동시다발적인 국사 해체를 주장했다. 임지현은 2000년대 초반 동아시아 3국 간의 역사분쟁을 보면서 '적대적 공범 관계'라는 개념을 고안했다. 그에 따르면, 동아시아 민족주의는 서로를 배제하고 타자화시킨다는 점에서 현상적으로는 첨예하게 충돌하지만, 사유의 기본 틀과 이데올로기 전략을 공유한다. 따라서 그들은 적대적인 동시에 공범 관계를 구성한다. 적대적 공범 관계라는 개념은 한국과 일본의 민족주의가 "서로가 서로를 배제하고 타자화시키면서도 동시에 서로가 서로를 살찌우고 강화시키는" 관계라는 점을 말해준다. 그런데 지배담론으로서의 민족주의를 생산-유통-소비하는 사이클의 핵심에는 국사의 패러다임이 있다(임지현·이성시 2004, 5-6). 곧 '국사'의 연쇄 구조는 동아시아 민족주의의 적대적 공범 관계를 밑으로부터 떠받치는 주요한 이데올로기적 축이다. 각 나라에서 국사는 시민사회의 역사의식을 민족주의적으로 규율하는 가장 중요한 도구이다. 따라서 이런 연쇄 고리에서 벗어나는 방법은 동아시아 국가 모두 동시다발적으로 국사를 해체하여 자민족 중심주의를 상대화시키고 공통의 동아시아 역사상을 수립하는 것이다. 그렇지 않으면 일국적 차원에서 국사의 해체는 오히려 적대적 공범 관계를 맺고 있는 다른 국가권력의 공식적 역사 해석을 강화하는 역작용을 빚을 수 있다. 동아시아의 정치적, 지적 현실에서 동시적 국사 해체는 아직 요원하지만 시민사회는 이 목표를 위해 노력해야 한다(임지현 2004, 26-7).

국사 '해체' 주장은 권력 담론으로서의 민족주의에 대한 비판의 논리적 연상선이자 실천적 귀결로서 제기된 것이었으나, 도발적 성격으로 인해 기성 학계로부터 집중적인 비판을 받았다. 아래에서는 이영호와 정용욱을 중심으로 기성 학계의 비판을 살펴볼 것이다.

이영호는 "민족주의와 그에 기반을 둔 국사의 문제점을 파헤치고 제국주의와 식민지 모두에 그 정신사적 배경이 있음을 지적한 것에 대해서는 공감"하지만, 적대적 공범 관계와 동아시아의 동시다발적 국사해체론은 "제국주의와 식민지를 동렬에서 평가하는 시각"이라고 비판했다. 그가 보기에 과거는 물론 현재에도 "제국주의와 식민지의 관계는 불평등한 구조"에 놓여 있기에 적대적 공범 관계는 제국주의와 식민지 사이가 아니라 "제국주의 국가들 사이의 협력관계"에나 적용될 수 있는 개념이다(이영호 2004, 459). 따라서 그는 "애국주의에 기초한 미국의 세계 패권 전략, 일본의 군사대국화, 중국의 티베트 탄압과 러시아의 체첸 탄압 등 적대적 공범 관계의 전형적이고 전세계적인 지배의 청산을 촉구"하는 것이야말로 "우리가 문제삼아야 할" 과제라고 주장했다(이영호 2004, 465).

정용욱의 좀 더 구체적인 비판을 보자. 우선 정용욱은 2004년 중국에서 등장한 탈민족 논의를 설명하면서, 그것이 "이면에서 문화주의를 빙자한 사실상의 '포식적 민족주의'를 오히려 고취·강화하고 있고, 문화주의로 분식한 국가주의·대국주의의 한 형태"라고 주장했다. 중국에서 민족주의는 소수민족의 분리주의를 고취시켜 중국의 단합을 해치기 때문에 민족주의에 반대하는 탈민족 논의는 국가주의적 성격을 갖는다. 곧 중국에서 탈민족 논의는 국가주의를 위해 '동원'된 것이다. 그는 탈민족주의가 한국에서는 국사해체론으로 등장한 데 비해, 중국에서는 대국주의를 뒷받침하는 논의로 등장한 역설에 대해, 그것이 "이론의 차이"로 인해 나타난 것이 아니라 "역사적 맥락과 내부의 정치·사회적 관계, 그 나라의 세계체제 내 위상과 국가간 관계"로부터 비롯된 것이라고 지적했다(정용욱 2004, 96-9).

둘째, 정용욱은 한·중·일 국가권력이 "민족주의를 매개로 동원 논리를 정당화하는 적대관계에 있다"는 탈민족주의론의 주장이 "사실 인식의 차원에서 오류를 범하고 있다"고 비판했다. 그는 국사해체론이 제국주의와 식민지의 사회 성격이 갖는 본질적인 차이를 무시하고 민족주의가 기초한 물적 토대, 제도, 권력관계도 무시한 채 그것들로부터 비롯되는 반영물에 집착한다고 비판했다. 중국과 일본이 한국과 달리 최근 탈민족주의론이나 동아시아공동체론을 매개로 국가주의를 고창하고 있다는 사실은 한국의 탈민족주의론이 무엇을 간과하고 있는지를 잘 보여준다는 것이다 (정용욱 2004, 102).

셋째, 정용욱은 국사해체론이 한국 근현대사에서 민족주의의 위상이 역사적으로 변천한 점을 고려하지 않는다고 비판했다. 국사해체론은 민족주의를 "국가권력의 담론전략"으로 파악하지만, 한국에서 민족주의는 "일제 식민지 시기는 물론이고, 해방 이후에도 민족주의는 권력의 위치에 오르지 못하다가 박정희 정권에 와서야 지배이데올로기의 일환으로, 그것도 매우 국가주의적 형태로 정치적으로 이용되기 시작했다"는 것이다(정용욱 2004, 102).

민족과 국가 중심의 역사 인식과 서술을 둘러싼 탈민족주의론과 기존 학계의 논쟁 양상은 탈민족주의론의 주장이 어떻게 받아들여지고 거부되었는지를 잘 보여준다. 탈민족주의론이 민족·국가 중심의 역사 인식이 갖는 억압성을 지적하면서 그 시각을 상대화하고 객관화할 것을 요청할 때, 기성 학계는 대체로 비판의 주요 초점이나 대안을 정면으로 반박하기보다 현실적인 상황에서 민족·국가 중심의 역사 인식이 불가피하게 요청된다는 점을 환기하는데 그쳤다. 하지만 유사한 맥락에서 출발한 탈민족주의론의 비판이 민족주의가 식민주의·국가주의·제국주의와 연루되었다는 지적을 하면서 '상대화'의 대안으로서 '해체'라는 도발적 용어를 사용했을 때, 기성 학계는 탈근대주의론의 기본 전제들을 공박하기 시작했다.

그들의 관점에서 국사해체론은 동아시아 3국의 역사와 현실적 위상 등에 따른 차별성을 인식하지 못한 이론적인 '상상'일 뿐이었다.

한편 기성 학계의 반박은 탈민족주의론의 약한 고리가 무엇인지를 드러내는 과정이기도 했다. 각국에서 일어나는 변화의 연쇄 고리가 동아시아 국가들의 동시다발적 국사 해체라는 실천적 대안을 불가피하게 요청한다는 것은, 기본적으로 민족주의를 '해체'하려는 시도가 현실적인 권력구조와 정치적 역관계 속에서 이루어질 수밖에 없다는 점을 탈민족주의자들 역시 인식하고 있음을 의미한다. 하지만 이런 측면이 이론과 실천에서 얼마나 충분히 고려되었을까? 동아시아의 정치적·지적 상황에서 동시적인 국사 해체가 요원한 것이 사실이라면, '해체'를 지향하더라도 그 실천적인 과정은 국사의 상대화·객관화·역사화가 되어야 하지 않을까? 그러나 국사의 상대화·객관화·역사화와 국사의 '해체' 사이의 차이가 무엇인지, 그것은 충분히 설명된 것인지가 드러나기도 전에 달아올랐던 논쟁은 식어버렸다.

4. 탈민족주의 논쟁이 남기고 있는 과제

2000년대 초반 탈민족주의를 둘러싸고 활발히 전개되던 논쟁은 2000년대 중반 이후 잠잠해졌다.[8] 표면적으로 논쟁을 선도했던 역사포럼이 2006년 모임을 정리했고, 기존의 쟁점을 넘어선 새로운 쟁점이 등장하지 않았기 때문이었다. 그러나 이면에는 다른 이유도 존재했다.

---

8 이것은 탈민족주의론에서 제기한 여러 쟁점에 관한 논쟁이 종결되었다는 의미는 아니다. 민족주의에 대한 근본적인 비판으로서 탈민족주의론이 제기한 쟁점은 한국 사회에서 민족주의와 관련된 사회적 쟁점과 논쟁을 통해 지속적으로 반추되고 재성찰되었다.

먼저, 일부 연구자들의 부분적인 수용에도 불구하고 탈민족주의론의 주장이 보편화되기에는 한국의 역사뿐 아니라 현실이 녹녹치 않았다. 강정인이 지적했듯이, 식민 지배, 외세에 의한 분단과 전쟁, 지속적인 강대국의 영향력, 과거사와 영토를 둘러싼 일본 및 중국과의 갈등 등 한국을 둘러싼 역사적이고 현실적인 조건은 한국인의 사고 기준을 계속 민족(국가)에 두도록 만들었다. 특히 해방 이후 지속되었던 민족주의 교육 및 국가와 언론이 유포한 민족(국가) 중심의 담론은 한국인의 민족주의적 사고를 형성하고 지속적으로 강화했다. 따라서 탈민족·탈국가 역사 인식이나 국사해체론 등과 같은 탈민족주의론의 주장이 대중에게 단기간에 수용되기는 어려웠다.

다음으로, 탈민족주의론은 '열린' 이론 체계로서, 논리적 가능성의 영역을 확장하는데 중점을 두었던 데 비해, 기성 학계는 구체적이고 현실적인 대안을 요구했다. 그러나 탈민족주의론은 기성 학계가 요구하는 방식의 대안을 제시하지 못했다. 예를 들어, 임지현은 국사를 "해체한 다음의 대안이 무엇인가"라는 질문에 대해 "준비된 답변은 없다. 대안에 대한 질문 자체가 잘못 설정되었다는 것이 더 정확한 표현이겠다.……대안은 주어지는 것이 아니라 만들어지는 것이다. 그러므로 현재로서는 대안이 없다는 것이 '동아시아역사포럼'의 유일한 대안"이라 답했다. 또한 "중요한 것은 우선 개별 민족국가-동아시아-유럽 세계로 이어지는 세 층위에서 '국사' 패러다임이 만들어내는 복합적 헤게모니를 해체하여 역사의 민주화를 이루는 것"이고, "다양한 대안적 과거의 가능성을 드러낼 때, 대안은 스스로를 드러낼 것"이라고 주장했다(임지현·이성시 2004, 33). 이와 같은 언급은 포스트모던 역사 인식의 이론적 지향을 담고 있는 나름의 '대안'일 수 있지만, 기성 학계의 눈으로 보기에는 불충분한 대안일 뿐이었다.

또한 동아시아 논의와 관련하여, 윤해동은 "국사 해체 논의를 촉발함으로써 동아시아 논의의 필요성을 환기시키는 데에는 성공했지만, 동아시아 논의를 본격적으로 전개할 만한 내공과 의지를 결여한 수준"이었다고 지적했다(도면회·윤해동 역 2009, 12). 이는 2000년대 중반 탈민족주의론이 지녔던 한계를 지적한 것으로, 탈민족주의 논쟁이 잠잠해진 이유 중 하나를 보여준다.

그럼에도 2000년대 이후 전개된 한국 민족주의 논쟁은 중요한 학술적 의미가 있다. 첫째, 탈민족주의론은 그동안 불가침과 무비판의 영역이던 민족주의의 절대성 또는 신성성을 비판함으로써 한민족에 대한 기존의 사고를 '객관적으로' 성찰하는 계기를 제공했다.[9] 또한 그들의 주장인 '한민족 근대 형성론'은 1990년대부터 한국 사회에 유입된 이주민의 증가와 다문화주의라는 현실의 변화와 결합되면서 단군 이래 한민족, 한핏줄이라는 단일혈통주의에 기초한 기존의 민족 인식을 약화시키는데 큰 역할을 했다. 물론 민족체라는 개념을 통해 전근대론을 주장하는 시각이 여전히 존재하지만, 근대론도 확산되기 시작했다. 또 중요한 것은 포스트모던 역사 인식이 확산되면서 한민족 중심의 역사 인식에서 벗어나 동아시아 지역을 대상으로 하는 동아시아사, 더 나아가서는 세계사와의 관계 속에서 한반도의 역사를 바라보는 시각이 확산되었다는 점이다. 그 결과 2007년 역사교육 과정에 동아시아사 교과목이 신설되기도 했다(김기봉 2016, 154).

둘째, 탈민족주의론의 비판은 민족 담론이 지닌 권력의 속성을 성찰하는 계기를 제공함으로써 "한국 민족주의의 역할과 효용성을 근본적으로 재검토하게 만들었다"(정연태 2015, 20). 물론 민족주의를 절대적인 선(善)으로 보고, 민족주의의 부정적 측면은 국가주의로 간주하는 규범론적 인

---

9 홍석률에 따르면, "탈민족주의론자들이 제기한 '단일혈통 민족', 초역사적 민족과 국가 관념에 대한 문제 제기는 민족, 민족주의 문제에 대해 오랫동안 지체된 '역사적' 접근과 성찰을 불러일으키는 데 중요한 기여를 했다"(홍석률 2007, 154).

식이 여전히 존재한다. 그러나 이제 학계는 물론 대중적 수준에서도 민족주의의 부정적 측면을 경계하는 시각이 확산되었다. 곧 과거 권위주의 체제가 민족주의를 '정치적'으로 이용한 사실이나 지구화에 따라 한국에 유입된 다양한 이주민에 대한 배타성과 폐쇄성을 비판하는 것이 이제 한국 사회의 '상식'이 되었다.[10]

셋째, 탈민족주의론의 비판은 민족주의를 옹호하는 연구자들에게 민족주의를 성찰하도록 함으로써 그것을 변용하거나 내안을 세시하도록 만들었다. 이윤갑은 공화주의를 통해 민족주의의 진보적 가치를 계승하고 자유와 평등을 조화롭게 실현시키는 국가와 세계를 만들 것을 주장했고, 나종석은 '자유주의적 민족주의'(liberal nationalism)를 통해 민족주의와 민주주의 및 세계시민주의를 결합했으며, 정연태는 열린 민족주의 이념의 전통을 이어가야 한다고 주장했다(이윤갑 2007, 67 ; 나종석 2009a ; 정연태 2015, 25). 곧 탈민족주의 논쟁은 공화주의, 애국주의, 자유주의적 민족주의 등을 통해 민족주의를 개선하려는 논의들을 촉발함으로써 기성 학계의 이론적 발전에 기여했다.

요컨대 2000년대 탈민족주의론에 의해 주도되었던 한국 민족주의 논쟁은 권력 담론으로서의 민족주의의 성격, 민족(국가) 중심의 인식과 서술, 국사, 한민족의 형성 등에 대한 성찰을 가져옴으로써 학계는 물론 대중적 사고의 지평을 확장했다는 점에서 의의가 크다.

끝으로 탈민족주의 논쟁을 강정인의 민족주의 신성화의 '퇴조'라는 진단의 관점에서 생각해 보자. 강정인이 강조하는 민족주의의 무오류성·불

---

10 정연태는 탈민족주의론이 "한국 사회가 내부적으로는 외국인 노동자와 이주민들을 차별하는 반면, 대외적으로는 자본의 해외 진출에 고무돼 민족의 발전 욕구를 드러내고 있는 현실에서 한국 역사학이 어떤 실천적 의미를 담고 있고 또 담아내야 하는가를 고민케 했다"고 진술했다(정연태 2015, 20).

가침성이 지배적일 때, 민족과 민족주의를 근본적으로 비판하는 논쟁은 불가능하다. 이렇게 보면, 탈민족주의 논쟁은 불가피하게 그 비판의 과녁이 허물어져야 본격적으로 제기될 수 있고, 이는 탈민족주의론의 현실 적합성, 실천적인 비판의 의미를 감소시킨다. 바로 이 점이 근본적으로 탈민족주의론이 논리적 가능성에 천착하는 것 못지않게 실천적인 전략을 함께 고민해야 한다는 비판을 받게 되는 요인이다.

다른 한편 강정인의 민족주의 신성화의 '퇴조'라는 진단이 민족주의로 인해 야기할 수 있는 모든 문제의 '해소'가 아님을 염두에 둘 필요가 있다. 그는 민족주의의 신성화를 중요한 요인으로 한 비동시성의 동시성이 상당한 수준에서 해소되더라도 서구중심주의의 "부정적 폐해를 최소화하는 데 부단히 노력해야" 한다고 주장한다(강정인 2014, 362). 또한 정보화와 지구화가 "국민국가를 기본 단위로 한 정치사상의 기본적 좌표축을 근본적으로 뒤흔들고" 있는 오늘날 "지구적 공동선을 추구하기 위한 초국가적 협력"은 물론 "세계와 국민국가 사이의 중간 단위"로서 동아시아의 "지역주의적 연대"를 진지하게 추구할 것을 요청한다(강정인 2014, 368, 370, 372). 즉, 민족주의 신성화의 '퇴조'는 국민국가를 넘어선 관계를 구축하기 위해 민족주의를 어떻게 재구성할 것인가의 문제와 연결되는 것이다.

이 점에서 탈민족주의 논쟁은 민족주의의 사멸이 아니라 새로운 탄생을 위해 필요한 과정이다. 그러므로 이 논쟁이 일정한 성과를 남겼음에도 어떤 결론에 다다르지 못했다는 것은 우리가 아직도 탄생의 과정을 완료하지 못했음을 뜻할 것이다.

참고 문헌

제1장

강정인. 1990. 「옮긴이의 말」, 아그네스 헬러, 『마르크스에 있어서 필요의 이론』, 인간사랑.

강정인. 1991a. 「서문」, R. M. 헤어 외, 『플라톤의 이해』, 문학과지성사.

강정인. 1991b. 「역자 후기」, R. M. 헤어 외, 『플라톤의 이해』, 문학과지성사.

강정인. 1993a. 「역자 후기」, 퀜틴 스키너 외, 『마키아벨리의 이해』, 문학과지성사.

강정인. 1993b. 「역자 후기」, 리차드 턱 외, 『홉즈의 이해』, 문학과지성사.

강정인. 1994a. 「역자 후기」, 니콜로 마키아벨리, 『군주론』, 까치.

강정인. 1994b. 「후기」, 조지 세바인 외, 『현대 민주주의론의 경향과 쟁점』, 문학과지성사.

강정인. 1995. 「역자 후기」, 어네스트 바커 외, 『로크의 이해』, 문학과지성사.

강정인. 1996. 「역자 후기」, 존 로크, 『통치론』, 까치.

강정인. 1997. 「옮기고 나서」, R. 니스벳 외, 『에드먼드 버크와 보수주의』, 문학과지성사.

강정인. 2000a. 「옮기고 나서」, 랭던 위너, 『자율적 테크놀로지와 정치철학』, 아카넷.

강정인. 2000b. 「옮긴이의 말」, 대니얼 J. 부어스틴, 『탐구자들』, 세종서적.

강정인. 2003. 「옮긴이의 말」, 니콜로 마키아벨리, 『로마사 논고』, 한길사.

강정인. 2007a. 「옮기고 나서」, 셸던 월린, 『정치와 비전1』, 후마니타스.

강정인. 2007b. 「한국 정치사상 어떻게 할 것인가 : 반성과 대안」 『사회과학연구』 제15집 2호,
　　8-46쪽.

강정인. 2009. 「옮기고 나서」, 셸던 월린, 『정치와 비전2』, 후마니타스.

강정인. 2013. 「옮기고 나서」, 셸던 월린, 『정치와 비전3』, 후마니타스.

강정인. 2016. 「옮긴이의 말」, 스튜어트 화이트, 『평등이란 무엇인가』, 까치.

상성인. 2018. 「옮긴이의 말」, 마이클 사워느, 『민주주의란 무엇인가』, 까치.

구타스, 디미트리. 2013. 『그리스 사상과 아랍 문명 : 번역운동과 이슬람의 지적 혁신』, 정
　　영목 옮김, 글항아리.

김경만. 2007. 「독자적 한국 사회과학 어떻게 가능한가 : 몇 가지 전략들」, 『사회과학연구』

제15집 2호, 48-92쪽.

로티, 리처드. 1996. 『우연성 아이러니 연대성』, 김동식·이유선 옮김, 민음사.

마루야마 마사오·가토 슈이치. 2000. 『번역과 일본의 근대』, 임성모 옮김, 이산.

마키아벨리, 니콜로. 2008/2015. 『군주론』, 강정인·김경희 옮김, 까치.

마키아벨리, 니콜로. 2018. 『로마사 논고』, 강정인·김경희 옮김, 한길사.

문지영. 2006. 「옮긴이 후기」, 세이무어 마틴 립셋, 『미국 예외주의』, 후마니타스.

복거일. 2003. 『영어를 공용어로 삼자』, 삼성경제연구소.

스트라우스, 레오·크랍시, 조셉 엮음. 2007/2010. 『서양정치철학사』, 전3권, 인간사랑.

아타루, 사사키. 2012. 『잘라라, 기도하는 그 손을』, 송태욱 옮김, 자음과모음.

이충훈. 2021. 「옮긴이의 글」, 존 토피, 『여권의 발명』, 후마니타스.

정승현. 2006. 「역자 후기」, 테렌스 볼 외, 『현대 정치사상의 파노라마』, 아카넷.

토피, 존. 2021. 『여권의 발명 : 감시, 시민권 그리고 국가』, 이충훈, 임금희, 강정인 옮김, 후마니타스.

플라므나츠, 존. 1986. 『정치사상사』, 전3권, 김홍명 옮김, 풀빛.

하울랜드, 더글라스. 2021. 『서양을 번역하다』, 김현 외 옮김, 성균관대학교 출판부.

해스킨스, C. H. 2017. 『12세기 르네상스』, 이희만 옮김, 혜안.

Kang, Jung In. 2015. *Western-Centrism and Contemporary Korean Political Thought*, Lexington Books.

Kang, Jung In. 2017. *Contemporary Korean Political Thought and Park Chung-hee*, Rowman & Littlefield.

Münkler, Herfried. 2014. *Thomas Hobbes : Eine Einführung*, 제3판, Campus Verlag.

제2장

『論語集註』, 『孟子集註』, 『禮記集說大全』, 『栗谷全書』

강정인. 2004. 『서구중심주의를 넘어서』, 아카넷.

김상준. 2007. 「禮의 기원과 유교적 안티노미」, 김상준 외, 『유교의 예치 이념과 조선』, 청계.

강정인. 2013. 『넘나듦[通涉]의 정치사상』, 후마니타스.

나종석. 2017. 『대동민주 유학과 21세기 실학』, 도서출판 b.

승계호(T.K. Seung). 1999. 『직관과 구성』, 김주성 外 역, 나남출판.

제3장

김비환. 2013. 「조선 초기 유교적 입헌주의의 제요소와 구조 : 헌법요소의 화육신으로서의 군주와 권력구조의 상호작용」, 강정인 엮음, 『현대 한국 정치사상 : 탈서구중심주의를 지향하며』, 아산서원.

김철수. 2012. 『헌법정치의 이상과 현실』, 소명출판.

김학성·최희수. 2020. 『헌법학원론』 전정4판, 피엔씨미디어.

노재봉. 2021. 「노재봉, "문맹률 80% 난장판서 군 통치기능 참여 숙명이었을 수도」, 『연합뉴스』 10월 30일 (https://www.yna.co.kr/view/AKR20211030032300001, 검색일 2022. 2. 5).

박상훈. 2018. 『청와대 정부』, 후마니타스.

안병주. 1987. 『유교의 민본사상』, 성균관대학교 대동문화연구소.

이극찬. 1986. 『정치학』 제6전정판, 법문사.

정종섭. 2016. 『헌법학원론』, 박영사.

함규진. 2016. 「한국적 민주주의의 형성과 민본주의의 역할」, 『정치정보연구』 19:1, 275-300.

Bagehot, Walter. 1867. *The English Constitution*. Chapman & Hill.

Berlin, Isaiah. 2006. 「자유의 두 개념」, 『이사야 벌린의 자유론』, 박동천 옮김, 339-422. 아카넷.

Halévy, Élie. 2021. 『철학적 급진주의의 형성』 I-III, 박동천 옮김, 한국문화사 (원제 : La formation de la radicalisme philosophique, 3 tomes, 1901-1903)

Hayek, F. A. 1978. "The Constitution of a Liberal State." *New Studies in Philosophy, Politics, Economics and the History of Ideas*. University of Chicago Press.

Huntington, Samuel P. 1962. *Changing Patterns of Military Politics*. Glencoe.

Loewenstein, Karl. 1957. *Political Power and the Government Process*. University of Chicago Press.

Karl, Terry Lynn. 2000. "Electoralism." Richard Rose ed., *International Encyclopedia of Elections*. Washington D. C. : CQ Press, pp. 95-6.

Merkel, Wolfgang. 2004. "Embedded and Defective Democracies." *Democratization*, 11:5, pp. 33-58.

Mill, John Stuart. 1977. *On Liberty*. Collected Works of John Stuart Mill, vol. XVIII. University of Toronto Press.

Nobrega, Jose Maria Pereira da, jr. 2010. "The Brazilian Semi-Democracy : Authoritarianism or Democracy?" *Sociologias*, 23, pp. 74-141.

O'Donnell, Guillermo. 1994. "Delegative Democracy." *Journal of Democracy*, 5:1, pp. 55-69.

Roberts, John. 2022. "Roberts, C. J. concurring in judgement." *Dobbs v. Jackson Women's Health Organization*, 591 U. S.

Stradiotto, Gary A. and Sujian Guo. 2010. "Transitional Modes of Democratization and Democratic Outcomes." *International Journal of World Peace*, 27:4, pp. 5-40.

Talmon, Jacob L. 1952. *The Origins of Totalitarian Democracy*. Secker & Warburg.

Tan, Sor-hoon. 2004. *Confucian Democracy : A Deweyan Reconstruction.* SUNY Press.

Weinblum, Sharon. 2015. *Security and Defensive Democracy in Israel : a critical approach to political discourse.* Routledge.

Zakaria, Fareed. 1996. "The Rise of Illiberal Democracy." *Foreign Affairs,* 76:6, pp. 22-43.

제4장

강정인 편. 2016. 『탈서구중심주의는 가능한가 : 비서구적 성찰과 대응』, 아카넷.

강정인. 2004. 『서구중심주의를 넘어서』, 아카넷.

강정인. 2007. 「한국정치사상 어떻게 할 것인가? : 반성과 대안」, 『사회과학연구』 제15집 2호, 서강대학교 사회과학연구소.

강정인. 2014. 『한국 현대 정치사상과 박정희』, 아카넷.

강정인·김경만. 2007. 「한국 사회과학의 서구 의존성 누구의 책임인가? : 토론문」, 『사회과학연구』 제15집 2호, 서강대학교 사회과학연구소.

김경만. 2007. 「독자적 사회과학, 어떻게 가능한가 : 몇 가지 전략들」, 『사회과학연구』 제15집 2호. 서강대학교 사회과학연구소.

김경만. 2015. 『글로벌 지식장과 상징폭력 : 한국 사회과학에 대한 비판적 성찰』, 문학동네.

김태우. 2014. 「유신 박정희가 민주주의 내세운 이유」, 『프레시안』 9월 19일 (https://www.pressian.com/pages/articles/120305, 검색일 : 2021. 12. 01).

아이젠슈타트, 쉬무엘 N.. 2009. 『다중적 근대성의 탐구 : 비교문명적 탐구』, 임현진 외 역, 나남.

알튀세르, 루이. 1994. 『아미엥에서의 주장』, 김동수 역, 솔.

이관후. 2015. 「정당성은 빌려올 수 있는가」, 『정치사상연구』 제21집 1호, 한국정치사상학회.

이기홍. 2019. 「이론 연구는 왜 필요한가? : 김경만의 『글로벌 지식장과 상징폭력』 비판」, 『경제와 사회』 제124호. 비판사회학회.

이병하. 2015. 「비동시성의 동시성, 시간의 다중성, 그리고 한국정치」, 『국제정치논총』 제55집 4호. 한국국제정치학회.

임혁백. 2014. 『비동시성의 동시성 : 한국 근대정치의 다중적 시간』, 고려대학교 출판문화원.

정수복. 2015. 「김경만의 '지적 도발'에 대한 정수복의 '응답' : 글로벌 지식장과 로컬 지식장 사이에서」, 『경제와 사회』 제108호. 비판사회학회.

최정운. 2004. 「『서구중심주의를 넘어서』 서평」, 『정치사상연구』 제11집 1호. 한국정치사상학회.

코젤렉, 라인하르트. 1998. 『지나간 미래』, 한철 역, 문학동네.

제5장

강성호. 2009. 「근대 자본주의 세계체제와 유럽」, 한국서양사학회 편, 『유럽중심주의 세계사를 넘어 세계사들로』, 서울 : 푸른역사, pp. 196−229.

강정인. 2000. 「서구중심주의에 대한 시론적 고찰 : 현대 한국정치사상의 빈곤 원인에 대한 탐색」, 『한국과국제정치』 제16권, 경남대 극동문제연구소 ; 2004, 「제3장 : 서구중심주의의 역사적 전개과정」 ; 「제10장 : 서구중심주의의 폐해 : 학문적 폐해를 중심으로」, 『서구중심주의를 넘어서』, 서울 : 아카넷.

강정인. 2003a. 「서구중심주의의 이해 : 용어 및 개념 분석을 중심으로」, 『국제정치논총』 제43집 3호, 한국국제정치학회 ; 2004, 「제2장 : 서구중심주의의 이해 : 용어, 개념, 유사개념과 분해」, 『서구중심주의를 넘어서』, 서울 : 아카넷.

강정인. 2003b. 「서구중심주의의 사상사적 연원과 전개과정」, 『한국과국제정치』 제19권 3호 (통권 41호), 경남대 극독문제문제연구소 ; 2004, 「제5장 : 서구중심주의의 사상사적 연원과 전개과정」, 『서구중심주의를 넘어서』, 서울 : 아카넷.

강정인. 2003c. 「지구화 · 정보화 시대 동아문명의 문화정체성 : 서구중심주의를 극복하기 위한 담론 전략들」, 『정치사상연구』 제9집, 한국정치사상학회 ; 2004, 「제11장 : 서구중심주의를 극복하기 위한 담론 전략들」 ; 「제12장 : 서구중심주의를 넘어서」, 『서구중심주의를 넘어서』, 서울 : 아카넷.

강정인. 2004. 『서구중심주의를 넘어서』, 서울 : 아카넷.

강정인. 2007. 「한국정치사상 어떻게 할 것인가? : 반성과 대안」, 『사회과학연구』 제15집 2호, 서강대 사회과학연구소 ; 2013, 「제2장 : 한국 정치사상, 어떻게 할 것인가 : 반성과 대안」, 『넘나듦[通涉]의 정치사상』, 서울 : 후마니타스.

강정인. 2013. 『넘나듦[通涉]의 정치사상』, 서울 : 후마니타스.

강정인 외. 2019. 『교차와 횡단의 정치사상』, 서울 : 까치.

최일성. 2019. 「역사유물론과 유럽중심주의 : 사미르 아민(Samir Amin)의 유럽중심주의 비판을 중심으로」, 『정치사상연구』 제25권 1호, 한국정치사상학회, pp. 296−317.

Amin, Samir. 2004. *The Liberal Virus*, London : Pluto Press.

Amin, Samir. 2006. *A life looking forward : memoirs of an Independent Marxist*, London & New York : Zed Books.

Amin, Samir. 2008. *Modernité, Religions et Démocratie : Critique de l'eurocentrisme, Critique des culturalismes*, Lyon : Parangon.

Amin, Samir. 2010. *The law of worldwide value(1978)*, New York : Monthly Review.

Amin, Samir. 2011a. *Ending the Crisis of Capitalism or Ending Capitalism?*, Oxford : Pambazuka.

Amin, Samir. 2011b. *Global History : A view from the South*, Oxford : Pambazuka.

Amin, Samir. 2013. *The Implosion of contemporary capitalism*, New York : Monthly Review.

Amin, Samir. 2018. *Modern Imperialism, Monopoly Finance Capital, and Marx's Law of Value*, New York : Monthly Review.

Bernal, Martin. 1987. *Black Athena : The Afroasiatic Roots of Classical Civilization*, vol. 1, New Brunswick : Rutgers Univ. Press.

Blaut, James M. et al.. 1992. *1492 : The Debate on Colonialism, Eurocentrism and History*, New Jersey : Africa World Press.

Blaut, James M.. 1993. *The Colonizer's Model of the World*, New York : The Guiford Press.

Fourastié, Jean. 1979. *Les trente glorieuses ou la révolution invisible*, Paris : Fayard.

Frank, A. Gunder. 1998. *Reorient : Global Economy in the Asian Age*, Berkeley : Univ. of California Press.

Paugam, Serge. 1993. *Les société française et ses pauvres*, Paris : PUF.

제6장

강정인. 2014. 『한국 현대 정치사상과 박정희』, 서울 : 아카넷.

강정인. 2004. 『서구중심주의를 넘어서』, 서울 : 아카넷.

새뮤얼 헌팅턴. 2016. 『문명의 충돌』, 이희재 옮김, 서울 : 김영사.

프랜시스 후쿠야마. 1997. 『역사의 종말』, 이상훈 옮김, 서울 : 한마음사.

Benhabib, Seyla. 2018. *Exile, Statelessness, and Migration : Playing Chess with History from Hannah Arendt to Isaiah Berlin*. Princeton : Princeton University Press.

Dallmayer, Fred. 1996. *Beyond Orientalism : Essays on Cross-Cultural Encounter*. Albany : SUNY Press.

Godrej, Farah. 2015. "Comparative Political Thought," in Michael T. Gibbons, ed. *The Encyclopedia of Political Thought*, New York : John Wiley and Sons.

Freeden, Michael. 2021. "Comparative Political Thought : What Are We Looking At?" *Comparative Political Theory*. No. 1. pp. 3-7.

Leigh K. Jenco, Murad Idris, and Megan C. Thomas, 2020. "Comparison, Connectivity, and Disconnection," in *The Oxford Handbook of Comparative Political Theory*. Oxford : Oxford Univeristy Press.

Andrew F. March. 2009. "What Is Comparative Political Theory?" *The Review of Politics*, 71, pp. 531-565.

제7장

강정인. 2004. 『서구중심주의를 넘어서』, 서울 : 아카넷.

강정인. 2013. 『넘나듦의 정치사상』, 서울 : 후마니타스.

강정인. 2016. 「'반서구중심적 서구중심주의'에 대한 비판적 성찰」, 『신아세아』 제23권 2호, 112-141.

이관후. 2015. 「정당성은 빌려올 수 있는가」, 『정치사상연구』 제21권 1호, 89-114.

이관후. 2016a. 「"왜 '대의민주주의'가 되었는가? : 용례의 기원과 함의」, 『한국정치연구』 제25권 2호, 1-26.

이관후. 2016b. 「"한국정치에서 대표의 위기와 대안의 모색」, 『시민과세계』 제28호. 1-34.

이상익 · 강정인. 2004. 「동서양 정치사상에 있어서 政治的 正當性의 비교」, 『정치사상연구』 10권 1호. 83-110.

정약용. 1818?. 「탕론(湯論)」, 『여유당전서』, 전주대학교 호남학연구소.

조경란. 2013. 『현대 중국 지식인 지도』, 서울 : 글항아리.

Barker, Rodney. 1990. *Political Legitimacy and the State*. Oxford : Oxford University Press.

Beetham, David. 1991. *The Legitimation of Power*. London : Palgrave Macmillan.

Bellamy, Richard and Weale, Albert. 2015. "Political Legitimacy and European Monetary Union : Contracts, Constitutionalism and the Normative Logic of Two-Level Games." *Journal of European Public Policy* 22(2) : 257-274.

Birch, Anthony H. 1972. *Representation*. London : Macmillan.

Bisztray, George. 1987. "The Controversy over Value Neutrality in Sociology and Literature." *Comparative Literature Studies*. 24(1) : 40-57.

Coicaud, Jean-Marc. 2002. *Legitimacy and Politics*, trans. by David A. Curtis. Cambridge : Cambridge University Press.

Dallmayr, Fred 2004. "Beyond Monologue : For a Comparative Political Theory." *Perspectives on Politics*. 2(2) : 249-257.

de Barry, Wm. Theodore 1998. *Asian Values and Human Right : A Confucian Communitarian Perspective*. London : Harvard University Press.

de Bary, Wm. Theodore 1983. *The Liberal Tradition in China*. Hong Kong : Chinese University of Hong Kong Press.

El Amine, Loubna. 2016. "Beyond East and West : Reorienting Political Theory through the Prism of Modernity." *Perspectives on Politics* 14(1) : 102-120.

Finer, Samuel E. 1999. *The History of Government from the Earliest Times Vol. 1 : Ancient Monarchies and Empires*. Oxford : Oxford University Press.

Hart, Herbert L. A. 2012 [1961]. *The Concept of Law*. Oxford : Oxford University Press.

Jenco, Leigh 2016. "Introduction : Thinking with the past : Political thought in and from the 'non-west'." *European Journal of Political Theory*. 15(4) : 377-381.

Jung, Haw Yol. 1999. "Postmodernity, Eurocentrism, and the Future of Political Philosophy." *Toward a Comparative Political Theory*, ed. Fred Dallmayr. Lanham : Lexington Books, 277-296.

Kang, Jung-in 2017. *Comparative political theory without borders : a journey across Ideological times and spaces*. Sogang University Press : Seoul.

Keane, John. 양현수 역. 2017. 『민주주의 삶과 죽음』. 서울 : 교양인.

Manin, Bernard. 1997. *The Principles of Representative Government*. Cambridge : Cambridge University Press.

March, Andrew F. 2009. "What Is Comparative Political Theory?" *The Review of Politics* 71 : 531-565.

Park, Chong-Min and Shin, Doh Chull 2006. "Do Asian Values Deter Popular Support for Democracy in South Korea?." *Asian Survey* 46(3) : 341-361.

Peter, Fabienne. 2009. *Democratic Legitimacy*. London : Routledge.

Pitkin, Hanna. F. 1967. *The Concept of Representation*. Berkeley : University of California Press.

Raz, Joseph. 1990. "Introduction." *Authority*. ed. Raz Joseph. New York : New York University Press. 1-19

Rehfeld, Andrew. 2005. *The Concept of Constituency*. Cambridge : Cambridge University Press.

Schaar, John. 1989. *Legitimacy in the Modern State*. New Brunswick : Transaction Publishers.

Simmon, John, A. 1999. "Justification and Legitimacy." *Ethics*, 109(4) : 739-771.

Skinner, Quentin. 박동천 역. 2004. 『근대정치사상의 토대 I』. 서울 : 한길사.

Sutherland, Keith. 2018. "The Triumph of Election : A Pyrrhic Victory." *Rivista di Storia delle Idee* 7 : 135-152.

Williams, Melissa S. and Warren, Mark E. 2014. "A Democratic Case for Comparative Political Theory." *Political Theory* 42(1) : 26-57.

Winch, Peter. 1990. *The Idea of a Social Science and its Relation to Philosophy*. London : Routledge.

Wood, Gordon S. 2008 [1968]. *Representation in the American Revolution*. Charlottesville and London : University of Virginia Press.

제8장

『서경(書經)』, 『맹자(孟子)』, 『율곡전서(栗谷全書)』

杜正勝. 1979. 『周代城邦』. 聯經出版社.

牟宗三. 2000. 『道德的理想主義』. 臺灣學生書局.

牟宗三. 2003. 『政道與治道』. 『牟宗三先生全集(10)』. 聯經出版社.

강정인. 2004. 『서구중심주의를 넘어서』, 아카넷.

강정인. 2013. 『넘나듦[通涉]의 정치사상』, 후마니타스.

강정인. 2017. 『죽음은 어떻게 정치가 되는가』, 책세상.

김용옥. 2004. 『동경대전1』, 통나무.

김우창. 2018. 『법과 양심』, 에피파니.

김형효. 2000. 『원효에서 다산까지』, 청계출판사.

나종석, 박영도, 조경란 엮음. 2014. 『유교적 공공성과 타자』. 혜안.,

이상익. 2007. 「朱子와 陳亮의 王覇論爭에 대한 재검토」, 『동방학지』 제138집.

정종모. 2019. 「정이천의 정치사상에서 현실주의와 이상주의의 중첩 : 관중(管仲)과 박시제
중(博施濟衆)에 대한 해석을 중심으로」, 『유교사상문화연구』 제78호.

퀑로이슌. 2017. 『맨얼굴의 맹자』, 이장희 옮김, 동과서.

한형조. 2018. 『성학십도, 자기 구원의 가이드맵』, 한중연출판부.

제9장

『世宗實錄』『正祖實錄』, 전자조선왕조실록(http//sillok.history.go.kr).

『論語』『論語集註』『孟子』『孟子集註』.

『栗谷全書』.

강정인. 2002. 「德治와 法治」, 『정치사상연구』 제6호.

강정인. 2004. 『서구중심주의를 넘어서』, 아카넷, 2004.

강정인/이석희. 2018. 「조선 유교헌정주의의 성립」, 『한국정치학회보』 52.

강정인. 2013. 『넘나듦의 정치사상』, 까치.

강정인. 2019. 『교차와 횡단의 정치사사상』, 까치.

김비환. 2008. 「조선 초기 유교적 입헌주의의 제요소와 구조」, 『정치사상연구』 14.

박홍규/송재혁. 2012. 「유교적 헌정주의 재검토」, 『아세아연구』 55/3.

안외순. 2002. 「맹자 해제」, 『맹자』, 책세상.

안외순. 2011. 「형치/법치/덕치, 그리고 조선의 좋은정치」, 『동양문화연구』 8.

안외순. 2013. 「성호 이익의 人法相維의 정치사상」, 『온지논총』, 36.

이승환. 1998. 『유가사상의 사회철학적 재조명』, 고려대학교출판부.

이용희. 1962. 『일반국제정치학(상)』, 박영사.

이철승. 2014. 「민주주의의 법치와 유가의 덕치 문제」, 『철학연구』, 106.

최연식. 2009. 「예기에 나타난 예의 법제화와 유교입헌주의」, 『한국정치학회보』, 43/1.

한국서양사학회. 2009. 『유럽중심주의 세계사를 넘어 세계사들로』, 푸른역사.

함재학. 2004. 「경국대전이 조선의 헌법인가?」, 『법철학연구』, 7/2.

함재학. 2006. 「유교전통 안에서의 입헌주의 담론」, 『법철학연구』, 9/2.

함재학. 2008. 「유교적 입헌주의와 한국의 헌정사」, 『헌법학연구』, 14/3.

홍성태. 2021. 「정치적 억압의 전략과 법치주의」, 『한국사회학』, 55/2.

앤더슨, P. 1997. 『절대주의 국가의 계보』. 김현일 외 옮김, 「보론」, 까치글방.

Hahm, Chaihark. 2000. "Confucian Constitutionalism." Doctor of Judical Science Diss.,
Harvard University.

Witfogel, K.L. 1961[1991]. 『농양적 전제수의』, ㄱ송서 옮김, 법분사.

제10장

강정인. 2004. 「초기 자유주의 사상에 나타난 서구중심주의 : 로크의 재산권 이론을 중심으로」, 강정인, 『서구중심주의를 넘어서』, 서울 : 아카넷.

문지영. 2021. 「자연권으로서의 인권? : 존 로크(John Locke)의 인권 사상 재고」, 『민주주의와 인권』 제21권 4호, 77-108.

송규범. 2015. 『존 로크의 정치사상』, 파주 : 아카넷.

아블라스터, 앤서니. 2007. 『서구 자유주의의 융성과 쇠퇴』, 조기제 옮김, 파주 : 나남.

양승태. 1991. 「맥퍼슨에서 로크로, 그리고 로크를 넘어서 : 자유주의적 소유권이론의 비판적 극복을 위한 자연법적 접근서설」, 『한국정치학회보』 제25집 1호, 331-62.

켈리, 폴. 2018. 『로크의 『통치론』 입문』, 김성호 옮김, 파주 : 서광사.

허재훈. 2014. 「식민주의의 기초 : 존 로크와 아메리카, 인디헤나의 수난사」, 『철학연구』 제130호, 381-415.

Armitage, D. 2004. "John Locke, Carolina, and the "Two Treatises of Government." *Political Theory,* 32(5), 602-627.

Armitage, D. 2012. "John Locke : Theorist of Empire?" Sankar Muthu, ed. *Empire and Modern Political Thought.* 84-111. Cambridge : Cambridge University Press.

Arneil, B. 1992. "John Locke, Natural Law and Colonialism". *History of Political Thought.* 13(4), 587-603.

Arneil, B. 1994. "Trade, Plantations, and Property : John Locke and the Economic Defense of Colonialism". *Journal of the History of Ideas* 55(4), 591-609.

Arneil, B. 1996. "The Wild Indian's Vension : Locke's Theory of Property and English Colonialism in America". *Political Studies,* XLIV. 60-74.

Ashcraft, R. 1986. *Revolutionary Politics and Locke's Two Treatise of Government.* Princeton : Princeton University Press.

Farr, J. 2008. "Locke, Natural Law, and New World Slavery". *Political Theory* 36, 495-522.

Faulkner, R. 2001. "The First Liberal Democrat : Locke's Popular Government". *Review of Politics* 63, 5-39.

Flanagan, T. 1989. "The Agricultural Argument and Original Appropriation : Indian Lands and Political Philosophy". *Canadian Journal of Political Science* 22, 589-602.

Holmes, S. 1993. *The Anatomy of Antiliberalism.* Cambridge : Harvard University Press.

Hsueh, V. 2008. "Unsettling Colonies : Locke, 'Atlantis' and New World Knowledges". *History of Political Thought* 29(2), 295-319.

Ivison, D. 2003. "Locke, Liberalism and Empire." Peter R. Anstey, ed. *The Philosophy of John Locke : New Perspectives.* 86-105. London : Routledge.

Klausen, J.C. 2007. "Room Enough : America, Natural Liberty, and Consent in Locke' Second Treatise". *The Journal of Politics* 69(3), 760-769.

Lebovics, H. 1991. "The Uses of America in Locke's Second Treatise of Government". Richard Ashcraft, ed. *John Locke : Critical Assessments(vol. 3)*, 252-66. London : Routledge.

Lloyd-Thomas, D. 1995. *Locke on Government*. London : Routledge.

Locke, J. 2016. J. Mark Goldie, ed. *Second Treatise of Government and A Letter Concerning Toleration*. Oxford : Oxford University Press.

Macpherson, C. B. 1962. *The Political Theory of Possessive Individualism*. Oxford : Oxford University Press.

Merquior, J. G. 1991. *Liberalism Old and New*. Cambridge : Twayne Publisher.

Miura, N. 2013. *John Locke and the Native Americans : Early English Liberalism and Its Colonial Reality*. Newcastle upon Tyne : Cambridge Scholars Publishing.

Parekh, B. 1995. "Liberalism and Colonialism : A Critique of Locke and Mill". J. N. Pieterse and B. Parekh, ed. *The Decolonization of Imagination : Culture, Knowledge, and Power*. 81-98. London : Zed Books.

Pincus, S. C. A. 2006. *England's glorious Revolution 1688-1689 : A Brief History with Documents*. Bedford : St. Martin's.

Rosenblum, N. I. 1987. *Another Liberalism : Romanticism and the Reconstruction of Liberal Thought*. Cambridge : Harvard University Press.

Seliger, M. 1968. *The Liberal Politics of John Locke*. New York : Praeger.

Tully, J. 1993. "Rediscovering America : The Two Treatises and Aboriginal Rights". *An Approach to Political Philosophy : Locke in Contexts*. 137-76. Cambridge : Cambridge University Press.

제11장

강정인. 2009. 「루소의 정치사상에 나타난 정치참여에 대한 고찰 : 시민의 정치참여에 공적인 토론이나 논쟁이 허용되는가?」, 『한국정치학회보』 43(2).

뒤르케임, 에밀. 2012. 『사회분업론』, 민문홍 옮김, 아카넷.

로크, 존. 1996. 『통치론』, 강정인·문지영 옮김, 까치.

루소, 장-자크. 2018[2003]. 『인간불평등기원론』, 주경복, 고봉만 옮김, 책세상.

루소, 장-자크. 2018. 『사회계약론』, 김영욱 옮김, 후마니타스.

루소, 장-자크. 2006. 『에밀』, 김중현 옮김, 한길사.

버어키, R. N. 1985. 『정치사상사』, 권용립·신연재 옮김, 녹두.

월린, 셸던. 2009. 『정치와 비전 2』, 강정인·이지윤 옮김, 후마니타스.

조긍호·강정인. 2012. 『사회계약론 연구 : 홉스, 로크, 루소를 중심으로』, 서강대학교출판부.

칸트, 임마누엘. 2009. 『칸트의 역사철학』, 이한구 옮김, 서광사.

플라므나츠, J. 1986. 『정치사상사 2』, 김홍명 옮김, 풀빛.

호르크하이머, M., T. 아도르노. 2001. 『계몽의 변증법』, 김유동 옮김, 문학과지성사.

홉스, 토마스. 2014[2007]. 『리바이어던』, 신재일 엮어 옮김, 서해문집.

Ansart, Pierre. 1983. *Les Cliniciens des passions politiques*. Seuil.

Aureli, Pier Vittorio and Maria S. Giudici. 2013. "The Politics of Sacred Space : Spaces, rituals, architecture", http://www.diploma14.com/2013/Diploma%2014%20politics%20of%20sacred.pdf.

Barker, Ernest. 1962. "Introduction". *Social Contract*. Oxford Univ. Press.

Durkheim, Emile. 1918. *Le Contrat social de Rousseau. Revue de Métaphysique et de Morale, tome xxv*.

Labbé, Yves. 1994. *Du Contrat. sur le lien social*. Persée.

Lessnoff, Michael. 1986. *Social Contract*. Macmillan.

Spector, Céline. 2018. *Aux origines de la sociologie : ⟨Le Contrat social de Rousseau⟩ d'Emile Durkheim*. PUF.

제12장

1차 문헌 : 이승만의 발언·담화·성명 자료

공보처. 1953. 『대통령이승만박사담화집 1』, 공보처.

국사편찬위원회. 1968. 『자료 대한민국사 1』, 국사편찬위원회.

김광섭 편. 1950. 『이대통령훈화록』, 중앙문화협회.

양우정 편. 1948. 『이승만대통령 독립노선의 승리』, 독립정신보급회출판부.

우남실록편찬위원회. 1976. 『우남실록』, 열화당.

이승만. 1945. 『건국과 이상』, 국제문화협회.

홍영기 편. 2015. 『여순사건자료집 1』, 선인.

『주보(週報)』 34호(https://www.pa.go.kr/research/contents/speech/index.jsp7483 검색일 2021/5/12)

『동아일보』『대동신문』『국제신문』『자유신문』

2차 문헌 : 그 외

강경근. 2008. 「대한민국 건국헌법의 제정 과정과 내용」 김영호 편, 『대한민국 건국 60년의 재인식』, 139-64, 서울 : 기파랑.

강성현. 2012. 「한국의 국가 형성기 '예외 상태 상례'의 법적 구조」, 『사회와 역사』 94, 87-128.

강정인. 2009. 「보수주의」 강정인 외, 『한국정치의 이념과 사상』, 35-119, 서울 : 후마니타스.

강정인. 2014. 『한국 현대정치사상과 박정희』, 파주 : 아카넷.

강정인·한유동. 2014. 「이승만 대통령의 국가기념일 활용에 관한 연구」, 『현대정치연구』 제7권 1호, 195-224.

김득중. 2009. 『빨갱이의 탄생 : 여순사건과 반공국가의 형성』, 서울 : 선인.

문지영. 2004. 「한국에서의 자유주의와 자유주의 연구」, 『한국정치학회보』 제38집 2호, 73-94.

서희경. 2004. 「한계상황의 정치와 민주주의」, 『한국정치학회보』 제38집 5호, 7-31.

서희경. 2011. 「이승만의 정치 리더십 연구」, 『한국정치학회보』 제45집 2호, 51-71.

서희경. 2020. 『한국헌정사 1948-1987』, 서울 : 포럼.

오제연. 2018. 「이승만 정권기 3.1운동의 정치적 소환과 경합」, 『한국사연구』 183, 357-88.

오제연. 2019. 「이승만 정권기 공화 이해와 정치적 전유」, 『역사비평』 127, 144-70.

유영익. 2013. 『건국대통령 이승만 : 생애·사상·업적의 새로운 조명』, 서울 : 일조각.

임종명. 2009. 「설립 초기 대한민국의 3.1 전용 및 전유」, 『역사문제연구』 22, 227-53.

임종명. 2010. 「설립 초기 대한민국의 전사형 국민 생산과 조선민주주의인민공화국상(像)의 전용」, 『한국사연구』 151, 175-229.

임종명. 2014. 「해방 직후 인민의 문제성과 엘리트의 인민 순치」, 『동방학지』 168, 29-69.

이주영. 2011. 「이승만 시대의 보수세력과 민주제도」, 안병직 편, 『한국 민주주의의 기원과 미래』, 15-40, 서울 : 시대정신.

테일러, 찰스. 2010. 『근대의 사회적 상상』, 이상길 역, 서울 : 이음.

홍태영. 2011. 『정체성의 정치학』, 서울 : 서강대학교 출판부.

홍태영. 2019. 「민족주의적 통치성과 국민 만들기」, 『문화와 정치』 제6권 2호, 101-38.

후지이 다케시. 2012. 『파시즘과 제3세계 사이에서』, 서울 : 역사비평사.

제13장

강정인. 2014. 『한국 현대 정치사상과 박정희』, 서울 : 아카넷.

강종훈. 2008. 「최근 한국사 연구에 있어서 탈민족주의 경향에 대한 비판적 검토」, 『한국고대사연구』, 52, 57-90.

고명섭. 2005. 『지식의 발견』, 서울 : 그린비.

김기봉. 2001. 「포스트모던 역사이론 : '무기의 비판'인가 '비판의 무기'인가」, 『역사비평』, 56, 33-56.

김기봉 외. 2002. 『포스트모더니즘과 역사』, 서울 : 푸른역사.

김기협. 2008. 『뉴라이트 비판』(서울 : 돌베개).

김기봉. 2016. 『히스토리아, 쿠오바디스 : 탈근대, 역사학은 어디로 가는가』, 서울 : 서해문집.

김동춘. 1994. 「'국제화'와 한국의 민족주의」, 『역사비평』, 27, 40-54.

김성보. 2001. 「근대의 다양성과 한국적 근대의 생명력 : '탈근대론적' 역사해석 비판」, 『역사비평』, 56, 185-205.

나종석. 2009a. 「민족주의와 세계시민주의 : 자유주의적 민족주의를 중심으로」, 『헤겔연구』, 26, 169-195.

나종석. 2009b. 「탈민족주의 담론에 대한 비판적 성찰 : 탈근대적 민족주의 비판을 중심으로」, 『인문연구』, 57, 57-96.

도면회. 2002. 「한국근대사 서술에서의 민족·국가문제」, 『역사비평』, 58, 54-63.

도면회·윤해동 엮음. 2009. 『역사학의 세기 : 20세기 한국과 일본의 역사학』, 서울 : 휴머니스트.

배영순. 2008. 「세계화 이후 한국사 인식의 탈민족주의적 경향 : 근현대사 인식의 보수우경화를 중심으로」, 『민족문화논총』, 40, 59-82.

서의식. 2001. 「민족 중심의 역사 서술과 역사교육」, 『역사비평』, 56, 17-32.

서의식. 2002. 「포스트모던 시대 한국사 인식과 교육의 방향」, 김기봉 외. 『포스트모더니즘과 역사』, 서울 : 푸른역사.

송기호. 2007. 『동아시아의 역사분쟁』, 서울 : 솔.

안병직. 2002. 「포스트모더니즘 역사론을 위한 변론」, 『역사비평』, 58, 28-40.

역사문제연구소. 2000. 『역사문제연구』, 제4호.

윤택림. 2002. 「탈식민 역사쓰기를 향하여 : '탈근대론'적 역사해석 비판」, 『역사비평』, 58, 81-86.

윤해동 외. 2002. 「좌담 : 동아시아 역사학의 반성 : 국민 국가의 담 밖에서」, 『기억과 역사의 투쟁』, 서울 : 삼인.

이영호. 2004. 「한국에서 '국사' 형성의 과정과 그 대안」, 임지현·이성시 엮음, 『국사의 신화를 넘어서』, 서울 : 휴머니스트.

이윤갑. 2007. 「한국 역사학의 새로운 길 찾기 : 민족주의 역사학의 전망」, 『한국학논집』, 35, 27-72.

이태진·임형택·조혜정·최원식. 1997. 「지구화 시대의 한국학 : 민족주의와 탈민족주의의 긴장(좌담)」, 『창작과비평』, 96, 8-62.

임대식 외. 2001. 「집중토론 : 한국역사학·역사교육의 쟁점」, 『역사비평』, 56, 57-146.

임지현. 1994. 「한국사학계의 '민족' 이해에 대한 비판적 고찰」, 『역사비평』, 28, 114-137.

임지현. 1999. 『민족주의는 반역이다』, 서울 : 소나무.

임지현. 2002a. 「다시, 민족주의는 반역이다」, 『창작과비평』, 30/3, 183-201.

임지현. 2002b. 「식민주의적 죄의식을 넘어서」, 『기억과 역사의 투쟁』, 서울 : 삼인.

임지현. 2004. 「포스트 민족주의 대 열린 민족주의」, 『제8회 인문학 학술대회 : 인문학은 말한다』, 서울 : 이화여대 인문학연구원.

임지현. 2006. 「고구려사 구하기 - '국사'의 패러다임을 넘어」, 한국학중앙연구원 한국문화교류센터 엮음, 『민족주의와 역사교과서 : 역사 갈등을 보는 다양한 시각』(서울 : 에디터).

임지현. 2016. 『역사를 어떻게 할 것인가 : 어느 사학자의 에고 히스토리』, 서울 : 소나무.

임지현·사카이 나오키. 2003. 『오만과 편견』, 서울 : 휴머니스트.

임지현·이성시 엮음. 2004. 『국사의 신화를 넘어서』, 서울 : 휴머니스트.

임현진. 1995. 「지구시대 한국의 진로 : 민족주의, 지역주의 및 세계주의를 넘어서」, 『계간 사상』, 봄.

정용욱. 2004. 「시민과 국사 : '고수'와 '해체' 사이」, 『시민과 세계』, 5, 87–113.

정연태. 2015. 「일제의 한국 지배에 대한 인식의 갈등과 그 지양 : 한국 근대사 인식의 정치 성」, 『역사문화연구』, 제53집, 3–34.

정일준. 1994. 「국제화 시대의 한국민족주의와 민주주의」, 학술단체협의회 편, 『국제화와 한국사회』, 서울 : 나남.

지수걸. 2002. 「'민족'과 '근대'의 이중주」, 『기억과 역사의 투쟁』, 서울 : 삼인.

진태원. 2009. 「국민이라는 노예? 전체주의적 국민국가론에 대한 비판적 고찰」, 『민족문화 연구』, 51, 653–695.

최장집. 2004. 「동아시아 공동체의 이념적 기초 : 공존과 평화를 위한 공동의 의미 지평」, 『아세 아연구』, 47/4, 93–122.

홍석률. 2006. 「민족주의의 경합과 탈민족주의 담론」, 『한국사론』 43, 3–23.

홍석률. 2007. 「민족주의 논쟁과 세계체제, 한반도 분단 문제에 대한 대응」, 『역사비평』. 80, 149–172.

Anderson, Benedict. 2002. 『상상의 공동체 : 민족주의의 기원과 전파에 대한 성찰』, 윤형숙 역, 서울 : 나남.

Gellner, E. 2009. 『민족과 민족주의』, 최한우 역, 서울 : 한반도국제대학원대학교.

Hobsbaum, E.J. & Ranger, Terence. eds. 1982. 『만들어진 전통』, 박지향·장문석 역, 서 울 : 휴머니스트.

Hobsbaum, Eric J. 저. 1994. 『1780년 이후의 민족과 민족주의』, 강명세 역, 서울 : 창작과 비평사.